머리말

'21세기는 문화의 시대'라는 말이 의미하듯, 사람들은 삶의 질을 향상시키는 근본수단으로 문화에 대한 인식을 새롭게 하고 있다. 과거에는 주로 자연관광에 중점을 두었지만, 이제는 문화자원 즉 사람들이 살아가는 모습과 역사 · 문화적인 것에 가치를 두고 있다.

문화는 미래의 자산이다. 세계 각국은 문화를 관광상품화하여 전통문화를 보존 · 계승하기 위해 많은 노력을 기울이고 있다. 문화에는 건축물과 같이 형태를 띤 유형문화와 공연이나 전통과 같이 형태를 띠지 않는 무형문화가 모두 포함된다.

또한 문화는 인간이 살아가면서 만들어낸 정신적 · 물질적 산물이 한데 어우러진 것으로, 계속해서 전승되고 존속한다. 지구상의 많은 나라들은 그들 나름대로의 고유한 문화를 가지고 있다.

문화관광(culture tourism)은 국민의 삶과 더불어 국가나 지역문화와 밀접한 관계를 가진다. 세계 각국은 그 국가가 간직한 고유의 문화를 성찰케 하고, 그 문화의 정체성을 파악 · 유지 · 계승하는 데 많은 공을 들이고 있다.

문화관광은 '관광자원의 한 유형이며, 문화를 소재로 한 관광상품 개발의 유형'으로 볼 수 있다. 즉 문화를 바탕으로 하는 관광활동을 총칭하여 문화관광이라 부르고 있으나, 그 내용과 범위가 매우 크고 넓다.

따라서 본서는 우리나라 문화관광의 핵심분야인 ① 문화관광, ② 문화콘텐츠, ③ 문화유산, ④ 전통가옥, ⑤ 5대 궁궐, ⑥ 전통사찰, ⑦ 유적 · 유물, ⑧ 박물관, ⑨ 공연예술, ⑩ 민속놀이, ⑪ 생활민속, ⑫ 전통음식, ⑬ 호국기념관,

⑭ 축제이벤트 등의 총 14장으로 구성하여 연구하였다.

본서(本書)는 한국 문화관광의 미래를 열어갈 대학의 관광관련 학과의 학생들, 그리고 관광업계의 중추적 역할을 수행하게 될 관광통역안내사(시험과목 : 관광자원해설)와 국내관광안내사(시험과목 : 관광자원해설) 국가자격시험을 준비하는 응시생들, 그리고 문화관광 업무를 전문적으로 수행하는 분들을 위해 집필하였다.

또한 각 단원별로 '연습문제'를 수록하여 국가자격시험에 대비하고, 관광업무 수행에 자신감을 가지고 임할 수 있도록 하였다. 모쪼록, 본서가 한국 문화관광에 대한 폭넓은 학문연구와 더불어 국가자격시험 대비 및 관광업무 수행에 다소나마 도움이 되었으면 하는 마음 간절하다.

끝으로, 본서를 연구하는 데 많은 도움을 준 최재우 · 최재원 군을 비롯해서 모든 분들께 감사드리며, 또한 원고를 집필하는 데 조언을 아끼지 않았던 백산출판사 진욱상 대표님과 편집부 직원분들께 감사드린다.

2017년 정유년

默庵 최 기 종

차 례

제5장 5대 궁궐

제6장 전통사찰

제7장 유적 · 유물

제8장 박물관

제9장 공연예술

제1장

문화관광

학습 포인트

- 제1절에서는 문화의 의미와 정의, 문화의 역할과 기능, 그리고 관광의 의미와 정의, 관광의 구조적 · 행정적 시스템에 대해 학습한다.
- 제2절에서는 문화관광의 정의, 문화관광의 특성, 문화관광의 종류에 대해 학습한다.
- 연습문제는 문화와 관광의 기본개념에 대해 총체적으로 학습한 후에 풀어본다.

제1절 문화와 관광의 개념

1. 문화의 의미

문화(文化)의 사전적 의미는 ① 자연을 이용하여 인류의 이상을 실현시켜 나가는 정신적 활동, ② 자연상태에서 벗어나 삶을 풍요롭고 편리하게 만들어가고자 사회구성원에 의해 습득 · 공유 · 전달되는 행동양식, ③ 생활양식의 과정 및 그 과정에서 이룩해낸 물질적 · 정신적 소산을 통틀어 일컫는다.

또한 문화는 ① 높은 교양과 깊은 지식, ② 현대적 편리성을 갖춘 생활양식, ③ 의식주 · 언어 · 풍습 · 도덕 · 종교 · 학문 · 예술 및 각종 제도, ③ 세련된 아름다움이나 우아함, ④ 예술풍의 요소 따위와 관계된 일체의 생활양식, ⑤ 문덕(文德)으로써 백성을 가르쳐 인도하는 일, ⑥ 학문이 진보되어 사람이 깨어 밝아지는 것을 의미한다.

문화는 사람의 사람다운 생활, 즉 가치 생활의 모든 양상(樣相)을 말하며, 인간에 의해 인위적(人爲的)으로 만들어진 것을 말한다. 즉 문화는 인간이 살아가면서 만들어낸 정신적 · 물질적 산물이 한데 어우러진 것으로서, 우리가 원하든 원치 않든 간에 계속해서 다음 세내로 전해지며 존속한다(Rodrigues).

문화에는 건축물과 같이 형태를 띤 유형문화도 있고, 공연이나 전통과 같이 형태를 띠지 않는 무형문화도 있다. 문화(文化)를 한자로 풀이해 보면 글월 문(文), 될 화(化)이다. 여기서 화(化)는 '사람 인(人)' 변과 '교화 화(七)의 옛 자'를 합한 글자로, 즉 '사람[人]들을 교화[七]하여 풍속을 좋게 변화시킨다'는 뜻이 내포되어 있다.

원래 문화는 문치교화(文治敎化)의 줄임말로, 이것은 ① 위력이나 형벌을 쓰지 않고 백성을 가르쳐 인도하고, 문덕(文德)으로 교화한다는 의미이다. 또한 ② 자연적 동물상태의 인간에게 예의범절 · 행동양식 · 교육 등을 가르쳐 인간답게 만들고, ③ 사람을 정신적으로 가르치고 이끌어 좋은 방향으로 나아가게 한다는 의미이다.

문화에 대한 영어의 표현은 culture인데, 윌리엄스(Williams)는 "culture가 가장 어려운 단어이며, 난해하고 복잡하다"고 주장하였다. culture는 어원상으로는 농작물의 '경작'을 뜻하였고, 그것이 확대되어 인간 정신의 도야(陶冶 : 훌륭한 사람이 되도록 몸과 마음을 다스려서 바르게 함)를 의미하게 되었다.

오늘날 지구상에는 많은 사람들이 모여 살고 있지만, 나라마다 생활양식이 다르기 때문에 고유의 문화를 갖게 된다. 따라서 문화는 문명 · 교양 · 의식을 뜻하기도 하고, 생활양식을 의미하기도 한다. 그리고 문화는 먹거리 · 살림살이 · 건물 · 의복 · 예술 · 솜씨 등 눈에 보이고, 피부로 느낄 수 있는 것을 매개로 하여 표현된다.

2. 문화의 정의

'21세기는 문화의 시대'라는 말이 의미하듯, 세계 각국은 삶의 질을 향상시키는 근본수단으로 문화에 대한 인식을 새롭게 하고, 문화를 국가발전의 핵심요소로 여기고 있다. 문화는 사회구성원으로서 인간이 획득한 모든 능력(지식 · 도덕 · 신앙 · 예술 · 관습 등)과 습성을 포함한 복합적인 총체이다.

오늘날 사람들은 문화라는 용어를 널리 사용하고 있는데, 와일드(Wilde)는 "국민적 증오심도 문화가 낮을수록 강하게 나타난다"고 주장하였다. 또한 인류학자들은 문화의 개념을 '사회적 행동양식'이라 명명하기도 하고, 또 일부 학자들은 '정형화할 수 있고, 기호로써 의사소통할 수 있는 모든 인간의 능력'을 문화로 정의하고 있다.

타일러(Tylor)는 문화를 "지식 · 신념 · 법률 · 도덕 · 신앙 · 예술 · 관습 등 사회구성원으로서 인간이 획득한 모든 능력과 습성을 포함한 복합적인 총체"로 보았고, 엘리엇(Eliot)은 문화를 "하나의 생활양식"으로 보았다. 굿맨(Goodman)

은 문화를 "어떤 사회구성원들의 행동을 규제하는 학습된 신념 · 가치 · 관습의 총체"라고 정의하였다.

화이트(White)는 문화를 "행위의 변화를 가져오는 원동력"이라 주장하였고, 위슬러(Wissler)는 문화를 "넓은 의미에서의 모든 사회적 활동"이라 주장하였다. 윌리엄스(Williams)는 문화를 "삶의 방식의 총체"라 정의하면서, "문화가 사람들의 가치관, 행위와 태도, 사고방식과 행동방식 등을 규정함을 의미한다"고 주장하였다.

크뢰버(Kroeber)와 클루크혼(Kluckhohn)은 문화를 "행동양식을 형성하는 가치나 사상, 다른 상징체계에 의해 전달되는 패턴"으로 보았다. 듀이(Dewey)는 문화를 "언어의 조건이며, 동시에 그 산물이다"라고 정의하였고, 틸리히(Tillich)는 "문화의 본질은 종교인 것처럼 종교의 형태는 문화다"라고 하였다.

말리노프스키(Malinowski)는 "문화는 각각 다르기 때문에 가치도 약간 다르다. 사람들은 다른 목적을 추구하고, 다른 충동을 갖고 다른 형태의 행복을 그리워한다"라고 주장하였다. 또한 프로이트(Freud)는 "문화란 에로스에 봉사하는 한 과정이며, 선발된 개인이나 가족, 마침내는 종족과 민족, 국민을 하나의 통일체인 인류에까지 통합하는 것이다"라고 강조하였다.

이시다 이치로(石田一郎)는 문화를 "인간 삶의 영위와 그 소산이 문명이며, 문화는 문명에 내재하여 문명을 성립시키는 문명의 정신과 논리"라 정의하였고, 유네스코(UNESCO)는 "문화는 한 사회 또는 사회적 집단에서 나타나는 예술과 문학, 생활양식과 더부살이, 가치관과 전통 등의 독특한 정신적 · 물질적 · 지적 특징"으로 정의하였다.

따라서 문화란 '사회구성원이나 특정 집단의 독특한 생활양식의 총체(정치 · 경제 · 사회 · 역사 · 언어 · 종교 · 음식 · 의례 · 법 · 도덕 · 규범 · 가치관 등)'로서 공동체의 의미와 전통을 반영한다. 또한 문화는 사람의 사람다운 생활, 즉 가치 생활의 모든 양상(樣相)이며, 한 공동체가 표현하고 표상하는 전반적인 삶의 양식으로서, 구성원들의 지각과 행동에 폭넓게 영향을 미친다. 문화에 대한 정의는 시대마다 조금씩 바뀌지만, 학자들이 주장한 정의는 〈표 1-1〉과 같다.

〈표 1-1〉 문화에 대한 학자들의 정의

학자	정의
타일러(Tylor)	지식 · 신념 · 법률 · 도덕 · 신앙 · 예술 · 관습 등 사회구성원으로서 인간이 획득한 모든 능력과 습성을 포함한 복합적인 총체
윌리엄스(Williams)	삶의 방식의 총체이며, 문화가 사람들의 가치관, 행위와 태도, 사고방식, 행동방식 등을 규정함을 의미
엘리엇(Eliot)	하나의 생활양식
헤르더(Herder)	민중과 인간으로 확장시키는 발달 구성요소
굿맨(Goodman)	어떤 사회구성원들의 행동을 규제하는 학습된 신념 · 가치 · 관습의 총체
화이트(White)	행위의 변화를 가져오는 원동력
위슬러(Wissler)	넓은 의미에서의 모든 사회적 활동
크뢰버(Kroeber)와 클루크혼(Kluckhohn)	행동양식을 형성하는 가치나 사상, 다른 상징체계에 의해 전달되는 패턴
듀이(Dewey)	언어의 조건이며, 동시에 그 산물
틸리히(Tillich)	문화의 본질은 종교인 것처럼 종교의 형태는 문화
말리노프스키(Malinowski)	문화가 각각 다르기 때문에 가치도 약간 다르다. 사람들은 다른 목적을 추구하고, 다른 충동을 갖고 다른 유형의 행복을 그리워함
그리츠(Geertz)	우리들의 이야기를 우리 스스로에게 들려주는 총체적 앙상블
버크(Burke)	표현되거나 구체화된 의미나 태도 · 가치, 그리고 상징적인 형식의 고유 시스템
이시다 이치로(石田一郎)	인간 삶의 영위와 그 소산이 문명이며, 문화는 문명에 내재하여 문명을 성립시키는 문명의 정신과 논리
UNESCO	문화는 한 사회 또는 사회적 집단에서 나타나는 예술과 문학, 생활양식과 더부살이, 가치관과 전통 등의 독특한 정신적 · 물질적 · 지적 특징

3. 문화의 기능

리드(Read)는 문화를 "위에서부터 밑을 향해 눌러 대서는 안 된다. 그것은 밑에서부터 융성하여 자연스럽게 위로 올라가야 한다"라고 주장하였다. 문화는 인간이 사회생활을 자연스럽고 원만하게 할 수 있도록 필요한 모든 행동유형을 제공해 준다.

또한 문화는 창조 · 발명 · 자유 · 행복 · 가치 · 신념 · 규범 등 일련의 관념 체계를 통해 사회가 필요로 하는 개성(personality)이나 어떤 모양을 형성시킨다. 그러므로 학습이나 적용된 문화는 사회구성원들의 상호작용과 한 사회의 유지발전에 영향을 미친다.

먹고사는 문제가 해결된 후 갖게 되는 것이 문화적 욕구이다. 문화가 사회에서 수행하는 역할(役割)은 다음과 같다.: ① 집단이 존속하는 데 필요한 행동유형을 제공하고, 생리적 욕구(의식주) 등의 문제를 해결할 수 있도록 해준다. ② 환경이나 여건에 적응하고 집단을 특정상황에서 하나의 단위로 행동할 수 있도록 일련의 규칙을 제공해 준다. ③ 집단 내부에서 개인의 상호작용 통로를 제공하고, 갈등으로 인한 분열을 방지케 한다. ④ 사회가 개성을 형성하는 데 필요한 가치를 지속적으로 공급해 준다. ⑤ 문화는 2차적 욕구를 창조하여 구성원들의 욕구충족을 위한 새로운 영역의 활동을 확장시켜 준다.

한편, 문화가 개인에게 제공하는 기능(機能)은 다음과 같다.: ① 개인이 습득해야 하는 기존의 적응방식과 욕구충족 방법에 대한 수단을 제공해 준다. ② 언어를 통하여 사회구성원들과 의사소통할 수 있도록 해준다. ③ 욕구불만에서 오는 긴장감을 사회적으로 인정된 방식으로 처리할 수 있도록 해준다. ④ 사회 구성원들의 행동이나 생각을 예측할 수 있게 해준다. ⑤ 개인의 자아를 풍족케 하여 초자아(super-ego)를 형성할 수 있도록 한다. ⑥ 주위의 상황이나 자극을 판별하고 사태에 대처하는 방법을 일깨워준다. ⑦ 인간이 삶을 살아가는 데 필요한 기술이나 지식을 제공해 준다. ⑧ 때로는 개인의 욕구를 규제하거나 제한하기도 한다. ⑨ 사람을 다른 동물이나 자연과는 구별되는 이성을 가진 존재로 끌어 올려준다. 문화의 역할과 기능을 정리하면 〈표 1-2〉와 같다.

〈표 1-2〉 문화의 역할과 기능

구분	내용
문화의 역할	-집단이 존속하는 데 필요한 행동유형을 제공하고, 의식주 등의 문제를 해결 -환경에 적응하고 집단을 특정상황에서 하나의 단위로 행동할 수 있도록 규칙을 제공 -집단 내부에서 개인의 상호작용 통로를 제공하고 갈등으로 인한 분열을 방지 -사회가 개성을 형성하는 데 필요한 가치를 지속적으로 제공 -2차적 욕구를 창조하여 구성원들의 욕구 충족을 위한 새로운 영역활동을 확장
문화의 기능	-개인이 습득해야 하는 기존의 적응방식과 욕구충족 방법에 대한 수단을 제공 -언어를 통하여 사회구성원들과 의사소통할 수 있도록 해줌 -욕구불만에서 오는 긴장감을 사회적으로 인정된 방식으로 처리할 수 있도록 해줌 -사회 구성원들의 행동이나 생각을 예측할 수 있게 해줌 -개인의 자아를 풍족케 하여 초자아(super-ego)를 형성케 함 -주위의 상황이나 자극을 판별하고 사태에 대처하는 방법을 일깨워줌 -인간이 살아가는 데 필요한 기술이나 지식을 제공 -때로는 개인의 욕구를 규제하거나 제한함 -사람을 다른 동물과는 구별되는 이성을 가진 존재로 끌어 올려줌

4. 관광의 의미

관광은 문화, 가치관, 종교, 생활양식 등을 교류하여 상호 간에 이해를 증진시키고 평화에 이바지한다. 관광은 자문화 우월주의나 타 문화 사대주의로부터 벗어나 인류와 환경에 대한 존경심을 높인다. 즉 관광을 통하여 세계적인 문물을 접하게 되면, 관광상품을 개발할 때 세계화된 시각으로 접근하기 때문에 국가발전의 원동력이 된다.

관광(觀光)의 사전적 의미로 ① 다른 고장이나 나라의 풍경, 풍속 따위를 구경하고 즐김, ② 예전에 과거 보러 가는 일을 이르던 말, ③ 그 길이나 과정을 이르던 말, ④ 보양이나 유람 등의 위락적 목적으로 여행하는 것, ⑤ 즐거움을 위한 여행 등을 열거할 수 있다.

1) 중국

중국에서의 관광이란 용어의 기원은 『역경(易經)』에서 찾아볼 수 있다. 『역경』은 중국 고대의 복희씨(伏羲氏)로부터 시작하여 문왕(文王)과 주공(周公)을 거쳐 춘추시대의 공자(孔子)에 의해 완성된 것이다. 또한 『역경』은 중국 고대의 다섯 가지 경서*(經書 : 시경 · 서경 · 역경 · 예기 · 춘추) 중 하나이다.

관광이란 용어는 『역경』 「풍지관괘(風地觀卦)」의 "觀國之光 利用賓于王(관국지광 이용빈우왕)"이라는 글귀에서 동양에 처음 등장하였다. '교양을 높인다'는 뜻을 가진 관광이라는 용어는 관국지광(觀國之光)의 줄인 말이다.

① 觀國之光은 타국을 순례해, 그 지역의 풍속 · 제도 · 문물 등을 시찰하는 것을 뜻한다. ② 利用賓于王은 국왕을 알현하는 손님은 덕과 지혜를 겸비하고 있어 국왕으로부터 내빈으로서의 접대를 받을 것이며, 그로 인해 국왕을 도와 나라의 번영에 크게 공헌하게 될 것'이라 해석하고 있다.

즉 '觀國之光 利用賓于王'은 "나라의 우수한 문물과 제도를 돌아보고 식견을 펴면, 왕에게 귀빈으로 우대를 받는다"는 의미로 볼 수 있다. 중국에서의 관광유래를 정리하면 〈표 1-3〉과 같다.

***오경(五經)**

- 시경(詩經) : 중국 최고(最古)의 시집이며 오경(五經)의 하나임. 공자(孔子)가 편찬하였다고 전해지나 그 편찬자는 확실히 알 수 없음
- 서경(書經) : 공자가 중국 요순(堯舜)때부터 주(周)나라 때까지의 정사(政事)에 관한 문서를 모아 지은 책
- 역경(易經) : 유교의 교전(敎典) 중 오경(五經)의 하나로 점을 보는 책
- 예기(禮記) : 유교(儒敎) 오경(五經)의 하나이며 예(禮)의 이론과 실제를 기술한 책
- 춘추(春秋) : 중국 춘추전국시대 노(魯)나라의 역사서이며 오경(五經)의 하나임. 공자(孔子)가 편집한 것이라 전해짐

〈표 1-3〉 중국의 관광유래

문헌	내 용
역경 (易經)	-觀國之光 利用賓于王이라는 글귀에서 관광이라는 용어가 동양에 처음 등장. 관광(觀光)이라는 용어는 관국지광(觀國之光)의 줄인 말 -觀國之光 利用賓于王은 '나라의 우수한 문물과 제도를 돌아보고 식견을 펴면, 왕에게 귀빈으로 우대를 받는다'는 의미

2) 한국

한국에서는 신라시대 최치원의 시문집인 『계원필경(桂苑筆耕)』에서 관광육년(觀光六年 : 중국에 가서 선진문물을 살피며 체류한 지 6년)이라는 용어를 사용하였다. 여기서 사용된 관광이란 용어는 과거(科擧)라는 뜻으로, 즉 ① 과거 보러 가는 일을 이르던 말, ② 과거를 볼 목적의 관광으로 풀이되고 있다.

고려시대에 편찬된 국역 『고려사절요(高麗史節要)』는 1115년(고려 예종 11)에 송나라에 갔던 사신의 조서(詔書)에 있는 기록으로 "관광상국 진손숙습(觀光上國 盡損宿習 : 상국(중국)을 관광하여 낡은 풍습을 모두 버리도록 하고…)"에서 관광이란 어휘가 사용되었다.

최해(1272~1340)의 『칠언율시(七言律詩)』에 사용된 관광은 과거(科擧)의 뜻으로 사용된 것으로 보인다. 1385년 정도전의 여행기인 『삼봉집(三峰集)』에서는 중국 북경 신년 가정사의 여행기 제목을 「관광집(觀光集)」으로 소개하고 있다.

조선 예종 때 성현(1439~1504)은 1473년, 1475년, 1485년의 3차에 걸쳐 중국에 다녀왔는데, 1차로 중국 북경에 다녀오는 길에 지은 기행시집 『관광록(觀光錄)』에서도 관광이란 단어를 찾아볼 수 있다.

1511년(조선 중종 6)에 편찬된 『중종실록(中宗實錄)』의 「을사제(乙巳祭)」에 "양반부녀자의 관광을 엄히 금지하였다"는 기록이 있는 것으로 보아, 1511년 이전에 양반과 부녀자들이 관광을 많이 하였음을 알 수 있다.

1708년(조선 정조 4)에 연암 박지원(1737~1805)이 지은 『열하일기(熱河日記)』에 나오는 "위관광지상국래(爲觀光地上國來)"라는 표현은 상국(上國 : 중국)의 문물과 제도 등을 보고 배우러 왔다는 뜻으로 명승지와 자연경관을 구경하러 갔다는 의미를 담고 있다.

1844년(조선 헌종 10)에 발표된 『한양가』(작자 미상)에는 관광과 구경이라는 말이 나오는데, 즉 '남녀노소가 급제행렬을 구경한다', '한양에 구경가자'는 것으로 관광과 구경이 같은 뜻으로 사용되고 있다.

유길준(1856~1914)이 지은 『관광약기(觀光略記)』는 1910년 4월에 일본국 나고야박람회를 답사하고 쓴 기행문으로, 당시 일본의 실정 등을 소개하고 관광단원들의 시찰소감 등을 기록한 것이다. 또한 미국 유학 중에 유럽을 여행하며 보고 느낀 것을 기록한 『서유견문(西遊見聞)』은 1896년에 간행되었다.

1897년 독립신문 사설에는 "관광지 개발하여 외화 유치하자!"는 기사가 게재되었고, 1961년 8월 22일 우리나라 관광에 관한 최초의 볍률인 「관광사업진흥법」이 제정 · 공포되었다. 한국의 관광유래를 정리하면 〈표 1-4〉와 같다.

〈표 1-4〉 한국의 관광유래

작가	저서(발행시기)	내용
최치원	계원필경 (신라시대)	관광육년이라는 용어 사용. 여기서 사용된 관광이란 말은 과거라는 뜻으로 즉 '과거를 볼 목적의 관광'으로 풀이
최해	칠언율시 (고려 말기)	과거의 뜻과 같이 사용
김종서 등	고려사절요 (조선 초기)	관광이란 어휘 사용
정도전	삼봉집 (조선시대)	중국 북경 신년 가정사의 여행기 제목을 관광집으로 소개
성현	관광록 (조선시대)	1차로 중국 북경을 다녀오는 길에 지은 기행시집
이기 외	중종실록 (조선시대)	을사제에는 "양반 부녀자의 관광을 엄히 금지하였다"는 기록이 있는 것으로 보아, 1511년 이전에 양반과 부녀자들이 관광을 많이 했음을 알 수 있음

작가	저서(발행시기)	내용
박지원	열하일기 (조선시대)	"위관광지상국래"라는 표현은 상국(上國)의 문물 · 제도 등을 보고 배우러 왔다는 뜻으로 명승지와 자연경관을 구경하러 갔다는 의미
작가 미상	한양가 (조선시대)	관광과 구경이라는 말이 나오는데, 즉 '남녀노소가 급제행렬을 구경한다', '한양에 구경가자'는 것으로 관광과 구경이 같은 뜻으로 사용됨
유길준	서유견문 (조선시대)	미국 유학 중에 유럽을 여행하며 보고 느낀 것을 기록한 책(1896년 간행)
	관광약기 (조선시대)	1910년 4월 일본국 나고야박람회를 답사하고 쓴 기행문으로, 당시 일본의 실정 등을 소개하고 관광단원들의 시찰소감 등을 기록

3) 서양

서양에서의 관광은 투어리즘(tourism)을 중심으로 살펴볼 수 있다. 이는 ① 여러 나라를 순회여행한다. ② 각지를 여행하고 돌아온다는 뜻으로 1811년 *The Sporting Magazine*이라는 잡지에서 처음 사용되었다.

처음에는 이민(emigrant, emigration, immigration)에 상대되는 의미로 비이민자(nonimmigrant)로 사용되었으나, 지역 간의 왕래가 빈번해짐에 따라 '회귀를 전제로 한 이동'의 의미로 관광이란 말이 널리 보급되었다.

tourism은 tour(짧은 기간 동안의 여행)의 파생어이며, 어원은 그리스어 토르노스(tornos)가 라틴어 토르누스(tornus : 순회, 도르래의 의미)를 거쳐 영어의 tour(周遊)로 발전하였다. 또한 tour와 tourism은 '즐거움을 위한 여행(travelling for pleasure)'으로 설명하고 있다. tourism은 'tour+ism'의 합성어로서 tourism(관광)과 tourist(관광객)의 용어가 탄생되었다.

한편, 여행(旅行)을 뜻하는 영어단어로는 journey, travel, trip, tour 등이 있다. journey는 '일 시점에서 타 지점까지의 이동을 표현하는 의미'로 단순한 이전을 포함하는 개념인 데 비해, travel은 '일반적인 여행'을, trip은 '1박 정도의 짧은 여행'을 가리킨다. 특히 travel은 trouble(걱정 · 노고 · 고생), toil(고통 · 힘든 일)과 같은 어원인 travail(업무)에서 파생되었다.

그 밖에 독일어에서 관광을 뜻하는 용어로 'Fremdenverkehr'를 사용하고 있는데, 여기서 Fremden은 '외국인', '외국의'를 의미하고, Verkehr는 '왕래', '교통'을 의미한다. 서양의 관광유래를 정리하면 〈표 1–5〉와 같다.

〈표 1–5〉 서양의 관광유래

용어	내용
tourism	–여러 나라를 순회여행한다, 각지를 여행하고 돌아온다는 뜻으로 1811년 *The Sporting Magazine*이라는 잡지에서 처음 사용 –tourism은 tour의 파생어이며, 어원은 그리스어 토르노스(tornos)가 라틴어 토르누스(tornus)를 거쳐 영어의 tour(周遊)로 발전 –tour와 tourism은 '즐거움을 위한 여행(travelling for pleasure)'으로 풀이됨 –tourism은 'tour+ism'의 합성어로 tourism(관광)과 tourist(관광객)의 용어가 탄생
travel	–일반적인 여행을 의미하며, travel은 trouble, toil과 같은 어원인 travail에서 파생
trip	–1박 정도의 짧은 여행

5. 관광의 정의

맥밀런(MacMillan)은 "우리들이 정말 필요로 하는 것은 일반 국민들이 수만 명씩 서로의 나라를 방문하는 것이다. 이해를 촉진하는 데 이보다 좋은 것은 없다. 우리들 양국 사이의 관광 왕래는 증대하고 있지만, 이것은 더욱더 키워 나가야 할 것이다"라고 강조하였다.

관광은 시대의 변천, 지역의 특성, 사회의 통념상 일반적으로 수용되는 개념 속에서 그 본질적 의미를 알 수 있다. 그러므로 보편적인 시각으로 볼 때 관광의 본질적 의미는 '즐거움을 위한 여행(travelling for pleasure)'이라고 하는 즐거운 기분 · 행복 · 만족을 느끼기 위한 여행의 의미로 이해될 수 있다.

관광은 관광여행의 일종이며 관광행동과 유사한 개념이다. 관광은 관광행동을 일으키는 각종 사업활동이나 관광객을 수용하는 지역의 관련 사상을 염두에 둔 광범위한 관광현상을 의미한다. 또한 관광은 국내외를 불문하고 그 내용도 유람 · 위락 · 휴양 등을 포함하는 등 매우 광범위하다.

관광에 대한 정의(定義)는 국가마다 학자마다 다양하게 정의를 내리고 있으나, 내용은 매우 유사하면서도 상이한 면이 있다. 원래 관광연구는 경제학자들이 국제관광을 무형의 수출(invisible export)로 주목함에 따라 관광연구가 시작되었는데, 관광연구의 최초 과제는 '관광에 의한 경제효과를 측정'하는 데 있었다.

관광의 개념적 정의를 최초로 역설한 학자는 독일의 ① 슐레른(Schulern, 1911)이다. 그는 관광을 "일정한 지역 또는 타국을 여행하며 체류하고, 다시 돌아가는 외래객의 유입 · 체류 및 유출이라는 형태를 취하는 모든 현상과 그 현상에 직접 관련된 모든 현상, 그 가운데서도 경제적인 모든 현상"이라고 주장하였다.

② 보르만(Bormann, 1931)은 관광을 "휴양의 목적, 기분전환이나 유람 · 상용 또는 특수한 행사에 참여, 기타 사정 등에 의하여 거주지에서 일시적으로 떠나는 여행"이라 하였고, ③ 오길비(Ogilvie, 1933)는 관광을 "일시적으로 거주지를 떠나지만, 그러나 1년 이상을 초과하지 않고, 여행 중 소비하는 금전은 거주지에서 취득한 것이어야 한다"고 하였다. 또한 그는 관광의 본질을 "타 지역에서 얻은 수입은 일시적 체류지에서 소비하는 것"에 있다고 보았다.

④ 글뤽스만(Glücksmann, 1935)은 관광객이 체류지에 미치는 경제적 · 사회적

영향에 주목하여 관광을 "체류지에서 일시적으로 머무르고 있는 사람과 그 지역 주민들과의 모든 관계의 총체"라 하였고, ⑤ 훈치커와 크라프(Hunziker & Krapf, 1942)는 "외국인 관광객이 그곳에 체류하는 동안 계속 또는 일시적이든 간에 중요한 영리활동을 실행할 목적으로 정주하지 않는 한, 그 외국인 관광객의 체류로 인하여 발생하는 모든 관계 또는 모든 현상의 총체적 개념"이라 하였다.

⑥ 이노우에 만주조(井上方壽藏, 1961)는 관광을 "인간이 다시 돌아올 예정으로 일상생활권을 떠나 이동하여 정신적 위안을 얻는 것"이라 주장하였고, ⑦ 베르네커(Bernecker, 1962)는 관광을 "상업활동 혹은 직업상의 여러 이유와 관계없이 일시적 또는 자유의사에 따라 타 지역으로 이동한다는 사실과 결부된 모든 관계 및 결과"라고 하였다.

⑧ 메드생(Mēdecin, 1966)은 관광을 "사람의 기분을 전환시키고 휴식을 취하며, 또한 인간활동의 새로운 국면이나 미지의 자연경관에 접촉함으로써 그 경험과 교양을 넓히기 위한 여행을 한다든가, 거주지를 떠나 체류하는 등으로 이루어지는 여가활동의 한 유형"이라고 주장하였다.

⑨ 쓰다 노보루(津田昇, 1969)는 관광을 "일상생활권을 떠나 다시 귀환할 예정으로 타국 또는 타 지역의 문물 · 제도 등을 시찰하거나 풍광 감상 및 유람을 목적으로 여행하는 것"이라고 정의하였다. 1980년대에 ⑩ 카스파(Kaspar)는 관광을 "체류지가 주요 거주지 또는 노동의 장소가 아닌 사람의 여행 및 체류지에서 일어나는 모든 관계 또는 현상의 총체"를 의미한다고 주장하였다.

⑪ 매킨토시(Mclntosh, 1986)는 관광을 "관광객과 다른 방문객들을 유치 · 접대하는 과정에서 관광객 · 관광사업자 · 정부 · 지역사회 간의 상호작용으로 야기되는 현상과 관계의 총체"라고 하였다. ⑫ 코헨(Cohen)은 관광을 "새로운 것, 기분전환, 변화를 추구하기 위한 즐거움을 목적으로 비교적 멀리 주유형 여행을 하는 것"이라고 역설하였다.

⑬ 레이퍼(Leiper)는 관광을 "여행 중 수입을 목적으로 한 경제활동은 제외하

고, 사람이 일상생활권을 떠나 자유롭게 여행하며, 일시적으로 1박 이상 체류하는 것을 내용으로 구성되어 있는 체계"라고 하였다.

⑭ 자파리(Jafari, 1989)는 "일상 생활권을 떠나 있는 인간에 관한, 그리고 인간의 욕구에 대응하는 산업에 관한 또 인간과 산업이 관광대상지의 사회적 · 문화적 · 경제적 · 물리적 환경에 미치는 영향에 관한 연구"라고 주장하였다.

마지막으로 ⑮ UNWTO(세계관광기구)는 "즐거움 · 위락 · 휴가 · 스포츠 · 사업 · 친구 · 친척방문 · 업무 · 회합 · 회의 · 건강 · 연구 · 종교 등을 목적으로 하여 방문국가를 적어도 24시간 이상 1년 이내 체류하는 행위"라고 하였다.

관광에 대한 일반적 정의는 ① 관광객의 욕구를 충족시키는 행위로서 일상생활권 떠나 다시 돌아올 예정으로 타국의 아름다운 풍광, 진귀한 풍물, 역사적 유물을 보는 것 또는 그 지역의 풍속 · 제도 · 문물 등을 시찰하는 것, ② 보양 · 유람 · 체험 · 활동 등을 목적으로 여행하는 것, ③ 즐거움을 위한 여행이라고 할 수 있다. 관광에 대한 학자들의 정의를 정리하면 〈표 1-6〉과 같다.

〈표 1-6〉 관광에 대한 학자들의 정의

학자	정의
슐레른 (Schulern)	일정한 지역 또는 타국을 여행하며 체류하고, 다시 돌아가는 외래객의 유입 · 체류 및 유출이라는 형태를 취하는 모든 현상과 그 현상에 직접 관련된 현상, 그 가운데서도 경제적인 모든 현상
보르만 (Bormann)	휴양의 목적, 기분전환이나 유람 · 상용 또는 특수한 행사에 참여, 기타 사정 등에 의하여 거주지에서 일시적으로 떠나는 여행
오길비 (Ogilvie)	일시적으로 거주지를 떠나지만, 그러나 1년 이상을 초과하지 않고, 여행 중 소비하는 금전은 거주지에서 취득한 것이어야 함
글뤽스만 (Glücksmann)	체류지에서 일시적으로 머무르고 있는 사람과 그 지역 주민들과의 모든 관계의 총체

학자	정의
훈치커와 크라프 (Hunziker & Krapf)	외국인 관광객이 그곳에 체류하는 동안 계속 또는 일시적이든 간에 영리활동을 실행할 목적으로 정주하지 않는 한, 그 외국인 관광객의 체류로 인하여 발생하는 모든 관계 또는 모든 현상의 총체적 개념
이노우에 만주조 (井上方壽藏)	인간이 다시 돌아올 예정으로 일상생활권을 떠나 이동하여 정신적 위안을 얻는 것
베르네커 (Bernecker)	상업활동 혹은 직업상의 여러 이유에 관계없이 일시적 또는 자유의사에 따라 타 지역으로 이동한다는 사실과 결부 된 모든 관계 및 결과
메드생 (Mēdecin)	사람의 기분을 전환시키고 휴식을 취하며, 또한 인간활동의 새로운 국면이나 미지의 자연경관에 접촉함으로써 그 경험과 교양을 넓히기 위한 여행을 한다든가, 거주지를 떠나 체류하는 등으로 이루어지는 여가활동의 한 유형
쓰다 노보루 (津田昇)	일상생활권을 떠나 다시 귀환할 예정으로 타국 또는 타 지역의 문물 · 제도 등을 시찰하거나 풍광 감상 및 유람을 목적으로 여행하는 것
카스파 (Kaspar)	체류지가 주요 거주지 또는 노동의 장소가 아닌 사람의 여행 및 체류지에서 일어나는 모든 관계 또는 현상의 총체
매킨토시 (Mclntosh)	관광객과 다른 방문객들을 유치 · 접대하는 과정에서 관광객 · 관광사업자 · 정부 · 지역사회 간의 상호작용으로 야기되는 현상과 관계의 총체
코헨 (Cohen)	새로운 것, 기분진환, 변화를 추구하기 위한 즐거움을 목적으로 비교적 멀리 주유형 여행을 하는 것
레이퍼 (Leiper)	여행 중 수입을 목적으로 한 경제활동은 제외하고, 사람이 일상생활권을 떠나 자유롭게 여행하며, 일시적으로 1박 이상 체류하는 것을 내용으로 구성되어 있는 체계
자파리 (Jafari)	일상생활권을 떠나 있는 인간에 관한, 그리고 인간의 욕구에 대응하는 산업에 관한 또 인간과 산업이 관광대상지의 사회적 · 문화적 · 경제적 · 물리적 환경에 미치는 영향에 관한 연구
세계관광기구 (UNWTO)	즐거움 · 위락 · 휴가 · 스포츠 · 사업 · 친구 · 친척방문 · 업무 · 회합 · 회의 · 건강 · 연구 · 종교 등을 목적으로 하여 방문국가를 적어도 24시간 이상 1년 이내 체류하는 행위

6. 관광 시스템

1) 구조적 시스템

(1) 관광주체

관광객은 ① 관광의지와 욕구를 가진 일반적인 사람들과 ② 관광에 직접 참여하는 관광객들로 구성된다. 즉 관광주체(관광객)는 관광의 구성요소이자 관광의 주체로서 가장 기본적인 역할을 하게 된다.

관광주체(subject of tourism)는 관광하는 사람 또는 방문자를 의미하며, 관광의 소비수요를 말한다. 즉 관광객의 존재와 행동은 관광현상의 기본적인 구성요소로서, 그 배후에는 관광행동을 규정하는 여러 가지 요인이 있는데, 그것은 ① 가처분소득 증대, ② 여가시간 증가, ③ 여가에 대한 가치관 등을 들 수 있다. 또한 관광주체의 차이에 따라 ① 개인여행, ② 단체여행, ③ 국내여행, ④ 국제여행 등으로 분류할 수 있다.

(2) 관광객체

관광객은 관광욕구나 동기에 따라 관광대상(tourist object)을 찾게 된다. 관광대상은 관광객을 끌어들이는 대상이 되는 모든 것을 말한다(長谷政弘, 1997). 즉 관광대상은 유형적인 것에서 무형적인 것에 이르기까지 관광객의 관광욕구를 충족시켜 줄 수 있는 것이면 모두가 관광자원(tourism resources)이라고 할 수 있다.

관광객을 관광지로 이끌어내는 많은 환경적 · 물리적 · 문화적 · 역사적 · 인공적인 것부터 각종 행사 · 국제회의 · 비즈니스 등도 포함되는 광범위한 영역이다. 다시 말하면, 관광객체(object of tourism)는 관광주체(관광객)가 관광욕구에 내적 충동력을 일으켜 관광행동으로의 표출을 유도하려는 목적물로서 ① 관광자원, ② 관광시설, ③ 기반시설을 의미한다. 관광객체를 정리하면 〈표 1-7〉과 같다.

〈표 1-7〉 관광객체

관광자원	자연자원 · 문화자원 · 사회자원 · 산업자원 · 위락자원
관광시설	숙박시설 · 주차장 · 레크리에이션 시설 등
기반시설	항만 · 공항 · 통신시설 등

(3) 관광매체

관광사업은 사람들이 어느 장소에서 다른 장소로 이동하는 것에 관여하는데(Turner), 관광매체(medium of tourism)는 관광주체가 요구하는 숙박이나 교통 등을 연결시켜 주거나 기타 관광서비스와 관광진흥을 촉진시켜 주는 역할을 한다. 즉 심리적 · 물질적으로 연결시켜 주는 서비스(이동 · 숙박 · 정보 등)를 총칭하여 관광매체라고 한다.

관광매체는 다시 ① 시간적(時間的) 매체인 숙박과 관광객이용시설 · 관광편의 시설 · 국제회의업 등을 들 수 있고, ② 공간적(空間的) 매체로 교통기관 · 도로 · 운송시설 등을 열거할 수 있다. 그리고 ③ 기능적(機能的) 매체로는 관광알선 · 관광안내 · 통역안내 · 관광정보 및 선전물 · 관광기념품 판매업 등이 있다. 관광매체를 정리하면 〈표 1-8〉과 같다.

〈표 1-8〉 관광매체

시간적 매체	숙박시설 · 관광객이용시설 · 관광편의시설 · 국제회의업 등
공간적 매체	교통기관 · 도로 · 운송시설 등
기능적 매체	관광알선 · 관광안내 · 통역안내 · 관광정보 및 선전물 · 관광기념품 판매업 등

2) 행정적 시스템

행정적 시스템은 ① 문화체육관광부, ② 지방자치단체, ③ 한국관광공사, ④ 지역관광기구, ⑤ 한국중앙관광협회 등이 있다.

이를 좀 더 구체적으로 살펴보면 첫째, 문화체육관광부(文化體育觀光部)는 관광산업 및 정책총괄, 관광에 대한 대외적 및 전국적 차원의 정책수립 등을 담당한다.

둘째, 지방자치단체(地方自治團體)는 지역 관광행정의 집행기능 등을 주로 담당한다.

셋째, 한국관광공사(韓國觀光公社)는 국제관광 진흥사업, 국민관광 진흥사업, 관광자원 개발사업 · 관광산업의 연구 및 개발사업 · 관광관련 전문인력 양성 등에 주력하고 있다.

넷째, 지역관광기구(地域觀光機具)는 광역자치단체의 지역관광 진흥을 위한 조직 등을 담당한다.

다섯째, 한국중앙관광협회(韓國中央觀光協會)는 관광사업 발전을 위한 업무, 관광통계, 관광종사원의 교육과 사후관리 등을 담당한다. 관광산업의 행정적 시스템을 정리하면 〈표 1-9〉와 같다.

〈표 1-9〉 관광산업의 행정적 시스템

문화체육관광부	관광산업 및 정책총괄, 관광에 대한 대외적 및 전국적 차원의 정책수립 등
지방자치단체	지역 관광행정의 집행기능 등
한국관광공사	국제관광 진흥사업, 국민관광 진흥사업, 관광자원 개발사업, 관광산업의 연구 및 개발사업, 관광관련 전문인력 양성 등
지역관광기구	광역자치단체의 지역관광 진흥을 위한 조직 등
한국중앙관광협회	관광사업 발전을 위한 업무, 관광통계, 관광종사원의 교육과 사후관리 등

제2절 문화관광의 정의와 종류

1. 문화관광의 정의

관광의 사회현상은 국민의 삶 및 국가나 지역문화와 밀접한 관계를 가진다. 세계 각국은 그 국가가 간직하고 있는 고유한 문화를 성찰케 하고, 그 문화의 정체성을 파악 · 유지 · 계승하는 데 공을 들이고 있다. 또한 문화의 관광자원화와 관광상품화를 통해 잊혀져 가는 전통문화를 보존 · 계승하는 데 많은 노력을 기울이고 있다.

21세기가 문화의 시대로 부상하면서, 문화관광이 관광객을 유인하는 주요 방안의 하나로 관심을 받고 있다. 즉 사회환경에 문화적 특성을 강화함으로써 관광객으로 하여금 문화소비를 적극 유도하고 있다(Richards, 2011; 장혜원 외, 2013).

문화관광(culture tourism)은 '문화를 소재로 한 관광상품 개발의 한 유형'으로 볼 수 있다. 즉 문화를 동기로 하는 관광활동을 총칭하여 문화관광이라 부르고 있으나, 그것이 포함하는 내용은 문화콘텐츠, 학습 및 예술감상, 축제와 문화이벤트, 유적지 방문 등으로 범위가 매우 넓다. 반면에 관광문화는 '관광객과 관광목적지 주민들 간의 상호작용에 의해 생성되는 문화의 한 패턴'을 의미한다.

문화관광이란 말은 1990년대부터 사용되었는데, 이 용어는 매우 광범위하게 사용되고 있으나, 한편으로는 잘못 이해되기도 한다. 문화관광의 개념 자체가 확실치 않은 이유는 문화(culture)와 관광(tourism)이라는 두 단어로 이루어졌기 때문이다. 문화라는 단어만큼 흔하게 사용되는 말도 드물 것이다. 게다가 문화란 말이 정확히 무엇을 뜻하는지에 대해서도 가지각색이며 차이가 있다.

문화의 사전적 의미는 ① 생활이 보다 편리하게 되는 일, ② 인지(人智)가 깨어 세상이 열림, ③ 진리를 구하고 끊임없이 진보 · 향상하려는 인간의 정신적 활동 또는 ④ 그에 따른 정신적 · 물리적인 성과를 이르는 말(학문 · 예술 · 종교 · 도덕 등)을 의미한다. 관광의 사전적 의미는 '다른 지방이나 다른 나라의 풍물 · 풍속을 구경함'이다.

문화관광의 개념적 정의는 "개인의 문화적 욕구를 충족시키기 위해 새로운 정보와 경험획득을 목적으로, 거주지를 벗어나 문화자원으로서의 개인이동"을 의미하며, 기술적 정의는 "거주지와 외부의 유산 · 유적 · 예술적이고 문화적인 표현, 미술이나 드라마와 같은 특수한 문화자원에로의 개인의 모든 이동"을 뜻한다. 문화관광에 대한 정의를 정리하면 다음과 같다.

① 맥카넬(MacCannell)은 문화생산을 "문화의 과정뿐만 아니라 그러한 과정의 결과인 상품"으로 정의하였고, ② 매킨토시와 골드너(McIntosh and Goldner)는 문화관광을 "여행자들이 관광지 주민의 삶 또는 사상에 대한 방식 또는 다른 나라의 유산과 역사를 배울 때 관계된 여행의 총체"라고 정의하였다.

③ 우드(Wood)는 문화관광을 "문화에 의해 형성되고 문화가 관광객의 경험을 유도하는 상황에 따라 규명되는 것"이라 주장하였고, ④ UNWTO는 문화관광을 "좁은 의미로는 연구관광, 무대예술, 문화여행, 축제, 문화행사, 역사적인 장소와 유적, 자연과 민속, 예술을 배우는 여행, 순례 등의 문화적 동기에 의한 인간의 행위를 포함하고, 넓은 의미로는 인간의 움직임을 모두 포함"한다고 하였다.

⑤ 하세 마사히로(長谷政弘)는 문화관광을 "르네상스 시대의 유럽에서 순례를 대신해서 역사적 · 지리적 · 과학적 진리를 추구하기 위해 생성된 관광행동으로 역사유적지나 박물관을 방문하는 것"이라 하였다.

문화관광은 관광지의 유적 · 공예 · 공연 등을 관람하고 체험하려는 것을 주요 목적으로 하는 관광이다. 과거에는 관광이 주로 자연풍광이나 기암괴석 등을 보는 것이 주를 이루었지만, 해를 거듭할수록 문화관광의 수요가 늘어나고 있다. 이러한 가운데 문화관광은 관광현상에 있어서 그 중요성이 높아지고 있다.

문화관광객을 유치할 수 있는 유산이나 자원의 전형적인 형태로 고고학적 유산과 유물 · 건축물(옛터 · 유명한 건물 · 도시 전체) · 예술 · 조각 · 공예품 · 미술 · 축제 · 이벤트 · 음악과 춤(고전 · 민속 · 현대) · 드라마(연극 · 희곡 등 모든 극작품의 총칭) · 언어와 문헌연구 · 여행 · 이벤트 · 종교축제 · 성지참배와 민속적 또는 원시적 문화 등을 들 수 있다.

문화관광을 명확히 정의내리기는 쉽지 않지만, 학자들의 정의를 〈표 1-10〉과 같이 요약해 볼 수 있다.

〈표 1-10〉 문화관광의 정의

학 자	정 의
맥카넬(MacCannell)	문화의 과정뿐만 아니라 그러한 과정의 결과인 상품
매킨토시와 골드너 (McIntosh and Goldner)	여행자들이 관광지 주민의 삶 또는 사상에 대한 방식 또는 다른 나라의 유산과 역사를 배울 때 관계된 여행의 총체
우드 (Wood)	문화에 의해 형성되고 문화가 관광객의 경험을 유도하는 상황에 따라 규명되는 것
UNWTO	좁은 의미로는 연구관광, 무대예술, 문화여행, 축제, 문화행사, 역사적인 장소와 유적, 자연과 민속, 예술을 배우는 여행, 순례 등의 문화적 동기에 의한 인간의 행위를 포함. 넓은 의미로는 인간의 움직임을 모두 포함
하세 마사히로 (長谷政弘)	르네상스 시대의 유럽에서 순례를 대신해서 역사적, 지리적, 과학적 진리를 추구하기 위해 생성된 관광행동으로 역사유적지나 박물관을 방문하는 것

2. 문화관광의 특성

문화의 비중이 증대됨에 따라 세계 각국은 문화관광에 관심을 두고 지원하고 있다. 과거에는 주로 자연관광에 중점을 두었지만, 이제는 그보다 더 중요한 문화자원, 즉 사람들이 살아가는 모습과 역사 · 문화적인 것에 가치를 두고 있다.

최근 우리나라도 우리 민족만의 문화관광자원을 발굴 · 보존하거나 개발에 박차를 가하고 있는데, 역사유적 · 박물관 · 미술관을 비롯한 역사적 건축물 등이 매우 중요한 관광의 매력요인이 되고 있다.

유럽의 문화와 관광은 언제나 밀접하게 연관되어 있다. 유럽은 풍부한 문화와 역사적 유산을 보유하고 있어 많은 외국인 관광객을 유치하고 있다. 유럽의 문화유산은 관광행동을 유발하는 데 가장 중요한 요인 중 하나로 꼽힌다. 최근 많은 국가들은 문화와 관광을 접목시키기 위한 노력을 경주하고 있고, 관광을 국가정책의 우선순위에 두고 있다.

문화와 관광산업은 성장 속도가 빠른 산업이다. 그러므로 문화관광발전에 영향을 미치는 사회적 · 경제적 · 정치적 배경의 분석은 필연적이고, 관광자원 개발 측면에서도 문화관광은 지속적으로 성장할 것으로 보고 있다. 그러나 문화관광은 그 특성상 시간적 · 기술적 변화에 따라 그 가치가 소멸되거나 새로운 모습으로 거듭나기도 한다(변우희 외, 2013).

특히 문화관광은 유럽에 있어 사회적 · 경제적 변화의 주요 첨병으로 인식되고 있다. 즉 유럽의 모든 국가 및 지역에서 발달하고 있는 문화와 관광은 쇠퇴한 제조업 공간과 전략적 도심지역을 부흥시키는 역할을 하고 있다.

문화관광객은 여행비 지출규모가 큰 것이 장점이다. 게다가 관광은 문화적 소비를 중요시하고 있으며, 지역 · 국가 및 초국가적 실체에 의해 조장되고 자극되고 있다. 그리고 관광의 경우도 지방과 국가 그리고 초국가적 실체들에 의해 권장되며, 재정적 지원에 의해 문화적 소비의 중요한 형태를 띠어가고 있다.

유럽에서 문화관광산업은 경쟁이 점차 치열해지고 있다. 그들의 관광개발 전략의 기본은 문화유산의 촉진에 있으며, 문화적 볼거리의 숫자를 급격히 늘려나가고 있다. 우리나라도 박물관이나 미술관과 같은 전통적 · 문화적 볼거리를 만들어 관광수입을 증대시켜 나가야 한다.

문화관광의 특성으로는 ① 고학력이나 고소득자, 전문직에 종사하는 사람들이 많다. ② 여행기간이 비교적 긴 편이다. ③ 관광대상에 대한 인식수준이 매우 높은 편이다. ④ 소비수준이 높아 지역사회에 미치는 경제적 파급효과가 크다. ⑤ 참여와 교류를 통한 지식확대 및 인격성장의 교육적 효과를 들 수 있다. 그리고 ⑥ 사회 · 문화적 효과뿐 아니라, 국민보건 및 복지적 효과 등의 분야에서도 그 중요성을 인정받고 있다.

3. 문화관광의 종류

문화관광의 유사 종류로 ① 유산관광, ② 종교관광, ③ 예술관광, ④ 도시관광, ⑤ 교육관광, ⑥ 축제이벤트관광, ⑦ 스포츠관광, ⑧ 체험관광, ⑨ 갬블관광, ⑩ 적정관광, ⑪ 공정관광, ⑫ 애그리 투어리즘, ⑬ 루럴 투어리즘, ⑭ 종족생활 체험관광 등을 들 수 있다.

1) 유산관광

유산관광(heritage tourism)은 과거에 대한 향수와 문화적 환경을 경험하려는 욕구에 기반을 둔 유무형의 유적을 소재한 여행을 말한다. 또한 유산관광은 역사적 유산이나 문화유산에 국한하지 않고 자연유산까지도 포함하여 인류의 유산을 답사하는 관광형태이다. 즉 유네스코(UNESCO : 국제연합전문기구)의 세계유산 · 국보 · 보물 · 천연기념물 등 공적기관에 의한 인증(허가)이 관계된다.

2) 종교관광

종교관광(sightseeing at religious places)은 성지순례나 사원방문, 종교적인 장소를 관광대상으로 하여 방문하거나 종교행사의 참가를 목적으로 하는 관광을 말한다. 때로는 성스러운 것이 사람을 두렵게 만들지만, 반면에 매료시키는 면도 있다. 성지는 이러한 특성 때문에 문화관광의 대상이 된다. 대표적인 곳으로 사찰이나 성인(聖人)의 유적지, 유명한 교회 등을 들 수 있다.

3) 예술관광

예술은 '아름다움을 표현하고 창조하는 일에 목적을 두고 작품을 제작하는 모든 인간 활동과 그 산물을 통틀어 이르는 말'이다. 예술관광(arts tourism)은 여러 가지 창의적인 노력을 부가해 관광객을 대상으로 만들어진 예술을 의미한다. 즉 미술 · 조각 · 연극 · 음악 등 인간의 노력으로 이루어진 창조적 형태를 경험하는 여행으로서, 훌륭한 예술을 감상하는 관광을 말한다.

4) 도시관광

도시관광(urban tourism)은 매력 있는 근대적 · 현대적 도시기능 등을 향수하기 위해 일상생활권을 떠나 행하는 여가활동이다. 도시에는 숙박(호텔 · 모텔 등) · 면세점 · 백화점 · 토산품점 · 음식점을 비롯하여 도시건축이나 구조물의 시찰, 예술의 감상, 박물관 및 미술관의 관람, 전시회 등의 참여, 스포츠 관람 등 여러 가지 목적이 있다. 도시관광은 주로 인공적인 관광대상을 지향한다.

5) 교육관광

교육관광(educational tourism)은 그랜드 투어리즘(grand tourism)이나 수학여행처럼 교육의 일환으로써 실시되는 관광활동의 총칭이다. 좁은 의미로는 관광객의 교양이나 문화 등 자기계발을 주목적으로 하는 관광형태를 말한다. 어떤 특별한 관심이나 흥미에 의해 행해지는 관광(SIT : Special Interest Tourism은 관광 이외의 특별한 목적을 위한 여행으로서 특정한 관심을 충족시키기 위한 여행형태)의 한 형태로 간주되고 있다.

6) 축제이벤트관광

축제이벤트관광(event tourism)은 외국 및 국내의 지역 전통축제에 직접 참여하기 위하여 행하는 여행이고, 이벤트관광은 일과성 또는 주기적인 개최로 추진하는 관광을 말한다. 이벤트의 목표는 관광시즌의 연장, 관광수요의 확대, 관광객의 유치 등에 있다. 기타 투자 및 인프라 정비, 지명도 향상, 주민의 단합, 자신감 향상 등의 지역 활성화 효과가 생기므로 지역개발방법으로도 중요시되고 있다.

7) 스포츠관광

스포츠관광(sport tourism)은 스포츠를 즐기는 것을 주목적으로 하는 관광형태를 말한다. 또는 스포츠와 관련된 시설이나 스포츠를 즐기는 기회를 제공함으로써 스포츠 관광객의 유치를 도모하는 관광사업을 뜻하기도 한다. 월드컵 · 동계올림픽 등의 행사 개최로 인하여 스포츠관광은 세계적으로 인기가 높아졌으며, 향후 성장이 기대되는 분야이다.

8) 체험관광

체험관광(experience tourism)은 체험을 주목적으로 하는 관광형태이다. 과거에는 정적(靜的 : 보는 관광)인 관광이 주를 이루었으나, 최근에는 동적(動的 : 체험하는 관광)인 관광으로 크게 변화되었다. 대표적인 사례로 도자기 제작, 종이 만들기, 모심기, 벼 베기, 과일 수확하기 등 지역의 문화적 특성을 반영한 비일상적 체험을 하는 경우가 늘고 있다.

9) 갬블관광

갬블관광(gamble tourism)은 갬블을 목적으로 여행하는 관광형태를 말한다. 카지노(casino)식 갬블의 합법화가 세계의 관광지에서 주목받고 있다. 그러한 관광지로 이탈리아의 베네치아와 산레모, 오스트레일리아의 골드코스트, 독일의 바덴바덴, 프랑스의 니스와 칸, 미국의 라스베이거스와 애틀랜틱시티, 마카오 및 모나코의 몬테카를로 등이 유명하다.

10) 적정관광

적정관광(appropriate tourism)은 사회적 · 문화적 · 자연적 환경에 대한 부정적 영향을 지양하고 긍정적 영향을 촉진할 수 있는 관광형태를 말한다. 즉 소그룹 또는 적은 인원수의 사람들에 의한 관광으로 대규모 관광개발을 억제하고 호스트(host) 사회의 가치관, 문화의 존중과 유지를 위하여 노력할 수 있는 관광을 말한다.

11) 공정관광

공정관광(fair tourism)은 생산자와 소비자가 대등한 관계를 맺는 공정무역(fair trade)에서 유래된 개념으로 '아름다운 여행의 대가는 오랫동안 그 땅을 지켜온 현지인에게 돌려야 한다'는 생각에서 출발되었다. 이는 여행에서 초래된 환경오염, 문명파괴, 낭비 등을 반성하고 어려운 나라의 주민들에게 조금이라도 도움을 주자는 취지에서 21세기에 들어서면서 유럽을 비롯한 영미(英美)권에서 추진되고 있다.

12) 애그리 투어리즘

애그리 투어리즘(agri-toursim)은 독일 · 오스트리아 · 이탈리아 농가에서 이루어지는 민박경영 등의 관광활동을 의미한다. 서유럽제국에서는 도시생활자가 도시에서 잃은 자연이나 쾌적한 농촌환경, 전통적 문화유산, 신선한 농산물과 향토요리 등을 찾아 농가에 체류하는 것이 바캉스의 한 형태가 되고 있다. 농가는 새로운 사업의 기회가 되기 때문에, 농산촌의 활성화 대책으로써 정책적인 진흥이 도모되고 있다.

13) 루럴 투어리즘

루럴 투어리즘(rural tourism)은 농촌지역에서 이루어지는 도시생활자들의 여가관광활동을 의미한다. 자연뿐만 아니라 전통문화나 생활문화 등 관광객에게 즐거움이나 쾌적함을 제공하는 농촌 어메니티(amenity)를 찾아서, 농가 등 농촌에 체류하면서 여가를 보내는 것이 주된 활동이다.

14) 종족생활 체험관광

종족생활 체험관광(ethnic tourism)은 현지인들과의 실제적 접촉을 통해 이민족의 생활문화를 생생하게 체험하는 여행을 말한다. 실례로 고산족 탐방여행이나 자바의 인형극 마을 탐방여행이 좋은 사례라 할 수 있다. 또한 태국의 치앙마이 지역에는 여러 소수민족들이 살고 있는데, 관광객은 이곳에서 트레킹하면서 부족의 생활을 체험할 수 있다. 문화관광의 종류를 정리하면 〈표 1-11〉과 같다.

〈표 1-11〉 문화관광의 종류

구분	내용
유산관광	역사적 유산이나 문화유산에 국한하지 않고 자연유산까지 포함하여 인류의 유산을 답사하는 관광형태
종교관광	성지나 종교적인 장소를 관광대상으로 하여 방문하거나 종교행사의 참가를 목적으로 하는 관광형태
예술관광	여러 가지 창의적인 노력을 부가하여 관광객을 상대로 만들어진 예술을 의미하며 미술 · 연극 · 음악 등을 감상하는 관광형태
도시관광	매력 있는 근대적 · 현대적 도시기능 등을 향수하기 위해 일상생활권을 떠나 행하는 여가활동
교육관광	그랜드 투어리즘이나 수학여행처럼 교육의 일환으로 실시되는 관광활동의 총칭
축제 이벤트관광	외국 및 국내의 지역 전통축제에 직접 참여하기 위해 행하는 여행, 일과성 또는 주기적인 개최로 추진하는 관광형태
스포츠관광	스포츠를 즐기는 것을 주목적으로 하는 관광형태
체험관광	체험이나 경험하는 것을 주목적으로 하는 관광형태
갬블관광	갬블을 목적으로 여행하는 관광형태

구분	내용
적정관광	사회적 · 문화적 · 자연적 환경에 대한 부정적 영향을 지양하고 긍정적 영향을 촉진할 수 있는 관광형태
공정관광	아름다운 여행의 대가는 오랫동안 그 땅을 지켜온 현지인에게 돌려야 한다는 생각에서 출발
애그리 투어리즘	쾌적한 농촌환경, 전통적 문화유산, 신선한 농산물과 향토요리 등을 찾아 농가에 체재하는 것
루럴 투어리즘	도시인들에게 자연뿐만 아니라 전통문화 등을 통하여 관광객에게 즐거움이나 쾌적함을 제공
종족생활 체험관광	현지인의 생활문화를 생생하게 체험하는 여행을 말한다. 태국의 치앙마이 지역에서는 트레킹하면서 부족의 생활을 체험

코리아 세일 페스타

매출 8조 7,000억, 외국인 관광객 170만 명, 소비 진작과 내수 활성화에 긍정적 기여

2016년 11월 8일에 개최된 코리아 세일 페스타(Korea Sale Festa)가 소비 진작과 내수 활성화에 긍정적으로 기여한 것으로 나타났다. 코리아 세일 페스타는 대규모 할인행사 및 관광과 문화행사를 통합해 진행한 국내 최대 쇼핑관광축제이다.

전국 유통 · 제조 · 서비스업체가 참여하는 내외국인 대상의 대규모 특별할인, 외국인 관광객을 대상으로 한 쇼핑 · 숙박 · 교통 등의 특별한 할인을 제공한 외국인 특별할인, 전국 각지의 다양한 문화축제를 즐길 수 있는 한류문화 체험행사 등의 3개 테마로 진행되었다.

또한 전국 백화점, 대형마트, 면세점 등 유통업체뿐만 아니라 지난해 참여하지 않았던 가전, 자동차, 패션, 화장품 등의 주요 제조업체들이 대거 참여한 것이 특징이다.

_ Weekly 공감, 2016년 11월 14일

연습문제

01. 문화의 의미를 잘못 설명한 것은?

① 예로부터 자연적으로 만들어진 것
② 현대적 편리성을 갖춘 생활양식
③ 높은 교양과 깊은 지식
④ 인간에 의해 인위적으로 만들어진 것

02. 다음 설명에 해당하는 학자는?

> "문화는 삶의 방식의 총체"라고 정의하면서, 문화가 사람들의 가치관, 행위와 태도, 사고방식, 행동방식 등으로 규정함을 의미한다고 주장

① Goodman ② Wissler
③ Williams ④ Kluckhohn

03. 문화의 기능을 잘못 설명한 것은?

① 언어를 통하여 사회구성원들과 의사소통할 수 있도록 해줌
② 개인의 행동과 욕구를 법으로 규제하거나 제한하지 않음
③ 인간이 삶을 살아가는 데 필요한 기술이나 지식을 제공
④ 사람을 다른 동물과 구별되는 이성을 가진 존재로 끌어 올려줌

04. 관광이라는 용어가 처음 등장한 중국 상고시대의 철학서는?

① 춘추(春秋) ② 서경(書經)
③ 예기(禮記) ④ 역경(易經)

05. 작가와 저서의 연결이 옳지 않은 것은?

① 유길준-서유견문 ② 최치원-계원필경
③ 박지원-관광약기 ④ 최해-칠언율시

06. 서양의 관광어원을 잘못 설명한 것은?

① 여행을 뜻하는 travel은 trouble, toil과 같은 어원인 tornus에서 파생
② tourism은 '짧은 기간 동안의 여행'을 뜻하는 tour의 파생어
③ tourism은 'tour+ism'의 합성어로서 tourism과 tourist의 용어가 탄생
④ tourism이란 용어는 The Sporting Magazine이라는 잡지에서 처음 사용

07. 다음 설명에 해당하는 학자는?

> 관광의 개념적 정의를 최초로 역설한 학자로, 그는 관광을 '일정한 지역 또는 타국을 여행하며 체재하고, 다시 돌아가는 외래객의 유입, 체재 및 유출이라는 형태를 취하는 모든 현상과 그 현상에 직접 관련된 모든 현상, 그 가운데서도 특히 경제적인 모든 현상'이라고 주장

① Bormann ② Medecin
③ Mclntosh ④ Schulern

08. 관광은 '1년 이상을 초과하지 않고, 여행 중 소비하는 금전은 거주지에서 취득한 것'이어야 한다고 정의한 학자는?

① Glücksmann ② Ogilvie
③ Jafari ④ Bernecker

09. 관광매체의 연결이 옳지 않은 것은?

① 시간적 매체-숙박시설 ② 행정적 매체-공공기관
③ 공간적 매체-교통기관 ④ 기능적 매체-관광안내

10. 다음 설명에 해당하는 학자는?

> '문화생산을 문화의 과정으로서뿐만 아니라 그러한 과정의 결과인 상품'으로 정의

① MacCannell ② McIntosh
③ Goldner ④ Huizinga

11. 다음 설명에 해당하는 용어는?

> 여행에서 초래된 환경오염, 문명파괴, 낭비 등을 반성하고 어려운 나라의 주민들에게 조금이라도 도움을 주자는 취지에서 21세기에 들어서면서 유럽을 비롯한 영미(英美)권에서 추진

① ethnic tourism ② rural tourism
③ fair tourism ④ event tourism

정답

01 ①, 02 ③, 03 ②, 04 ④, 05 ③, 06 ①(tornus → travail), 07 ④, 08 ②, 09 ②, 10 ①, 11 ③

제2장

문화콘텐츠

학습 포인트

- 제1절에서는 콘텐츠의 의미와 문화콘텐츠의 정의, 문화콘텐츠산업의 특성에 대해 학습한다.
- 제2절에서는 문화콘텐츠 상품의 종류, 콘텐츠산업의 핵심분야, 문화콘텐츠 상품의 발굴 및 육성, 한류 열풍과 관광, 한류 마케팅 전략에 대해 학습한다.
- 제3절에서는 한류 열풍과 관광, 한류 마케팅 전략에 대해 학습한다.
- 연습문제는 문화콘텐츠의 개념과 상품, 한류 열풍과 관광실태에 대해 총체적으로 학습한 후에 풀어본다.

제1절 문화콘텐츠의 개념

1. 콘텐츠란

콘텐츠(contents)는 인류 역사상 계속해서 존재해 온 것으로 문학 · 그림 · 음악 · 무용 등의 여러 가지 작품들이 이를 대변해 주고 있다. 그러나 21세기에 디지털 시대가 열리면서 콘텐츠의 의미가 상당히 변모하게 되었다. 디지털 시대의 특징은 정보의 무한한 복제와 변형, 전송이 가능하다는 점이다.

콘텐츠(contents)는 콘텐트(content)의 복수형으로 콘텐트의 사전적 의미는 ① 논문 · 연설 · 예술 등이 표현하는 내용, ② 개념의 내용, ③ 용량 등을 의미한다. 콘텐트는 1990년대 중반 유럽에서 '멀티미디어 콘텐트(multimedia content)'라는 용어를 사용하면서 보편화되었다.

콘텐츠는 대중예술의 공연물, 인터넷 가상물에 담긴 내용이나 포함된 질적인 함량을 의미한다. 한국문화정책개발(1998)은 콘텐츠를 "문자 · 화상 · 영상 등의 다양한 형태로 이루어진 정보의 내용물"을 뜻하는 것으로 정의하였다.

콘텐츠라는 용어는 한국이나 일본에서 '내용물 전반'을 지칭하기 위해 편의상 사용하는 것으로 원래는 속에 든 것, 내용눌 또는 서적 · 논눈 등의 내용, 차례를 지칭하는 용어이나, 현재는 각종 유무선 통신망을 통해 제공되는 ① 미디어(media)*의 내용물, ② 디지털 정보(digital information)를 통칭하여 사용하기도 한다.

또한 종래의 콘텐츠는 글자나 음성이 주를 이루었으나, 최근에는 디지털 혁명(digital revolution)으로 인해 방송도 디지털화되면서 통신 · 컴퓨터 · 방송이 융합되는 추세이다. 한마디로, 콘텐츠는 통신망 또는 방송망을 타고 흐르는

*미디어(media) : 어떤 사실이나 정보를 담아서 수용자들에게 보내는 역할을 하는 매개체로 신문 · 잡지 · 서적 · 라디오 · 텔레비전 · 인터넷 등이 있다.

영상 등 각종 정보를 통칭하는 용어로 첨단 미디어 매체에 담긴 내용물이나 정보를 의미한다.

미래는 하드웨어(hardware : 컴퓨터를 구성하는 기계장치를 통틀어 이르는 말)를 개발하는 것도 중요하지만, 다양한 콘텐츠를 통해 소프트웨어(software : 컴퓨터를 작동시키거나 이용하기 위한 프로그램과 기술의 총칭)를 개발하는 것도 매우 중요하다.

따라서 디지털화된 정보의 통칭인 콘텐츠산업(contents industry)은 각종 프로그램, 정보 내용물, CD-ROM* 등에 담긴 영화 · 음악 · 게임 소프트웨어 등을 비롯해서 문자 · 소리 · 영상 등이 융합된 디지털 정보를 다루는 산업을 말한다.

2. 문화콘텐츠의 정의

최근에는 우리의 전통문화를 이용해서 만든 영화 · 애니메이션 · 공연 등이 주목받고 있다. 이처럼 '고유의 전통문화를 계승하고, 발전시켜 상업화한 것을 문화콘텐츠'라고 한다. 그리고 문화콘텐츠는 지역축제나 테마파크 등을 만드는 데도 적극적으로 반영되고 있다.

문화콘텐츠(culture contents)는 문화(culture)와 콘텐츠(contents)의 합성어이며, 1990년대 초부터 언론 지상에서 크게 부각되기 시작하였다. 창조력과 상상력에 기반한 무형의 재화를 생산하는 산업으로 그 나라의 생활방식이나 정신, 가치 및 태도 등이 종합적으로 함축된 한 나라의 정체성을 표현하고 있는데, 이러한 문화의 정체성은 국가 이미지, 국가 브랜드(호감도, 신뢰도 등) 파워를 증대시킨다.

한국콘텐츠진흥원(2003)은 문화콘텐츠를 ① 문화 · 예술 · 학술적 내용의 창작 또는 제작물뿐만 아니라, ② 창작물을 이용하여 재생산된 모든 가공물,

*CD-ROM(Compact Disc Read Only Memory) : 많은 양의 자료가 디지털 형태로 저장되는 콤팩트 디스크이다. 즉 컴퓨터에 소프트웨어를 보급할 때 널리 사용되는 저장장치를 말한다.

③ 창작물의 수집이나 가공을 통해서 상품화된 결과물을 모두 포함하는 포괄적 개념으로 정의하고 있다.

한국행정연구원(2007)은 문화콘텐츠를 "문화유산, 생활양식, 창의적 아이디어, 가치관 등 문화적 요소들이 창의력과 상상력을 원천으로 체화되어 경제적 가치를 창출하는 문화상품"이라 정의하였고, 김평수 등(2007)은 문화콘텐츠를 "인간의 감성, 창의력, 상상력을 원천으로 한 문화적 요소가 체화되어 경제적 가치를 창출하는 문화상품"이라 주장하였다.

무형의 재화를 생산하는 무공해 문화콘텐츠산업(culture contents industry)은 ① 국가 간 상호이해와 평화증진, ② 교육기회의 확대, ③ 역사 · 문화의 보존, ④ 문화향상의 발전도모, ⑤ 국가의 이미지 제고, ⑥ 문화관련 산업의 고용창출 효과 등이 기대되는 산업이다.

또한 문화콘텐츠는 창조력과 상상력에 기반한 고성장 산업으로 적은 자본으로 더 높은 소득을 창출할 수 있는 환경 친화적인 것으로 자연자원이 부족한 우리나라에 매우 적합할 뿐 아니라, 새로운 일자리 창출과 국민소득을 높이는 데 기여하고 있다.

한류 열풍(한국 대중문화의 열풍)의 근본도 문화콘텐츠산업이라고 말할 수 있다. 한류 문화콘텐츠 상품은 일반 관광상품에 비해 약 10% 정도 고부가가치를 유발하고 있다. 문화콘텐츠산업은 21세기를 주도할 분야로 크게 주목받고 있는데, 향후 경제가 성장하고 여가시간이 늘어날수록 사람들을 만족시켜 줄 수 있는 문화콘텐츠산업은 더욱 발전할 것으로 보고 있다.

특히 디지털 혁명과 모바일 콘텐츠(mobile contents : 무선으로 데이터의 전송이 가능한 콘텐츠), IT정보기술(information technology)의 발전은 사회 전반에 걸친 새로운 변화를 초래하였고, 동시에 각 사회를 구성하고 있는 문화나 각종 팩터(factor)에 이르기까지 폭넓게 영향을 미치고 있다. 문화콘텐츠의 정의는 〈표 2-1〉과 같다.

〈표 2-1〉 문화콘텐츠의 정의

단체 및 학자	내용
한국콘텐츠진흥원	문화 · 예술 · 학술적 내용의 창작 또는 제작물뿐만 아니라 창작물을 이용하여 재생산된 모든 가공물, 그리고 창작물의 수집이나 가공을 통해서 상품화된 결과물을 모두 포함하는 포괄적 개념
한국행정연구원	문화유산, 생활양식, 창의적 아이디어, 가치관 등 문화적 요소들이 창의력과 상상력을 원천으로 체화되어 경제적 가치를 창출하는 문화상품
김평수	인간의 감성, 창의력, 상상력을 원천으로 한 문화적 요소가 체화되어 경제적 가치를 창출하는 문화상품

3. 문화콘텐츠산업의 특성

우리나라는 1987년부터 대중문화에 대해 많은 관심을 가지기 시작하였다. 이와 함께 SBS를 포함한 다양한 케이블 TV, 위성방송 채널 등이 개국하면서 본격적인 상업방송이 활성화되었다. 방송환경의 발달로 대기업의 자본이 문화산업으로 유입되었고, 그 결과 체계적인 생산과정의 도입 등 문화콘텐츠의 질을 높이는 데 많은 변화가 일어났다.

문화상품은 '문화적 요소가 체화되어 경제적 부가가치를 창출하는 유무형의 재화나 서비스의 복합체'이다. 문화산업(culture industry)은 이러한 문화상품의 생산, 유통, 소비와 관련된 산업을 말한다. 유네스코(UNESCO)에서는 문화산업을 "형체가 없고 문화적 콘텐츠를 창조, 생산, 상업화하는 산업"으로 정의하고 있다.

이제 문화는 더 이상 소비가 아니라 생산행위가 될 수 있고, 사회적 기반을 만들어갈 수 있는 산업이다. 문화산업에 대한 정의는 나라마다 다르게 표현하고 있다. 미국에서는 엔터테인먼트산업(entertainment industry), 영국에서는 창조산업(creative industry), 캐나다에서는 예술산업(art industry)이라고 한다.

문화콘텐츠산업은 고용과 고부가가치를 창출하는 산업이며, 다른 어떤 제조업보다 경쟁력이 높고 공해를 유발하지 않는 무공해 산업이다. 특히 뉴미디어의 등장과 가처분 소득의 증대, 여가시간의 증대에 따라 문화콘텐츠의 수요도 점점 늘어나고 있는 추세이다.

문화콘텐츠산업의 특성은 성공한 하나의 상품을 다양하게 재창조하여 이익을 내는 것이다. 예를 들어 하나의 상품을 소설로 출판할 수 있고, 게임이나 영화로 재구성하여 캐릭터 산업까지도 다양화시킬 수 있다. 또한 개발된 문화콘텐츠는 각종 대중매체를 통해 외국에 수출할 수도 있고, 수출된 문화콘텐츠는 한국을 홍보하는 역할을 하게 된다.

문화콘텐츠의 특성을 간략하게 정리하면 ① 성장 가능성이 매우 높은 산업이다. ② 위험성은 높으나 흥행에 성공하면 큰 수익을 올릴 수 있다. ③ 경제적 파급효과가 크며, 도시형 산업이다. ④ 지식재산권과 관련된 산업이다. ⑤ 경제적 가치를 창출하는 의미를 포함하고 있어 하나의 문화상품으로 볼 수 있다. ⑥ 환경의 변화가 빠른 산업이다. ⑦ 축제나 이벤트 등 오프라인 및 인터넷 매체가 필요하다. ⑧ 사전에 흥행의 결과를 예측하기 어렵다. ⑨ 라이프사이클이 짧은 산업이다. ⑩ 문화가 상품이 되기 위해서는 창작-개발-제작-유통의 단계를 거치는데, 이를 문화산업의 '가치사슬구조'라고 한다.

제2절 문화콘텐츠 상품

1. 문화콘텐츠 상품의 종류

문화는 국경과 지역을 넘나드는 비정치적 분야로, 국외 문화교류의 확대는 국가 간 긴장완화와 문화교류의 기반을 형성하는 데 최상의 기회를 제공한다. '지금은 문화의 시대를 넘어 문화콘텐츠의 시대'로 대중문화는 영화 · 애니메이션 · 캐릭터 · 방송 · 음악 등에 의해 주도되고 있다.

문화콘텐츠 상품은 물질적 · 경제적 가치를 중시하는 일반상품과는 달리 특정국가나 지역이 보유하고 있는 특수한 문화나 역사적 특성에서 유래되었다. 즉 문화콘텐츠 상품은 소비자의 감성을 자극시키는 것이 중요하며, 문화상품은 디지털 기술을 바탕으로 한 첨단기술과 제휴해서 만들어지는 경우가 많아 창조성을 매우 중시한다.

한국 대중문화상품에의 뜨거운 열기는 국외로 수출하거나 관광객을 유인할 수 있는 좋은 기회이며, 그 파급효과는 관광객 유치, 한국문화와 국가 이미지, 한국에서 생산되고 있는 각종 상품의 이미지 등을 높여주는 상승효과도 나타날 것으로 보고 있다. 따라서 미래의 성장 동력은 상상력과 감성이 중시되는 문화콘텐츠산업이 주도할 것으로 전망하고 있다.

박물관에 숨어 있던 역사적 기록이나 이야기 및 디자인이 소설로, 영화로, 게임으로, 만화로, 애니메이션으로, 에듀테인먼트 콘텐츠로, 캐릭터로 새롭게 상품화되어 탄생된다. 문화콘텐츠 상품은 ① 영화, ② 방송콘텐츠, ③ 만화 · 웹툰, ④ 대중음악, ⑤ 공연, ⑥ 인터넷 · 모바일, ⑦ 게임, ⑧ 공간콘텐츠 등으로 나눌 수 있다. 문화콘텐츠 상품의 분류는 〈표 2-2〉와 같다.

〈표 2-2〉 문화콘텐츠 상품의 분류

종류	내용
영화	영화
방송콘텐츠	드라마, 다큐멘터리 등
만화 · 웹툰 등	만화, 웹툰, 애니메이션, 캐릭터 등
대중음악	대중음악
공연	뮤지컬, 오페라, 연극 등
인터넷 · 모바일 등	인터넷, 모바일, 에듀테인먼트 콘텐츠
게임	컴퓨터 게임, 모바일 게임 등
공간콘텐츠	전시기획, 테마파크, 축제 등

2. 콘텐츠산업의 핵심분야

지금은 첨단 디지털 기술에 힘입은 문화콘텐츠가 세상을 점령하고 있다고 해도 과언이 아닐 것이다. 문화콘텐츠는 대중에게 인기 있는 대중가요, 영화, TV드라마, 게임, 애니메이션, 뮤지컬, 기타 공연물 등의 서로 다른 이질적 장르로 구성된 복합물이나 정보물을 의미한다.

이러한 문화콘텐츠에서 하나의 콘텐츠가 제작되면, 이와 관련된 여러 다른 상품을 만들 수 있는 특징을 지닌다. 오늘날 문화시대를 주도하는 것은 바로 콘텐츠산업이며, 콘텐츠산업을 지탱하는 핵심분야는 ① 만화, ② 애니메이션, ③ 음악, ④ 영화, ⑤ 방송, ⑥ 모바일, ⑦ 에듀테인먼트, ⑧ 게임, ⑨ 캐릭터 등을 들 수 있다.

첫째, 만화(comic strip)는 '신문 · 잡지 · 책에 수록된 줄거리를 가진 여러 컷짜리의 그림'을 말한다. 만화는 예술적, 사회 · 문화적, 교육적, 산업적 가치를 지니며, 애니메이션, 캐릭터, 영화, 방송, 게임 등의 창작 소재로 널리 활용되고 있다.

만화의 종류는 성인만화(시사만화, 유머만화 등)와 아동만화로 구분하며, 표현양식에 따라 한 컷 만화, 네 컷 만화, 그리고 네 컷 이상이 연결되어 차례로 표현하는 연속만화가 있다. 또한 특수한 형태의 만화영화(animation : TV전용 · 영화용 · 광고용)가 있다.

둘째, 애니메이션(animation)은 '그림이나 인형, 그림자 또는 움직이지 않는 물체를 스톱 모션으로 찍어 프레임(frame : 영화필름 한 장)별로 촬영하는 기법'을 말하며, 만화 · 광고 · 게임 · 영화 등의 영역에서 다양한 방식으로 이용되고 있다.

특히 그림 · 색채 · 이야기 · 음악 · 촬영 · 효과 등 종합적 지식이 요구된다. 제작 기법은 ① 필름에 그림을 그려 넣는 방법, ② 종이 등을 잘라 이를 촬영하는 컷 아웃 애니메이션(cut out animation), ③ 컴퓨터 애니메이션, ④ 움직이는 느낌을 만들어가는 스틸 애니메이션(still animation), ⑤ 복사기의 이용이나 카메라를 움직이면서 촬영하는 그래픽 영화 등이 있다.

셋째, 음악(music)은 '소리를 바탕으로 이루어진 시간예술'을 말한다. 음악은 소리의 높낮이 · 장단 · 강약 등의 특성을 소재로 한 예술이라는 점에서 다른 예술과 구별되며, 또한 시간예술이라는 점에서 공간예술과 구분된다.

최근 디지털 음악시장이 국내 및 동남아시아를 거점으로 점차 확대되면서 온라인, 모바일 등 새로운 매체를 이용한 벨소리, 통화 연결음 등의 서비스가 인기를 끌고 있다. 디지털 음악은 상대적으로 빠르게 성장하고 있으며 영화음악, 드라마, 뮤지컬 음악, 광고 음악 등으로 폭넓게 활용되고 있다.

넷째, 영화(film)는 '스크린상에서 움직이는 영상(映像)'을 말한다. 제작과정에는 창조적 · 기계 기술적 · 경제적 요소가 있어야 하고, 그리고 작품 감독, 시나리오 작가, 배우, 촬영기사, 미술가, 음악가, 편집전문가 등의 참여가 필수이다.

한국 영화는 베를린영화제, 칸영화제, 베니스영화제 등에서 잇따라 수상하면서 국제적인 인지도와 위상이 높아지고 있다. 영화는 다른 예술분야에 비해 그 표현방식이 단순해 대중적인 성공을 거둘 가능성이 매우 높은 편이다. 그러나 한국 영화는 질 · 양적으로 성장하였으나, 극장의 수익에 의존하는 등 홍보부족 및 영화콘텐츠 개발에 구조적인 취약점을 지니고 있다.

다섯째, 방송(broadcast)은 '라디오나 TV를 통해 보도 · 음악 · 강연 · 연예 등을 보내어 널리 보고 듣게 하는 것'을 말한다. 「방송법」에서는 방송을 '방송 프로그램을 기획, 편성 또는 제작하여 이를 공중(시청자)에게 전기통신 설비에 의하여 송신하는 것'을 의미하고 있다.

멀티미디어 시대는 다매체, 다채널 시대로 이에 따른 풍부한 콘텐츠가 필요하다. 방송콘텐츠는 단번의 소비로 그 가치가 사라지는 단점을 지니고 있어, 새로운 아이디어가 담긴 콘텐츠를 개발하지 못하면, 생존의 위협에 직면할 수도 있다. 방송의 범주에는 TV방송, 라디오방송, 데이터방송, 이동 멀티미디어

방송이 포함된다.

여섯째, 모바일(mobile)은 '기기로만 인터넷에 접속하는 등 인터넷 생태계가 모바일 위주로 구축되는 현상'을 이르는 말이다. 모바일에서는 전자상거래, 은행 거래, 음악 및 영화 소비 등 일상생활을 하거나 업무를 처리할 수 있다. 모바일은 다른 콘텐츠 부문에 비해 시장형성이 늦었지만, 최첨단 모바일 네트워크와 기기가 속속 등장하면서 역동적인 관련시장이 형성되었다.

무선 단말기를 가진 이용자는 언제 어디서나 실시간으로 정보검색과 통신을 할 수 있다. 특히 이동성이 매우 뛰어나며, 인터넷에 접속하면 다른 이용자와 상호연락이 가능하다. 향후 모바일 콘텐츠만의 특성을 지닌 창의적인 콘텐츠가 만들어진다면, 성장 가능성은 무한할 것이다.

일곱째, 에듀테인먼트(edutainment)는 '사용자가 놀이를 즐기는 과정에서 스스로 교육효과를 얻을 수 있도록 고안된 콘텐츠'를 말하며, 교육(education)과 오락(entertainment)의 합성어이다. 단순한 흥미유발 차원을 넘어 학습의 재미요소와 함께 학습동기, 학습효과를 높이는 전략으로 이용된다.

그러나 사용자의 연령대가 유아와 초등학교 저학년으로 제한된 점도 에듀테인먼트 콘텐츠의 활성화를 가로막는 장애요인이 되고 있다. 에듀테인먼트는 주로 게임 형태이기 때문에 사용자의 조작에 의한 진행이 요구된다. 이 분야는 성장 잠재력은 매우 크지만, 아직까지 시장의 규모는 크지 않다.

여덟째, 게임은 '만화 · 애니메이션 · 게임 · 영화 · 드라마 등에 등장하는 주인공을 형상화한 이미지'라고 볼 수 있다. 즉 비디오 게임, PC 게임, 온라인 게임, 모바일 게임 등 게임콘텐츠산업은 누구도 예측할 수 없을 정도로 빠르게 발전하고 있다.

우리나라 게임콘텐츠산업은 세계 10위권에 속해 있는데, 특히 모바일 게임, 온라인 게임이 활성화되어 있다. 2012년 모바일게임 시장규모는 온라인게임의 11% 수준이었지만, 1년 만에 190% 성장하였다. 반면 PC 패키지 게임, 비디오 게임은 2012년 이래로 마이너스 40%대였고, PC 게임도 44% 역성장하였다(한국콘텐츠진흥원).

아홉째, 캐릭터(character)는 '영화나 드라마에 등장하는 다양한 허구적 인물, 남녀 주인공, 악당, 조연 등 영화에 나타나는 모든 인물을 포함'한다. 특히 언어적으로는 표현하기 힘든 표정, 손동작, 걸음걸이, 말투 등 다양한 표현요소를 총체적으로 동원하여 캐릭터를 하나의 실존하는 듯한 인물로 구체화한다.

최근 캐릭터 콘텐츠는 핸드폰 줄이나 문신처럼 자신의 개성을 표현하는 수단으로 활용되고 있고, 문화적 장벽과 저항이 크지 않다는 장점이 있다. 이 분야는 아직 성장과정에 있으며, 외국에서도 점차 인기를 얻고 있다. 우리나라의 인터넷과 모바일 환경은 캐릭터 콘텐츠를 산업화하는 데 커다란 기여를 하고 있다.

문화콘텐츠산업은 문화시대를 선도하는 핵심 산업으로 핵심분야의 장단점을 분석해 봄으로써 과학적이고, 체계적인 콘텐츠 상품의 발굴 및 육성은 물론 홍보나 마케팅을 할 수 있을 것이다. 콘텐츠산업의 핵심분야는 〈그림 2-1〉, 〈표 2-3〉과 같다.

〈그림 2-1〉 콘텐츠산업의 핵심분야

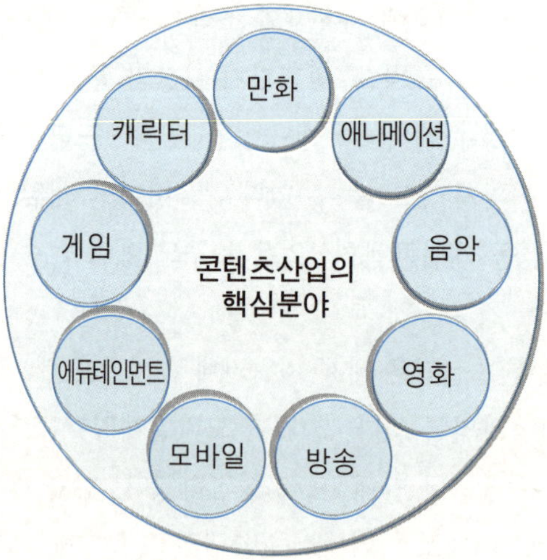

〈표 2-3〉 콘텐츠산업의 핵심분야

종류	특성 및 장단점
만화	-애니메이션, 게임, 캐릭터, 영화, 방송 등의 창작 소재로 널리 활용 -원판생산비용, 즉 초판원고 생산비용이 최저인 특수한 매체 상품 -확대된 시장에서 상품화가 되려면, 수많은 포장과 홍보가 필요 -사회 · 문화적, 교육적, 산업적, 예술적 가치를 지님 -만화의 인지도를 활용하여 다른 문화콘텐츠를 개발할 수 있는 가능성이 많음
애니메이션	-그림, 이야기, 색채, 음악, 촬영, 효과 등 종합적 지식을 요구 -만화, 광고, 게임, 영화 등의 영역에서 다양한 방식으로 이용 -하나의 작품으로 다양한 매체를 통해 활용 가능하고, 기타 연관산업으로서의 파급효과가 큰 산업 -유년 및 초등학생이 고정 소비자층으로 재활용 기간이 상대적으로 길며, 동일한 작품에 대해 소비가 반복 -외국시장 진출이 상대적으로 쉽고, 거부감과 심리적 저항감, 문화적 이질감이 적음 -제작비 운영, 산업계의 구조적인 문제, 불협화음, 대중의 인식결여, 정부의 지원문제 등이 문제점으로 지적 ▷사례 : 애니메이션 영화 〈라이언 킹〉은 제작비 보다 40배의 수익 발생, 주로 게임, 음반, 테마파크 등에서 고수익 발생
음악	-온라인 음악이 유료로 전환된 후 디지털 음악은 음악산업의 새로운 수익원으로 주목 -디지털 음악시장이 확대되면서 모바일, 온라인 등 새로운 매체를 이용한 벨소리, 통화 연결음 등의 서비스가 인기 -음악은 물질에 대한 소비라기보다는 감상의 대상이며, 저작권이 있는 문화상품 -음악은 다른 문화콘텐츠에 비해 그 흥행 여부가 비교적 짧은 기간 안에 결정 -디지털 음악은 상대적으로 빠르게 성장해 영화음악, 드라마, 뮤지컬 음악, 광고 음악 등으로 폭넓게 활용 -대중음악이 성공하려면, 양질의 콘텐츠 구축과 수많은 문화 콘텐츠를 함께 구축하는 것이 필수 ▷사례 : 국내 음악의 해외진출이 활성화되면서 가수 비, 보아, 소녀시대, 카라, 아이돌 스타그룹, 신화, 세븐, 동방신기 등이 한류가 수로 성장

종류	특성 및 장단점
영화	–한국 영화는 베를린영화제, 칸영화제, 베니스영화제 등에서 잇따라 수상하면서 국제적인 인지도와 위상이 높아짐 ▷수상작 : 사마리아, 빈집, 올드보이, 박쥐, 똥파리, 새 등 –한국 영화는 극장의 수익에 전적으로 의존하는 등 구조적인 취약점을 지님 –한국 영화는 질과 양적으로 성장하였으나, 상대적으로 해외 진출의 성과를 얻지 못함 –국외시장, CD제작, IPTV 등을 고려한 영화제작, 영화콘텐츠 개발, 적극적인 전방위 홍보 및 마케팅 전략 수립이 필요 –영화는 다른 예술분야에 비해 그 표현방식이 단순하여 대중적인 성공을 거둘 가능성이 높음
방송	–방송산업은 문화상품을 유통시키는 산업으로, 즉 문화상품의 지식과 창의력을 기반으로 하는 산업 –멀티미디어 시대는 다매체, 다채널 시대이고, 이에 따른 풍부한 콘텐츠가 필요 –방송콘텐츠는 단번의 소비로 그 가치가 사라지는 단점을 지니고 있어, 시청자의 취향을 빠르게 반영해야 함 –새로운 아이디어가 담긴 콘텐츠를 개발하지 못하면, 생존의 위협에 직면
모바일	–다른 콘텐츠 부문에 비해 시장형성이 늦었지만, 최첨단 모바일 네트워크와 기기가 속속 등장하면서 역동적인 관련시장 형성 –무선 단말기를 가진 이용자는 언제 어디서나 실시간으로 정보 검색과 통신이 가능 –이동성이 매우 뛰어나며, 인터넷에 접속하여 다른 이용자와 상호연락 가능 –모바일 콘텐츠만의 특성을 지닌 창의적인 콘텐츠가 만들어진다면, 성장 가능성은 무한함 –청소년층(만 10~19세) 4명 중 1명이 중독위험군으로 나타남
에듀테인먼트	–사용자의 연령대가 유아와 초등학교 등 저학년으로 제한된 점도 에듀테인먼트 콘텐츠의 활성화를 가로막는 요인 –에듀테인먼트 콘텐츠는 사용자의 조작에 의한 진행을 요구 –에듀테인먼트 콘텐츠의 성장 잠재력은 매우 크지만, 아직까지 시장의 규모는 크지 않음

종류	특성 및 장단점
게임	–만화 · 애니메이션 · 게임 · 영화 · 드라마 등에 등장하는 주인공을 형상화한 이미지 –게임산업은 누구도 예측할 수 없을 정도로 빠르게 발전 ▷예 : 비디오 게임, PC 게임, 온라인 게임, 모바일 게임 등 –우리나라 게임콘텐츠산업은 세계 10위권에 속해 있는데, 특히 온라인 게임이 가장 활성화 –게임 중독과 같은 부작용이 발생할 가능성이 매우 높음
캐릭터	–캐릭터 콘텐츠는 핸드폰 줄, 문신처럼 자신의 개성을 표현하는 수단으로 활용 –캐릭터 콘텐츠의 장점은 문화적 장벽과 저항이 크지 않다는 점 –캐릭터 콘텐츠는 아직 성장 과정에 있으며, 외국에서도 점차 인기를 얻고 있음 –우리나라의 인터넷과 모바일 환경은 캐릭터 콘텐츠를 산업화하는 데 크게 기여할 것으로 예상 ▷인지도가 높은 캐릭터 : 태권브이, 둘리, 뽀로로, 짱구, 포켓몬스터, 케로로, 톰과 제리 등

3. 문화콘텐츠 상품의 발굴 · 육성

2000년대는 지식경제의 핵심산업으로 문화콘텐츠를 육성 · 발전시키는 데 초점을 두고 있다. 특히 기술과 인간의 감성, 이미지와 체험, 창의적 아이디어, 가치관 등 문화를 기반으로 상품 및 경제적 가치를 창출하는 사회이다.

첫째, 지역의 문화예술가 또는 문화시설의 공동협력을 통해 문화예술 프로그램을 운영하고, 그로 인해 문화향유 확대 및 지역민의 문화적 삶이 향상될 수 있도록 환경을 조성해야 한다.

둘째, 문화예술인 창작지원과 연계한 문화예술 프로그램의 운영, 지자체 축제와 연계한 문화시설과 문화예술 프로그램 운영, 문화예술 프로그램 운영을 통해 일자리 창출을 유도해야 한다.

셋째, 문화예술 프로그램 운영을 통한 국가 간 또는 지역의 문화공동체 조성 및 국가와 지역 간 문화격차 해소를 위해 노력해야 한다.

넷째, 지역 내 또는 지역 간, 국가 간 문화기관, 아마추어, 예술인, 일반인 등이 참여한 체험예술 프로그램을 발굴 · 육성하여 국내외 문화예술 발전을 도모하고 역량을 강화해야 한다.

다섯째, 저소득층의 문화향유 기회 확대를 위해 발급된 '문화누리카드(1인 5만 원)'의 발급 및 이용률을 증가시켜 통합문화 이용권 활성화 도모와 함께 문화복지사업을 중점적으로 추진해야 한다.

여섯째, 문화시설 취약지역인 도농복합도시의 가맹점 확대 실시로 문화향유 기회 확대 및 문화적 박탈감 해소를 위해 노력해야 한다(지원항목 : 문화예술 관련 분야는 연극, 뮤지컬, 음악, 전시, 무용, 영화, 전통, 도서구입 및 국내여행경비, 스포츠 관람비용 등).

일곱째, 지방문화원 어르신 문화프로그램 운영으로 고령화 사회를 대비한 어르신 문화향유 기회를 확산 전파하고, 장애인의 적극적인 체육 및 문화활동 참여 향상을 위한 인력 및 시설, 프로그램을 개발해야 한다.

여덟째, 무형의 소프트 콘텐츠인 문화원형을 상품화하여 경제 활성화 또는 국내외에 널리 홍보될 수 있도록 하고, 우리 고유의 색채나 소리 등을 디지털화하여 애니메이션, 캐릭터, 게임, 영화 등 문화콘텐츠 산업의 창작소재로 제공해야 한다.

아홉째, 다문화 문화프로그램 개발을 통한 문화의 다양성 실현 및 사회통합 기반을 마련하고, 연극 · 전시 · 문학 등 장르별 프로그램 발굴 및 다문화 우수공연 · 전시순회 등으로 다문화 소외계층 문화향유 활성화 방안을 모색해야 한다.

열째, 외국의 지역문화자원 발굴 및 육성 우수사례를 분석하여 우리나라의 정서에 맞게 벤치마킹(benchmarking)하는 것도 중요하다. 영국과 덴마크의 지역문화자원 발굴 · 육성 우수사례 분석은 〈표 2-4〉와 같다.

〈표 2-4〉 영국과 덴마크의 지역문화자원 발굴 · 육성 우수사례 분석

국가명	내용
영 국	• 리버풀의 '비틀즈' 지역브랜드 개발과 활용 – 리버풀에서는 비틀즈와 관련된 다양한 콘텐츠를 개발 활용 – 다양한 시설 및 이벤트를 도시 곳곳에서 찾아볼 수 있음
덴마크	• 오덴세 '안데르센의 동화' 콘텐츠화 – 안데르센과 그의 동화들을 하나의 도시 브랜드화하기 위해, 그의 흔적을 콘텐츠화하여 관광자원화 – 신호등, 버스정류장, 입간판, 공중전화 박스 등 도시 내의 시설에도 이를 적극 활용해 도시를 홍보

4. 문화콘텐츠 시장

문화콘텐츠 시장은 서비스업의 성장과 함께 발전해 왔으며, 잠재성이 매우 높은 분야이다. 특히 ① DMB, ② PMP, ③ IPTV 등 정보통신기술의 발전에 따라 다양한 뉴미디어 서비스가 본격화되면서 콘텐츠시장의 수요가 확대되고 있다.

첫째, DMB(Digital Multimedia Broadcasting : 디지털 멀티미디어 방송)는 음성이나 영상 등 다양한 멀티미디어 신호를 디지털 방식으로 변조, 고정 또는 휴대용 · 차량용 수신기에 제공하는 방송서비스이며, 일명 '손 안의 TV'라고도 불린다.

여기에 멀티미디어 방송개념이 추가되어 동영상이나 날씨, 뉴스 등 데이터 정보를 추가로 보낼 수 있다. 또한 이동 중에도 개인 휴대용 또는 차량용 단말기를 통해 CD · DVD급의 고음질 · 고화질 방송을 즐길 수 있다.

둘째, PMP(Portable Multimedia Player : 휴대용 멀티미디어 플레이어)는 이미지 · 음악 · 동영상 등의 멀티미디어를 휴대하면서 즐길 수 있는 장치이다. 즉 MP3, DVD 등을 장착하여 각종 멀티미디어 콘텐츠를 즐길 수 있다.

또한 PMP는 3인치 내외의 액정 화면을 통해 동영상 파일을 볼 수 있는 휴대용 단말기이다. 특히 대용량 하드디스크를 갖추고 있어, MP3 플레이어, 동영상 플레이어 등으로도 쓸 수 있다.

셋째, IPTV(Internet Protocol Television : 인터넷을 통해 제공되는 텔레비전 서비스)는 인터넷망을 이용해 멀티미디어 콘텐츠를 제공하는 방송 · 통신의 융합서비스를 말한다. 즉 초고속인터넷망을 통해 영화나 드라마 등 시청자가 원하는 콘텐츠를 양방향으로 제공한다.

TV 수상기에 셋톱박스(set-top box, STB : 텔레비전에 연결되어, 외부에서 들어오는 신호를 받아 적절히 변환하여 텔레비전으로 그 내용을 표시해 주는 장치)를 설치하면, TV를 보면서 인터넷 검색, 홈뱅킹, 온라인 게임, 홈쇼핑 등 기존 인터넷에서 제공되는 다양한 콘텐츠와 부가 서비스를 마치 컴퓨터를 사용하는 것처럼 리모콘을 이용해서 사용할 수 있다.

이제는 문화가 자본이 되는 시대이다. 즉 문화콘텐츠 시장은 앞으로 국가의 경쟁력을 향상시켜 줄 수 있는 최대의 요소로서, 그 영역도 광범위하기 때문에 국가적 차원에서 문화콘텐츠 산업에 대한 적극적인 지원과 육성, 개발이 그 어느때보다 중요한 시기이다.

우수한 콘텐츠를 육성 · 개발해야 하는 이유는 콘텐츠에 담긴 다양한 정보와 메시지, 가치를 많은 고객들에게 전달해야 하기 때문이다. 문화콘텐츠 개발의 중요한 코어는 스토리텔링, 이미지, 일러스트, 영상, 디자인 등을 들 수 있다.

문화콘텐츠 제작환경의 가장 큰 요인은 디지털 기술과 정보통신 기술의 발달이다. 멀티미디어 제작에는 지식과 기술, 치밀한 기획력, 예술적인 표현력 등 다양한 능력을 갖춘 관리 및 기획전문가, 내용전문가, 프로그램 전문가, 미디어 제작 전문가 등이 필요하다.

문화콘텐츠는 제작비가 많이 들어 흥행에 실패하면 원금마저 회수하기 어려운 점도 있지만, 문화콘텐츠 시장에서 성공할 경우 대규모의 수익을 창출할 수 있다. 멀티미디어 콘텐츠 제작에 필요한 인력은 〈표 2-5〉와 같다.

〈표 2-5〉 멀티미디어 콘텐츠 제작에 필요한 인력

제작 인력	기술 및 능력
관리 및 기획전문가	프로젝트 관리기술, 타이틀 기획 설계 및 구성능력, 순서도 및 스토리보드 작성기술, 사용자에 대한 지식, 진단 시 평가능력, 통합(종합)기술 등
내용전문가	콘텐츠 내용에 대한 전문지식, 사용자에 대한 지식, 상호작용 설계기술 등
프로그램 전문가	하드웨어 시스템 기술, 저작도구 활용능력, 프로그램 활용능력 등
미디어 제작전문가	그래픽 제작능력, 비디오/오디오 능력 등

제3절 한류 열풍과 관광

1. 한류 열풍과 관광

문화관광콘텐츠는 지역에 있어서 가장 핵심적인 관광자원이 되고 있다. 2016년 한국을 방문한 외국인 관광객은 1천700만 명으로 사상 최대치를 기록하였다. 특히 한국을 찾는 동남아 관광객들이 빠르게 증가하고 있는데, 이들은 쇼핑에 집중하는 중국인 관광객들과 달리, 케이팝(K-Pop) 등 한류문화(韓流文化)에 대한 관심이 높은 20대 여성들이 대부분을 차지하고 있다.

최근 한국을 찾는 주요 국가는 중국 · 일본 · 미국 · 대만 · 홍콩 · 필리핀 · 태국 · 인도네시아 · 말레이시아 · 러시아 등이며, 특히 관광시장에 동남아 바람이 불고 있다. 이 중 인도네시아 · 베트남 · 태국 등 경제가 고속 성장하는 동남아 국가에서 한국을 찾는 관광객들이 급증하고 있다.

현재 우리가 향유하고 있는 문화를 '대중문화'라고 한다. 즉 대중문화는 '대중이 즐기는 문화'를 말한다. 일반적으로 대중문화라 함은 매우 복잡하고 모호한 개념으로 생각하지만, 주로 영화 · TV · 대중음악 · 공연예술 등을 떠올리게 된다. 이러한 콘텐츠들은 대중문화의 개념에서 매우 중요하다.

한류(韓流)란 용어는 '한국유행문화(韓國流行文化)'의 줄임말로, 2000년 2월에 중국의 언론이 붙인 것이다. 즉 한류는 1990년대 말부터 한국문화의 영향력이 타국에서 급성장함에 따라 등장한 신조어로, '한국의 대중문화가 주로 동남아시아를 중심으로 일기 시작한 열풍'을 말한다. 즉 '우리의 대중문화를 포함한 한국과 관련된 것들이 타국에서 인기를 얻는 현상'을 뜻한다.

1996년 한국의 드라마가 중국에 수출되고, 2년 후에는 대중가요 K-Pop이 확장되면서 한류의 열풍이 불기 시작했다. 어느 문화에서나 음악은 중요하다. K-Pop은 '한국에서 대중적 인기를 얻는 유행 음악을 총칭'한 이름으로 '가요', 또는 '유행가'라 부르기도 한다. 특히 우리의 대중가요가 외국에서 인기를 얻게 된 후에 K-Pop이라는 명칭이 한국의 대중가요를 가리키는 이름으로 자리매김하게 되었다.

1997년 CCTV에서 방영된 연속극 〈사랑이 뭐길래〉가 아시아 대륙을 강타한 후, 화교권 전역에서 한국 관련 프로그램을 확대하게 되었고, 2001년 8월 가수 핑클의 베이징 공연으로 인해 한류 열풍은 더욱 확산되었다.

2000년 전후부터 한국의 영화, TV 드라마가 아시아의 여러 나라에서 방송되자, 한국의 연예인이나 한국문화 전반에 대한 인기가 높아지게 되었다. 한류에 속하는 우리의 대표문화는 스마트폰, 태평무, 비빔밥, 한복, K-Pop, 드라마, 한글, 자동차, 한정식, 게임, 애니메이션, 웹툰 등을 들 수 있다.

특히 한류 열풍으로 외국에 확산된 대표적인 한국 드라마는 2002년도에 일본 NHK에서 방영된 〈겨울연가〉를 들 수 있다. 이를 계기로 한국의 연예인들은 일본 · 중국 · 타이완 · 홍콩 등지에서 최고의 대우를 받을 정도로 커다란 반향을 불러일으켰다. 특히 〈겨울연가〉의 촬영지인 춘천과 남이섬은 유명 관광명소가 되기도 하였다.

한류 열풍의 대표적 관광명소인 남이섬은 1960~90년대에는 최인호의 〈겨울나그네〉 촬영지 및 강변가요제 개최지로 알려져 행락객들의 '유원지'로 인식되어 왔으나, 2001년 12월 KBS 드라마 〈겨울연가〉의 방영으로 인해 대만 · 일본 · 중국 등 동남아시아를 비롯한 아시아권 관광객이 급증하면서 문화관광지로 탈바꿈하였다.

또한 최근에는 북미 · 유럽 · 중동의 관광객뿐 아니라 국내 거주 외국인들이 가장 찾고 싶어하는 국제적 관광휴양의 성지로 각광받고 있으며, 연평균 입장객 3백만 명 수준을 꾸준히 유지하고 있다.

2000년 2월에는 댄스그룹 H.O.T.의 베이징 공연을 시작으로 중국에서 본격적인 한류 열풍이 일어났고, 2001년 당시 보아가 일본에서 출시한 정규 음반 〈Listen to My Heart〉는 대한민국 가요 최초로 오리콘 앨범차트 1위에 올랐다. 그 밖에 2003년 베이비복스의 〈I'm Still Loving You〉가 발매되었고, 2005년 가수 비의 "Rainy day–Beijing" 공연은 또 한 번 한류 열풍을 일으켰다.

한편, 2000년에 방영된 드라마 〈가을동화〉는 대만 및 여러 나라에서 관심을 모았고, 또한 이 드라마의 촬영지를 보기 위해 찾아온 외국인 관광객들이 인산인해를 이루었다. 영화 〈쉬리〉는 2000년 일본에서 개봉하면서 흥행 1위를 달성했고, 2003년에 공개된 드라마 〈대장금〉 또한 여러 나라에서 큰 관심을 받았다.

2004년에는 〈풀하우스〉가 아시아에서 인기를 얻었고, 2008년에는 드라마 〈주몽〉이 이란에서 시청률 85%를 기록하며 큰 인기를 끌었다. 이란의 현지 언론들은 한국 드라마 관련 기사를 비중 있게 다루면서, 드라마 촬영장소를 직접 찾기도 하였다.

네팔에서는 영화 〈엽기적인 그녀〉가 인기를 끌어 일부 젊은이들 사이에서 "사랑해요(Sarang hyo)" 같은 한국어가 유행하기도 했다. 아이돌 그룹 동방신기는 2009년 한국 그룹 최초로 도쿄돔 무대에 섰고, 2009년 카라는 〈Pretty Girl〉

로 태국의 'AS TV 아시아 팝 차트'에서 1위를 달성했다.

2012년에는 싸이의 〈강남스타일〉이 세계적으로 인기를 끌었다. 〈강남스타일〉은 서양에 존재했던 소수의 한류 커뮤니티뿐만 아니라 대중사회에서도 인기를 끌었으며, 2012년 9월에는 미국 빌보드 차트에서 2위를 차지했다. 또한 2014년 5월에는 유튜브(YouTube : 전 세계 최대 무료 동영상 공유 사이트) 최초로 조회 수 20억 건을 돌파하는 성과를 내기도 했다.

최근에는 한국의 패션 · 미용 · 쇼핑 · 음식 · 관광 등에 대한 외국인들의 선호도가 높아지면서 한류의 범위가 점점 확장되고 있다. 한류 열풍은 국민적 자존심과 한국문화에 대한 긍지를 높여주는 계기가 되었으며, 한국의 영화 · 드라마 · 게임산업 등의 활발한 수출은 더 이상 문화적 유행에 그치지 않고, 국가적 위상 전환의 기회로 삼게 되었다.

2. 한류 마케팅 전략

한류 열풍은 한국의 문화콘텐츠가 동남아시아 지역 및 화교권 국민들의 정서와 기대에 어느 정도 부합했기 때문에 일어나게 된 것이다. 문화콘텐츠는 상대 국가에 대한 존중과 문화코드에 대한 이해가 전제되지 않으면, 그 유행은 한순간에 멈출 수도 있다.

동남아시아는 우리나라 방송 콘텐츠의 주요 시장이다. 하지만 동남아시아는 다양한 규제를 통해 방송 콘텐츠의 자국 진출을 제한하고 있다. 즉 이들 국가들의 장기에 걸친 미디어 산업 규제로 인하여 자국의 콘텐츠가 발전하지 못했다.

그나마 말레이시아나 인도네시아는 특유의 문화 개방성 덕분에 원활한 교류가 이어지고 있고, 베트남은 유교 및 불교의 동일 문화권이라는 점이 동질감을 갖는 데 큰 역할을 하고 있다. 그리고 태국은 한국 드라마에 대한 마니아층이 어느 정도 형성되어 있는 국가이다.

국가마다 언어 · 종교 · 풍습 · 문화 등이 상이해 때때로 자신들의 문화적 정체성을 지키기 위해 외래문화의 경계를 사수하는 경향이 있을 수 있다. 국외의 문화콘텐츠 시장은 항상 변화하는 마케팅 환경 속에서 성장해 가고 있다. 급변하는 환경변화에 대처하기 위해서는 문화콘텐츠 시장을 꾸준히 분석하고 평가해야 한다.

기존 문화콘텐츠 상품의 특성, 국외시장의 성격, 콘텐츠 상품의 우위요인, 시장점유 가능성 등을 분석하여 장기적이고 체계적인 마케팅 전략을 세워야 성공할 수 있다. 특히 현재의 고객, 미래의 잠재고객을 발굴하거나 신흥시장 또는 틈새시장을 개척하고, 경쟁국가보다 유리한 마케팅 믹스(marketing mix)* 나 경쟁상의 우위성 확보를 수립해야 경쟁에서 살아남을 수 있다.

마케팅(marketing)은 소비자에게 상품이나 서비스를 효율적으로 제공하기 위한 체계적인 경영 활동, 시장 조사, 상품화 계획, 선전, 판매 등이 이에 속하며, 소비자에게 최대의 만족을 주고 생산자의 생산 목적을 가장 효율적으로 달성시키는 것을 목표로 한다.

마케팅에서 외국인들의 소비유형을 파악하여 그들의 감각을 자극할 수 있는 전략은 매우 중요하다. 실제로 국제적으로 성공한 콘텐츠들은 거의 대부분이 마케팅 전략을 잘 활용한 것으로 나타났는데, 즉 시각적 차원에서 그래픽 효과, 디자인 상품과 콘텐츠가 다른 상품들과 구별되는 속성을 요구하고 있다.

물론 양질의 콘텐츠를 개발하는 것도 중요하지만, 이를 아시아 및 전 세계에 널리 홍보하고 확산 전파하는 일 또한 매우 중요하다. 우리의 문화콘텐츠를 효과적으로 알리는 방식과 전략으로 브랜드 · 마케팅 · 홍보활동 등을 예로 들 수 있다.

문화콘텐츠는 일반제품이나 서비스와는 달리 소비자의 체험을 중요시한다. 즉 체험 마케팅이 가능한 상품이라고 할 수 있다. 소비자들은 단순히 제품이

***마케팅 믹스**(marketing mix) : 마케팅 목표를 달성하기 위해 마케팅 수단을 결합하는 것으로, 상품정책 · 가격정책 · 촉진 · 유통경로로 구성되어 있다.

필요해서 구매하는 것이 아니라 체험을 통해 추억을 만들고, 콘텐츠와 함께 일체감을 느끼기 위해서 구매한다.

마케팅의 궁극적인 목표는 표적시장에 관련된 목표의 표현으로, 표적시장을 위한 명확한 전략을 수립해야 한다. 한류 시장의 마케팅 전략 방안은 첫째, 국외시장 진출이 상대적으로 쉽고, 거부감과 심리적 저항감, 문화적 이질감 등이 적은 '애니메이션 콘텐츠'를 우선적으로 확산 전파해야 한다.

둘째, 우리나라 게임콘텐츠산업은 세계 10위권에 속해 있는데, 그중 '온라인 게임'을 활성화시켜 아시아 문화콘텐츠 시장을 선점해 확산 전파시키는 것도 좋고, 문화적 장벽과 저항이 크지 않는 '캐릭터콘텐츠'를 아시아의 신흥시장이나 틈새시장 등에 확산 전파하는 것도 좋은 방법이다.

셋째, 국외 문화수요의 다변화 등 문화환경의 변화에 따른 '창조형 미래문화 콘텐츠'를 개발해 국외시장을 개척해야 한다. 특히 외국인 관광객의 급증에 대비한 문화예술 프로그램 개발 및 서비스 체계 개선을 마련하고, 북한의 문화정책, 문화향유 실태조사를 통해 남북문화 교류의 제도화 및 문화통합 기반을 마련할 필요가 있다.

넷째, 세종학당 운영 등 한국어의 보급 확대로 우수한 우리 문화의 국외진출 저변 확대와 국외시장 개척을 위한 전문행사 개최 및 프로모션 등에 대한 지원을 강화할 필요가 있다(예 : 스마트 콘퍼런스 개최 및 기업의 해외동반진출 지원 등)

다섯째, 국가별 또는 한류 신흥국가 등에 대한 맞춤형 전략으로 한류의 지속적인 성장기반 구축, 아시아의 한류 확산국가, 신흥국가 등과의 교류를 확대하고, 협력 촉진에 대한 MOU 체결로 성장기반을 마련해 한류 잠재국가의 인적 교류 확산 및 저개발 국가 콘텐츠 무상제공도 검토할 필요가 있다.

여섯째, 디지털 저작권 환경변화에 대응하는 온 · 오프라인 단속 강화 및 한류 콘텐츠 보호를 강화하고, 외국에서의 우리 저작권 보호 강화를 통해 경쟁력 있는 콘텐츠 창작 기반을 마련해야 한다. 즉 코리아센터, 국외문화원, 콘텐츠진흥원, 영화진흥위원회 등과의 연계 강화를 통한 종합 대응체제 구축을 마련해야 한다.

일곱째, 국외시장 조사를 통해 정치적 · 경제적 · 문화적 · 사회적 조건과 민족 · 풍토 · 언어 · 생활습관 등을 주요 국제행사를 활용해 문화콘텐츠의 국가이미지 제고와 브랜드 가치를 높이고, 전략적 국외 진출을 강화해야 한다(예 : 2018년 평창 동계올림픽, 아시안게임, 월드컵, UNWTO 등 국제회의 적극 활용).

한류 문화콘텐츠는 외화획득 및 국제교류 증대, 국가의 이미지 제고 등에 크게 이바지할 수 있는 유망산업이다. 따라서 소비자에게 접근할 수 있는 콘텐츠에 생명력을 불어넣어 주어야 한다. 따라서 마케팅 분석은 마케팅 효과를 재평가하는 마케팅 효과 재평가법과 마케팅 점검이 있다.

마케팅 성과를 높이기 위해 문제가 되는 국가의 환경이나 목표, 전략 등을 종합적 · 체계적 · 정기적으로 점검함으로써 마케팅 전략을 개선할 수 있다. 한류 마케팅의 유형은 〈표 2-6〉과 같고, 마케팅 효과 점검은 〈표 2-7〉과 같다

〈표 2-6〉 한류 마케팅의 유형

인터넷 홈피 활용	독특한 홈피를 개설해 영화를 홍보, 엔터테인먼트적 요소를 가미
스타마케팅	배우들이 대중매체에 나와 직간접적으로 영화를 소개
입소문 마케팅	상대적으로 적은 비용으로 높은 효과 기대
토털 마케팅	인터넷, TV, 모바일 등으로 실시간 노출

〈표 2-7〉 마케팅 효과 점검

마케팅효과 재평가법	–고객지향성, 마케팅 조직의 통합성, 마케팅의 적절성, 마케팅 전략과 질, 마케팅의 효율성 등
마케팅 점검	–거시적 환경(기술 · 정치 · 문화적 환경 등) –미시적 환경(시장 · 고객 · 경쟁국가 · 일반대중 등) –마케팅 전략 점검(홍보목표 및 전략 등) –마케팅 조직 점검(기능별 효율성 등) –마케팅 시스템 점검(마케팅 정보 및 조사시스템, 마케팅 기획과정 및 마케팅 통제시스템, 신제품 등) –마케팅 생산성 점검(시장점유율 분석 및 효율성 비율 등)

연습문제

01. 문화콘텐츠의 특성과 관련이 없는 것은?

① 성장 가능성이 매우 높은 산업　② 지식 재산권과 관련된 산업
③ 경제적 파급효과가 큰 산업　④ 라이프 사이클이 매우 긴 산업

02. 다음 설명에 해당하는 용어는?

> 그림이나 인형, 그림자 또는 움직이지 않는 물체를 스톱 모션으로 찍어 프레임(frame)별로 촬영하는 기법

① animation　② music
③ film　④ comic strip

03. 다음 설명에 해당하는 용어는?

> 사용자가 놀이를 즐기는 과정에서 스스로 교육효과를 얻을 수 있도록 고안된 콘텐츠

① character　② mobile
③ edutainment　④ broadcast

04. 다음 설명에 해당하는 용어는?

> 음성이나 영상 등 다양한 멀티미디어 신호를 디지털 방식으로 변조, 고정 또는 휴대용 · 차량용 수신기에 제공하는 방송서비스이며, 일명 '손 안의 TV'라고도 불림

① DMB　② PMP
③ DVD　④ IPTV

05. 한류 열풍의 대표적인 관광명소와 작품이 바르게 연결된 것은?

① 선유도 – 가을동화
② 덕적도 – 풀하우스
③ 강화도 – 대장금
④ 남이섬 – 겨울연가

06. 배우들이 대중매체에 나와 직간접적으로 영화를 소개하는 마케팅은?

① 인터넷 마케팅
② 스타 마케팅
③ 토털 마케팅
④ 입소문 마케팅

정답

01 ④, 02 ①, 03 ③, 04 ①, 05 ④, 06 ②

제3장

문화유산

학습 포인트

- 제1절에서는 문화유산관광, 문화재의 정의와 문화재를 유형별 · 지정권자별로 분류해서 학습한다.
- 제2절에서는 국보와 보물, 중요민속자료, 사적, 명승, 천연기념물, 문화재자료의 지정기준에 대해 학습한다.
- 제3절에서는 유네스코에 등록된 한국의 문화유산, 기록유산, 무형유산, 자연유산에 대해 학습한다.
- 연습문제는 문화유산에 대한 기본개념과 등록현황을 총체적으로 학습한 후에 풀어본다.

제1절 문화재의 정의와 분류

1. 문화유산 관광

문화유산(cultural heritage)은 '세계의 귀중한 예술 · 문화를 지키기 위해 설정된 가치가 큰 문화업적'을 말한다. 즉 ① 건축물 · 기념물 · 도시계획 등의 발전에 커다란 영향을 미친 것, ② 잃어버린 문명에 관하여 특별한 증언을 나타내는 것, ③ 역사의 중요한 단계를 보여주고 있는 구조형식을 가진 것, ④ 어떤 문화를 대표할 수 있는 전통적인 거주지 등을 예로 들 수 있다.

문화유산은 조상들의 문화 중에서 후손들에게 물려줄 만한 가치가 있는 것을 말한다. 즉 유물과 유적, 생활도구, 성터와 궁터, 전통음악, 마을축제, 춤과 놀이, 굿 등이 해당된다. 문화유산을 통해 조상들의 의식주나 생활모습, 조상들이 사용한 생활도구, 조상들의 사고(思考), 조상들이 즐기던 여가생활과 종교 등에 대해서도 이해할 수 있다.

또한 가정에 남아 있는 생활도구를 통해서 알 수도 있고, 사찰이나 궁궐, 유물과 성곽, 박물관과 미술관 등의 문화유적지 답사를 통해서도 알 수가 있다. 또는 서석이나 다양한 문화재들의 사진과 동영상, 인터넷 등을 통해서도 알 수가 있다.

최근 문화유산은 관광객의 흥미와 관심을 끄는 중요한 관광대상 가운데 하나가 되었다. 문화유산 관광은 역사적 유산이나 문화유산에 한하지 않고, 자연유산까지도 포함하여 인류의 유산을 답사하는 관광형태이다.

우리 선조들이 물려준 문화유산은 국내외의 여러 민족이나 국가의 문화와 서로 연관을 맺으며 제작된 것이므로 문화재는 국제성을 띤다고 할 수 있다. 한국을 방문한 외국인 관광객들은 관광대상인 우리의 문화유산을 즐겨 찾는다.

관광대상은 관광객이 관광을 도모하도록 하는 목적물(관광자원)을 말한다.

즉 관광대상을 의미하는 것으로는 유형적 · 무형적인 것에 이르기까지 관광객의 관광욕구를 충족시켜 줄 수 있는 것이면 모두가 관광자원(tourism resources)이라고 말할 수 있다.

그러나 자원이란 인간에게 가치와 효용성이 있어야 한다. 인간에게 이용 가치가 없는 것은 사물 그 자체에 해당하기 때문에 자원이라고 할 수 없다. 이러한 개념에서 볼 때 자원의 범주에는 ① 자연자원(natural resources), ② 문화자원(cultural resources), ③ 인적자원(human resources)까지 포함된다.

현대관광의 특징은 관광자원의 종류가 더욱 다양해지고 있다는 점과 인위적인 관광자원의 발굴 및 역할이 높아지고 있다는 점이다. 관광객들은 보다 가치 있고 매력 있는 관광자원을 접하고자 하며, 또한 관광지는 매력 있는 문화유산이나 새로운 관광자원을 발굴해 많은 관광객을 유치하기 위해 노력하고 있다.

관광자원은 '관광객이 관광욕구를 가지고 일부러 찾아올 만큼의 목적물'을 말한다. 즉 관광자원은 ① 관광산업에 있어서는 경제적 가치를, ② 관광객에게는 위락적 · 문화적 가치를 지닌 관광대상물이다.

그러나 관광자원은 종래 관광지의 발전을 위해 경제적인 측면을 강조해 왔지만, 금후는 ① 문화적, ② 교육적, ③ 역사적인 의식을 전면에 내세울 필요가 있다. 따라서 문화유산 관광자원은 관광객의 관광욕구와 동기를 유발시켜 줄 수 있는 ① 인문자원, ② 유형자원, ③ 무형자원의 모든 자원을 말한다.

2. 문화재의 정의

문화유산은 장래의 문화적 발전을 위하여 다음 세대 또는 젊은 세대에게 계승 · 상속할 만한 가치를 지닌 사회의 문화적 소산을 말한다. 즉 과학 · 기술 · 관습 · 규범 및 정신적 · 물질적인 각종 문화재, 문화양식 따위를 모두 포함한다. 즉 문화재는 '고고학 · 선사학 · 역사학 · 문학 · 예술 · 과학적으로 중요하며,

국가가 종교적 또는 세속적인 근거에 따라 특별히 지정한 재산'을 의미한다.

「문화재보호법」(법 제2조)에서 정의한 문화재는 "건축물 · 전적 · 서예 · 고문서 · 회화 · 조각 · 공예품 · 연극 · 음악 · 무용 · 공예기술 · 패총 · 고분 · 성지 · 궁지 · 요지 · 유물포함층 · 기타 사적지 · 경승지 · 동식물 · 광물 · 의식주 · 생업 · 연중행사 등에 관한 풍속, 습관과 이에 사용되는 의복이나 기구 및 가옥, 기타 유무형의 소산으로서 우리나라의 역사상 · 예술상 · 학술상 · 관상상 가치가 큰 것"을 뜻한다.

따라서 문화재는 민족문화의 유산으로서 국민이 보존할 만한 가치고 있고, 관광의 매력을 지니고 있는 자원을 말한다. 특히 문화재는 우리 민족의 유구한 역사와 문화정신, 지혜가 담긴 역사적 소산이므로, 전통문화와 민족의 위상을 소개할 수 있는 가장 훌륭한 문화관광자원이 된다.

3. 문화재의 분류

문화재는 크게 ① 국가지정문화재, ② 비지정문화재로 분류할 수 있고, 다시 문화재를 ① 유형별 분류(유형문화재, 민속자료, 기념물, 무형문화재), ② 지정권자별 분류(국가지정문화재, 시 · 도 지정문화재, 문화재자료)로 나눌 수 있다.

1) 유형별 분류

전술한 바와 같이 문화재의 유형별 분류를 살펴보면, ① 유형문화재, ② 민속자료, ③ 기념물, ④ 무형문화재로 세분된다. 첫째, 유형문화재는 건조물 · 전적 · 서적 · 고문서 · 회화 · 조각 · 공예품 · 기타 유형의 문화적 소산으로서 우리나라의 역사상 또는 예술상 가치가 큰 것과 이에 준하는 고고자료를 말한다.

둘째, 민속자료는 의식주 · 생업 · 신앙 · 연중행사 등에 관한 풍습 · 습관과 이에 사용되는 의복이나 가옥, 그 밖의 물건으로서 국민생활의 추이를 이해하는 데 있어 불가결한 것을 말하며, 무형의 민속자료와 유형의 민속자료로 구별한다.

셋째, 기념물은 패총 · 고분 · 성지 · 요지 · 유물포함층 · 기타 사적지 · 경승지 · 동물 · 식물 · 광물로서 우리나라 역사상 · 예술상 · 학술상 또는 관상상 가치가 큰 것을 말하며, 이 기념물은 역사적 기념물과 천연기념물로 구별한다.

넷째, 무형문화재는 연극 · 음악 · 무용 · 공예기술 · 기타의 문화적 소산으로서 역사상 · 예술상 가치가 큰 것을 말한다. 문화재를 유형별로 분류하면 〈표 3-1〉과 같다.

〈표 3-1〉 문화재의 유형별 분류

분류	내용
유형문화재	건조물 · 전적 · 서적 · 고문서 · 회화 · 조각 · 공예품 · 기타 유형의 문화적 소산으로서 우리나라의 역사상 또는 예술상 가치가 큰 것과 이에 준하는 고고자료
민속자료	의식주 · 생업 · 신앙 · 연중행사 등에 관한 풍습 · 습관과 이에 사용되는 의복 · 가옥, 그 밖의 물건으로서 국민생활의 추이를 이해하는 데 있어 불가결한 것을 말하며, 이 민속자료는 무형의 민속자료와 유형의 민속자료로 구별
기념물	패총 · 고분 · 성지 · 요지 · 유물포함층 · 기타 사적지 · 경승지 · 동물 · 식물 · 광물로서 우리나라 역사상 · 예술상 · 학술상 또는 관상상 가치가 큰 것을 말하며, 이 기념물은 역사적 기념물과 천연기념물로 구별
무형문화재	연극 · 음악 · 무용 · 공예기술 · 기타의 문화적 소산으로서 역사상 · 예술상 가치가 큰 것

2) 지정권자별 분류

문화재의 지정권자별 분류를 살펴보면, ① 국가지정문화재, ② 시 · 도 지정문화재, ③ 문화재자료로 구분된다. 첫째, 국가지정문화재는 문화재위원의 심의를 거쳐 문화재청장이 지정한 문화재로, ① 국보 · 보물, ② 중요민속자료, ③ 사적 · 명승 · 천연기념물, ④ 중요무형문화재로 세분된다.

둘째, 시 · 도 지정문화재는 국가지정문화재로 지정되지 아니한 문화재 가운데, 시장 또는 도지사가 지정한 문화재로, ① 지방유형문화재, ② 지방민속자료, ③ 지방기념물, ④ 지방무형문화재로 세분된다.

셋째, 문화재자료는 국가지정문화재로 지정되지 아니한 문화재 가운데, 지방자치단체장이 향토문화의 보존상 필요하다고 인정되는 것을 지정한 문화재를 말한다. 문화재를 지정권자별로 분류하면 〈표 3-2〉와 같다.

〈표 3-2〉 문화재의 지정권자별 분류

<table>
<tr><th>유형별
지정권자별</th><th colspan="2">유형문화재</th><th>민속자료</th><th colspan="3">기념물</th><th>무형
문화재</th></tr>
<tr><td>국가지정
문화재</td><td>국보</td><td>보물</td><td>중요민속
자료</td><td>사적</td><td>명승</td><td>천연
기념물</td><td>중요무형
문화재</td></tr>
<tr><td>시 · 도지정
문화재</td><td>지방유형
문화재</td><td>지방
민속자료</td><td>지방
기념물</td><td>지방무형
문화재</td><td></td><td></td><td></td></tr>
<tr><td>문화재 자료</td><td colspan="7">문화재 자료</td></tr>
</table>

제2절 문화재의 지정기준

1. 국보

국보(國寶)는 법령에 의해 국가적인 보물로 지정된 우리나라의 최상급 유물을 말한다. 국보 · 보물 등의 국가지정문화재는 우리 민족의 역사와 문화를 대변해 주는 귀중한 사적 자료이다. 특히 민족적 · 국가적 최고의 특수재산으로 취급되어 「문화재보호법」이라는 특별법을 제정 · 시행하고 있다.

국보는 보물에 해당하는 문화재 중 인류문화의 견지에서 볼 때 그 가치가 크고 유례가 드문 것을 문화재위원회의 심의와 의결을 거쳐 문화체육부장관이 지정하며, 소유자에게 통지나 관보고시에 의해 그 효력이 발생한다. 1955년에 정부는 일제강점기 때 지정된 보물을 모두 국보로 승격시켰으며, 1962년에 「문화재보호법」이 제정된 후 국보를 국보와 보물로 재분류하였다.

현재 국보의 지정기준과 절차, 그리고 관리 등에 대해서는 1988년에 개정된 「문화재보호법」 및 1989년에 개정된 「문화재보호법시행규칙」에 의거한다. 2016년 기준 우리나라 국보의 수는 국보 제1호인 서울 숭례문부터 국보 제320호인 월인천강지곡 권상까지 모두 3백20점이다. 국보나 보물의 지정번호는 그 가치의 우열에 의한 것이 아니라 지정순서에 따라 정해진다.

국보의 지정기준에 대한 세부사항을 보면, ① 보물에 해당하는 문화재 중 특히 역사적 · 학술적 · 예술적 가치가 큰 것, ② 보물에 해당하는 문화재 중 제작연대가 오래되고 특히 그 시대에 대표적인 것, ③ 보물에 해당하는 문화재 중 제작의장이나 제작기술이 특히 우수하여 그 유례가 적은 것, ④ 보물에 해당하는 문화재 중 형태 · 품질 · 제재 · 용도가 현저히 특이한 것, ⑤ 보물에 해당하는 문화재 중 특히 저명한 인물과 관련이 깊거나 그가 제작한 것 등의 시행규칙이 마련되어 있다.

한편, 국보의 소유자 · 관리자 · 관리단체는 그것을 관리 · 보호할 의무가 있으며, 국보는 문화재의 국외전시 등 국제적 문화교류를 목적으로 하는 경우 외에는 외국으로의 수출이나 반출이 금지되어 있다. 또한 문화재의 사회적 활용을 위해 출품 및 공개를 원칙으로 한다.

국보에 관한 제반 행정은 문화체육관광부 소관인데, 정부산하의 문화재위원회에서는 국보 등 문화재의 지정과 해제에 관한 심의를, 문화재관리국 · 문화재연구소 · 국립중앙박물관 등에서는 과학적인 보존처리를 전문적으로 담당하고 있다.

국보로 지정된 문화재 중에는 석탑 · 부도 · 석등 · 석조불상 · 석비 등의 석조물이나 금동불 · 동종 · 금제장신구 · 동기류 등의 금속제품이 많고, 회화나 목조건축은 그 수가 적은 편이다. 국보 제1호~제10호까지 살펴보면 〈표 3-3〉과 같다.

〈표 3-3〉 국보 제1호~제10호

국보	내용
 국보1호 숭례문	-조선시대 서울도성 성곽의 정문으로 일명 '남대문'이라고 한다. 숭례문은 1396년(태조 5)에 축조되어, 1398년(태조 7) 2월에 준공되었고, 그 뒤 1447년(세종 29)에 개축하였다. 1962년 12월 20일에 국보1호로 지정되었다. -건물은 정면 5칸, 측면 2칸의 중층 건물이며, 화강암으로 구축한 홍예형(무지개 모양)의 누기(樓基)와 마름석축으로 이루어진 기층(基層)의 중앙에 홍예문이 있으며, 판문에 철갑을 씌운 두 짝의 문이 달려 있다. -서울에 남아 있는 목조건물 가운데 가장 오래되었으나, 2008년 2월에 방화사건으로 석축을 제외한 건물이 붕괴되었다. 2013년에 다시 완공되어 새로운 모습으로 공개되었다.
 국보2호 서울 원각사지 십층석탑	-원래 원각사는 지금의 탑골(파고다)공원 자리에 있었으며, 1465년(조선 세조 11)에 세운 절이다. 조선시대의 숭유억불정책* 속에서도 중요한 사찰로 보호되었으나, 1504년에 소실되었다. -높이 약 12m로 조선시대의 석탑으로는 유일한 형태이며, 탑 구석구석에 표현된 화려하고 섬세한 조각이 회백색의 대리석과 어울려 아름답다. -특히 탑을 받쳐주는 기단은 3단으로 되어 있고, 위에서 보면 아(亞)자 모양이다. 기단의 각 층 옆면에는 용과 사자, 연꽃무늬 등 여러 가지 장식이 섬세하게 조각되어 있다. -탑신부(탑의 몸체)는 모두 10층이며, 3층까지는 기단과 같은 아(亞)자 모양을 하고 있고, 4층부터는 정사각형의 평면이다. 각 층마다 목조건축을 모방하여 지붕 · 공포 · 기둥 등을 세부적으로 표현하였다.

***숭유억불정책** : 조선 초기에 불교를 국가의 교학(敎學)에서 제외하고, 유교만을 유일한 지배이념으로 확립하기 위해 시행한 정책이다.

<table>
<tr><th>국보</th><th>내용</th></tr>
<tr><td>
국보3호
서울 북한산 신라
진흥왕 순수비</td><td>- 신라 진흥왕(540~576)이 세운 순수 척경비 가운데 하나이다. 왕이 한강유역을 영토로 편입한 뒤, 이 지역을 방문한 기념으로 세운 것이다. 원래는 북한산 비봉에 있었으나, 지금은 국립중앙박물관에 보관되어 있다.
- 비(碑)의 형태는 직사각형의 다듬어진 돌을 사용하였으며, 자연 암반 위에 2단의 층을 만들고 세웠다. 높이는 1.54m, 너비 69㎝이며, 비에 쓰여 있는 글은 모두 12행으로 행마다 32자가 해서체로 새겨져 있다.
- 내용은 왕의 지방방문 목적과 비를 세우게 된 연유 등이 기록되어 있으며, 주로 진흥왕의 영토 확장을 찬양하는 글이다.
- 건립연대는 561년~568년 사이에 세워졌거나, 그 이후로 짐작하고 있다. 1816(조선 순조 16)에 추사 김정희*가 발견하고 판독하여 세상에 알려졌다. 1962년 12월 20일에 국보3호로 지정되었다.</td></tr>
<tr><td>
국보4호
여주 고달사지 승탑</td><td>- 고달사 터에 남아 있는 고려시대의 승탑(僧塔 : 승려의 사리나 유골을 안치한 묘탑)이다. 고달사는 764년(통일신라시대 경덕왕 23)에 창건된 사찰로, 한때는 큰 사찰로서의 면모를 유지하였으나 폐쇄되었다.
- 탑은 바닥의 형태가 8각이며, 꼭대기의 머리장식을 제외하면 대부분 잘 보존되어 있는 편이다. 1962년 12월 20일에 국보4호로 지정되었다.
- 탑 전체의 무게를 지탱하고 있는 기단은 상 · 중 · 하 세 부분으로 갖추어져 있으며, 가운데 돌은 거의 원을 이루고 있다. 표면에 새겨진 두 마리의 거북은 입체적으로 표현하였고, 각 거북을 사이에 두고 네 마리의 용을 새겨두었다.</td></tr>
</table>

***추사 김정희** : 조선 말기인 1786년에 충남 예산에서 태어나 서예가, 금석학자, 정치가, 실학자 등으로 활약을 하였다.

국보	내용
 국보5호 보은 법주사 쌍사자 석등	- 통일신라시대의 석등으로, 사자를 조각한 유물 가운데 가장 오래되었다. 8각의 바닥 돌 위에 올려진 두 마리의 사자가 서로 가슴을 맞대고 서서 앞발과 주둥이로 윗돌을 받치고 있다. - 높이 3.3m인 이 석등은 720년(신라 성덕왕 19)에 조성된 것으로 보고 있다. 전체적으로 8각의 평면을 기본으로 하고 있으며, 불을 밝히는 화사석을 중심으로 아래에는 3단의 받침돌을 두고, 위에는 지붕돌을 올렸다. - 받침돌 면마다 안상을 새기고, 그 윗면은 연꽃을 조각하였다. 화사석은 4면에 창을 두었고, 나머지 4면에는 사천왕상을 조각하였다. - 통일신라시대의 석등을 대표할 만한 작품이라고 할 수 있다. 1962년 12월 20일에 국보5호로 지정되었다.
 국보6호 중원 탑평리 칠층석탑	- 현재 남아 있는 신라의 석탑 중 높이 14.5m로, 가장 높은 칠층석탑이다. 신라 원성왕 때(8세기경) 국토의 중앙에 건립되었다 하여 일명 '중앙탑'으로 불린다. - 중원문화의 중심지인 충주는 삼국시대부터 남북의 요충지로 고구려 · 백제 · 신라가 서로 영토를 차지하려고 각축을 벌인 곳이며, 예부터 우리나라 3대 철산지 중 한 곳이었다. - 끊임없는 삼국의 각축장이 되었던 충주는 아직도 많은 흔적을 간직하고 있는데, 그 대표적인 것으로 '중앙탑'이라 부르는 중원 탑평리 칠층석탑과 충주 고구려비를 들 수 있다. 1962년 12월 20일에 국보6호로 지정되었다.
 국보7호 천안 봉선홍경사 갈기비	- 1026년(현종 17)에 건립되었으며, 이수(용 모양을 새긴 비석의 머릿돌)와 귀부(거북 모양으로 만든 비석의 받침돌)를 모두 갖추어 일반 석비의 형식을 따르고 있다. 현종이 부왕의 유지를 받들어 홍경사를 조성하였다는 뜻에서 전액을 "봉선홍경사갈기"라 하였다. 1962년 12월 20일에 국보7호로 지정되었다. - 전체 높이는 2.8m, 비신 높이는 1.94m, 너비는 1m이다. 갈기(碣記 : 비석의 기록)에 의하면, "절이 있는 곳에 인적이 끊겨 도적이 많았으므로 이러한 우환을 없애기 위하여 승려를 불러 불법을 전하고자 절을 짓게 되었다"고 한다. - 글은 당대의 유학자 최충이 지었고, 글씨는 백현례가 썼다. 현존하는 사적비 중 우수한 작품에 속한다.

국보	내용
 국보8호 보령 성주사지 낭혜화상탑비	-충남 보령에는 신라하대 구산선문의 한 중심지였던 성주산문의 성주사 옛터가 남아 있다. 이 황량한 폐사지에 승탑은 없이 탑비만이 보호비각 안에 서 있는데, 이것이 최치원의 사산비명 중 하나인 낭혜화상(郞慧和尙) 부도비이다. -통일신라 말기 성주사에 머무르면서 선문9산 중 성주산문을 일으킨 무염대사를 기리기 위해 최치원이 왕명에 따라 지은 비석으로, 10세기 초에 세워졌다. 비석에는 5천120여 자의 긴 비문이 새겨져 있는데, 최치원이 지은 화려한 문장을 최인연이 해서체로 쓴 것이다. 1962년 12월 20일에 국보8호로 지정되었다.
 국보9호 정림사지5층석탑	-정림사지에 있는 백제의 5층석탑으로 높이 833㎝로, 전체적으로 보존상태가 좋은 편이다. 석탑의 구조는 기단 위에 탑신부가 있으나, 상륜부는 복발(覆鉢 : 탑의 노반 위에 바리때를 엎어 놓은 것처럼 된 부분)을 제외하고는 모두 없어졌다. -기단은 단층으로 얕으며, 각 면에는 우주와 탱주가 모각되어 있다. 1층 탑신은 4개의 우주를 별석으로 세우고, 그 사이에 2매의 면석을 끼웠는데, 우주는 목조건축의 기둥에서처럼 위는 좁고 아래는 넓게 표현되어 있다. -백제를 멸망시킨 당나라의 장수 소정방이 1층 탑신에 "大唐平百濟國碑銘"이라고 새겨놓아 당시의 수난을 엿볼 수 있다. -이 탑은 큰 규모의 석조물이면서도 경쾌한 느낌을 주며, 마치 다층누각 형태의 목조건물을 보는 듯하다. 1962년 12월 20일에 국보9호로 지정되었다.
 국보10호 남원 실상사 백장암 삼층석탑	-통일신라 말기의 석탑이다. 낮은 기단 위에 3층의 탑신을 올린 모습으로, 각 부의 구조와 조각에서 특이한 양식과 수법을 보이고 있다. 이 탑은 너비가 거의 일정한 것이 특징이며, 2층과 3층은 높이도 비슷하다. -탑의 기단과 탑신에서 지붕에 이르기까지 다양한 조각을 새겼다. 기단과 탑신괴임에는 난간 모양을 새겨 멋을 내었고, 탑신의 1층에는 보살상과 신장상을, 2층에는 음악을 연주하는 천인상을, 3층에는 천인좌상을 새겼다. 지붕돌 밑면에는 연꽃무늬를 새겼는데, 3층만은 삼존상이 새겨져 있다.

국보	내용
	–다양한 조각으로 화려하게 장식하고, 또한 형식에 얽매이지 않은 자유로운 구조가 돋보여, 당대를 대표하는 아름다운 석탑 중 하나이다. 1962년 12월 20일에 국보10호로 지정되었다.

2. 보물

보물(寶物)은 유형문화재로 학술적 · 예술적 가치가 국보 다음으로 높은 문화재를 말한다. 한국의 국가지정문화재로 보물과 국보가 있다. ① 보물은 일반적인 지정 기준에 도달하는 문화재를 지정한 것인 데 비해, ② 국보는 보물 중 인류문화의 관점에서 볼 때 그 가치가 크고 유례가 드문 것을 지정한 것이다.

보물의 지정 대상은 건조물 · 전적 · 서적 · 고문서 · 회화 · 조각 · 공예품 · 고고자료 · 무구 등이다. 「문화재보호법」(제23조)에서는 "문화재청장은 문화재위원회의 심의를 거쳐 유형문화재 중 중요한 것을 보물로 지정할 수 있다"고 밝히고 있다.

일제강점기(1910~1945)에는 조선보물 · 고적 · 명승 · 천연기념물 보존령에 의해 보물 지정이 시작되었다. 1955년에는 일제강점기에 보물로 지정된 4백19점을 일괄 국보로 승격 · 지정하였다. 그 후 1962년 1월에 「문화재보호법」이 제정 · 공포됨에 따라 국보와 보물로 분류 · 지정되어 2017년 기준 보물은 1천9백28점에 이른다.

같은 유형문화재를 국보와 보물로 나눈 기준은 국보는 작품의 제작기술이나 연대 등이 각 시대를 대표할 만한 것으로서 보존상태가 양호하면서 학술적 · 예술적 가치가 높은 데 비해, 보물은 일반적인 지정 기준에 도달하는 문화재를 지정한 것으로 엄격한 구분은 불가능하다.

지정대상은 목조건축 · 석조물 · 전적 · 서적 · 고문서 · 회화 · 조각 · 공예품 · 고고자료 · 무구 등이다. 지정의 법적 근거는 「문화재보호법」(제4조 제1항)에 의거하여 "문화부장관은 문화재위원회의 심의를 거쳐 유형문화재 중 중요한 것을 보물로 지정할 수 있다"고 명시되어 있으며, 지정기준은 「문화재보호법시행규칙」에 따라 관계 전문가의 자문을 얻어서 지정한다. 보물로 지정된 수는 국보보다 훨씬 많다.

보물의 지정기준에 대한 세부사항은 ① 건조물로서 목조건축물류(궁전 · 성곽 · 서원 등), 석조건축물류(석루 · 석탑 · 부도 등), 분묘 중 역사적 · 학술적 · 예술적 · 기술적 가치가 큰 것 ② 전적(한글서적 · 한자서적 · 종교서적 등) · 서적류(사경 · 어필 · 현판 등) · 고문서 중 인쇄사적 · 역사적 · 사료적 가치가 큰 것 ③ 회화조각 중 형태 · 품질 · 기법 · 제작 등에 현저한 특이성이 있는 것 ④ 공예품 중 형태 · 품질 · 기법 · 제작 · 용도 등에 현저한 특이성이 있는 것 ⑤ 고고자료 중 선사시대의 유물 · 고분 · 유적출토품으로서 역사적 · 학술적 · 제작상 가치가 큰 것 ⑥ 무기류 중 희귀하고 역사상 명장이 사용했거나 군사상 의의가 큰 것 등의 지정기준이 마련되어 있다. 보물 제1호~제10호까지 살펴보면 〈표 3-4〉와 같다.

〈표 3-4〉 보물 제1호~제10호

보물	내용
 보물1호 서울흥인지문	-조선시대 한양도성의 동쪽 문으로 일명 '동대문'이라고 한다. 1397년(태조 6)에 도성을 쌓을 때 함께 짓기 시작하여 이듬해에 세워졌다. 1963년 1월 21일에 보물1호로 지정되었다. -지금의 동대문은 1869년(고종 6)에 전반적인 개축이 이루어져 오늘에 이르고 있다. 석축 중앙에는 홍예문을 두고, 그 위에 정면 5칸, 측면 2칸의 중층 문루를 세웠으며, 지붕은 우진각이다. 숭례문, 광화문이 대표적인 예이다. -문 바깥쪽에는 무사석 한쪽부터 반원형의 평면을 이룬 옹성(甕城)을 쌓아 적에 대한 방비를 견고히 하였다. 도성 내의 여덟 개의 성문 중 옹성을 갖춘 것은 흥인지문뿐이다. -기둥 위의 공포는 다포식이며, 세부기법이 연약하고 장식 위주로 되어 있어 조선 후기의 전형적인 양식을 잘 나타내고 있다.

보물	내용
 보물2호 서울보신각종	-본래 원각사에 있던 종으로 1469년(세조 14)에 주조한 것으로서, 높이 318㎝, 입지름 228㎝인 보신각종은 성덕대왕신종 다음으로 크다. 1536년(중종 31)에 숭례문 안으로 옮겨 놓았다가, 1597년(선조 30)에 광해군 때 종각을 복구하면서 이전하였다. -종은 파루에 33번, 인정에 28번 울려 도성의 문을 여닫고, 하루의 시각을 알리는데 사용하였으나, 오랜 세월 동안 많은 병화와 화재로 인하여 몸통에 균열이 생겨 더 이상 타종할 수 없게 되어, 지금은 국립중앙박물관에 소장되어 있다.
 보물3호 서울 원각사지 대원각사비	-원각사의 창건 내력을 적은 비(碑)이다. 1471년(조선 성종 2)에 건립되었고, 그 후 1465년(세조 11)에 흥복사 터에 원각사를 짓고 10층 사리탑을 세웠다. -비는 494cm의 화강암에 머릿돌을 따로 얹지 않고, 비의 몸돌 위를 두 마리의 용이 감싼듯 표현하고 있어, 복고적인 형식을 따르고 있다. 1963년 1월 21일에 보물3호로 지정되었다. -중앙에는 연잎조각, 꼬리와 다리에는 물고기 비늘을 조각해 놓아 조선시대 조각미의 형태를 보여주고 있다. 비의 몸돌 위로는 보주(연꽃 봉오리 모양의 장식)를 드는 두 마리의 용이 조각되었으며, 조각 아래의 가운데에는 '대원각사지비'라는 비의 이름이 강희맹의 글씨로 새겨져 있다.
 보물4호 중초사지당간지주	-건립연대는 827년(신라 흥덕왕 2) 2월에 완공되었다. 부처와 보살의 공덕과 위신을 기리는 불교용구인 당(일종의 깃발)을 달기 위한 당간(깃대)을 고정해 주는 두 개의 지주대로, 주로 사찰의 입구에 세워져 있다. -이 당간 지주는 높이 약 3.8m이며, 명문이 새겨져 있다. 당간지주 아래 쪽에는 직사각형의 돌 받침이 있는데, 그 중앙에 지름 34cm의 구멍을 파서 당간을 받쳤다. -동서로 마주보고 서 있는 지주 사이의 간격은 60cm이며, 당간을 고정시키는 간구가 위아래에 나란히 두 쌍이 있다. 1963년 1월 21일에 보물4호로 지정되었다.
보물5호 중초사지 삼층석탑	-중초사지 삼층석탑은 1963년도에 보물5호로 지정되었으나 최근에 해제된 상태이다.

보물	내용
 보물6호 고달사원종대사혜진 탑비귀부 및 이수	- 원종대사탑비는 국사 원종대사 찬유의 비로, 975년(광종 26)에 건립되었으며, 비석의 머리인 이수와 받침돌인 귀부는 보물 제6호로 지정되었다. - 높이 291㎝, 너비 162㎝, 두께 31㎝ 크기의 비신(碑身)은 1915년에 무너져 여덟 조각이 난 상태로 국립중앙박물관 수장고에 보존되어 있다. 복원된 탑비의 총 높이는 508cm로 거대한 규모를 자랑한다. - 비문에는 원종대사의 가문 · 출생 · 행적 그리고 고승으로서의 학덕 · 교화 · 입적 등에 관한 내용이 실려 있다. 머릿돌 모습은 직사각형에 가깝고, 구름과 용무늬에서는 생동감이 넘친다. 밑면에는 연꽃을 두르고 1단의 층급을 두었다. - 이 귀부(龜趺)와 이수는 '혜목산고달선원국사원종대사지비(慧目山高達禪院國師元宗大師之碑)'를 받쳤던 귀부와 비신석(碑身石) 위에 얹혔던 이수이다.
 보물7호 고달사 원종대사혜진탑	- 고려시대의 석탑으로 1963년 1월 21일에 보물7호로 지정되었다. 8각 원당(圓堂)의 형식을 따르면서 부분적으로 시대적인 특징이 나타나 있다. 4각형 지대석 위에는 1면에 다섯 잎 씩, 각 모퉁이에 1엽씩, 모두 24잎의 홑잎 연꽃무늬가 얹혀 있다. - 상대석은 8잎의 커다란 홑잎앙련(위로 향한 연꽃)이 있다. 그리고 바닥면에는 잘록한 받침이 있고, 상면에는 탑신 받침의 몰딩이 있다. - 8각 탑신은 4면에 문비형이, 다른 4면에는 사천왕상 입상이 조각되었다. 옥개도 8각이며 추녀는 수평이나 전각에 이르러 위로 뻗어 있다.
 보물8호 고달사지석불좌	- 고달사지에 있는 고려시대의 대좌이다. 높이 1.57m인 이 석불좌는 불상은 없고, 상대 · 중대 · 하대와 지대석을 모두 갖춘 사각대좌만 있는데, 보존상태는 거의 완벽하다. - 각 단은 각기 다른 돌을 다듬어 구성하였고, 상대의 윗면은 불상이 놓여 있던 곳으로 잘 다듬어져 있다. - 1단의 각형 받침이 마련되어 있고, 그 각 면에 다섯 잎, 모서리마다 한 잎씩 모두 24잎의 아래로 복판 앙련화문(겹꽃잎의 연꽃이 위로 향하고 있는 무늬)이 조각되어 있다. - 고려 초기의 일반적인 양식임을 미루어볼 때 이 대좌도 10세기 후반에 조성된 것으로 추측된다.

보물	내용
 보물9호 서봉사현오국사탑비	–1185년(명종 15)에 건립된 이 탑비는 현오국사의 행적을 후대에 알리고자 만들어졌다. 보통 부도와 함께 건립되는데, 부도의 흔적은 없고 비석만 남아 있다. –비 받침부분의 윗면은 4변을 비스듬히 잘라냈고, 비문이 새겨지는 비 몸에도 윗부분의 양 귀 끝을 사선으로 접듯이 잘라서 마무리하였다. –현오국사는 15세에 불일사에서 승려가 된 후 부석사의 주지를 거쳐 1178년(명종 8)에 53세의 나이로 입적하였다. 왕이 크게 슬퍼하여 국사로 삼고, 시호를 '현오(玄悟)'라 한 뒤 동림산 기슭에서 화장하였다.
 보물10호 강화하점면오층석탑	–하음현(지금의 강화군 하점면) 봉천산 자락에 있는 고려시대의 오층석탑으로, 파손되거나 없어진 부재가 많은 석탑이다. 특히 3층 이상의 몸돌과 5층의 지붕돌, 머리장식 부분 등이 모두 소실된 상태이다. –탑은 1층의 기단 위에 5층의 탑신을 올린 모습이다. 기단의 네 모서리에는 기둥 모양을 새겼다. 탑신부는 1층 몸돌만 두 장의 돌로 짜여 있고, 그 이상은 각각 하나의 돌로 되어 있다. 1층 몸돌의 크기에 비해 2층 몸돌의 크기가 급격히 줄어들어 있다.

3. 중요민속자료

중요민속자료는 국민생활의 추이를 이해하는 데 불가결한 민속자료 중 학술적 · 예술적 가치가 높은 것으로 국가가 법으로 지정한 문화재를 말한다. 민속자료란 의 · 식 · 주 · 생업 · 신앙 · 연중행사 등에 관한 풍습 · 관습과 이에 사용되는 의복 · 기구 · 가옥 등으로서 문화재위원회의 심의를 거쳐 문화체육관광부 장관이 중요민속자료로 지정한다.

1962년에 「문화재보호법」이 새로 제정되어 동법 제2조 제1항 4호에 민속자료를 명시하였고, 1964년 12월 7일에 문화재위원회의 심의를 거쳐 당시 문교부장관이 덕온공주당의(德溫公主唐衣)를 중요민속자료 제1호로 지정, 고시하면서 민속자료의 법적 보호조치가 강구되기 시작하였다.

4. 사적

사적(史蹟)은 역사적 · 학술적 · 관상적 · 예술적 가치가 큰 것으로서, 국가가 법으로 지정한 문화재를 말한다. 즉 역사의 현장으로서 토지 등 면적과 건물 등으로 표시되며, 역사의식과 민족정신을 배울 수 있는 교육의 터전이 된다. 사적 등 문화재의 지정은 문화재위원회의 심의를 거쳐 지정한다.

지정의 법적 근거는 「문화재보호법」 제6조(사적 명승 천연기념물의 지정)에 "문화체육관광부 장관은 문화재위원회의 심의를 거쳐 기념물 중 중요한 것을 사적 · 명승 또는 천연기념물로 지정할 수 있다"라고 명시하고 있다. 구체적인 지정 기준은 「문화재보호법시행규칙」과 「국가지정문화재의 지정기준」에 의거한다.

사적으로 지정될 수 있는 대상은 「문화재보호법」 제2조에 규정된 기념물로 ① 선사시대 유적으로 패총 · 집터 · 지석묘 · 입석 · 고분, 혈거지, ② 제사신앙에 관한 유적으로 제단 · 절터 · 사고지(史庫址) · 향교터 · 사우지(祠宇址), ③ 정치와 국방에 관한 유적으로 성곽 · 성터 · 관문터 · 봉수대 · 옛 전쟁터 · 궁터 · 도읍터 · 고도(古都) · 고궁 · 수영(水營) 터, ④ 산업과 교통에 관한 유적으로 옛길 · 둑 · 제방 · 요지(窯址) · 시장터 · 교지(橋址) · 식물 재배지 · 석표, ⑤ 교육과 사회사업에 관한 유적으로 서원 · 사숙 · 자선 시설 등, ⑥ 기타 유적으로 원지(苑池) · 옛 집터 · 분묘 · 정천(井泉) · 비(碑) · 전설지 등을 들 수 있다.

5. 명승

명승은 유적과 더불어 주위환경이 아름다운 경관을 이루고 있는 곳을 국가가 법으로 지정한 곳을 말한다. 즉 유적보다는 자연의 기념물적 요소가 더 큰 것을 말하고 있어, 자연보다 유적의 요소가 더 큰 비중을 차지하고 있는 '사적(史蹟) 및 명승'과는 구별된다.

「문화재보호법」에 의하여 문화재위원회의 심의를 받아 문화체육관광부 장관이 지정한다. 지정조사는 문화재위원, 전문위원, 관계전문가 2인 이상이 작성하며, 문화재위원회 제5분과위원회에서 심의하기 전, 30일 이상 관보에 예고한 후 문화재위원회에서 심의 · 의결한다.

「문화재보호법시행규칙」에 명시된 명승의 지정기준은 ① 저명한 건물이 있는 경승지(景勝地) 또는 원지(苑地), ② 화수(花樹) · 화초(花草) · 단풍 또는 조수(鳥獸) · 어충류(魚蟲類)의 서식지, ③ 저명한 협곡 · 해협 · 곶 · 급류 · 심연(深淵) · 폭포 · 호소(湖沼) 등, ④ 저명한 해안 · 하안(河岸) · 도서 · 기타 경승지, ⑤ 저명한 풍경의 전망지점, ⑥ 특색 있는 산악 · 구릉 · 고원 · 평원 · 하천 · 화산 · 온천지 · 냉광천지 등으로 되어 있다.

북한에도 폭포 · 동굴 등과 백두산 · 금강산 등의 명승지가 지정되어 있다. 지정된 구역 내에는 현상변경을 금지하고, 동식물 · 광물까지도 엄격히 법률로 보호하고 있다.

6. 천연기념물

천연기념물은 학술 및 관상적 가치가 높아 그 보호와 보존을 법률로 지정한 동물의 종과 서식지, 식물의 개체 · 종 및 자생지, 지질 및 광물을 말한다. 천연기념물에 대한 관심을 가지게 된 것은 1933년 8월 9일 전문 24조로 된 「조선보물, 고적명승 및 천연기념물 보존령」이 공포된 이후부터이다.

즉 다음해의 2월부터 천연기념물을 지정하기 위한 조사가 시작되어 5월 1일 제1차 보존회의가 개최되었다. 여기에서 19개 항목으로 된 천연기념물보존요목이 결정되고, 11점의 식물을 천연기념물로 지정하였다. 이것이 우리나라에서 식물을 천연기념물로 지정한 시초이다.

1962년 우리 정부에서 「문화재보호법」을 제정, 공포할 때까지 이 법은 효력을 발생하였다. 기념물적 성격의 자연물을 보존, 보호하여 우리 고유의 자연을 원형대로 보존하고자 제정된 「문화재보호법」에 따라 구성된 문화재위원회에서는 1963년 7백28점의 지정문화재를 재분류, 지정하면서 98점을 천연기념물로 다시 지정하였다. 천연기념물은 식물, 동물, 광물, 천연보호구역 등이다.

7. 문화재자료

① 한민족의 기본적 생활문화의 특색을 나타내는 것으로 전형적인 것(의식주, 생업, 신앙 등)

② 민속자료를 수집 · 정리한 것(역사적 변천, 시대적 또는 생활계층의 특색을 나타낸 것)

③ 민속자료가 일정한 구역에 집단적으로 소재한 경우(민가군, 전설이나 설화와 관련이 있는 곳)

제3절 한국의 세계문화유산

세계유산(world heritage)은 세계의 모든 사람들에게 두드러지게 보편적인 가치를 가진 것이다. 인류가 탄생한 이래 문화와 자연은 항상 밀접한 상호관계를 가지고 공존해 왔다. 따라서 양자가 개발의 위기 앞에 방치되어 있다는 점에서 다 같이 소중하게 보호되어야 한다.

유네스코에서는 인류가 잘 보존하여 후손들에게 물려줄 탁월한 자연경관이나 생물학적으로 소중한 지역, 무기적 · 과학적으로 독특한 현상을 간직한 곳을 세계자연유산으로 등재하여 관리하고 있다.

유네스코에 등재된 한국의 문화유산(文化遺産)은 ① 종묘, ② 해인사장경판전, ③ 석굴암 · 불국사, ④ 창덕궁, ⑤ 수원화성, ⑥ 경주역사유적지구, ⑦ 고인돌유적, ⑧ 조선시대왕릉, ⑨ 안동하회마을 · 경주양동마을, ⑩ 남한산성, ⑪ 백제역사유적지구가 있다.

기록유산(紀錄遺産)은 ① 훈민정음, ② 조선왕조실록, ③ 직지심체요절, ④ 승정원일기, ⑤ 조선왕조의궤, ⑥ 해인사대장경판 및 제경판, ⑦ 동의보감, ⑧ 일성록, ⑨ 5 · 18민주화운동기록물, ⑩ 새마을운동기록물, ⑪ 난중일기, ⑫ 한국의 유교책판이 있다.

무형유산(無形遺産)은 ① 종묘제례 및 종묘제례악, ② 판소리, ③ 강릉단오제, ④ 강강술래, ⑤ 남사당놀이, ⑥ 연산재, ⑦ 제주칠머리당영등굿, ⑧ 처용무, ⑨ 가곡 ⑩ 대목장, ⑪ 매사냥, ⑫ 택견, ⑬ 줄타기, ⑭ 한산모시짜기, ⑮ 아리랑, ⑯ 김장문화, ⑰ 소포걸군농악, ⑱ 줄다리기, ⑲ KBS이산가족찾기생방송, ⑳ 제주해녀문화가 있다.

자연유산(自然遺産)은 ① 제주화산섬과 용암동굴이 있다.

1. 문화유산

문화유산(cultural heritage)이란 '세계의 귀중한 예술 · 문화를 지키기 위해 설정된 가치가 큰 문화업적'을 말한다. 우리나라의 문화유산 등재현황은 ① 종묘, ② 해인사장경판전, ③ 석굴암과 불국사, ④ 창덕궁, ⑤ 수원화성, ⑥ 경주역사유적지구, ⑦ 고인돌유적, ⑧ 조선시대왕릉, ⑨ 안동하회마을 · 경주양동마을, ⑩ 남한산성, ⑪ 백제역사유적지구 등이다. 한국의 문화유산 등재현황을 정리하면 〈표 3-5〉와 같다.

〈표 3-5〉 문화유산 등재현황

구분(등재)	내 용
 종묘 (1995. 12)	- 일명 태묘(太廟)라고도 한다. 종묘의 기원은 오래된 것으로 전해지고 있는데, 392년(고구려 고국양왕 9)에 종묘를 수리했다. - 조선왕조 역대 왕과 왕후의 신위를 모신 세계에서 가장 오래되고 권위 있는 유교적 전통 신전인 종묘의 건축은 16세기 이후 현재까지 원형을 보존 · 유지하고 있다.
 해인사장경판전 (1995. 12)	- 13세기에 만들어진 고려 대장경판 8만여 장을 보존하는 보고로서 해인사의 현존 건물 중 가장 오래되었다. 장경판전은 정면 15칸이나 되는 큰 규모의 두 건물을 남북으로 나란히 배치하였다. - 팔만대장경은 오랜 역사와 내용의 완벽함, 고도로 정교한 인쇄술의 극치로 세계 불교경전 중 가장 완벽한 경전이다. 특히 장경판전은 15세기경에 건축된 것으로 자연환경을 최대한 이용하였다.
 석굴암 · 불국사 (1995. 12)	- 석굴암은 751년(경덕왕 10)에 세운 석굴로 내부 본존불상은 결가부좌한 채 동해바다를 응시하고 있다. 석굴 내부 벽면에는 11면 관음보살을 비롯한 보살과 10대 제자들이 사실적이고 섬세하게 조각되어 있다. - 불국사는 석굴암과 같은 시기인 743~764년(경덕왕)에 건립된 것으로 찬란한 신라문화의 하나의 상징이다.
 창덕궁 (1997. 12)	- 조선왕조 5백 년의 5대 궁궐 중 가장 잘 보존되어 온 궁궐이다. 1405년에 경복궁 다음으로 건립된 별궁이었으나, 제9대 성종 때부터는 역대 임금이 거처함으로써 본궁이나 다름없는 궁궐이었다. - 주변 자연환경과의 완벽한 조화와 배치가 탁월한 창덕궁은 1611년 광해군 때부터 정궁으로 쓰이게 된 뒤, 1868년 고종이 경복궁을 복원할 때까지 295년 동안 조선의 역대 왕들이 정사를 보살폈던 곳이다.

구분(등재)	내 용
 수원화성 (1997. 12)	– 조선 22대 왕인 정조가 자신의 아버지 사도세자의 묘를 수원으로 옮긴 후 축조한 성곽이다. 성의 둘레는 5,744m이며 축성 시 거중기, 녹로 등 신기재를 사용하였다. – 수원화성은 군사적 방어기능과 상업적 기능을 함께 보유하고 있으며, 시설의 기능이 가장 과학적이고 합리적이며, 실용적인 구조로 건설된 동양 성곽의 백미라 할 수 있다.
 경주역사유적지구 (2000. 12)	– 신라천년(BC 57~AD 935)의 고도인 경주의 역사와 문화를 고스란히 담고 있는 불교유적으로 왕경(王京) 유적이 잘 보존되어 있다. – 경주는 종합역사지구로서 유적의 성격에 따라 모두 5개 지구로 나누어져 있으며, 총 52개의 지정문화재가 세계유산지역에 포함되었다.
 고인돌유적 (2000. 12)	– 동북아시아 지역에 밀집되어 있으며, 그중 우리나라가 그 중심지역이라 할 수 있다. 전국적으로 약 3만여 기에 가까운 고인돌이 분포하고 있다. – 세계유산으로 등록된 고창 · 화순 · 강화의 고인돌 유적은 밀집분포도, 형식의 다양성으로 고인돌의 형성과 발전과정을 규명하는 중요한 유적이다.
 조선시대왕릉 (2009. 06)	– 조선시대의 국가통치 이념인 유교와 그 예법에 근거하여 시대에 따라 다양한 공간의 크기, 문인과 무인 공간의 구분, 석물의 배치, 기타 시설물의 배치 등이 특색이다. – 특히 왕릉의 석물 중 문인석, 무인석의 규모와 조각양식 등은 예술성을 각각 달리하며, 시대별로 변하는 사상과 정치사를 반영하고 있어 역사의 흐름을 읽을 수 있는 뛰어난 문화유산이다.
 안동하회마을 경주양동마을 (2010. 07)	– 안동하회마을은 유림의 대표적 동족부락으로 국보와 보물 등 문화유산을 간직하고 있다. 풍산유씨(豊山柳氏) 동족부락의 기틀이 마련된 것은 조선 중엽 이후 대유학자인 유운룡과 유성룡 형제 시대로 보고 있다. – 경주 양동마을은, 조선시대 초기에 입향(入鄕)한 이래 지금까지 대대로 살아온 월성손씨(月城孫氏)와 여강이씨(驪江李氏)가 양대문벌을 이루어 그들의 동족집단마을로 계승하여 왔다. 마을은 경주시내에서 동북방으로 16㎞쯤 떨어진 곳에 위치해 있다.

구분(등재)	내 용
 남한산성 (2014. 06)	-사적 제57호로 지정된 남한산성은 천혜의 요새를 이루고 있어 백제 초기에는 왕도가 자리하였고, 특히 병자호란의 한이 서린 산성으로 널리 알려져 있다. -조선시대는 국방의 보루로서 그 역할을 유감없이 발휘한 곳이다. 그러나 병자호란 때 왕이 이곳으로 피난해 왔지만, 결국 45일 만에 굴욕의 항복을 하고 말았다. -청나라의 침입을 막기 위해 쌓은 이 성곽은 1624년에 인조가 총융사 이서로 하여금 성을 개축하게 하여, 1626년(인조 4)에 공사를 완공하였다.
 백제역사유적지구 (2015. 07)	-백제역사유적지구는 총 8개의 유적을 포함한 연속유산으로 공주시에 공산성, 송산리고분군 2곳, 부여군에 관북리유적과 부소산성, 능산리고분군, 정림사지, 부여나성 4곳, 익산시에 왕궁리유적, 미륵사지 2곳이 유네스코 세계문화유산으로 등재되었다.

2. 기록유산

기록유산*으로 등재된 것은 ① 훈민정음, ② 조선왕조실록, ③ 직지심체요절, ④ 승정원일기, ⑤ 조선왕조의궤, ⑥ 해인사대장경판 및 제경판, ⑦ 동의보감, ⑧ 일성록, ⑨ 5·18민주화운동기록물, ⑩ 새마을운동기록물, ⑪ 난중일기, ⑫ 한국의 유교책판 등이다. 한국의 기록유산 등재현황을 정리하면 〈표 3-6〉과 같다.

***기록유산** : 도서관 · 문서고 등에 보관된 세계적 가치가 있는 갑자기록문을 보존 · 활용하기 위해 1997년부터 2년마다 국제자문회의에서 심의 · 추천하여 유네스코 사무총장이 지정하는 문화유산을 말한다.

〈표 3-6〉 기록유산 등재현황

구분(등재)	내 용
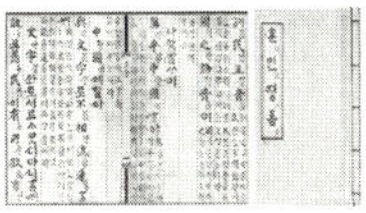 훈민정음 (1997. 10)	– 자음 17자와 모음 11자로 모두 28자로 이루어진 이 책은 조선 세종 28년(1446)에 새로 창제된 훈민정음을 왕의 명령으로 정인지 등 집현전 학사들이 중심이 되어 만든 한문해설서이다. – 훈민정음은 해례가 붙어 있어서 '훈민정음 해례본' 또는 '훈민정음 원본'이라고도 한다. 전권 33장 1책의 목판본이다. 구성은 총 33장 3부로 나누어져 있다.
 조선왕조실록 (1997. 10)	– 1392~1863년까지 472년간의 역사를 편년체(編年體 : 역사적 사실을 일어난 순서대로 기술하는 방식)로 기록한 책이다. 조선시대의 사회 · 경제 · 문화 · 정치 등 다방면에 걸쳐 기록하였다. – 사료의 편찬에 있어서 사관이라는 관직의 독립성과 기술에 대한 비밀성도 보장되었다. 편찬작업은 다음 왕이 즉위한 후 실록청을 열고 관계된 관리를 배치하여 펴냈으며, 사초는 임금이라 해도 열어볼 수 없도록 비밀을 보장하고 있다.
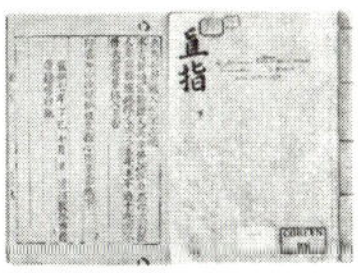 직지심체요절 (2001. 09)	– 2001년 9월에 등재. 이 책은 여러 문헌에서 선(禪)의 깨달음에 관한 내용만을 뽑은 것으로, 내용 면에서도 고려 선종사에서 귀중한 문헌이지만, 세계 최고의 금속활자본으로 더 유명하다. – 1372년(공민왕 21)에 저술되었는데, 1377년 청주목이 흥덕사(興德寺)에서 금속활자로 인쇄되었다. 현재 책 하권(下卷)은 프랑스 국립도서관에 소장되어 있다.
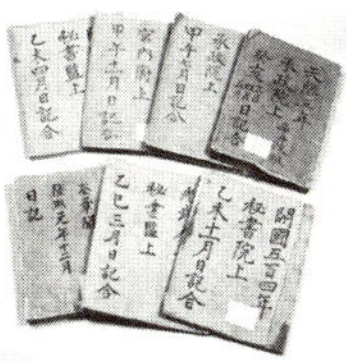 승정원일기 (2001. 09)	– 조선시대 왕명의 출납을 관장하던 승정원에서 날마다 다룬 문서와 사건을 기록한 일기이다. 초기의 것은 임진왜란과 병자호란 때 불에 타 없어지고 현재는 1623(인조 1)년부터 1894(고종 31)년까지의 것만 남아 있다. – 1623년 3월부터 1910년 8월까지 왕명을 담당하던 기관인 승정원에서 처리한 여러 가지 사건들과 취급하였던 행정사무, 의례적 사항 등을 매일 기록한 것으로 수량은 총 3,243책 393,578장에 이른다.

구분(등재)	내 용
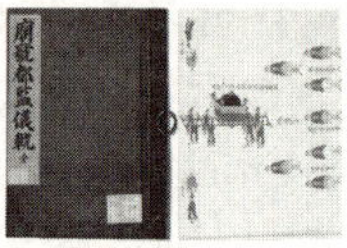 조선왕조의궤 (2007. 06)	–조선왕조의궤(儀軌)는 조선 왕실에서 국가의 주요 행사를 기록한 문서이다. 왕실의 큰 행사가 있을 때마다 임시기구인 도감(都監)을 두어 주관하게 했는데, 행사를 마치면 도감을 해체하고 의궤청을 설치하여 의궤의 편찬을 맡는다. –의궤는 조선 건국 당시 태조 때부터 만들어졌으며, 현전(現傳)하는 의궤는 1601년(선조 31년) 의인왕후(懿仁王后)의 장례 기록을 남기기 위해 편찬된 『懿仁王后山陵都監儀軌(의인왕후산릉도감의궤)』와 『懿仁王后殯殿魂殿都監儀軌(의인왕후빈전혼전도감의궤)』가 있다.
 해인사대장경판 및 제경판 (2007. 06)	–대장경은 경(經)·율(律)·논(論)의 삼장(三藏)을 말하며, 불교경전의 총서로 일명 고려대장경이라고도 부른다. 판수는 8만여 개이며, 8만 4천 번뇌에 해당하는 8만 4천 법문을 실었다고 하여 8만대장경이라고도 부른다. –제작 동기는 고려 현종 때 새긴 초조대장경이 고종 19년(1232) 몽골의 침입으로 불타 없어지자 다시 대장경을 만들었다. 몽골의 침입을 불교의 힘으로 막아보고자 하는 뜻으로 대장도감이라는 임시기구를 설치하여 새긴 것이다.
 동의보감 (2009. 07)	–『동의보감』은 선조 30년(1597)에 허준(1546~1615)이 선조임금의 명을 받아 중국과 우리나라의 의학서적을 하나로 모아 간행한 의학서적이다. 총 25권 25책으로 목활자로 발행되었다. –허준은 1574년(선조 7년) 의과에 급제하여 이듬해 내의원의 의관이 되었다. 『동의보감』은 그가 관직에서 물러난 뒤 16년간의 연구 끝에 완성한 한의학의 백과사전 격인 책이다.
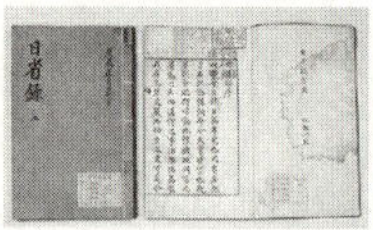 일성록 (2011. 05)	–1760년(영조 36년) 1월부터 1910년 8월까지 조정과 내외의 신하에 관련된 일기이다. 임금의 입장에서 펴낸 일기의 형식을 갖추고 있으나 실질적으로는 정부의 공식적인 기록이다. –정조의 세자시절 「존현각일기」에서 작성되기 시작하여 즉위 후에도 「존현각일기」는 계속 쓰여졌고, 『일성록』은 이 일기에 많은 기반을 두고 있다. 조선 후기에 문화사업을 크게 일으켰던 정조에 의해 기록되기 시작했다.

구분(등재)	내 용
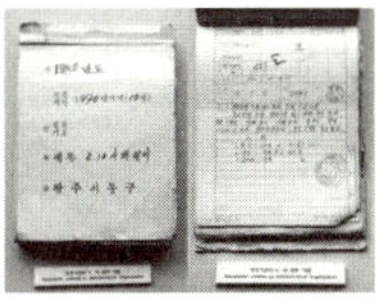 5 · 18민주화운동 기록물 (2011. 05)	-1980년 5월 18일부터 27일까지 광주시민과 전남도민이 중심이 되어 조속한 민주정부수립, 전두환 보안사령관을 비롯한 신군부 세력의 퇴진 및 계엄령 철폐 등을 요구하며 전개한 민주화 운동이다. -광주시민은 신군부 세력이 집권 시나리오에 따라 실행한 5 · 17 비상계엄 전국 확대조치로 인해 발생한 헌정 파괴 · 민주화 역행에 항거했으며 공수부대를 투입해 폭력적으로 진압하였다.
 새마을운동기록물 (2013. 06)	-새마을운동기록물은 UN에서 인정받은 빈곤 탈피의 모범사례로, 아프리카와 같은 저개발국에서 이를 발전 모델로 하고 있을 만큼 영향력 있는 기록물이다. 국가발전을 위해 국민과 정부가 협력한 성공적 사례라는 점이 이번 등재를 결정한 주요 요인이 되었다.
 난중일기 (2013. 06)	-국보 제76호 난중일기는 국내에서도 이미 학술연구자료로 높은 가치를 인정받아 왔다. 전쟁 중 지휘관이 직접 일기를 기록한 사례가 세계적으로 드물어 그 희소가치를 인정받았다.
 한국의 유교책판 (2015. 10)	-한국의 유교책판은 조선시대 유학자들의 저작물을 간행하기 위해 나무판에 새긴 책판으로, 305개 문중 · 서원 등에서 기탁한 718종, 6만 4,226장으로 구성되어 있다. -내용은 유학자의 문집, 성리학 서적, 족보 · 연보, 예학서, 역사서, 훈몽서, 지리지 등으로, 한국국학진흥원에서 보존 · 관리하고 있다.

3. 무형유산

무형유산으로 등재된 것은 ① 종묘제례 및 종묘제례악, ② 판소리, ③ 강릉단오제, ④ 강강술래, ⑤ 남사당놀이, ⑥ 연산재, ⑦ 제주칠머리당영등굿, ⑧ 처용무, ⑨ 가곡, ⑩ 대목장, ⑪ 매사냥, ⑫ 택견, ⑬ 줄타기, ⑭ 한산모시짜기, ⑮ 아리랑, ⑯ 김장문화, ⑰ 소포걸군농악, ⑱ 줄다리기, ⑲ KBS이산가족찾기생방송, ⑳ 제주해녀문화이다. 한국의 무형유산 등재현황을 정리하면 〈표 3-7〉과 같다.

〈표 3-7〉 무형유산 등재현황

구분(등재)	내 용
 종묘제례 및 종묘제례악 (2001. 05)	-종묘제례는 최고의 품격을 갖추고 유교절차에 따라 거행되는 왕실의례이며, 국가차원에서 '효'를 실천함으로써 민족공동체의 유대감과 질서를 형성하는 역할을 하였다. 시간과 공간을 초월한 우리의 소중한 정신적 문화유산이다. -종묘제례악은 종묘에서 제사를 드릴 때 의식을 장엄하게 치르기 위하여 연주하는 기악 · 노래 · 춤을 말한다. 조선 세종 때 궁중 희례연에 사용하기 위해 만들어졌던 보태평(保太平)과 정대업(定大業)에 연원을 두고 있다.
 판소리 (2003. 11)	-한 명의 소리꾼이 고수(북치는 사람)의 장단에 맞추어 창(소리), 말(아니리), 몸짓(너름새)을 섞어가며 긴 이야기를 엮어가는 것을 말한다. 또한 판소리는 느린 진양조 · 중모리 · 보통 빠른 중중모리 · 휘모리 등 극적 내용에 따라 느려지거나 빨라진다.
 강릉단오제 (2005. 11)	-단오는 음력 5월 5일로 '높은 날' 또는 '신 날'이란 뜻의 수릿날이라고도 한다. 강릉단오제는 우리나라에서 가장 역사가 깊은 축제로, 마을을 지켜주는 대관령 산신을 제사하고, 마을의 평안과 농사의 번영, 집안의 태평을 기원한다.
 강강술래 (2009. 09)	-호남지방에서 여성들을 중심으로 전승되는 대표적인 집단놀이이다. 임진왜란 때 이순신이 놀이를 용병술의 하나로 이용하여 왜적의 침입을 막았다는 전설에서 강강수월래(强羌水越來 : 거센 오랑캐가 바다를 넘어온다)라 하던 발음이 변한 것이라는 설이 있다.

구분(등재)	내 용
	–그러나 이미 그 이전부터 민간에서 전래해 오던 강강술래 노래가 임진왜란을 거치면서 강강수월래로 변형된 것이라고 보는 것이 옳을 것이다. 강강술래 노래에서 술래는 '순라꾼'에서의 '순라(巡邏)'가 변한 말로 알려져 있다.
 남사당놀이 (2009. 09)	–꼭두쇠(우두머리)를 비롯해 최소 40명에 이르는 남자들로 구성된 유랑연예인인 남사당패가 농 · 어촌을 돌며, 주로 서민층을 대상으로 조선 후기부터 1920년대까지 행했던 놀이이다. –서민사회에서 자연 발생한 민중놀이로, 남사당패는 꼭두쇠를 정점으로 공연을 기획하는 화주, 놀이를 관장하는 뜬쇠, 연희자인 가열, 새내기인 삐리, 나이든 저승패와 등짐꾼 등으로 이루어져 있다.
 연산재 (2009. 09)	–부처가 영취산에서 행한 설법회를 재현하는 의식으로 불교에서 죽은 사람의 영혼을 천도하기 위한 의식 중 가장 큰 규모이다.
 제주칠머리당영등굿 (2009. 09)	–제주시 건입동의 본향당(本鄕堂)인 칠머리당에서 하는 굿이다. 건입동은 제주도의 작은 어촌으로 주민들은 물고기와 조개를 잡거나 해녀작업으로 생계를 유지하며 마을 수호신인 도원수 감찰지방관과 요왕해신부인도 부부에게 마을의 평안과 풍요를 비는 굿을 했나. –영등신은 외눈백이섬 또는 강남천자국에서 2월 1일에 제주도에 들어와서 어부와 해녀들에게 풍요를 주고 2월 15일에 본국으로 돌아간다는 내방신(來訪神)이다. 당굿은 칠머리당에서 음력 2월 1일에 영등환영제와 2월 14일에 영등송별제로 행하고 있다.
 처용무 (2009. 09)	–처용가면을 쓰고 추는 춤을 말한다. 궁중무용 중에서 유일하게 사람 형상의 가면을 쓰고 추는 춤으로, 오방처용무라고도 한다. 통일신라시대 헌강왕 때 처용이 아내를 범하려던 역신(疫神 : 전염병을 옮기는 신) 앞에서 자신이 지은 노래를 부르며 춤을 춰서 귀신을 물리쳤다는 설화를 바탕으로 하고 있다.

구분(등재)	내 용
	–처용무는 5명이 동서남북과 중앙의 5방향을 상징하는 옷을 입고 추는데 동은 파란색 · 서는 흰색 · 남은 붉은색 · 북은 검은색 · 중앙은 노란색이다. 춤의 내용은 음양오행설의 기본정신을 기초로 하여 악운을 쫓는 의미가 담겨 있다.
 가곡 (2010. 11)	–시조시에 곡을 붙여서 관현악 반주에 맞추어 부르는 전통음악으로, 삭대엽(數大葉) 또는 노래라고도 한다. 가곡의 원형은 만대엽 · 중대엽 · 삭대엽 순이나 느린 곡인 만대엽은 조선 영조 이전에 없어졌고, 중간 빠르기의 중대엽도 조선 말에는 부르지 않았다. –지금의 가곡은 조선 후기부터 나타난 빠른 곡인 삭대엽에서 파생한 것으로, 가락적으로 관계가 있는 여러 곡들이 5장형식의 노래모음을 이룬 것이다. 현재 전승되고 있는 가곡은 우조, 계면조를 포함하여 남창 26곡, 여창 15곡 등 모두 41곡이다.
 대목장 (2010. 11)	–나무를 재목으로 하여 집 짓는 일, 재목을 마름질하고 다듬는 기술설계, 공사의 감리까지 겸하는 목수로서 궁궐 · 사찰 · 군영시설 등을 건축하는 도편수라 칭하기도 한다. 대목장은 문짝, 난간 등 소규모의 목공일을 맡아 하는 소목장과 구분한 데서 나온 명칭이다. –예로부터 목조건축이 발달하여 궁궐과 사찰건물이 모두 목조였다. 따라서 목수에 주어진 벼슬 또한 상당하였다. 통일신라의 관직을 보면 목척(木尺)이 70인이라 하였는데, 그 가운데 상당수가 전문직으로서의 목수이다.
 매사냥 (2010. 11)	–매를 길들여 꿩이나 토끼 등을 잡는 매사냥은 그 역사가 오래되어 고대 이집트, 페르시아 등지에서 행하였다는 기록이 있다. 또한 인도에서 기원하였다는 설이 있고 중국에서는 원나라 때 유행하였다. –고구려 고분벽화의 매사냥 그림이나 『삼국유사』, 『삼국사기』 등의 매사냥 기록을 보면 우리나라도 오랜 옛날부터 매사냥이 성행한 것을 알 수 있다.

구분(등재)	내 용
 택견 (2011. 11)	-고구려시대부터 2천 년 동안 명맥이 이어져 내려온 전통무예 택견은 춤추듯 율동적인 동작으로 상대를 제압한다는 특징을 가진다. -택견은 여러 세대에 걸쳐 전승된 전통무예로 전승자들 간의 협력과 연대를 강화하는 것이 특징이며, 특히 전 세계 유사한 전통무예의 가시성을 높일 수 있다는 점 등이 높이 평가되었다.
 줄타기 (2011. 11)	-줄타기는 관객을 즐겁게 하는 한국 전통음악과 동작, 상징적인 표현이 어우러진 복합적인 성격의 전통 공연예술로서 인간의 창의성을 보여주는 유산이다. -이 유산의 대표목록 등재는 전 세계 다양한 줄타기 공연에 대한 관심을 환기해 문화 간 교류를 촉진하는 계기가 될 것이라고 평가하였다.
 한산모시짜기 (2011. 11)	-모시짜기는 여러 세대에 걸쳐 전승되고 해당 공동체에 뿌리내린 전통기술로 실행자들에게 정체성과 지속성을 부여한다고 유네스코는 평가했다. 한산모시의 가시성도 높아질 것으로 기대를 모으고 있다.
 아리랑 (2012. 11)	-우리 민족 고유의 음악인 아리랑이 유네스코 인류무형유산으로 등재되었다. 아리랑은 우리나라에서 세대를 거쳐 지속적으로 재창조되었다는 점과 한국민의 정체성을 형성하고 결속을 다지는 데 중요한 역할을 한다는 점이 높이 평가되었다.
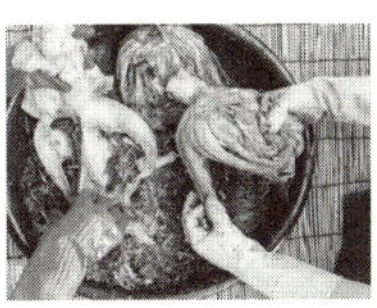 김장문화 (2013. 12)	-김치와 연관이 깊은 '김장문화'가 오랜 준비 끝에, 2013년 12월 2일 유네스코 무형문화유산보호를 위한 정부간위원회가 '김장문화'를 인류무형문화유산 대표목록에 등재하기로 최종 확정하였다.

구분(등재)	내 용
 소포걸군농악 (2014. 11)	-전남무형문화재 제39호 '소포걸군농악'이 유네스코 인류무형문화유산에 등재되었다. 소포걸군농악은 구전되는 계보로 추정한 결과 100여 년간 기능이 끊이지 않고 계속 유지되고 있으며, 자체 보존회도 구성되어 있고, 진도를 대표하는 농악대이다. -특히 소포마을의 공동체적인 삶에서 현재도 살아 있는 문화유산으로 임진왜란에 유래를 둔 내력과 도둑잡이 등의 풍물특색, 그리고 상쇠의 계보가 갖추어져 남해안 마을 굿의 원형을 유지하고 있으며, 예술성과 체계적 구성이 돋보이는 민속예술로서 가치가 높다.
 줄다리기 (2015. 12)	-줄다리기가 유네스코 인류무형문화유산으로 등재됐다. 2015년 12월 2일에 줄다리기의 인류무형문화유산 등재를 확정하였다. -아시아 · 태평양 지역 4개국이 협력하여 공동 등재로 진행한 점과 풍농을 기원하며, 벼농사 문화권에서 행해진 대표적인 전통문화로서 줄다리기의 무형유산적 가치 등을 높이 평가하였다. -등재된 한국의 줄다리기는 영산 줄다리기, 기지시 줄다리기 등 국가지정 2개와 삼척시 줄다리기 등 시 · 도지정 4개가 포함되었다.
 KBS이산가족찾기 생방송 (2015. 10)	-'KBS 특별생방송 이산가족을 찾습니다'가 유네스코 세계기록유산에 등재되었다. 기록물은 KBS가 지난 1983년 6월 30일부터 11월 14일까지, 138일에 걸쳐 453시간 45분 동안 진행한 세계 최장 생방송 관련 자료이다. 녹화 원본 테이프 463개와 이산가족이 작성한 신청서, 일일 방송 진행표 등 자료 2만 522건으로 구성되었다.
 제주해녀문화 (2016. 11)	-유네스코 무형문화유산 보호를 위한 정부간위원회(무형유산위원회)에서 제주해녀가 무형유산으로 가치를 인정받고, 세계인류 무형유산으로 등재되었다. 제주해녀는 잠수장비 없이 바다 깊은 곳까지 들어가 해산물을 채취하는 '물질'을 한다. 이런 고유의 기술과 함께 제주해녀 공동체에 전승되어 온 '잠수굿'과 노동요인 '해녀노래' 등의 문화적 가치가 높이 평가됐다.

구분(등재)	내 용
	-제주해녀문화는 ① 제주해녀가 가지고 있는 공동체 정신, ② 지속가능한 발전 모델, ③ 여권신장에 큰 도움이 됐다는 것이다. 험한 바다를 터전 삼아 생활해 온 제주 여성들의 강인한 정신과 서로의 안전을 살피고 수입도 나누는 공동체 문화는 심사위원들에게 깊은 인상을 심어줬다.

4. 자연유산

자연유산(natural heritage)이란 '세계의 귀중한 자연을 지키기 위하여 설정된 학술상 · 경관상 가치가 높은 자연'을 말한다. 지구 진화의 역사를 보여주는 자연이나 자연환경 및 인간과의 상호연계, 아주 드물게 보는 자연미의 지역을 포함하고 있는 것, 멸종위기의 동식물로서 학술상 · 보전상의 관점에서 뛰어난 보편적 가치를 가진 것 등이 지정되고 있다.

특히 제주도는 땅 밑에 용암이 흐르면서 생긴 용암동굴이 여러 곳에 분포하여 아름다움을 자랑하고 있다. 유네스코는 제주도의 아름다운 자연 중에서도 특히 ① 한라산 천연보호구역, ② 거문오름 용암동굴계, ③ 성산일출봉 응회구 세 곳을 제주 화산섬과 용암동굴이라는 이름으로 세계자연문화유산에 등재하였다. 이를 정리하면 〈표 3-8〉과 같다.

〈표 3-8〉 자연유산 등재현황

구분(등재)	내 용
 제주화산섬과 용암동굴 (2007. 06)	-아름다운 자연경관과 자연의 보존상태가 뛰어나고, 다양한 희귀생물과 멸종위기의 동식물을 볼 수 있는 제주도는 오름과 용암동굴 등 화산지형이 많아 지질과 지형학적으로 연구 가치가 높다.

	-특히 한반도 최고의 생태계 천연보호구역인 한라산은 약 180만 년 전 여러 번의 화산활동으로 만들어진 화산섬으로 독특한 자연경관을 자랑한다. 한라산에는 동물 1,179종과 식물 1,565종이 자생하고 있다. -제주도에는 130개가 넘는 용암동굴이 있다. 그중 '거문오름 지역에 있는 용암동굴'이 세계자연유산으로 등재되었다. 거문오름 지역은 약 10~30만 년 전에 화산이 폭발하면서 만들어졌으며, 용암동굴은 자연이 만들어낸 신비로운 색상과 다양한 모양새를 연출하고 있다. 거문오름 지역에 자리한 용암동굴에는 김녕굴 · 만장굴 · 벵뒤굴 · 용천동굴 등이 있다.

연습문제

01. 문화재의 유형별 분류에 속하지 않는 것은?

① 유형문화재　　② 민속자료
③ 기념물　　④ 지방기념물

02. 국가지정문화재의 분류에 속하지 않는 것은?

① 국가 · 지방 민속자료　　② 국보 · 보물
③ 중요무형문화재　　④ 사적 · 명승 · 천연기념물

03. 국보의 지정기준을 잘못 설명한 것은?

① 보물에 해당하는 문화재 중 제작연대가 오래되고 그 시대에 대표적인 것
② 보물에 해당하는 문화재 중 특히 역사적 · 학술적 · 예술적 가치가 큰 것
③ 보물에 해당하는 문화재 중 형태 · 품질 · 제재 · 용도가 현저히 특이한 것
④ 보물에 해당하는 문화재 중 제작기술이 우수하고 그 유례가 객관적인 것

04. 다음 (　　) 안에 해당하는 문화재는?

> 왕이 한강유역을 영토로 편입한 뒤, 이 지역을 방문한 기념으로 세운 것으로, 내용은 왕의 지방방문 목적과 비를 세우게 된 연유 등이 기록됨

① 서울 원각사비 대원각사비　　② 서울 원각사지 십층석탑
③ 서울 북한산 신라진흥왕 순수비　　④ 서울 경천사지 십층석탑

05. 유네스코에 등재된 문화유산이 아닌 것은?

① 경주역사유적지구　　② 덕수궁 · 경희궁
③ 조선시대왕릉　　④ 백제역사유적지구

06. 유네스코에 등재된 기록유산이 아닌 것은?

① 한국의 유교책판 ② 조선왕조실록

③ 옥중일기 ④ 새마을운동기록물

07. 유네스코에 등재된 무형유산이 아닌 것은?

① 사물놀이 ② 줄다리기

③ 아리랑 ④ 김장문화

정답

01 ④, 02 ①, 03 ④, 04 ③, 05 ②, 06 ③, 07 ①

제4장

전통가옥

학습 포인트

- 제1절에서는 한옥의 개념, 한옥의 기본구조인 기단, 주춧돌, 구들과 마루, 기둥의 종류, 공포의 종류, 지붕의 종류, 대문 등에 대해 학습한다.
- 제2절에서는 안채와 사랑채로 유명한 전통고택의 역사 문화적 가치와 한옥마을 관광 실태에 대해 학습한다.
- 연습문제는 한옥의 건축, 전통가옥에 대한 기본개념과 특징 등을 총체적으로 학습한 후에 풀어본다.

제1절 한옥건축

1. 한옥의 개념

한옥(韓屋)은 '우리나라 고유의 재래식 집'을 뜻한다. 즉 전통 한국건축 양식을 사용한 재래식 집을 말하는데, '한옥'이라는 말은 양옥(洋屋)에 대비되는 개념으로 '조선집' 또는 '한식집' 등의 동의어로 사용되고 있다.

우리나라의 전통주거방식은 한옥이며, 건축의 멋은 지붕과 처마에 있다. 이 땅의 풍토, 자연과 잘 어우러진 한옥은 세계 어느 나라에도 없는 우리만의 유일한 집으로, 장엄하고 편안한 미소를 자아낼 정도로 따뜻하고 경쾌한 느낌을 준다. 최순우는 "우리 민족의 주택, 옛 민가는 한국 전통문화의 산실이며, 한국인의 산실이다"라고 주장하며 한옥의 가치를 높게 평가하였다.

집터를 닦을 때는 방위를 제일 먼저 살폈다. 집터는 ① 전저후고(前低後高)가 좋다. 집터의 앞면(마당)은 낮고 뒷면은 높아야 한다. 이러한 형태는 집터에 안정감을 주게 된다. 그리고 집터는 ② 전착후관(前窄後寬)이 좋다. 이것은 집의 입구는 좁고, 안은 넓은 것을 말한다. 전통한옥은 대문을 통과하면 넓은 마당이 펼쳐진다. 또한 집터는 산을 등지고 물을 내려다볼 수 있는 ③ 배산임수(背山臨水)의 땅이 좋다. 예로부터 배산임수의 땅은 경치도 좋고 살기에도 편리한 곳으로 일컬어져 왔다. 배산임수는 산을 뒤로 하고, 물을 앞에 둔다는 의미이다. 배산임수는 '등질 배(背)'에 '내려다볼 임(臨)'을 써서 '산을 등지고 물을 내려다본다'는 뜻이다. 산의 기운을 받거나 계절적 특징을 누릴 수 있다.

이런 집터는 겨울에 햇볕을 받을 수 있고, 북서풍을 막아 난방에 더욱 유리하다. 여름에는 무더위를 시원하게 보낼 수 있고, 또 집 뒤의 산에서 땔감을 쉽게 얻을 수 있다. 또한 집 앞에 물이 있어 생활용수를 쉽게 구할 수 있는 장점이 있다. 한옥은 위치하는 곳의 자연 및 환경여건에 따라 건축재의 규모 · 형태 · 구조 등이 달라진다.

특히 한옥은 주변 환경이나 배경과 함께 보면 다양함이 배가될 수 있다. 서울의 경복궁(景福宮)은 대표적인 배산임수의 입지라고 볼 수 있다. 경복궁을 중심으로 비경의 북악산 · 인왕산 · 남산이 있고, 청계천이 서울을 감싸주면서, 한강과 합류해 서울 전체를 감아주는 형상을 하고 있다.

예부터 풍수지리상의 명당으로 여겨진 지형은 실제로 산을 등지고 있어 차가운 북서 계절풍을 막아준다. 그러나 한옥은 산과 평야의 거리나 방향, 바람의 통로와 물의 위치, 집주인의 성향 등 자연에 순응하는 풍수지리 이론에 근거하여 다르게 짓는 경우도 있다.

한옥의 큰 특징은 난방을 위한 온돌과 냉방을 위한 마루가 균형 있게 결합된 구조를 갖추고 있는 점이다. 즉 온돌은 방바닥을 데워 따뜻하게 해주고, 마루는 무더위를 시원하게 식혀준다. 한옥은 구조뿐만 아니라 재료에 이르기까지 자연과 하나 됨을 느낄 수 있다. 기단은 돌을 사용하고, 기둥과 서까래, 문과 마룻바닥은 나무를, 벽은 짚과 흙을 섞은 흙벽으로 만든다.

우리의 전통 건축양식은 다양한 왕조를 거치며 변모해 왔는데, 현재 가장 많이 선호되는 양식은 조선왕조의 양식을 주로 따르고 있다. 넓은 의미의 한옥은 초가집, 너와집, 기와집 등 한국의 전통 건축물들을 포괄하지만, 최근에는 한옥을 기와집으로 보기도 한다. 한옥의 구조는 ① 기단, ② 주춧돌, ③ 바닥(구들), ④ 기둥, ⑤ 공포, ⑥ 지붕, ⑦ 대문 등으로 이루어져 있다.

2. 기단

기단(基壇)은 '건축물이나 비석 따위의 기초가 되는 단'을 의미한다. 기단은 우리나라 건축에서 가장 기본적인 구성요소 중 하나로, 습기나 빗물 등으로부터 건물을 보호하는 역할을 한다. 상류층의 주택은 90~120cm 정도 높이의 화강석 기단 위에 축조되는 것이 기본이다.

기단의 종류는 재료에 따라 ① 흙으로 쌓은 토단(土壇), ② 벽돌로 쌓은 전축기단(塼築基壇), ③ 돌로 쌓은 석축기단(石築基壇), ④ 벽돌과 돌을 섞어 쌓은 석전병용기단(石塼併用基壇) 등이 있는데, 가장 널리 축조된 것은 석축기단이다.

또한, 쌓은 단의 숫자에 따라 크게는 '1층으로 된 단층기단', '2층 이상으로 된 다층기단'으로 나뉜다. ① 주택 · 사찰 · 궁궐 등 대부분의 건물들은 단층기단이고, ② 경복궁의 근정전, 창덕궁의 인정전, 창경궁의 명정전, 경희궁의 숭정전, 덕수궁의 중화전의 정전(正殿)은 다층기단으로 되어 있다.

즉 정전은 건물 바닥보다 넓게 2층의 단을 쌓고, 다음 건물 바닥 주위로 또 하나의 단을 쌓아 건물을 세운다. 이는 삼중으로 된 다층기단이지만, 이때 아래 두 단은 월대(月臺 : 궁궐의 정전과 같은 중요한 건물 앞에 놓이는 넓은 대)라고 한다. 경복궁의 근정전에서는 월대에 석조난간을 둘러 위엄을 갖추고 있다.

기단을 쌓는 방법에는 적석식기단(積石式基壇), 가구식기단(架構式基壇)이 있다. 적석식기단은 조선시대 때 궁궐 · 사찰 · 서원 · 주택 등 모든 건축물에 쓰였고, 가구식기단은 삼국시대와 통일신라시대 때 궁궐이나 사찰 등에 널리 쓰인 것으로 보고 있다.

기단을 쌓을 때, 넓이는 집의 바닥면적보다 넓으나, 지붕 처마선 안쪽에 놓이도록 한다. 이는 지붕골에서 떨어지는 빗물이 기단 위에 떨어지는 것을 막기 위한 것이다(궁궐 정전의 월대에서는 예외). 기단의 높낮이는 거주자의 사회적 지위나 가문의 권위, 공간의 위계성을 부여하는 중요한 요소가 된다.

3. 주춧돌

주춧돌은 '주추로 쓰인 돌', '모퉁잇돌', '초석'이라고 한다. 재료는 주로 석재가 많이 쓰인다. 주추의 밑에는 기둥의 무게를 견디도록 땅을 다지거나 입사기초(立砂基礎 : 무른 땅을 파내고 새로이 모래를 넣어 다진 것)를 한다. 주춧돌이 단단하게 고정되면, 그 위에 기둥을 세운다.

주춧돌은 건물의 하중을 받쳐주고, 기둥 밑뿌리를 습기로부터 보호해 주는 기능을 한다. 주춧돌은 자연석을 쓰는 경우도 있고, 다듬어서 쓰는 경우가 있다. 자연석은 평편한 것을 골라서 쓰는데, 이를 '덤벙주추'라고 한다. 덤벙주추는 기둥과 맞닿는 부분에 요철이 있어, 기둥 밑면을 그레질하여 꼭 맞게 세워야 한다.

다듬 주춧돌은 형상에 따라 원형초석 · 다각형초석 · 방형초석 · 특수형초석으로 나뉘고, 다시 주좌(柱座)가 있는 경우와 없는 경우로 나뉘며, 주좌의 모양에 따라 원형주좌 · 방형주좌 · 다각형주좌로 세분된다.

4. 바닥

한옥은 바닥 난방을 기본으로 하고 있다. 한옥에서의 바닥은 주로 구들(온돌), 마루, 흙 등을 말한다. 구들은 '방구들'의 준말로, '고래를 켜서 구들장을 덮고 흙을 발라 만든 것으로, 불을 때어 방바닥을 덥게 하는 장치'를 말한다. 즉 구들은 ① 불 때는 아궁이, ② 불길을 통과시켜 구들장을 덥히는 고래, ③ 연기를 배출하는 굴뚝으로 구성된다.

구들은 열의 전도, 복사, 대류를 이용한 우리나라 고유의 난방방식이다. 아궁이에 지핀 불이 고래를 통과하면서, 그 위에 깔린 구들장을 덥혀 방바닥을 따뜻하게 해주는데, 여기서 구들장은 '방고래 위에 놓아 방바닥을 만드는 넓고 얇은 돌'을 말하며, '온돌방'이라고도 한다.

구들의 역사는 한옥의 역사이자 순수 우리말이다. 구들은 고래와 고래둑으로 구성된 구조를 말하고, 온돌은 구들장 자체로 난방방식 전체를 지칭하기도 한다. 따라서 구들과 온돌을 혼용해서 사용하나, 전면 구들은 온돌이라 하고,

부분 구들은 쪽구들로 구분한다. 고래가 하나인 경우는 외줄고래, 두 줄인 경우는 쌍줄고래, 세 개인 경우는 세줄고래 등으로 구분한다.

한편, 마루는 더운 지방인 남쪽에서 발달하기 시작하였고, 조선시대에 이르러 주거형식으로 자리를 잡았다. 마루는 습기를 피할 수 있고, 통풍이 잘되기 때문에 여름철 주거공간 등으로 유용하게 사용할 수 있다.

5. 기둥

기둥은 '주춧돌 위에 세워 보 · 도리 따위를 받치는 나무'를 말한다. 즉 공간을 형성하는 기본 뼈대가 되는 구조물이다. 기둥의 높이는 건축물의 높이를 결정하는 데 영향을 미치며, 입면의 크기를 형성하는 요소가 된다.

우리나라 전통건축의 기둥은 정교하면서도 자연스럽고 화려하면서도 수수하다. 기둥의 형태는 수직선의 요소가 되어 수평적 요소인 기단 · 도리(서까래를 받치기 위해 기둥과 기둥 위에 건너지르는 나무) · 처마선 · 지붕 마루선과 대조를 이룸으로써 입면에 아름다움을 준다.

우리나라에 기둥이 사용된 것은 신석기시대의 수혈주거(竪穴住居 : 움집)에서 비롯된 것으로 보고 있으며, 기둥의 참 멋은 자연상태 그대로 사용하는 것이 특징이다. 즉 수혈의 안 가장자리에 구멍을 파서 세우거나 바닥에 직접 세워서 그 윗부분의 구조물을 지탱하게 한 것을 기둥의 시작으로 추측하고 있다.

기둥은 단면형식에 따라 ① 둥근기둥, ② 모기둥으로 나누고, 위치에 따라서 ① 외진기둥, ② 내진기둥으로 세분할 수 있다.

1) 둥근기둥

둥근기둥은 궁궐 · 사찰 · 관아 등 주로 권위 있는 건축에 많이 쓰인다. 기둥의 전체적인 형태에 따라 ① 원통형기둥, ② 민흘림기둥, ③ 배흘림기둥의 세 가지로 구분된다. 둥근기둥의 종류는 〈표 4-1〉과 같다.

〈표 4-1〉 둥근기둥의 종류

구분	내용
 원통형기둥	기둥머리에서 밑동까지의 지름이 똑같은 기둥을 말한다. 예 송광사의 국사전, 내소사의 대웅보전 등
 민흘림기둥	기둥머리의 지름보다 밑동의 지름이 큰 기둥을 말한다. 예 개암사의 대웅전, 화엄사의 각황전, 수원의 장안문, 서울의 남대문 등
 배흘림기둥	기둥머리의 지름은 작고 기둥몸은 크며, 밑동은 기둥머리보다 크지만 기둥몸보다는 작은 기둥을 말한다. 예 강릉의 객사문, 무위사의 극락전, 부석사의 무량수전, 수덕사의 대웅전 등

2) 모기둥

모기둥은 ① 네모기둥, ② 육모기둥, ③ 팔모기둥의 세 가지로 나뉜다. 이 중 네모기둥이 가장 많이 쓰인다. 모기둥의 종류는 〈표 4-2〉와 같다.

〈표 4-2〉 모기둥의 종류

구분	내용
 네모기둥	궁궐 건축에서 부속 전각이나 일반주택에서 많이 쓴다. 네모기둥은 안정감을 주며, 석탑에서 많이 볼 수 있다.

구분	내용
 육모기둥	경복궁의 향원정처럼 건물의 평면형식이 육모인 건물이나 특수한 경우에 볼 수 있다. 사찰의 추녀를 받치는 활주(活柱)에서도 볼 수 있다.
 팔모기둥	팔모기둥의 대표 사례는 부석사 무량수전의 활주, 쌍영총의 팔모석주와 석굴암의 팔모석주 등이 있다.

3) 외진기둥

외진기둥은 건축공간을 형성하는 기본 축부(軸部 : 문이 있는 부분)로, 건축물 구축의 근간이 된다. 즉 외진기둥은 건물의 외부 변두리에 둘러 세운 기둥이다. 외진기둥에는 평주와 귓기둥이 있는데, 툇간이 부설될 때 퇴주는 이에 속한다. 외진기둥은 주로 소규모의 구조물에서 볼 수 있으며, 설치 사례는 송광사의 약사전, 부석사의 조사당, 쌍봉사의 대웅전 등이 있다.

4) 내진기둥

내진기둥은 바깥벽 또는 외진기둥 내부에 있는 기둥으로 고주와 짧은기둥, 옥심기둥으로 분류된다. 짧은기둥은 중층건물에서 볼 수 있고, 옥심기둥은 목조탑 형식의 건물 중심에 세우는 심주를 말한다.

6. 공포

한국 전통 건축의 목조가 갖는 또 다른 멋으로 공포(栱包)를 들 수 있다. 공포는 '처마 끝의 무게를 받치려고 기둥머리에 짜맞추어 댄 나무쪽'을 의미하며, 유의어로 두공(枓栱), 포작(包作) 등이 있다. 즉 공포는 구조적 기능과 의장적인 면에서 중요한 역할을 한다. 한국의 전통 목조건축은 공포가 놓이는 위치와 결구방법에 따라 ① 주심포식, ② 다포식, ③ 익공식으로 분류된다. 공포의 종류는 〈표 4-3〉과 같다.

〈표 4-3〉 공포의 종류

구분	내용
 주심포식	기둥 상부에 포(지붕 밑에 삐죽삐죽 나온 것으로 건물을 치장하는 구실)를 배치하는 형식이다. 두공의 주두나 소로에 굽 받침이 있고, 첨차의 밑바닥이 S자형을 2개 연속한 모양의 곡선을 이룬 점이 특징이다.
 다포식	다포식은 기둥 중간에 포를 배치하는 형식으로 주심포보다 훨씬 많은 포를 가진다. 기둥 위 및 기둥과 기둥 사이 창방의 위쪽에도 배치한다. 특징은 기둥 위와 창방 위에 걸쳐서 넓고 두터운 평방(平枋)을 돌려 이 평방 위에 두공을 설치하는 것이다.
 익공식	가장 간결한 포작으로 주심포를 간소화한 것이다. 익공재를 기둥 위의 내외로 관통시켜 보를 바로 받치도록 한다. 익공식은 초익공과 이익공이 있는데, ① 초익공은 날개모양의 공포가 하나이고, ② 이익공은 날개모양이 두 개인 형식이다. 조선 후기에 익공이 개발되어 쓰였으며, 한국에서만 볼 수 있는 독창적인 형식이다.

7. 지붕

1) 지붕 재료에 따른 분류

지붕은 기와지붕과 초가지붕이 가장 보편적이며, 전통가옥의 종류는 지붕의 재료에 따라 ① 기와집, ② 초가집, ③ 너와집, ④ 굴피집 등으로 구별하기도 한다.

(1) 기와집

기와집은 '지붕을 기와로 인 집'을 말한다. 보통 찰흙으로 구워 만든 검은색 기와를 많이 사용한다. 그리고 신분이 높은 사람이 거주하는 집은 푸른 유약을 발라 만든 청기와로 지붕을 이기도 한다.

권위 건축과 사대부들의 살림집에 주로 사용되는 집으로, 과거에는 양반들만 기와집에서 살 수 있었다. 기와는 가격이 비쌌기 때문에, 일반 서민들이 짓고 살기는 상당히 어려웠다.

또한 기와집은 조선시대 유교의 영향으로 남자와 여자가 생활하는 공간이 철저히 구분되어 있다. 기와집의 구조에는 ① 안채, ② 사랑채 등이 있다. 조선 전기에는 특별히 남녀 구분이 명확하지 않았으나, 조선 후기 살림집에서는 여성들의 중심건물을 안채, 남성들의 중심건물을 사랑채로 크게 대별하여 불렀다.

안채는 조선 후기 생활의 변화에 따라 새롭게 등장한 건물이라 할 수 있고, 사랑채는 손님들에게 숙박을 제공하는 장소로 쓰이거나 이웃이나 친지들이 모여서 어린 자녀들에게 학문과 교양을 교육하는 장소로도 사용하였다.

(2) 초가집

초가집은 '볏짚이나 갈대 등으로 이엉을 엮어 지붕을 인 집'을 말한다. 지금은 농촌 지붕개량사업으로 많이 사라졌다. 주로 볏짚을 재료로 사용하였으나 억새 · 새풀 · 띠풀 등을 쓰기도 했다. 초가지붕은 겨울에는 열을 빼앗기지 않고, 여름에는 태양을 차단해 준다.

초가(草家)는 신석기시대에서 초기 철기시대(BC 4세기경)에 걸쳐 인류가 살았던 주거 유적인 '움집'이라는 주거공간이 형성되면서부터 시작된 것으로 보인다. 가장 기본적인 구조는 초가삼간(세 칸밖에 되는 초가라는 뜻으로, 아주 작은 집을 비유적으로 이름)이라 불리는 부엌 1칸, 방 2칸의 일자형을 말한다.

일반적으로 일자집은 우리나라 전역에서 쉽게 볼 수 있으나, 지방에 따라 약간씩 차이가 있다. 초가지붕은 우진각지붕 · 맞배지붕이 일반적이나, 까치구멍집같이 특수한 형태도 있다. ① 초가는 불에 약하고, 썩기 쉬워 1년에 한 번 정도는 새로 이엉을 이어 교체해야 하지만, ② 짚은 단열성이 뛰어나 여름에는 시원하고 겨울에는 따뜻하다. 지붕은 짚이나 억새풀로 덮은 뒤 짚으로 꼬아 엮은 새끼줄이나, 굵은 동아줄을 가로세로로 촘촘히 묶어 지붕을 만든다.

(3) 너와집

너와집은 '너새집'이 변한 말로, '얇은 돌 조각으로 지붕을 인 집'을 말한다. 지역에 따라 돌이나 너와(나무토막을 쪼개 만든 널빤지)로 지붕을 덮는다. 너와집은 삼림이 울창하고 풍부한 태백산지나 울릉도 등에서 많이 볼 수 있다.

너와로 이용되는 나무는 주로 나뭇결이 바르고 잘 쪼개지는 것으로, 지름 30㎝ 이상 되는 것이 적당하다. 너와의 크기는 일정하지 않으나, 보통 가로 20~30㎝, 세로 40~60㎝, 두께 4~5㎝가 적당하다. 수명은 보통 10~20년 간다.

너와가 바람에 날리는 것을 방지하기 위해 무거운 돌을 얹어놓거나, '너스레'*라고 하는 통나무를 처마와 평행되게 눌러놓는다. 지역은 개마고원을 중심으로 한 함경도 지역, 낭림산맥 · 강남산맥 일대의 평안도 산간지역, 태백산맥 일대의 강원도 산간지역, 울릉도 등지에 분포한다.

평면상으로 홑집과 겹집이 있고, 지붕의 형태는 우진각 · 합각 · 박공지붕 등이 있다. 벽체의 구성 재료는 귀틀집 · 판잣집 · 토벽집 등으로 구분된다. 너와집은 ① 환기와 배연(排煙)이 잘 되고, ② 단열과 보온 효과가 뛰어나 기온차가 심한 산지기후에 적합한 가옥이다. 강원도 삼척에 남아 있는 몇 채의 너와집이 중요민속자료33호로 지정되어 있다.

*너스레 : 흙 구덩이 또는 바닥에 이리저리 걸쳐 놓은 막대기를 말한다(그 위에 놓은 물건이 빠지거나 바닥에 닿지 않게 함).

(4) 굴피집

굴피집은 '굴피나무 · 상수리나무 · 참나무 등의 두꺼운 나무껍질로 지붕을 인 집'을 말한다. 주로 굴피나무 껍질을 이용하는데, 이 나무는 낙엽활엽수의 키가 작은 교목으로, 참나무와 비슷하다. 열매는 누런색을 내는 물감으로 쓰고, 나무는 주로 성냥개비를 만드는 데 사용한다.

산간지방에서는 주로 너와로 지붕을 하지만, 재료를 구하기 어려울 때는 굴피나무 껍질을 이용한다. 굴피집은 주로 화전민들이 많이 이용하는 집으로, 형편에 따라 사방집 평면이나 3칸 귀틀집 평면을 이용한다.

지붕 재료로 쓰일 나무는 적어도 20년 이상 자라야 하며, 재료의 수명은 5년 정도이다. 산간지방에 널리 분포하는 굴피집은 태백산맥과 소백산맥 일대에서 특히 많이 볼 수 있다.

굴피나무 껍질은 보통 두 겹으로 끝을 겹쳐 가면서 고기비늘 모양으로 지붕 아랫부분부터 위쪽으로 깐다. 너와집과 마찬가지로 바람에 날리는 것을 방지하기 위해 무거운 돌을 얹어놓거나, '너스레'라고 하는 통나무를 처마와 평행되게 눌러놓는다.

굴피집은 ① 건조하면 하늘이 보일 정도로 수축되어 통풍이 이루어지고, ② 비가 오거나 습도가 높아지면 방수효과가 있다. 그러나 ③ 건조한 겨울에는 벌어진 틈으로 온기를 빼앗기는 단점이 있다.

2) 벽면 재료에 따른 분류

벽면의 재료에 따라 ① 귀틀집, ② 돌담집 등으로 나뉘기도 한다.

(1) 귀틀집

귀틀집은 '큰 통나무를 우물 정(井)자 모양으로 귀를 맞추고 틈을 흙으로 메워 지은 집'을 말한다. 즉 통나무를 정자형으로 양 귀를 맞추어 쌓아올려 벽을 만들고 그 위에 지붕을 얹은 집을 뜻한다. 귀틀집은 기둥이 없는 담(벽)집에 속한다.

지방에 따라 목채집 · 틀목집 · 방틀집 · 투막집 등으로 부르며, 주로 산간지역의 화전경작지 취락에 분포한다. 지역은 개마고원이나 낭림산맥의 북부지역, 태백산맥의 강원도 산간지방, 소백산맥의 지리산 주변 일부지방, 울릉도 등이며, 특히 중부 이북의 산간지대나 눈이 많이 내리는 지방에 많다.

재료는 통나무의 지름이 15~25㎝이며, 그 양쪽 끝에 홈을 내어 십자형 결구가 되도록 한다. 이런 방식으로 네 귀퉁이를 맞추어 차례로 쌓아올리고, 나무 사이의 틈새는 진흙으로 메워서 바람을 막는다.

귀틀집은 지역에 따라 다양하지만, 평면 구성은 ① 방 2칸과 부엌 1칸의 3칸 형식, 또는 ② 부엌 끝 쪽에 가축의 우리를 덧붙인 4칸 형식이 보편적이다. ③ 지붕의 재료로는 주로 너와 · 새 · 굴피 · 화피 등이 사용되며, ④ 지붕의 형태는 까치구멍 · 우진각 · 맞배지붕 등의 여러 형태가 있다.

3) 평면형태에 따른 분류

가옥의 평면형태에 따라 ① 일자집, ② 기역자집, ③ 미음자집, 그 밖에 밭전(田)자 집 등으로 나뉜다.

(1) 일자집

일자집은 '건물 평면이 一자 모양으로 된 집'을 의미한다. 즉 '지붕마루가 一자 모양,' 또는 '평면이 一자 모양으로 된 집'을 뜻한다. 일명 '외채집'이라고도 하며, 단독의 몸체로만 구성된 단순한 형태의 주택이다.

일자집은 부엌과 아랫방, 윗방과 긴 토방으로 구성된다. 아랫방과 윗방이 긴 통칸으로 되어 있는 것이 일반적이다. 아랫방과 윗방에는 앞면에 각각 출입문과 지게문을 냈고, 그 옆에 작은 바라지문을 낸다. 뒷면에 출입문을 내는 경우도 있다.

일자집은 ① 수공이 저렴할 뿐만 아니라 자재도 비교적 손쉽게 구해서 지을 수 있으며, ② 농촌에서 농민들이 살던 보편적인 주거형태로 소박한 살림집 형태이다. 또한 일자집은 앞뜰 한쪽에 헛간을 짓고 거기에 농기구 등을 보관하였고, 나중에는 'ㄱ'자나 'ㄷ'자형의 건음집으로 발전하였다.

(2) 기역자집

기역자집은 'ㄱ'자 모양으로 지은 집을 의미한다. 즉 용마루가 ㄱ자로 꺾여 평면이 ㄱ자 모양을 이루고 있는 집을 뜻한다. 평면의 구성방법은 다양하지만, 보통 크게 두 가지로 구분할 수 있다.

① 3칸 一자집의 머릿 부분인 윗방 앞쪽에 대청을 설치하고, 그 옆에 건넌방을 배치하는 '가운데 대청집'이 있고, ② 3칸 일자집의 아랫부분인 부엌 앞쪽에 부엌을 내달고, 그 옆에 건넌방을 배치하는 '가운데 부엌집'이 있다.

규모는 5~7칸 집이 가장 많고, 'ㄱ'자집 한 채로 살림집을 이루기도 하고, 일자집이 덧붙여져서 튼 'ㄷ'자집을 이루거나, ㄱ자 사랑채를 붙여 지어 튼 'ㅁ'자집을 이룬다. 집의 구조는 1고주(高柱) 5량(梁)이 주종을 이루지만, 2고주 5량, 평4량, 3평주 5량 집도 있다. 그리고 2고주 7량의 큰 집도 있다.

소백산맥 이북의 중부지방, 영 · 호남지방 및 관서지방에 널리 분포하며, 자영농 이상 부농계층의 집이 많다.

(3) 미음자집

미음자집은 '방들이 ㅁ자형으로 배열되고 지붕이 연결된 집'을 의미한다. 일명 '정자(井字)집'이라고도 하며, 평면의 구성은 거의 비슷하나 지방에 따라 약간씩 다르다.

대표적인 'ㅁ'자집은 'ㄱ'자집의 간살을 기본으로 하는 집과, '一'자집을 기본으로 하는 집이 있다. 또 경상북도 내륙지방의 뜰집, 경기도 서해안지역의 똬리집도 'ㅁ'자집에 속한다.

집의 구조는 ① 안쪽 중앙에 마루를 배치하고, 그 서쪽 옆에 세로로 안방과 부엌이 'ㄱ'자로 꺾여 놓인다. ② 마루 동쪽 옆에는 건넌방을, 그 앞으로 꺾이면서 사랑방과 사랑부엌이 붙여진다. ③ 구조는 간단해서 모두 3량 집으로 처리하는데, 이것은 고전적인 방식이며, ④ 근래에는 1고주 5량 집이 많으며, 주로 경기 북부 해안지대에 분포한다.

4) 가옥의 모양에 따른 분류

(1) 우진각지붕

우진각지붕은 '네 개의 추녀마루가 동마루에 몰려 붙은 지붕'을 말한다. 즉 건물 사면에 지붕면이 있고, 추녀마루가 용마루에서 만나게 되는 지붕이다. 일자형 평면의 지붕형태로 초가지붕에서 흔히 볼 수 있다.

이 지붕은 앞뒤에 장 · 단연(長短椽) 설치와 함께 측면에서도 종도리까지의 높이로 서까래를 치받아 설치한다. 서까래는 통서까래와 구분되는 마족연(馬足椽)이나 선자연(扇子椽) 등이 있다. 마족연은 말 다리처럼 서까래의 긴 몸을 지붕 각도에 따라 휘어 깎아 쓰는 데서 생겨났다.

우진각지붕은 ① 중국 북방성의 요식(遼式)구조로, 이는 청나라가 세력을 확장하던 시기에 세운 서울의 남대문, 창덕궁의 돈화문 등이 해당된다. ② 고구려시대는 맞배지붕과 우진각지붕이 보편적이었고, ③ 당나라와의 교류 이후로 팔작지붕이 널리 보급된 것으로 보고 있다.

(2) 맞배지붕

맞배지붕은 '지붕의 완각이 수직으로 잘린 지붕, 옆면이 八자 모양으로 된 지붕'을 말한다. 즉 일자형 홑집 평면에 알맞은 지붕으로, 이러한 지붕의 집을 '뱃집'이라 부르기도 한다.

좌우 마구리는 'ㅅ'자형의 구성인 채로 두는데, 박공(牔栱 : 박공지붕의 양쪽 끝면에 'ㅅ'자 모양으로 붙인 널빤지)을 달아 장식한다. 박공의 합장부분 아래에 현어

(懸魚 : 박공판이 용마루에서 마주치는 하부에 다는 장식 철물)를 장식하기도 한다. 후대에는 박공 아래로 빗물이 들이치지 못하도록 방풍판을 달기도 하였다.

과거에 목재가 넉넉했을 때는 좌우 기둥으로부터 빼목을 넉넉히 내어 지붕이 아름다웠으나, 후대에는 빼목이 짧아지면서 움츠러든 맛을 풍기게 하였다. 맞배지붕은 ① 초가나 너와에 많이 응용되며, 기와가 보편적이다. ② 저택에서 주로 주심포 계통의 집에 채택된다.

맞배지붕이 가장 대표적이고 아름다운 곳은 창녕의 관룡사 약사전을 들 수 있다. 다포계양식의 집에는 맞배지붕이 채택되지 않지만, 조선 초기의 건물 중에는 맞배지붕인 것이 있다. 예천 용문사의 대장전이나 개심사 대웅전이 그 예이다.

(3) 팔작지붕

한국 지붕의 화려한 멋은 팔작지붕에 있다. 팔작지붕은 '위쪽 절반은 박공지붕처럼 세모꼴이고, 아래쪽 절반은 우진각지붕처럼 네모꼴로 된 지붕'을 말한다. 유의어로 합각지붕이 있다. 보통 '一'자형 평면에 구성되는 지붕의 형태로 가장 완비된 구조물이다. 팔작지붕은 ① 초가지붕에서도 응용되지만, ② 기와지붕의 구성에 더 적합하다.

처마는 추녀가 설치된 형태이며, 좌우 마구리에는 큼직한 삼각상(三角狀)의 합각이 구성된다. 합각의 구성으로 지붕 용마루의 길이가 길어졌고, 좌우 끝이 들릴 수 있는 반전곡면이 생겨서 그 선을 연장하면 허공에 원을 그리는 선조(線條)가 이루어질 듯 보이게 된다.

용마루 좌우로부터 흘러내리는 합각마루로 인하여, 귀면(鬼面)과 용두(龍頭)가 장치될 수 있게 되며, 합각마루로부터 다시 추녀등을 타고 추녀마루가 생긴다. 원통형 기와, 바라지기와, 귀면와, 왕지기와 등의 기와로 아름답게 장식한다.

지붕 중에서는 최고의 구조이며, 궁궐의 주요 전각이나 사찰의 대웅전, 향고, 서원 등 중요건물의 지붕은 대체로 팔작지붕이 많다. 대표적인 예로 부석사 무량수전, 봉정사 대웅전, 수타사 대웅전 등이 있다.

(4) 박공지붕

박공은 '마룻머리나 합각머리에 '八'자 모양으로 붙인 두꺼운 널빤지'를 말한다. 즉 '책을 펼쳐서 엎어 놓은 모양'으로 양쪽 방향으로 경사진 지붕이다. 박공지붕은 양쪽 방향으로 경사진 지붕형태로, 양쪽 끝부분에서 지붕면과 벽이 이루고 있는 삼각형 단면의 모서리를 박공이라 하고, 지붕의 양 측면에 있는 삼각형 벽을 박공벽이라 부른다.

박공지붕이 채택된 것은 벽과 지붕이 만나는 곳의 방수문제 때문이다. 따라서 지붕을 끝 벽보다 나오게 하거나, 끝 벽을 지붕선보다 높여서 그 위에 방수용 갓돌을 씌우게 되었다. 전자는 ① 목조와 경사지붕을 한 소규모 건물에서 쓰고, 후자는 ② 크고 기념비적인 석조 건축물이나 고딕 양식의 건물에서 다양하게 쓰인다. 맞배지붕도 박공지붕의 형태를 띠고 있다.

(5) 합각지붕

합각지붕은 '위 절반은 박공지붕으로 되어 있고, 아래 절반은 우진각지붕처럼 네모꼴로 된 지붕'을 말한다. 유의어로 팔작지붕이 있다. 즉 '지붕 위에 가치 박공이 달린 삼각형의 벽이 있는 지붕'이다. 처마 끝은 모임지붕*처럼 되고, 용마루 부분에 삼각형의 벽을 만든 지붕이다.

***모임지붕** : 추녀마루가 경사지어 올라가 용마루에서 모이게 된 지붕을 말한다.

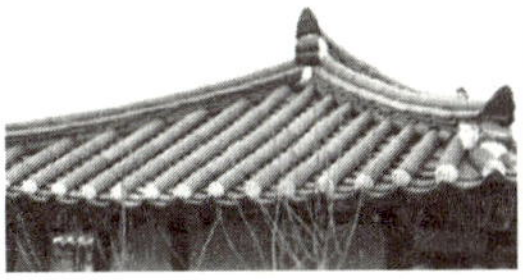
우진각지붕

맞배지붕

팔작지붕

박공지붕

합각지붕

8. 대문

대문은 '큰 문, 집의 정문, 앞대문'을 이르는 말이다. 도성과 궁궐, 사찰과 서원, 주택 등은 정면에 대문을 설치하고, 그 영역에 담장을 쌓았다. 대문은 출입을 통제하는 물리적인 시설물로서의 기능과 영역의 위상이나 성격을 표현하는 상징적인 시설물로서의 의미도 갖는다.

성곽이나 담장의 규모와 형식에 따라 평대문과 솟을대문으로 구분한다. 솟을대문은 웅장하게 건축하며, 궁궐이나 부유층의 집 등에서 발견되며, 말이나 가마가 통과할 수 있도록 높이 만든다. 한옥의 기본구조를 정리하면 〈표 4-4〉와 같다.

〈표 4-4〉 한옥의 기본구조

기단	기단은 건축물이나 비석 따위의 기초가 되는 단을 의미하며, 빗물이 건물 안으로 들어오지 못하도록 주변보다 높이 쌓은 구조물
주춧돌	주춧돌은 기둥으로 받는 무게를 땅에 전하는 돌로 기둥 아래에서 지붕을 떠받침

바닥	바닥은 구들(온돌), 마루, 흙 등으로 구성된다. 마루의 종류는 우물마루, 장마루, 골마루 등
기둥	기둥은 '주춧돌 위에 세워 보* · 도리** 따위를 받치는 나무'를 말한다. 즉 지붕을 떠받치고 상부하중을 받아 지면에 전달하여 건물을 기본적으로 지탱하는 기능
공포	처마 무게를 기둥에 전달하고 처마를 깊게 해주며, 지붕을 높여주고, 건물을 장식하기 위해 사용된다. 종류는 주심포식, 다포식, 익공식
지붕	건물의 비와 눈, 햇빛을 막아주는 덮개 역할을 한다. 모양에 따라 맞배지붕, 우진각지붕, 팔작지붕이 있으며 지붕의 형태에 따라 집의 형태를 분류
대문	평대문과 솟을대문이 있다. 솟을대문은 궁궐이나 부유층의 집 등에서 발견

9. 내부구조

한옥은 ① 안채, ② 사랑채, ③ 별채 · 행랑채, ④ 부엌 등의 기본적인 요소를 가지고 있다.

1) 안채

안채는 '안팎 각 채로 된 집 안에 있는 집채'를 의미하며, '안집'이라고도 한다. 안채는 조선 후기 여성의 중심공간으로 바뀐 것으로, 대문으로부터 가장 안쪽에 위치한다. 사랑채와 안채 사이에는 내행랑이나 중문간채 등에 의해 공간이 구분된다.

안채는 안손님이 아니면 출입이 제한되며, 폐쇄적인 의미를 지닌다. 손님 접객은 주로 사랑채에서 이루어진다. 안채는 시어머니와 며느리가 기거하는

***보** : 칸과 칸 사이의 두 기둥을 건너지르는 나무를 말한다.
****도리** : 서까래를 받치기 위하여 기둥과 기둥 위에 건너지르는 나무를 말한다.

건물로 침전 기능을 하지만, 여성들의 일상생활이나 가사일, 취미생활 등이 모두 안채에서 이루어진다. 또한 안채는 가족들의 의식주를 전담하는 공간으로, 부엌과 부식을 보관하는 창고 등이 발달하였다.

대개 대청을 중심으로 한쪽에 큰방을 두고 시어머니가 기거하고, 반대편에 작은방을 두고 며느리가 머무른다. 안방 앞에는 부엌이 달려 있는 것이 보통이며, 곡물과 식료품은 부엌 상부의 다락이나 내행랑 등을 이용하기도 한다. 안채의 구조는 〈표 4-5〉와 같다.

〈표 4-5〉 안채의 구조

안방	안주인이 거처하며, 남편과 직계비속 외에는 출입을 금함
건넌방	장성한 자녀나 노부모가 거처하는 방
윗방	안방 윗목에 위치한 공간으로 귀중품을 수장하는 장을 둠
마루방	안방과 건넌방 중앙에 위치하여 통로 등으로 이용됨
부엌	취사를 하는 곳으로 찬방 · 찬마루가 연이어 있음

2) 사랑채

사랑채는 '사랑으로 쓰는 집채'를 말한다. 즉 사랑은 '바깥주인이 거처하며, 손님을 대접하는 곳'을 말하며, 안채와 떨어져 있다. 주로 남자 주인과 귀한 손님이 기거하는 공간이다. 사랑채는 경북 안동시에 있는 양반가옥에 많이 남아 있다.

통상 양반집 솟을대문으로 들어가면 정면으로 마주치게 되는 건물이 사랑채이다. 집주인이 방문객이나 공적인 일로 찾아온 사람과 직접적으로 마주하는 공간이다. 경전 연구와 유학을 장려했던 조선시대에는 사랑방문화가 많이 발달하였다.

사랑채는 그 집안의 가장과 남자들이 기거하면서 때로는 손님맞이 방이나 공부방, 제사의 공간 등으로 다양하게 사용한다. 특히 사랑채는 그 집의 권위를 상징하기 때문에 기단을 높게 쌓는 것이 특징이다. 안동 지역에서는 이러한 기단 높이를 기준으로 하는 서열이 엄격히 지켜지고 있다. 안동 풍산김씨 영감댁 사랑채는 1982년 12월 1일 경상북도 민속자료 제39-3호로 지정되었다. 사랑채의 구조는 〈표 4-6〉과 같다.

〈표 4-6〉 사랑채의 구조

사랑방	남성의 거실이자 접객공간이며 서재를 겸함
누마루	대청마루와 연결되어 있어 유학자들이 예(禮)를 논하는 장소
침방	사랑채에 배치하여 침실 기능을 하는 장소
서고	서책을 보관하거나 독서를 위한 방

3) 별채 · 행랑채

별채는 '딴채'라고도 하며, 여러 가지 필요에 의해 특수한 공간으로 조성된다. 손님이 많은 집은 손님을 치르기 위해 짓거나 첩을 두기 위해 짓기도 한다. 별채는 대개 감추어진 공간에 자리 잡고 있다.

행랑채는 대문간에 붙어 있는 방으로, 보통 하인이나 심부름을 하는 사람들이 기거하거나 곡식 저장 등 각종 창고로 이용된다. 구조는 대문을 중심으로 마구간, 하인들이 기거하는 방이나 광 등으로 되어 있고, 주택의 경계선에 따라 세워지는 경우가 많다.

4) 부엌

부엌은 '취사할 수 있게 일정한 시설을 갖추어 놓고 밥을 짓거나 그 밖의 음식을 만드는 곳'을 말한다. 일명 '취사장'이라고도 한다. 우리나라의 전통 부엌은 지표보다 60~90㎝ 정도 낮은 흙바닥이 일반적이다. 부엌은 가족의 식생활을 담당하는 장소로서 안채와 인접하여 있다.

부엌은 다른 공간에 비해 넓은 면적을 차지하고 있는데, 이는 땔감과 부식류 저장을 위해서이다. 주로 안쪽은 나뭇광을 두어 장작이나 나뭇가지 등을 쌓아두고, 다른 한쪽은 감자나 고구마 등의 부식류를 보관한다.

부뚜막의 좌우에는 선반을 매달거나 찬탁(饌卓 : 반찬을 얹어놓는 긴 탁자)을 놓아 식기류나 반찬을 보관한다.

제2절 전통가옥

1. 전통고택

1) 명재 윤증고택

명재 윤증고택(충남 논산시 노성면 교촌리)은 조선 후기 유학자 명재 윤증(1629~1714)의 고택으로, 조선 후기 숙종 때 건립된 것으로 추정된다. 안채와 사랑채는 중요민속문화재190호로 지정되었고, 유품들은 중요민속자료22호로 따로 지정되었다.

우리나라의 계절적 특징으로 겨울에는 북서풍이, 여름에는 남동풍이 부는데, 이 고택은 겨울에 볕이 잘 들어 추위를 막아주고, 여름에는 바람이 잘 스며들어 무더위를 시원하게 보낼 수 있는 원리를 잘 살려서 지은 집이다.

이 고택은 다른 한옥과는 다르게 사랑채가 외부에 돌출되어 있다. 대문을 열면 내외 벽이 안채를 가로막고 있어 약간 돌아서 들어가야 한다. 방문하는 손님과 주인이 서로 무안하지 않도록 여지를 만들어 놓았다.

건물의 규모에 비해 굴뚝은 1m 정도로 매우 낮게 만들어져 있다. 굴뚝이 낮으면 불이 잘 들어가지 않아 방이 따뜻하지 않다. 물론 많은 땔감이 필요치 않았을 것이다. 낮은 굴뚝에서 그의 청빈한 삶을 엿볼 수 있다.

대청마루에 앉아 사랑방 쪽의 문을 전부 열면, 사랑채를 한눈으로 볼 수 있도록 만들었다. 손님이 어느 정도 왔는지를 안주인은 쉽게 파악할 수 있다. 이 고택은 안채와 사랑채, 사당으로 구성된 조촐하게 잘 지은 집이다.

2) 의성김씨 운암종택

의성김씨 운암종택(경북 안동시 임하면 신덕리)은 경상북도 민속자료50호로 지정되었다. 이 집은 1754년경에 건립된 것으로 추정된다. 뒤에 야산을 등지고 평지에 자리 잡은 동향집이다.

대문채는 없이 토석담 안에 'ㅁ'자형 안채가 있다. 사랑채는 정면 3칸, 측면 2칸 반이다. 정면 3칸은 두리기둥을 세워 누처럼 바닥을 높이고, 헌함을 돌린 개방된 마루로 시설하였다. 뒤쪽 칸에는 중앙에 마루방을 두고, 남쪽에는 1칸 반 크기의 윗사랑방을 두었다. 그리고 북쪽에는 책방 1칸과 뒤로 벽장을 반 칸 꾸몄다.

안채는 정면과 측면이 같은 5칸이고, 안채의 중심은 6칸 넓이의 대청으로 우물마루를 깔았다. 지세에 어울리게 건축한 동향집이지만, 전통적인 주거의 구조로서, 모든 온돌방을 남향으로 배치하여 겨울에 따뜻하고 밝고 편리한 생활공간이 되도록 시설하였다.

3) 안동 풍산김씨 영감댁

안동 풍산김씨 영감댁(경북 안동시 풍산읍 오미리)은 조선 후기의 양반집으로, 1759년(영조 35)에 건립하였는데, 건립 당시에는 'ㄱ'자형의 안채 8칸만을 세웠다. 경상북도 민속자료39호로 지정되었다.

건물은 정면 5칸, 측면 1칸의 맞배기와집으로, 대문채를 들어서면 전면에 문간채와 사랑채가 있다. 건물은 사당, 안채, 사랑채, 창고, 헛간으로 구성되어 있으며, 건물 전체에 판축(板築)으로 된 담장이 둘러져 있다.

중문채 안에는 내정이 있다. 정침(正寢)은 일반 집들과 다른데, 정상적인 'ㅁ'자형이 아니라 복합적인 구성이다. 이는 건립연대를 서로 달리했기 때문에 생긴 결과이다. 전면 우측의 사랑채는 사랑방 2칸, 사랑마루 2칸으로 이루어져 있다. 잡석 기단 위에 비교적 큰 초석을 놓고, 전면에는 두리기둥을 사용하여 사대부가의 격식을 높이고 있다.

4) 김정희 선생 고택

김정희 선생 고택(충남 예산군 신암면 추사고택로)의 안채와 사랑채는 충청남도 유형문화재43호로 지정되었다. 조선 후기의 실학자 · 서도의 대가였던 추사 김정희 선생의 생가 추사고택은, 증조부인 김한신이 건립한 것으로 알려져 있다.

추사고택은 솟을대문의 문간채, 'ㄱ'자형의 사랑채, 'ㅁ'자형의 안채와 추사 선생의 영정이 있는 사당으로 시설되어 있다. 'ㄱ'자형의 사랑채 남쪽은 1칸, 동쪽은 2칸의 온돌방과 대청, 마루로 되어 있다.

추사고택은 안채, 사랑채, 사당, 곳간채, 대문채가 알맞게 자리 잡고 있다. 안채에는 6칸 대청과 2칸통의 안방, 건넌방이 있다. 기타 추사 선생의 묘소, 증조부 김한신과 부인 화순옹주의 합장묘, 그리고 화순옹주 열녀문인 홍문이 있다.

그리고 추사고택 북쪽 6백m 지점에는 천연기념물106호인 백송이 있다. 이 백송은 중국 북부지방이 원산지로, 우리나라에서도 희귀한 수종에 속한다. 추사 선생이 25세 때 청나라 연경에서 돌아올 때 종자를 붓대 속에 넣어 가지고 와서 심은 것으로 전해지고 있다.

2. 한옥체험관광

1970년대 새마을운동이 일어나면서 민가에서는 초가집 등이 기와나 함석 지붕으로 바뀌게 되었고, 생활수준이 향상된 1990년 이후부터는 도시형 건축이 들어서게 되었다. 우리의 전통가옥은 나무나 흙벽으로 집을 지었지만, 새마을운동 이후부터는 시멘트를 이용한 벽체로 바뀌기 시작하였다. 그러나 요즘 한옥에 대한 가치가 재평가되면서, 우리의 전통가옥인 한옥을 관광산업에 접목시키려는 노력과 관심이 높아지고 있다(오성훈, 2014). 2009년 「관광진흥법 시행령」에 의해 관광편의시설업에 한옥체험업이 추가되면서, 단기간 동안 급속하게 증가되었다.

한옥체험업은 단순한 숙박대안시설로서의 기능을 넘어 관광객들에게 우리의 전통문화체험의 기회를 제공하는 것(김형곤, 2015)이 사업의 핵심적 요소라 할 수 있다. 따라서 각 지역에서는 한옥이 모여 있는 마을을 관광명소로 지정해 국내외 관광객들을 유치하고 있다.

우리 조상들의 지혜를 엿볼 수 있는 대표적인 마을은 서울의 북촌한옥마을과 남산골한옥마을, 전주의 한옥마을, 한국민속촌이 있다. 그 밖에 경북 안동시의 고택과 종택 등을 들 수 있는데, 이곳은 전통문화 체험장과 주변의 한옥들과 잘 어우러지게 작은 연못을 준설하고, 그 위에 팔각정자를 건립해 전통마을의 분위기를 조성해 놓고 있다.

그러나 한옥마을은 수요의 부족과 불안전성, 공간적 제약과 운영인력의 부족, 전문성 결여, 이해관계자들의 네트워크 및 지원부족, 홍보능력 및 인식의 부족(김형곤, 2015) 등으로 다소 어려움을 겪고 있다.

1) 남산골한옥마을

남산골한옥마을은 서울의 충무로역에 위치하고 있어 접근이 용이하고 무료로 입장할 수 있다. 최근 중국인 관광객들이 증가하면서, 서울시내에서 고궁 다음으로 많이 찾는 곳이다. 잘 보존된 한옥들에 정자와 연못까지 만들어 조선시대 마을의 모습을 그대로 살렸다.

남산골한옥마을(서울 중구 필동의 남산골공원)은 1989년 남산골의 제모습찾기 사업으로 각지의 한옥을 모아 마을을 조성하여 1998년에 문을 열었다.

조선시대의 가옥구조와 생활상을 자세히 엿볼 수 있도록 조성된 이곳은, 당시 서울시 민속자료에 근거하여 한옥 다섯 채에 살림살이까지 그대로 복원하였다.

이곳의 옛 정취를 되살려 시민들에게 제공하기 위하여 골짜기를 만들고 물을 흐르게 하였으며, 정자를 짓고, 나무를 심어 전통정원을 조성하였다. 각종 공연과 체험행사 프로그램이 운영되고, 매년 명절마다 사물놀이 · 봉산탈춤 · 판소리 · 널뛰기 · 그네뛰기 등의 전통놀이와 세시풍속 행사가 열린다.

대표 건물 및 시설로 ① 순정효황후 윤씨 친가(안채 · 사랑채 · 대문간채가 연결된 'ㅁ'자 평면), ② 해풍부원군 윤택영댁 재실(사당채와 몸채로 구성된 '元'자 평면), ③ 관훈동 민씨 가옥(안채 · 사랑채 · 별당채로 구성), ④ 오위장 김춘영 가옥('ㄷ'자형 안채에 'ㅡ'자형 사랑채 연결), ⑤ 도편수 이승업 가옥(안채 · 사랑채) 등이 있다.

2) 북촌한옥마을

북촌한옥마을(서울 종로구 계동길)은 지하철 안국역 및 인사동 골목입구에 위치하고 있어 교통이 편리하고, 누구나 쉽게 갈 수 있다. 인사동과 북촌한옥마을을 찾은 국내외 관광객들이 대로를 넘나들면서 관광하고 있어 연중 내내 인산인해를 이룬다.

북촌한옥마을은 예로부터 '북촌'이라 하여 권문세가들의 주거지로 널리 알려진 곳이다. 북촌(北村)은 청계천과 종로의 윗동네라는 뜻이다. 이곳은 당시 왕실의 고위관직에 있거나 왕족이 거주하는 고급 주거지이다. 모두 조선시대 상류층 구조의 형태를 간직한 기와집으로 지금까지 보존되고 있다.

원래 북촌에는 솟을대문이 있는 큰 집 몇 채와 30여 호의 한옥밖에 없었으나, 일제강점기 말기와 9 · 28서울수복 이후 현재의 상태로 늘어났다. 경복궁과 창덕궁 등 서울 5백 년 역사와 함께한 우리나라의 전통한옥마을이다.

지금의 한옥들은 1930년도를 전후하여 생성된 것으로 보고 있다. 옛 모습 그대로 보존하고 있는 좁다란 골목길에는 전통문화체험관, 한옥음식점, 카페, 옷가게 등이 즐비하게 들어서 있어 5백 년 역사도시 서울의 풍경을 극적으로 보여주고 있다.

3) 전주 한옥마을

전주 한옥마을(전북 전주시 완산구 어진길)은 전주 도심의 남동쪽에 위치해 있으며, 한국의 전통건물인 한옥(韓屋) 7백여 채가 밀집되어 있다. 전주 한옥마을의 멋은 한옥의 아름다운 지붕 선에 있다. 나선형의 처마가 살짝 하늘로 향한 모습이 한옥의 특징이고 멋이다.

한옥과 한지, 한식과 판소리 등 한국 스타일의 콘텐츠를 가장 많이 담고 있는 전주 한옥마을은 2010년 11월 도시형 국제슬로시티로 지정되었다. 한옥마을에서는 옛 건물과 현대식 건물이 조화를 이루어 독특하고 고풍스런 풍경을 접할 수 있으며, 도시생활에 적합하도록 골목길을 따라 한옥이 군락을 이루고 있다.

한옥의 구조는 크게 안채와 사랑채로 나누어진다. 안채는 여인들이 사용하고, 사랑채는 남자들이 사용한다. 남녀의 활동이 구분되어 있는데, 그중 안채는 여인들이 생활하는 곳이기 때문에 가장 은밀하고 깊숙한 곳에 위치해 있다.

이곳에는 한옥생활체험관이 따로 마련되어 있어, 선비방과 규수방에서 직접 온돌방 체험을 할 수도 있다. 또한 이곳에서 제공되는 전통한식은 납청유기(納淸鍮器)에 담아내 맛과 멋을 더해주며, 유명한 전주비빔밥을 맛볼 수도 있다.

4) 한국민속촌

한국민속촌(경기 용인시 기흥구 보라동 민속촌로)은 30만 평 부지에 우리의 전통문화를 한눈에 생동감 있게 감상할 수 있도록 꾸며 놓은 야외 민속박물관이다. 즉 한국의 민속적인 삶을 종합적으로 재현해 놓은 곳으로, 한국의 전통문화를 보고 체험해 볼 수 있다.

국내외 관광객들에게 널리 알려진 유명한 관광지로, 울창한 나무와 맑은 시내가 굽이쳐 흐르는 아늑한 분지에 조선시대 5백 년의 생활상을 재현하였다. 넓은 부지에 북부지방, 중부지방, 남부지방, 제주지방, 울릉도 지방까지 약 270동의 각종 초가집과 기와집이 들어서 있다.

또한 당시의 생활양식이 그대로 전시되어 있어 우리 조상의 옛 문화를 배우는 현장학습장으로서 관가, 대장간, 글방, 한약방, 관상소, 99칸짜리 양반집, 유기공방, 도자기 가마 등의 생산 공장, 각종 민속음식과 생활용품을 파는 민속장터 등을 구경할 수 있다.

최근 유네스코 인류무형유산에 등재된 농악놀이를 비롯해서 전통혼례, 마상무예 공연, 널뛰기, 그네뛰기 등을 관람할 수 있다.

연습문제

01. 다음 설명에 해당하는 구조는?

> 우리나라 건축에서 가장 기본적인 구성요소 중 하나로, 습기나 빗물 등으로부터 건물을 보호하는 역할

① 기단
② 기둥
③ 공포
④ 지붕

02. 다음 설명에 해당하는 기둥은?

> 기둥머리의 지름은 작고 기둥몸은 크며, 밑동은 기둥머리보다 크지만 기둥몸보다는 작은 기둥

① 원통형기둥
② 육모형기둥
③ 배흘림기둥
④ 민흘림기둥

03. 다음 설명에 해당하는 양식은?

> 기둥 상부에 포를 배치하는 형식으로, 두공의 주두나 소로에 굽 받침이 있고, 첨차의 밑바닥이 S자형을 2개 연속한 모양의 곡선을 이룬 점이 특징

① 초익공식
② 다포식
③ 익공식
④ 주심포식

04. 다음 설명에 해당하는 집은?

큰 통나무를 우물정(井)자 모양으로 귀를 맞추고 틈을 흙으로 메워 지은 집

① 초가집 ② 귀틀집
③ 토담집 ④ 너와집

05. 다음 설명에 해당하는 지붕은?

지붕의 완각이 수직으로 잘리며 옆면이 八자 모양으로, 일자형 홑집 평면에 알맞은 지붕

① 박공지붕 ② 맞배지붕
③ 합각지붕 ④ 팔작지붕

06. 다음 설명에 해당하는 방은?

행랑채는 대문간에 붙어 있는 방으로, 보통 하인이나 심부름을 하는 사람들이 기거하거나 곡식 저장 등 각종 창고로 이용

① 사랑채 ② 안채
③ 행랑채 ④ 별당채

정답

01 ①, 02 ③, 03 ④, 04 ②, 05 ②, 06 ③

제5장

5대 궁궐

학습 포인트

- 제1절에서는 궁궐의 개념을 연구하고, 궁궐의 관광실태에 대해 학습한다.
- 제2절에서는 5대 궁궐의 역사적인 배경과 중요문화재의 현황에 대해 학습한다.
- 연습문제는 5대 궁궐에 대한 역사적 배경과 각 궁궐별 중요문화재를 총체적으로 학습한 후에 풀어본다.

제1절 궁궐관광

1. 궁궐의 개념

궁궐은 '임금이 거처하며 활동하는 곳으로, 일명 궁 · 대궐 · 궁전 · 궁정'이라고도 한다. 어느 한 집에 궁궐의 주인 임금은 오직 한 사람이었다. 궁궐은 따로따로 생기고 없어지고 한 것이 아니라 임금 한 사람의 소용과 의지에 따라 경영되었다.

궁궐은 '임금과 가족, 그리고 생활을 돌보는 사람들이 사는 곳'일 뿐만 아니라 왕실과 국가의 존엄을 표시하고 정치적 명령을 의결 포고하는 장소이다. 왕권국가에서 임금의 권력은 절대적인 것으로서, 궁중의 생활은 임금을 중심으로 엄격한 왕실의 법도 규범 아래 행하여져 왔으며, 생활양식 또한 가장 세련되고 화려했다.

조선의 궁궐은 국가를 통치하는 정치와 행정의 중심지이자, 임금과 가족이 생활하는 공간으로 수도에서 가장 중요한 곳에 위치해 있다. 조선은 풍수지리사상에 기반하여 북쪽은 백악산, 남쪽은 목멱산(남산), 동쪽은 타락산(낙산), 서쪽은 인왕산으로 둘러싸인 한양을 수도로 정했고, 백악산을 뒤로 하여 경복궁(景福宮)을 세웠다.

이후 상황에 따라 창덕궁 · 창경궁 · 덕수궁 · 경희궁 등을 건립함으로써, 조선의 궁궐은 모두 5곳이 되었다. 조선왕조 5백 년 동안 궁궐은 역사적 사건 속에서 영건(營建 : 집이나 건물을 지음)과 중건 · 수리를 거듭하였고, 성리학(중국 남송의 주희가 집대성한 유학의 한 파)의 이념을 바탕으로 왕도정치 및 효와 예를 근간으로 한 유교적인 이상사회 구현의 철학을 담아 당대 최고의 기술로 궁궐을 조성하였다.

궁궐이란 용어는 궁(宮)과 궐(闕)의 합성어로서 '궁'은 왕이 생활하던 궁전을 뜻하고, '궐'은 궁을 둘러싼 성루와 성문을 말한다. 궁궐은 크게 내전, 외전, 동궁전, 후원 등으로 나뉜다.

① 내전은 왕과 왕비가 주로 활동하는 곳이며, 그중에서도 왕은 여러 건물들로 이루어진 대전에서, 왕비는 중궁전에서 생활했다. ② 외전은 왕이 신하들과 함께 국사를 논하거나 중요한 행사를 치르는 곳이다. ③ 동궁전은 왕의 자리를 물려받을 세자가 생활하는 곳이고, ④ 후원은 임금이나 궁궐 사람들이 자연을 벗 삼아 쉴 수 있는 공간이다.

그리고 ⑤ 궁녀는 궁에서 왕 · 왕비 등을 가까이 모시며 시중을 들던 여자를 말하고, ⑥ 성루는 성곽의 곳곳에 있는 다락집을 말한다. 또한 외전은 정전과 편전으로 나누어지는데, 여기서 ⑦ 정전은 사신을 맞이하거나 행사를 치르던 곳이고, ⑧ 편전은 왕이 국사를 돌보던 곳이다.

2. 궁궐관광

궁궐은 한국의 건축미와 궁중의 생활문화, 역사적 교훈을 느낄 수 있는 가치 있는 곳이다. 궁궐관광은 문화유적을 관람할 수 있고, 궁중의 다양한 문화를 체험할 수 있다. 특히 조선왕조의 궁궐은 서울 도심에 집중되어 있어 접근성이 용이하고, 서로 이웃하고 있어 궁궐 간 이동이 편리하다. 따라서 궁궐관광은 관람객이 꾸준하게 증가하고 있다.

궁궐관광은 해가 갈수록 내국인 및 외래 관광객 방문이 증가하는 추세이며, 쇼핑관광에 이어 궁궐관광이 차지하는 비중은 매우 높은 편이다. 특히 궁궐

관광을 통해 국민들의 정서함양 및 애국심을 고취시킬 수 있는 중요한 계기가 되며, 또한 국가의 상징적 이미지 구축과 한국관광의 상승효과를 기대할 수 있다.

서울에 소재한 5대 궁궐 중 경복궁 · 창덕궁 · 덕수궁은 서울을 방문한 외국인 관광객뿐만 아니라 서울 시민, 그리고 국내관광객들이 가장 많이 찾는 관광명소로 널리 알려져 있다.

① 경복궁(景福宮)은 야간개장을 통해 많은 관광객을 수용하고 있다. 야간개장은 2010년 서울 G20정상회의의 성공적인 개최를 기원하기 위해 시작된 것으로, 2010년 11월 9일에 처음으로 실시되었다.

2014년부터는 하루 최대 관람 인원을 1천500명으로 제한하고, 월 4회 총 48일간 실시하고 있다. 특히 경복궁을 방문한 외국인 관광객들은 한복을 빌려 입고 경복궁 수문장 교대의식을 관람하기도 한다. 경복궁은 다른 궁과 달리 화요일에 정기휴관을 실시한다.

또한 궁궐 관람제도가 개편됨에 따라 ② 창덕궁(昌德宮)은 2010년 5월 1일부로 전각 구역은 자유 관람이며, 후원은 별도 요금으로 시간이 제한된 관람이 실시되고 있다. 즉 종묘 및 4대 궁궐(경복궁, 창경궁, 덕수궁, 창덕궁)을 모두 관람할 수 있는 통합관람권으로도 입장이 가능하다. 또한 함양문을 통해 창경궁과 연계관람이 가능하다.

특히 ③ 덕수궁(德壽宮) 대한문 앞에서 열리는 왕궁수문장 교대의식은 조선의 의식을 그대로 재연한 것은 아니지만, 수문장 교대절차에 실존 관직과 인물을 끌어들여 재구성한 것이다. 하루 세 차례 진행되는 수문장 교대식은 서울을 대표하는 관광명소로 자리매김했다. 30분 정도 진행되는 교대식을 보기 위해 1백 만 명이 넘는 관광객들이 다녀갔으며, 이 중에 외국인이 40%를 넘는다. 연간 1천 번 넘게 이뤄지는 교대식은 관광객 유입 효과를 톡톡히 보고 있는 셈이다. 조선시대 임금님들이 살던 대표적인 궁궐로 ① 경복궁, ② 창덕궁, ③ 창경궁, ④ 경희궁, ⑤ 덕수궁이 있다.

제2절 5대 궁궐

1. 경복궁

경복궁 전경

사적117호로 지정된 경복궁(景福宮)은 한국을 대표하는 궁궐이다. 조선 건국, 그리고 한양천도와 동시에 건립된 법궁(法宮 : 왕이 늘 기거하면서 나랏일을 돌보는 정궁)으로서, 가장 먼저 세워졌다. 위치는 광화문 사거리 북쪽이며, 풍수지리적으로 최고의 명당자리에 세웠다.

건국과 더불어 조선의 법통을 상징하는 법궁(法宮)으로서, '왕조의 큰 복을 빈다'는 의미를 담고 있다. 다른 궁궐에 대해 모범이 되는 경복궁은 조선왕조 5대 궁궐 중 북쪽에 위치하고 있어 일명 북궐(北闕)로 불리기도 한다.

정전(正殿)인 근정전(勤政殿)을 중심으로 직사각형에 가까운 대지 주위를 담장으로 둘러싸고 ① 동쪽에는 건춘문(建春門), ② 서쪽에는 영추문(迎秋門), ③ 남쪽에는 광화문(光化門), ④ 북쪽에는 신무문(神武門) 등 4개의 문을 만들었다.

태조 이성계가 한양으로 도읍을 정하고 가장 먼저 경복궁을 건립하였다. 1394년(태조 3) 12월 4일에 공사를 시작해, 1395년(태조 4)에 중요한 전각은 대부분 완공하였다. 그러나 경복궁에는 왕들이 오랫동안 기거하지 않았다. 주로 세종 · 문종 · 단종이 이곳에 기거하였으나, 왕자의 난과 개성천도로 인해 오랜 기간 동안 빈 궁궐로 방치되어 있었다.

또한 왕위를 찬탈한 세조가 경복궁을 기피해 창덕궁에 기거하면서 임금이 살지 않는 궁궐이 되었다. 그 후 1543년(중종 38) 동궁에서 일어난 화재와 1553년(명종 8)에 일어난 내전일곽의 화재로 인해 많은 피해를 입었으나 이듬해에 복구되었다.

그리고 38년 뒤 1592년 임진왜란*으로 모든 건물이 전소되어 270여 년간 폐허상태로 남아 있던 것을, 1867년(고종 4)에 흥선대원군이 그의 아들 고종임금의 거처로 사용하기 위해 재건축한 것이다. 1868년에 고종이 이곳으로 옮겨왔으나, 1876년에 일어난 대규모 화재로 다시 창덕궁으로 옮겼다가, 1888년 재차 옮기는 등 여러 차례의 피해와 복구가 거듭되었다.

여러 차례의 화제와 임진왜란, 한일합병 등의 국난 때마다 어려움을 겪어왔던 경복궁은 조선왕조 5백 년의 영욕이 얽혀 있는 역사의 현장으로 널리 알려져 있다. 1996년 옛 조선총독부 건물(현재의 광화문 자리)을 철거하면서 일부가 복구되었으며, 국보와 보물급 건축물과 석조문화재를 보유하고 있다.

1) 출입문

(1) 광화문

광화문(光化門)은 경복궁의 남쪽에 있는 정문이다. 원래의 오문(午門)으로 불렀으나, 세종 때 광화문으로 명칭이 바뀌었으며 '왕의 큰 덕이 온 나라를 비춘다'는 의미이다. 광화문은 1395년에 건립되었으며, 2층 누각인 광화문 앞의 양쪽에는 한 쌍의 해태 조각상이 자리 잡고 있다. 광화문에는 3개의 문이 있는데, 가운데 문은 왕이 다니는 문이고, 나머지 좌우의 문은 신하들이 다니던 문이다. 2010년에 복원공사가 완료되어 2010년 8월 15일 광복절에 공개되었다.

*임진왜란은 1592년(선조 25)부터 1598년까지 2차에 걸쳐서 우리나라에 침입한 일본과의 싸움을 말한다. 1차 침입이 임진년에 일어났으므로 '임진왜란'이라 부르며, 2차 침입이 정유년에 있었으므로 '정유재란'이라 한다.

(2) 건춘문

건춘문(建春門)은 경복궁의 동쪽에 있는 문으로 '동쪽은 봄에 해당한다'는 의미를 담고 있다. 주로 왕족, 척신, 상궁이 출입했던 문이다. 건춘문의 천장에는 청룡이 그려져 있으며, 문 안에는 왕세자가 거처하던 춘궁(春宮)이 있다. 문 밖에는 왕실의 종친들을 교육하는 종학(宗學)이 있다.

(3) 영추문

영추문(迎秋門)은 경복궁의 서쪽에 있는 문으로, '서쪽은 가을에 해당하여 가을을 맞이한다'는 의미를 담고 있다. 문 밖에는 명당수가 흐르는 개울이 있었고, 주로 일반 관료들이 드나들었다. 영추문의 천장에는 백호가 그려져 있다. 문 안에는 궐내 각사가, 문 밖에는 궁궐에 물자를 조달하는 관청이 자리 잡고 있었다.

(4) 신무문

신무문(神武門)은 경복궁의 북쪽에 있는 문으로, '북쪽을 관장하는 현무'에서 따와 신무문이라 이름하였다. 신무문의 천장에는 현무가 그려져 있다. 그 이름처럼 음기가 강하다 하여 평소에는 굳게 닫아두었다. 그 후 1961년 5 · 16 군사정변 이후 청와대를 보호한다는 명목으로 군부대가 경복궁 경내에 주둔하게 되면서 45년 동안 폐쇄되었다. 현재 신무문은 청와대 본관 정문과 마주하고 있다.

(5) 흥례문

흥례문(興禮門)은 경복궁의 정문인 광화문과 근정전의 정문인 근정문 사이에 있는 중문으로 정면 3칸, 측면 2칸의 중층 목조건물이다. 근정전 진입을 위해서는 반드시 거쳐야 하는 문이다.

원래는 1426년(세종 8)에 집현전에서 '예(禮)를 널리 편다'는 뜻의 홍례문(弘禮門)으로 이름을 지어 올렸는데, 1867년(고종 4)에 경복궁을 중건하면서 지금의 흥례문으로 이름을 바꾸었다. 2001년 10월 26일에 다시 흥례문을 복원하였다.

(6) 근정문

보물812호로 지정된 근정문(勤政門)은 좌우에 행각이 둘러싸고 있는 근정전의 남문으로 정면 3칸, 좌우로 각각 1칸씩의 옆문을 배치한 중층구조로 되어 있다. 1395년(태조 4) 경복궁과 함께 건립되었으나, 임진왜란 이후 불에 타 버려 1867년(고종 4)에 경복궁을 다시 지으면서 복원되었다.

2) 교각

(1) 영제교

영제교(永濟橋)는 근정문 앞을 흐르는 명당수 위에 놓인 다리이다. 북악산에서 흘러들어온 물과 서쪽에서 들어온 물이 합쳐져 근정문 앞을 지나는 금천을 이루는데, 영제교는 바로 이 금천에 설치한 다리이다. 영제교의 길이는 13.85m, 너비는 9.8m가량으로 비교적 넓으며 3칸으로 나뉘어 있는데, 중앙이 3.4m, 그리고 양쪽이 각각 3.2m씩이다. 이 가운데가 바로 어도(御道)로서 왕의 어가가 지나는 길이다.

3) 외전

(1) 근정전

국보223호로 지정된 근정전은 1395년에 창건되었으나 임진왜란 때 전소되어, 현재의 건물은 1867년(고종 4)에 재건되었다. 근정전은 2층의 목조건물로 문무백관의 조하(朝賀)를 비롯한 국가의 의식을 거행하고, 외국의 사신을 접견하던 정전이다.

건물 정면은 5칸, 측면은 5칸의 2층 문루이며, 근정문의 좌우에 일화문(日華門 : 동쪽에 나 있는 작은 문)과 월화문(月華門 : 서쪽에 나 있는 작은 문)을 두어 권위를 보여준다. 조선왕조 궁궐의 정전(正殿 : 임금이 조회를 하며 정사를 처리하는 장소) 중에서 가장 높고 규모가 크며, 조선 후기 다포계(정면 3칸, 측면 2칸의 팔작지붕을 한 다포계 양식의 건물) 건축의 특징을 대표하는 현존 한국 최대의 목조건축물이다.

건물은 2단으로 된 월대(月臺 : 궁궐의 정전과 같은 중요한 건물 앞에 놓이는 넓은 대) 위에 자리하며, 월대 주위의 돌난간에 새겨진 12지상은 정전 수호의 의미가 있다. 정전 앞 넓은 마당에는 거칠게 다듬은 박석(薄石 : 두께가 얇고 넓적한 돌)이 깔려 있고, 그 가운데의 어도(御道 : 임금이 다니는 길) 좌우로 문무백관이 신분에 따라 자리하는 9개의 품계석이 놓여 있다.

근정전은 밖에서 보면 2층으로 된 건물이지만, 내부는 층의 구분이 없는 통층으로 되어 있다. 뒷면의 내진주 중앙에는 어좌(御座 : 임금이 앉는 의자)를 마련하였고, 그 뒤에는 일월오봉도(日月五峰圖 : 달과 해 앞의 다섯 산봉우리를 그린 그림이란 뜻)의 병풍이 있다. 천장 중앙에는 보개(寶蓋)를 마련하여 구름무늬를 그리고, 발톱이 7개인 칠조룡(七爪龍) 한 쌍을 만들어 달아놓았다.

당시 역대 왕 중에서 정종 · 세종 · 단종 · 세조 · 성종 · 중종 · 명종 등 조선 전기의 여러 임금이 이곳에서 즉위하였다.

4) 내전

(1) 사정전

사정전(思政殿)은 왕의 공식 집무실로, 왕이 신하들과 정무를 집행하거나 공식 업무를 주로 이곳에서 처리하였다. 건물 정면은 5칸, 측면은 3칸의 단층 팔작지붕으로 1396년(태조 4)에 창건된 것으로 보고 있다. 그리고 건물 좌우의 만춘전(萬春殿) 및 천추전(千秋殿)과 함께 편전을 이루고 있다. 내부는 우물천장이며, 작은 내부공간을 넓게 쓰기 위해 특별한 기법을 썼고, 어좌를 안치한 뒷벽에는 운룡(雲龍 : 여의주를 차지하려는 청룡과 백룡의 대립을 그린 안중식의 작품)이 그려져 있는데, 경복궁 내의 유일한 벽화이다.

(2) 천추전

천추전(千秋殿)은 왕의 소편전(小便殿)으로 주로 임금이 학자들과 함께 학문을 탐구했던 곳으로 '왕실과 국왕의 만수무강을 빈다'는 뜻이다. 이곳은 사정전의 보조 역할을 하는 장소로 가을과 겨울에 사용하였다. 온돌이 없는 사정전과 달리 천추전은 온돌이 설치되어 있다. 만춘천과는 좌우 대칭을 이룬다. 예전에는 사정전과 연결되어 있었다고 전해지나, 중건되면서 격리된 형태로 변했다. 1443년 10월 9일 이곳에서 한글이 창제되었다.

(3) 만춘전

만춘전(萬春殿)은 사정전을 보좌하는 부속 건물로서 임금이 신하들과 나랏일을 의논하거나 연회를 베풀던 편전이다. 천추전과 좌우대칭을 이루며, 주로 봄에 사용된 건물로 천추전과 마찬가지로 온돌이 설치되어 있다. 한국전쟁 때 폭격받고 파괴되어 터만 남았다가, 1988년에 복원하였다.

(4) 수정전

수정전(修政殿)은 정면 10칸, 측면 4칸이며, 보물1760호로 지정되었다. 이 건물은 근정전 서측에 있으며, 북으로는 경회루가 자리 잡고 있다. 원래 돌로 높고 넓게 기단을 쌓고, 그 위에 건물을 세운 것으로 자리엔 세종대왕 때 훈민정음 창제의 산실이었던 집현전이 있었다.

그러나 1456년 세조가 왕위에 오른 후 집현전을 폐지하였고, 건물은 1592년 임진왜란 때 불탄 후 버려져 있었다. 그 후 1867년(고종 4)에 건물을 다시 짓고 이름을 수정전이라 하였다.

(5) 강녕전

강녕전(康寧殿)은 왕이 거처하는 침전인 만큼 화재가 나지 않도록 신경을 썼다. 굴뚝을 건물 가까이에 지을 수 없고, 그렇다고 멀리 떨어진 곳에 굴뚝을 지을 수도 없었기에 강녕전 뒤편의 교태전으로 가는 양의문 좌우에 굴뚝을 붙여 지었다. 건물은 정면 11칸, 측면 5칸으로 상당히 크다.

(6) 교태전

교태전(交泰殿)은 왕비의 침전이자 시어소(時御所)로, 강녕전에서 양의문을 지나면 나타나는 정면 9칸 규모의 건물이다. 교태(交泰)란 '양과 음이 교류한다'는 뜻이다. 건물 뒤편에는 정원인 아미산이 있고, 강녕전과 마찬가지로 용마루가 없는 것이 특징이다. 현재의 교태전은 최근에 재건하였으나, 굴뚝은 당시 경복궁 중건 때의 것이다.

(7) 자경전

보물809호인 자경전(慈慶殿)은 왕비의 정침(正寢)인 경복궁 교태전 동쪽에 있다. 왕이 세상을 떠나면 교태전에 있던 왕비는 대비로 높여져 자경전에 머물고, 대신 교태전은 새로 중전이 된 왕비에게 물려준다. 현존하는 침전 가운데 옛 모습을 간직한 유일한 건물이다. 자경전은 1888년(고종 25)에 재건한 것이다.

(8) 장안당

장안당(長安堂)은 고종황제의 침전으로 사랑채의 개념으로 지어졌다. '오랫

동안 평안하다'는 뜻이 담겨 있다. 정면 27칸, 측면 3칸, 7량의 건물이다. 장안당에는 북행각과 동행각이 딸려 있는데, 북행각은 1887년 미국의 에디슨 전기회사가 발전기를 설치해 한국 최초로 전깃불을 밝힌 곳이다. 을미사변 당시 고종은 이곳에 감금되었던 것으로 전해지고 있다.

5) 누각 · 정자

(1) 경회루

국보224호로 지정된 경회루(慶會樓)는 왕실의 연회장이며, 경사스러운 연회가 개최된 곳이다. 특히 경복궁에서 가장 유명한 건물이며, 우리나라 누각(樓閣) 건물 가운데 으뜸이다. 외국사신의 접대나 축제가 있을 때 임금과 신하들이 이곳에서 주연을 베풀었다.

건물은 공포(처마 끝의 무게를 받치려고 기둥머리에 짜 맞추어 댄 나무쪽)에 출목(出木)이 없는 이익공계로 팔작지붕에 2층으로 되어 있다. 규모는 남북으로 113m, 동서로 128m, 인공방지(方池)에 정면 7칸, 측면 5칸으로 총 35칸이다. 연못 속에는 4개의 장방형의 인공 섬이 있다.

원래 이 건물은 1412년(태종 12)에 창건되어 그 후 1867년에 복원한 것이다. 지붕을 떠받치는 돌기둥은 모두 48개이며, 이는 불교에서 말하는 아미타여래의 48비원을 나타낸 것이라고 한다.

방지의 물은 지하에서 샘솟고 있으며, 북쪽 향원지(香遠池)에서 흐르는 물이 배수로를 타고 동쪽 지안(池岸)에 설치된 용두의 입을 통하여 폭포로 떨어진다.

(2) 향원정

향원정은 경복궁 안에 있는 2층 정자를 말한다. 경회루가 금주(禁酒)를 즐긴 곳이라면, 향원정은 시서(詩書)의 풍류를 즐긴 곳이다. 이 건물은 고종이 건청궁에 기거하던 1867년 경회루 서북쪽에 연못을 파고 그 중앙에 지은 것이다. 정자는 정육각형의 장대석으로 된 낮은 기단 위에 육각형의 초석을 놓고, 그 위에 1 · 2층을 관통하는 육각기둥을 세웠다.

건물 1층은 평난간을, 2층은 계자난간을 두른 툇마루가 있다. 겹처마이며 추녀마루가 모이는 지붕의 중앙에 절병통을 얹어 치장했다. 남쪽으로는 목교가 놓여 있으며, 주위 경관과 함께 매우 수려한 경치를 이루고 있다. 이 다리는 6 · 25전쟁 때 파괴되어 1953년 남쪽에 새로 놓았다. 기타 경복궁 내의 주요 문화재는 〈표 5-1〉과 같다.

〈표 5-1〉 경복궁 내 주요 문화재

문화재명	내용
 경천사10층석탑 (국보86호)	-고려 1348년(충목왕 4)에 세워진 대리석탑으로 높이 13.5m에 이른다. -원래 왕가의 혼례를 경축하여 세운 것으로 경기도 개풍군 경천사 터에 있었다. -1907년에 일본 궁내대신에 의해 일본으로 불법 반출되었으나, 일제강점기가 끝나기 전인 1918년에 반환되었다. 현재 이 탑은 국립중앙박물관에 소장되어 있다.
 정토사 홍법국사실상탑 (국보102호)	-높이 2.55m인 이 탑은 본래 충주시 정토사 옛터에 있었던 것으로, 1915년에 탑비와 함께 옮겨왔다. -신라시대 이래의 석조부도 양식의 전형인 팔각원당의 기본형을 잃지 않으면서 새로운 창안을 가미한 작품이다. -8각 지대석 위에 복판연화문(複瓣蓮華文)이 장식된 복련석을 얹었고, 8각 중대석 각 면에는 고려시대 특유의 네모난 안상(眼象) 속에 운룡문(雲龍文)이 섬세하게 조각되었다.

문화재명	내용
 십장생굴뚝 (보물810호)	–십장생(해, 산, 물, 돌, 소나무 또는 대나무, 구름 또는 달, 불로초, 거북, 학, 사슴) 굴뚝은 담보다 한 단 앞으로 나와 장대석 기단을 놓고 그 위에 전통벽돌로 쌓아 담에 덧붙어 있다. –벽면 상부에는 소로 및 창방 서까래 모양을 전돌로 따로 만들어 쌓았고, 그 위에 기와를 얹어 건물 모양으로 만들고 십장생 무늬로 장식하였다. –전각을 둘러싼 행각과 담장에 길상 · 장수 · 벽사 · 초복의 무늬들이 장식되어 있다. 특히 자경전 일대에서 문양이 가장 아름다운 것은 십장생굴뚝이다.
 아미산 (보물811호)	–아미산은 경회루의 연못을 판 흙을 쌓아 인공적으로 돋운 작은 가산(假山)이지만, 백두대간에서 흘러나온 맥이 북한산, 북악을 지나 경복궁에서 멈춘 장소이다. –아미산 굴뚝은 왕비의 침전인 교태전의 온돌방과 연결된 굴뚝으로, 1865년(고종 2) 경복궁을 중건할 때 만든 것이다. 아미산은 중국 산둥성 '박상현'이라는 곳에 있는 명산이다. –현재는 4개가 남아 있는데 화강석 지대석 위에 벽돌로 30단 혹은 31단으로 쌓고, 육각형의 굴뚝 벽에는 학, 박쥐, 봉황, 소나무, 매화, 국화, 불로초, 새, 사슴 등의 무늬를 벽돌로 구워 배열하였다.

2. 창덕궁

창덕궁 전경

사적122호로 지정된 창덕궁(昌德宮)은 두 번째로 지은 궁궐이다. 조선왕조 5

대 궁궐 중 가장 잘 보존된 궁궐로 자연스러운 모습을 하고 있다. 이 궁궐은 한양 재천도에 즈음하여 지어졌으며, 1404년(태조 4)에 시작하여 1년 만에 완공하였다. 창덕궁은 산자락에 이어진 '산중궁궐'로서, 당시 임금들이 가장 사랑했던 아늑한 궁궐이다. 북쪽으로 산을 등지고 있고, 건물은 유교적 질서에 따라 궁궐배치의 원칙과 자연과의 어울림을 함께 존중한 것이다.

경복궁의 이궁(離宮)으로 조성된 창덕궁은 1470년 제9대 성종 때부터 역대 임금이 거처하게 되었다. 그러나 1592년 임진왜란 때 소실되고 많은 병화를 당했으나, 19년 후인 1607년(선조 40)부터 다시 짓기 시작하여 1610년(광해군 2)에 완공되어, 1910년 한일합병 시까지 295년간 왕궁으로 사용되었다. 창경궁과 이어져 있고, 뒤쪽에는 왕궁의 후원인 비원이 있다.

창덕궁의 정문은 돈화문이고, 궁궐 내 금천 위에 금천교가 놓여 있다. 마당 안에는 임금이 걷는 길이 있고, 북쪽 끝 중앙 월대 위에는 인정전이 자리하고 있다. 동북쪽에는 편전인 선정전이 위치해 있다.

1623년(인조 1) 인조반정(광해군 15년에 서인 일파가 광해군 및 집권당인 대북파를 몰아내고 능양군 인조를 왕으로 세운 정변) 때 인정전(仁政殿)을 제외한 대부분의 건물들이 불타 1647년에 다시 짓기 시작했다. 그 후에도 크고 작은 화재가 있었다. 특히 1833년(순조 33)의 큰 화재 때 대조전과 희정당(熙政堂)이 불탔으나, 곧 다시 중건되었다. 현재 궁궐 안에는 건물 13동과 후원의 건물 28동 등 모두 41동의 건물이 남아 있다. 그중에서 인정전(국보225호) · 돈화문(敦化門 : 보물385호) · 인정문(보물813호) · 선정전(宣政殿 : 보물814호) · 희정당(보물815호) · 대조전(보물816호) · 선원전(璿源殿 : 보물817호) 등은 중요 문화재로 지정되어 있다.

1) 출입문

(1) 돈화문

돈화문(敦化門)은 창덕궁의 정문으로 정면 5칸, 측면 2칸에 3문으로 출입하도록 되어 있다. 이 문은 처음에 석단 위에 세워졌으나, 지금은 초석 이하가 흙에 묻혀 있다. 단층으로 지어진 이 문은 궁전이 세워진 뒤 7년 후인 1412년(태종 12)에 처음으로 건립되었다.

지금의 돈화문은 임진왜란 때 불타버린 것을 1607년(선조 40)에 재건하여 원년에 완공한 것이다. 이때의 모습이 현재까지 남아 있어, 돈화문은 현존하는 궁궐 정문 가운데 가장 오래된 목조건물에 속한다. 1963년에 보물383호로 지정되었다. 돈화문 월대 앞에는 임금이 가마를 탈 때 딛고 올랐던 노둣돌이 두 개 놓여 있다.

(2) 금호문 · 경추문

창덕궁 서쪽 담장을 따라 남쪽에는 금호문(金虎門), 북쪽에는 경추문(景秋門)이 있다. ① 금호문은 1926년에 금호문 의거가 일어난 곳이고, ② 경추문은 평소에 닫혀 있다가 군사를 동원할 때만 쓰였다. 돈화문으로 들어서면 창덕궁의 첫 번째 마당이 나오는데, 마당 서쪽으로는 금호문을 중심으로 행랑이 늘어서 있고, 동쪽으로는 진선문(進善門), 그 행랑 북쪽으로는 내각(內各)과 옥당(玉堂)의 행랑으로 둘러싸여 있었다.

2) 교각

(1) 금천 · 금천교

창덕궁의 금천(錦川)은 북영천이다. 금천은 '궁궐을 드나드는 관리들이 맑고 바른 마음으로 나랏일을 살피라'는 상징적인 의미를 담고 있다. 그리고 돈화문 주변 마당에 남아 있는 건물은 돈화문 · 금호문 · 금천교 정도이다. 진선문과 그 행랑, 내각과 옥당의 행랑, 어도 등은 모두 1991년 이후에 복원한 것이다.

금천교(禁川橋)는 1411년(태종 11)에 건립된 것으로 조선왕조 궁궐에 남아 있는 석교(石橋) 중에 가장 오래되었다. 석교치고는 상당히 넓으며, 안정감이 있고 멋이 물씬 풍긴다. 2012년 3월에 보물1762호로 지정되었다.

3) 외전

(1) 인정전

인정전(仁政殿)의 인정(仁政)이란 '어진 정치'를 의미한다. 인정문을 통해 인정전 마당으로 들어서면, 3단의 월대 위에 서 있는 인정전이 보인다. 이 건물은 1405년(태종 5)에 건립된 창덕궁의 법전이다. 그러나 몇 차례의 화재가 일어나 다시 지어졌다. 지금의 건물은 1803년(순조 3)에 불탄 것을 이듬해에 다시 지은 것이다.

창덕궁의 정전(正殿)인 인정전은 정면 5칸, 측면 4칸의 중층 팔작지붕 건물로, 밖에서 보면 2층이지만, 내부는 천장이 높아 통층으로 트인 1층 건물이다. 지붕은 매우 장중하여 궁궐에서는 가장 으뜸이 되는 건물이다. 또한 궁궐의 권위와 외관이 주는 상징성에 초점을 맞추어 높고 화려하게 지었다.

인정문을 통해 들어온 어도(御道)는 인정전 마당에서 삼도로 바뀌어 월대로 이어지며, 마당의 나머지 부분은 모두 자연석으로 된 박석(薄石)을 깔았다. 삼도 옆으로는 1777년(정조 재위 1)에 세운 품계석이 두 줄로 세워져 있어 문신(文臣)과 무신(武臣)을 구분하며, 이곳이 위계와 권위를 상징하는 엄숙한 공간임을 보여준다.

내부에는 임금이 앉는 어좌(御座)가 있고, 그 뒤로는 임금이 다스리는 삼라

만상을 상징하는 병풍인 일월오봉도(日月五峰圖 : 달과 해 앞의 다섯 산봉우리를 그린 그림)가 둘러쳐져 있다. 또한 어좌 위에는 보개(寶蓋 : 궁전이나 불전 등에서 가운데를 높게 하여 보개처럼 만든 천장)라 불리는 별도의 천장을 설치하여 어좌의 공간적 차별성을 극대화하였다. 또 천장 한가운데는 봉황을 조각하여 이곳이 임금의 공간임을 나타내고 있다.

1908년 무렵 내부에 서양식 가구와 실내장식이 도입되어 서양식 마루를 깔았고 전등이 설치되었다. 또한 각 창과 문에는 커튼이 달려 있다. 1405년 처음 지어졌다가 1418년에 다시 지어졌다. 이후 임진왜란 때 전소된 것을 1610년에 중건하였으나, 1803년 다시 소실되어 이듬해에 재건하였다. 1985년 1월에 국보225호로 지정되었다.

4) 내전

(1) 선정전

선정전(宣政殿)은 인정전의 편전으로 임금의 집무실이 있었던 곳이다. 인정전 바로 동쪽에서 인정전과 나란히 남쪽을 향하고 있다. 임금은 여기서 신하들과 국사를 논의하고 학문을 토론하였으며, 유교경전과 역사를 공부하였다. 또한 중국과 일본의 사신을 만나기도 하고, 또 왕비나 왕족들과 크고 작은 연회를 열기도 하였다.

선정전은 인조반정 때 불에 탄 뒤 인경궁의 편전인 광정전을 옮겨 지은 전각으로, 지붕은 청기와로 덮었는데, 세계에서도 아주 드문 것으로 각각의 기와에는 용의 무늬가 새겨져 있다. 궁궐에서 유일하게 현존하는 청기와 지붕이다. 1985년 1월에 보물814호로 지정되었다.

(2) 희정당

희정당은 왕이 신하들을 공식적으로 만나 일을 처리하는 편전이다. 즉 선정전과 더불어 임금의 집무공간으로, 선정전보다 편안한 업무공간이었다. 선정전은 건물의 최고 위계를 나타내는 '전(殿)'인 데 비해, 희정당은 그 다음 위계인 '당(堂)'이라는 점이 이를 뒷받침한다. 1985년 1월에 보물815호로 지정되었다.

(3) 대조전

대조전(大造殿)은 왕비의 생활공간이자 임금과 왕비의 침전이다. 즉 왕비가 기거하면서 공적인 활동을 하는 곳이다. 특히 대조전은 왕실의 대통을 이을 왕자를 생산하기 위하여 좋은 날을 골라 임금과 왕비가 동침하는 장소였다.

대조전은 인조 때 재건될 당시 45칸 규모의 건물이었으나, 현재는 정면 9칸, 측면 4칸인 36칸으로 줄었다. 현재 거실의 바닥은 마루를 깔고 큰 의자를 두었으며, 침실과 작은 방은 온돌로 꾸몄다.

(4) 성정각

성정각은 왕세자가 경서(經書)를 공부하던 건물이다. 한때는 임금의 편전으로 쓰이기도 하였으며, 조선 말기 때는 내의원으로 사용하기도 했다. 성정은 성의(誠意)와 정심(正心)에서 앞글자를 따온 것이다.

(5) 낙선재

2012년 3월에 보물1764호로 지정된 낙선재(樂善齋)는 1847년(헌종 13)에 중건된 창덕궁의 건물로, 이 일대에는 숙종 · 정조 · 헌종 때 지어진 소박한 건물들이 자리 잡고 있다. 온돌과 마루를 생활방식과 기능에 맞게 구성한 점이 돋보인다.

낙선재는 창덕궁의 동남쪽과 창경궁이 연결되는 부근에 자리 잡고 있다. 이 건물은 헌종이 후궁이었던 경빈 김씨를 위해 지은 것으로 보고 있다. 낙선재의 의미는 '선한 일을 즐겨한다'는 의미이고, 석복헌은 '복을 준다'는 뜻으로 후사를 기원하는 의미라고 한다. 궁궐 내에서 수명이 오래된 나무를 〈표 5-2〉와 같이 천연기념물로 지정하였다.

〈표 5-2〉 창덕궁 내 천연기념물 지정현황

구 분	내 용
 뽕나무 (천연기념물471호)	뽕나무는 창덕궁 관람지 입구 창경궁과 경계를 이루는 담 주위에 위치하며, 높이 12.0m, 줄기둘레는 239.5㎝로 보기 드문 노거수이다. 창덕궁 내 뽕나무 중에서 가장 규모가 크고 수형이 단정하며 아름답다.
 회화나무 (천연기념물472호)	창덕궁 돈화문을 들어서자마자 관람로 양옆에 나란히 자라고 있는 회화나무 8그루로, 높이는 15.0~16.0m, 줄기의 직경은 90~178㎝에 이르는 노거수이다.

5) 비원

비원(秘苑)은 본래 창덕궁의 후원으로 '후원(後苑)' 또는 '왕의 동산'이라는 뜻에서 '금원'이라 불렀다. 비원이라는 명칭은 일제강점기 때의 용어이다. 비원은 1406년(태종 6) 4월 창덕궁 동북쪽에 해온정(解溫亭)을 지었다는 기록이 있는 것으로 보아, 이 정원은 이때 세워진 것으로 추정된다.

이곳에는 각종 희귀한 수목과 수많은 건물, 그리고 연못 등이 조성되어 있어, 이곳에서는 역대 왕족들이 여가를 즐기며, 심신을 수양하고 연회를 베푼 곳이다. 특히 우리나라의 전통적인 정원으로서 자연적인 지형에다 꽃과 나무를 심고 못을 파서 아름답고 조화 있게 건물을 배치하여 세계에 자랑할 수 있는 왕궁의 후원이다.

비원은 크게 ① 부용지 · 부용정 · 주합루 · 영화당 · 서향각이 있는 지역, ② 기오헌 · 기두각 · 애련지 · 애련정이 있는 지역, ③ 관람정 · 존덕정 · 승재정이 있는 지역, ④ 옥류천 · 취한정 · 소요정 · 어정 · 청의정 · 태극정이 있는 지역의 모두 네 영역으로 나뉜다. 비원 내에서 수명이 오래된 나무를 〈표 5-3〉과 같이 천연기념물로 지정하였다.

〈표 5-3〉 비원 내 천연기념물 지정현황

구분	내용
 향나무 (천연기념물194호)	향나무는 수령 700년으로 추정되며, 높이 12m, 뿌리부분 둘레 5.9m이다. 가지는 동서남북으로 1개씩 뻗어나갔는데, 남쪽은 잘렸고, 북쪽은 죽었으며, 동쪽 가지는 꼬불꼬불한 기형으로 자랐다. 나무의 모양은 마치 용(龍)이 하늘로 승천하는 것처럼 생겼다.
 다래나무 (천연기념물251호)	다래나무는 수령 600년으로 추정되며, 높이 19m, 밑동부분의 둘레는 1m가 넘는다. 덩굴 지름이 15cm 정도 되는 줄기 6개가 나무를 휘돌며 올라가 있다. 덩굴 길이는 30~40m에 달하며, 줄기가 꼬이면서 이상한 모습으로 퍼져 있다.

3. 창경궁

명정전 전경

사적123호로 지정된 창경궁(昌慶宮)은 임금의 효심으로 지어진 궁궐이며, 경복궁과 창덕궁에 이어 세 번째로 지어졌다. 세종이 상왕으로 물러난 태종의 거처를 마련하기 위해 지은 수강궁이었으나, 1483년(성종 14)에 수강궁 자리에 창경궁을 건립했다.

그 후 임진왜란 때 화재로 소실된 것을 1616년(광해군 8)에 다시 세웠고, 1624년 이괄의 난 때 다시 소실된 전각을 1633년에 중건하였다. 그리고 1656년에는 요화당 · 난향각 · 취요헌 · 계월각 등 4개의 전각을 지었다.

1909년 일제강점기 때 궁 안에 동물원과 식물원을 만들었으며, 1911년에는 박물관을 짓고 창경원으로 격을 낮추어 불렀다. 그 후 1984년에 문정전과 월랑 등을 복원 · 정비하면서 다시 이름을 '창경궁'으로 환원했다. 이 궁궐은 꼭 필요한 곳만을 골라 집터를 잡고 정원을 꾸민 것이 특징이다.

이 궁궐에서 영조 · 정조 · 순조 · 헌종 등 여러 왕들이 태어났다. 궁궐의 정문인 홍화문을 들어서면 금천이 북남으로 흐르고, 개천 위에는 금천교인 옥천교가 있다. 옥천교를 건너면 정문인 명정문에 이르고, 이 문을 들어서면 높은 월대 위에 서 있는 명정전과 마주하게 된다.

1) 출입문

(1) 홍화문

보물384호로 지정된 홍화문(弘化門)은 창경궁의 정문이다. 전체적으로 단단한 느낌을 주며, 아담하고 예쁘다. 건물은 정면 3칸, 측면 2칸의 중층 우진각 지붕으로 동향이다. 문 왼쪽인 서북쪽 모서리에 계단이 있어서 위층으로 오르내릴 수 있다. 1484년에 세웠으나 임진왜란 때 불탄 것을 1616년에 다시 지어서 현재에 이르고 있다.

(2) 명정문

명정문(明政門)은 명정전의 출입문이다. 명정문은 홍화문과 같이 동쪽을 향하였는데, 명정전으로 이어지는 동서 중심축 선상에서 남쪽으로 약 1.2m 벗어나 있다. 문의 좌우에 연결된 동행각을 명정문에 맞추어 배치하였기 때문에 행각으로 둘러싸인 명정전 앞뜰은 반듯한 사각형이 아니라, 약간 기울어진 모습을 하고 있다. 행각은 2칸 폭의 복랑이며, 경복궁의 행랑에 비해 높이가 낮다.

(3) 집춘문

집춘문(集春門)은 관덕정 북쪽, 성균관과 창경궁 사이의 담장에 난 궁문으로 문묘(文廟)가 마주 보이는 곳에 있다. 역대 임금들이 이 문을 거쳐 성균관으로 행차하였다. 일제강점기 때 성균관을 잇는 길을 없애버렸으나, 2008년에 복원하였다.

2) 교각

(1) 옥천교

창경궁 금천 위에 놓은 다리이다. 보물386호로 지정되어 있으며, 창건 당시의 모습 그대로 남아 있다. 모든 궁궐 마당에는 시냇물이 흐르는데, 궁궐 뒤의 산과 짝을 이루어 좋은 운을 불러들이는 길지가 되라고 일부러 낸 물길이다. 이를 '금천'이라 부르는데, 창경궁의 금천은 '옥천'이라 부른다. 이 옥천에 놓인 다리가 '옥천교'이다.

3) 외전

(1) 명정전

명정전은 창경궁의 정전(正殿)으로 국보226호로 지정되었다. 2단의 월대 위에 정면 5칸, 측면 3칸의 단층 팔작지붕 건물로 지었다. 이 건물은 1484년(성종 15)에 창건되었는데, 임진왜란으로 소실된 것을 1616년(광해군 8)에 중건한 건물로 현존하는 조선시대 궁궐의 정전 중에서 가장 오래되었다.

4) 내전

(1) 문정전

문정전은 왕이 일상 업무를 보던 곳이다. 창경궁의 편전인 문정전은 명정전의 오른쪽인 남쪽으로 명정전과 직교하며 서 있다. 원래 12칸이었으나, 복원 때 9칸으로 건립하였다.

(2) 숭문당

숭문당(崇文堂)은 명정전의 후전에 해당하는 건물로 1830년에 다시 세운 것이다. 임금이 신하들과 경연을 열어 정사와 학문을 토론하던 곳으로, 왕이 태학생들을 접견하여 주연을 베풀었던 곳이다. 영조 임금의 친필로 쓴 현판이 남아 있다.

(3) 함인정

원래 연산군 때 지은 인양전이 있던 곳인데, 임진왜란 때 전소되었다. 인조가 인조반정 후 인왕산 밑 인경궁에서 헐어다가 옮겨 지었다. 함인정 부근은 마당이 넓어 임금이 신하들을 접견하는 장소로 많이 사용되었다. 원래 함인정은 전면이 열린 공간이 아니라 3면이 막힌 공간이었다.

(4) 통명전

보물818호로 지정된 통명전은 정면 7칸, 측면 4칸으로 된 건물이다. 1484년(성종 15)에 지은 건물은 임진왜란 때 불타고, 1616년(광해군 8)에 중건한 건물은 다시 1790년(정조 14)에 불탔다. 지금의 건물은 1834년(순조 34)에 창경궁 대부분을 중건할 때 지은 것이다. 왕의 침전으로 궁궐 안 가장 깊숙한 곳에 자리 잡고 있다.

(5) 환경전

환경전(歡慶殿)은 정면 7칸, 측면 4칸으로 된 건물이다. 1484년(성종 15)에 처음 지어졌고, 임진왜란 때 불탄 것을 1616년(광해군 8)에 재건하였다. 그러나 1830년(순조 30)에 다시 큰 불이 일어나 불타버리고, 지금의 건물은 1834년에 다시 지은 것이다.

(6) 양화당

양화당(養和堂)은 왕비의 생활공간으로 1484년(성종 15년)에 지었다. 임진왜란과 이괄의 난(1624년 인조 2년 이괄이 주동이 되어 일으킨 난), 병자호란(1636년 인조 14년 청나라의 조선에 대한 제2차 침입으로 일어난 전쟁)으로 인해 불에 탄 것을 매번 다시 지었으며, 1830년(순조 30) 또다시 불에 탄 것을 1843년에 다시 지어 오늘에 이르고 있다.

건물은 정면 6칸, 측면 4칸 규모의 단층집으로 네 귀에 모두 추녀를 단 팔작지붕을 얹었고, 처마를 받치는 공포는 새 날개 모양의 익공양식이다.

5) 기타

(1) 대온실

대온실은 창경궁 식물원이라는 명칭으로 널리 알려져 있다. 일본인 후쿠바가 설계하고, 프랑스 회사가 시공을 담당하였고, 1907년(대한제국 순종 융희 원년)에 기공하여 1090년(융희 3)에 준공하였다. 당시에는 170여 평으로 동양 최대 규모의 목조 식물원이었으며, 각종 희귀식물을 전시하였다. 2004년 2월에 등록문화재 83호로 지정되었다.

(2) 관천대

관천대는 보물851호이며, 1688년(숙종 14)에 세워진 천문 관측대이다. 일명 첨성대(瞻星臺)라고도 한다. 높이는 2.2m, 계단을 통해 올라갈 수 있는 대 위에는 99cm의 받침대가 놓여 천문 관측기구를 설치할 수 있게 되어 있다.

4. 경희궁

숭정전 전경

사적271호로 지정된 경희궁(慶熙宮)은 조선왕조 궁궐로 1617년(광해군 9)에 건립하여 1623년에 완성하였고, 10대에 걸쳐 임금이 정사를 보았다. 5대 궁궐 중에서 서쪽에 자리하여 '서궐(西闕)'로도 불렸다. 이곳은 백악과 응봉 자락을 벗어나 서울의 우백호인 인왕산 자락에 기대어 있다.

경희궁에서 인조 · 효종 · 철종 등 10여 명의 임금이 살았지만, 기간이 짧았고 거의 빈 궁궐로 있었다. 원래 '경덕궁(慶德宮)'이었는데, 1760년(영조 36) '경희궁'으로 이름이 바뀌었다.

부지 7만 2천여 평에 정전 · 동궁 · 침전 · 별당을 비롯해서 모두 98채의 건물이 들어섰던 경희궁은 경복궁 · 창경궁과 함께 조선왕조의 3대 궁으로 꼽힐 만큼 큰 궁궐로 흥화문 · 흥원문 · 개양문 · 숭의문 · 무덕문의 5개의 문을 두었다.

1829년(순조 29)에 10월 화재로 인하여 전각 대부분이 소실된 것을 1831년(순조 31)에 중건하였다.

그러나 1908년에 일제가 일본인 중학교를 세우면서 조선왕조의 5대 궁궐 중 가장 많은 피해를 입었다. 1988년부터 복원작업을 시작하여 2002년 자정 전 · 숭정전 · 숭정문 등을 복원하는 1차 복원공사를 마치고 시민들에게 공개되었다.

1) 출입문

(1) 흥화문

흥화문(興化門)은 1616년(광해군 8)에 세운 경희궁의 정문이다. 흥화문은 정면 3칸, 측면 2칸의 우진각지붕 건물로, 서울특별시 유형문화재19호로 지정되었다.

정문인 흥화문이 중층이 아닌 것은 '정궁(正宮)'이 아니라 '이궁(離宮)'으로 지어졌기 때문이다. 여기서 흥화(興化)는 '백성에 대한 교화를 북돋운다'는 뜻이다.

(2) 숭정문

흥화문(興化門)과 숭정문(崇政門)은 궁궐의 내외 출입문을 형성하였고, 숭정전(崇政殿)으로 들어가는 입구이다.

2) 외전

(1) 숭정전

숭정전(崇政殿)은 1616년(광해군 8년)에 세운 것으로, 경희궁의 정전으로 정면 5칸, 측면 4칸 규모이다. 이곳은 신하들과 조회를 하거나 궁중연회, 사신 접대 등 공식행사가 행해졌고, 특히 경종 · 정조 · 헌종 등 세 임금이 즉위식을 했던 곳이다.

내부 중앙에는 '일월오봉병'이 펼쳐진 어탑(御榻 : 임금이 앉거나 눕는 제구. 즉 평상이나 침상 따위가 이에 해당함)이 있고, 천장에는 일곱 개의 발톱을 가진 황룡이 장식되어 있다.

3) 내전

(1) 자정전

편전인 자정전(資政殿)은 국왕이 신하들과 정사를 논하는 등 일상적인 업무를 수행하던 곳이다. 즉 경복궁의 사정전, 창덕궁의 선정전, 창경궁의 문정전과 같은 건물로 임금의 사무공간이었다. 건물은 정면 3칸, 측면 3칸에 필작지붕이다.

5. 덕수궁

중화전 전경

사적124호로 지정된 덕수궁(德壽宮)은 대한제국의 영광과 망국의 한이 깃든 궁궐로, 현재 서울의 중심인 서울시청 앞에 위치해 있다. 덕수궁의 본래 이름은 경운궁(慶運宮)이다. 조선조 제9대 성종임금의 형인 월산대군의 집이었으나, 임진왜란 이듬해인 1593년부터 15년간 행궁으로 사용되었다. 그 뒤 선조의 뒤를 이은 광해군은 1611년에 이곳을 경운궁으로 고쳐 부르고, 7년 동안 왕궁으로 사용하였다.

그러나 1623년 인조가 임금이 되어 거처를 창덕궁으로 옮기면서 이곳은 270년 동안 별궁으로 사용되었다. 1897년에는 고종 황제가 러시아 공관에서 이곳으로 이어(移御)하면서 다시 왕궁으로 사용되었는데, 이후 10여 년간 대한제국 격동기의 중심지가 되었다. 고종황제의 장수를 비는 뜻에서 이름을 덕수궁으로 고쳐 부르게 되었다.

1904년 큰 화재로 전각 대부분이 소실되었으나, 1905년에 즉조당(卽祚堂)·석어당(昔御堂)·경효전(景孝殿)·함녕전(咸寧殿) 등이 중건되었다. 덕수궁은 특히 서울에서 제일 먼저 근대유럽의 고전주의파 건축양식을 받아들인 진취적인 궁궐로서 이채롭다.

1) 출입문

(1) 대한문

대한문(大漢門)은 덕수궁의 정문으로 1897년(광무 1)에 지어 대안문(大安門)으로 불렀으나, 1906년(광무 10)에 순종이 창덕궁으로 이어한 후 '대한문'이라 개칭하였다. 건물은 정면 3칸, 측면 2칸의 평면에 다포식 우진각지붕으로 공포가 화려하다. 현재 대한문의 현관은 당시 예조판서였던 남정철의 글씨이다. 대한문 앞에서는 매일 세 번씩 왕궁수문장 교대의식이 치러진다.

(2) 광명문

광명문(光明門)은 함녕전의 정문으로, 1904년 화재로 소실되어 현재는 문만 남아 있다. 현재 이곳에는 흥천사 범종, 자격루의 일부, 화차가 전시되어 있다.

(3) 중화문

중화문은 중화전과 같은 양식으로 지어졌으며, 다포계 팔작지붕이다. 원래 회랑이 있었으나 일제강점기 때 헐려 현재 동부에 조금 남아 있다. 중화문 앞에는 원래 정문이었던 인화문(仁化門)이 있었다.

2) 외전

(1) 중화전

보물819호로 지정된 중화전(中和殿)은 덕수궁의 정전(正殿)으로 건물 정면 양쪽에는 큰 향로가 있고, 뜰에는 품계석이 세워져 있다. 중화전이 세워진 월대는 상 · 하 월대로 구성되어 있으며, 하월대는 3단으로 되어 있다.

1902년(고종 39)에 처음 세워졌을 때는 중층이었으나, 화재 이후 1906년(고종 43)에 단층으로 다시 지었다. 투각곡병과 일월오악그림의 병풍 앞에 어좌가 놓이고, 돌 마당에는 문무백관의 지위와 위치를 나타낸 품계석이 세워져 있다.

3) 내전

(1) 중명전

중명전(광명이 계속 이어져 그치지 않는 전각이라는 의미)은 덕수궁의 별채로 1901년 황실도서관으로 건립되었다. 러시아의 건축가인 사바틴이 설계하여 러시아에서 벽돌을 수입해서 지은 것이다.

1904년에 덕수궁이 전소되어 중명전은 고종 황제의 집무실인 편전이자 외국의 사신을 맞이하는 건물로 사용되었다.

(2) 석조전

석조전은 1909년(순종 3)에 건립되었다. 정면 54m, 너비 31m의 장대한 3층 석조건물이다. 이 건물은 영국의 하딩이 설계하였으며, 조선시대의 궁중 건물로는 최초의 르네상스식 석조건물이다. 한때 이 건물은 고종 황제의 어소로 외국사신을 접대하는 곳이었으나, 해방 이후 1946년에 이곳에서 미 · 소공동위원회가 열렸다. 현재는 국립미술관으로 사용되고 있다.

(3) 덕홍전

덕홍전(德弘殿)은 1911년에 건립된 전각으로 덕수궁 내 현존 전각 중 가장 나중에 건조된 전각으로 내외 귀빈이 황제를 알현하던 곳이다. 건물은 정면 3칸, 측면 4칸의 이익공 팔작지붕으로 기단은 장대석을 3단으로 돌려 쌓고 알맞은 기둥 높이에 간결한 익공을 얹어 처마를 받치게 하였다.

(4) 함녕전

함녕전(咸寧殿)은 1897년(광무 1)에 지어진 목조건물로, 고종의 경운궁(덕수궁) 환어와 함께 지어졌다. 대형 건물로 보물820호로 지정되었다. 건물은 정면 9칸, 측면 4칸에 한쪽 후면 4칸이 더 붙은 'ㄱ'자형을 하고 있으며, 익공으로 결구된 간결한 건물이다. 고종(高宗)이 왕위를 물려준 다음 순종(純宗)이 창덕궁으로 옮기자 고종이 거처했던 침전이다.

(5) 준명당

준명당(浚明堂)은 고종이 한때 편전으로 사용했던 곳이고, 1904년의 화재로 다시 지어졌다. 건물은 정면 6칸, 측면 4칸의 팔작지붕 건물로 1897년에 새로 지은 내전(內殿)의 하나이다.

(6) 석어당

석어당은 의주에서 환도한 선조가 거처하던 곳인데, 1608년에 선조가 승하한 후 광해군의 계비 인목대비를 10일간 감금 · 유폐시킨 곳이다. 건물은 정면 8칸, 측면 3칸이고, 위층이 정면 6칸, 측면 1칸인 굴도리집 우진각지붕이다. 단청을 하지 않아 소박하고 친근감을 준다.

(7) 즉조당

즉조당(卽祚堂)은 정면 7칸, 측면 4칸의 팔작지붕 건물로 덕수궁의 침전이다. 광해군과 인조가 즉위한 곳으로 1904년에 소실된 것을 1906년에 다시 지었다. 임진왜란 때 의주까지 피난 갔던 선조가 난이 수습된 뒤에 돌아와 시어소(時御所)로 사용하였다.

석어당과 즉조당 두 건물은 후기 조선왕조 제왕들로부터 '어려웠던 시절을 회상하는 뜻 깊은 공간'으로 받아들여졌다.

4) 기타

(1) 자격루

광명문 자리에 국보229호인 보루각 자격루(自擊漏)가 전시되어 있다. 이는 세종 때 만들어진 것을 1536년(중종 29)에 보완한 것이다.

연습문제

01. 왕의 자리를 물려받을 세자가 생활하는 곳은?

① 자경전 ② 만춘전
③ 수정전 ④ 동궁전

02. 왕이 사신을 맞이하거나 행사를 치르던 곳은?

① 내전 ② 외전
③ 정전 ④ 편전

03. 조선시대 임금이 거처하던 궁궐이 어닌 것은?

① 경복궁 ② 운현궁
③ 창덕궁 ④ 경희궁

04. 경복궁의 출입문 중 연결이 바르지 못한 것은?

① 동쪽 – 경추문 ② 서쪽 – 영추문
③ 남쪽 – 광화문 ④ 북쪽 – 신무문

05. 다음 설명에 해당하는 건물은?

> 조선왕조 궁궐의 정전(正殿) 중에서 가장 높고 규모가 크며, 조선 후기 다포계 건축의 특징을 대표하는 곳으로 현존하는 한국 최대의 목조건축물

① 선정전 ② 사정전
③ 인정전 ④ 근정전

06. 다음 설명에 해당하는 건물은?

> 왕실의 연회장이며, 경사스러운 연회가 개최된 곳이다. 특히 외국사신의 접대나 축제가 있을 때 임금과 신하들이 이곳에서 주연을 베풂

① 자격루 ② 경회루
③ 비원 ④ 향원정

07. 다음 설명에 해당하는 문화재는?

> 국보86호로 고려 1348년에 세워진 대리석탑으로 높이 13.5m에 이르며, 1907년 일본 궁내대신에 의해 일본으로 불법 반출되었다가, 일제강점기가 끝나기 전인 1918년에 반환

① 경천사 십층석탑 ② 원각사 십층석탑
③ 불국사 다보탑 ④ 실상사 삼층석탑

08. 보물 383호로 현존하는 궁궐 정문 가운데 가장 오래된 건물은?

① 광화문 ② 건춘문
③ 돈화문 ④ 홍화문

09. 보물819호로 지정된 덕수궁의 정전은?

① 함녕전 ② 중화전
③ 석조전 ④ 덕홍전

10. 조선왕조 5대 궁궐 중 유네스코 세계문화유산에 등재된 궁궐은?

① 경복궁 ② 덕수궁
③ 창경궁 ④ 창덕궁

정답

01 ④, 02 ③, 03 ②, 04 ①, 05 ④, 06 ②, 07 ①, 08 ③, 09 ②, 10 ④

제6장

전통사찰

학습 포인트

- 제1절에서는 종교관광의 의미와 실태, 사찰에서 운영하고 있는 다양한 프로그램 등에 대해 학습한다.
- 제2절에서는 우리나라 3대 사찰로 불리는 송광사 · 통도사 · 해인사를 비롯해서, 국보급 문화재를 많이 보유하고 있는 우리나라 주요 사찰의 건립 목적 및 역사적 배경, 국보와 보물의 가치 등에 대해 학습한다.
- 연습문제는 종교관광 및 우리나라를 대표하는 주요 사찰의 역사와 중요문화재의 실태에 대해 총체적으로 학습한 후에 풀어본다.

제1절 종교관광

1. 종교관광의 개념

종교(religion)는 사회의 전 영역에 깊이 관련되어 있다. 즉 정치 · 경제 · 사상 등 절대적이며 궁극적인 가치체계로써 기능해 왔다. 그러나 종교는 절대성과 궁극성이라는 자기주장에도 불구하고 역사의 발전단계를 반영하고 있는 구체적인 문화현상이다.

원래 종교는 '근본이 되는 가르침을 의미하는 불교용어'였는데 19세기 말 일본 메이지시대(明治時代)에 서양의 릴리전(religion)의 번역어로 쓰이게 되면서 일반화된 것이다. 'religion'의 어원은 라틴어의 'religio'로서, 초자연적인 존재에 대한 외경(畏敬 : 두려워하며 공경함)의 감정과 그것을 표현하는 의례 등의 행위를 의미한다.

고대 유럽에서는 기독교권의 성립, 의례의 체계 등을 갖춘 종교집단을 가리키는 개념이 되었고, 중세에서는 비세속적인 수도원 생활까지도 포함되었다. 현재 종교는 불교 · 유교 · 기독교 · 이슬람교 등의 개별 종교들을 총칭하는 말

이다. 종교는 신이나 부처 등 초자연적 존재에 관한 신앙을 가리키는 것으로 생각되며, 종교의 기본 요소는 신 · 영 · 도 · 부처 등으로 불리는 초월적 · 절대적 존재에 대한 체험이다.

그리고 경험의 도달과 절대경험을 서술하기 위한 교리적 · 이론적 체계를 갖거나, 기도 · 예배 등 궁극적 실재와 만나거나 합일(合一)하기 위한 실천체계를 갖는다. 여기서 종교는 인간이나 자연의 힘을 초월하는 존재에 대한 경험에 기반을 둔 교의 · 의례 · 시설 · 조직을 갖춘 사회집단이라 할 수 있다.

종교관광(sightseeing at religious places)은 성지순례나 사원방문, 종교적 장소를 관광대상으로 하여 방문하거나 종교행사의 참가를 목적으로 하는 관광을 말한다. 오토(Otto)는 "성스러운 것이 사람을 두렵게 만들지만, 반면에 매료시키는 면도 있다"고 하였다. 따라서 성지는 이러한 특성 때문에 문화관광의 대상이 된다. 대표적인 곳으로 사찰이나 성인(聖人)의 유적지, 사당 및 사찰, 교회 등을 들 수 있다.

사찰은 '사원' 또는 '가람'이라고도 하며, 순수한 우리말은 '절'이라고 한다. 절[寺]의 어원은 상가람마(Samghārāmama)이다. 불교 교단은 ① 비구(比丘 : 출가한 남자승려), ② 비구니(比丘尼 : 출가한 여자승려), 재가(在家)의 ③ 우바새(淸信男 : 남자신도), ④ 우바이(淸信女 : 여자신도)로 구성되며, 사부대중(四部大衆 : 사중 또는 사부중이라고도 하며, 사부는 출가와 재가, 남자와 여자에 따른 구분인데, 우선 출가의 두 무리와 재가의 두 무리로 나뉨)이 모여 사는 곳이라는 뜻이다. 이것을 한역(漢譯)하여 승가람마(僧伽藍摩)라 하였고, 줄여서 '가람'이라 표기하게 되었다.

2. 종교이벤트

종교이벤트(religious event)는 종교적인 동기나 목적으로 개최되는 이벤트를 말하며, 성스러운 테마나 요소가 포함되어 있다. 관광이벤트로서는 가장 기원이 오래된 것이며, 사찰의 대제나 제례 등 성지로 향하는 순례의 흐름이 관광객 유치의 전형적인 행사로 간주되고 있다.

이러한 이벤트는 축제나 문화 · 예능적 요소가 짙은 이벤트를 비롯하여 민족의 정신생활에도 깊이 연결되어 있기 때문에 전통적인 연중행사의 형태가 많으며, 대규모의 전통사찰은 관광명소로서 관광객 유치에 중요한 장소가 되고 있다.

종교관광은 예부터 성행했던 것으로, 고대 그리스시대에는 아폴로신전에의 참배가 성행하였다. 고대 로마시대에도 그리스나 이집트의 수많은 사적을 방문하기도 하였고, 중세 때는 크리스트교의 순례가 행하여졌다.

특히 전국의 관광지는 물론 우리나라를 대표하는 전통사찰은 연중 내내 관람객들로 인산인해를 이룬다. 사찰을 찾는 사람들은 주로 사찰의 신도들, 사찰 주변을 등산하는 등산객들, 국내외의 관광객들, 자신의 소원을 빌기 위해 찾는 사람 등이다.

사찰에서의 행사는 주로 부처님 오신 날, 백중날, 산사음악회, 템플스테이, 사찰음식 프로그램 운영, 불교대학 강좌, 각종 교양강좌 등으로 신도와 많은 사람들을 유치하고 있다.

또한 사찰마다 문화유산탐방, 108배, 염주 꿰기, 명상, 스님과의 차담 등 연중 다양하고 흥미로운 체험 프로그램을 개발해 참가자들로 하여금 자신을 돌아보는 소중한 시간을 갖게도 한다.

특히 불국사와 석굴암 등은 유네스코 세계문화유산으로 등재되어 관광소재가 풍부하기 때문에 연중 많은 관광객들이 찾아온다. 우리나라 전통사찰 주변에는 많은 문화유산과 보물, 박물관 그리고 보호되어야 하는 보호수, 보호 동식물, 천연기념물 등이 많다.

법으로 지정된 문화재 외에, 아직 법으로 지정되지 않은 더 많은 소중한 보물들이 사찰 경내와 사찰 부근에 산재되어 관광객들을 유인하고 있다. 현재 사찰 참배나 문화유적지 관광이 사찰별로 활발하게 이루어지고 있으며, 우리 고유의 문화유산 보존이 얼마나 중요한가를 말해주고 있다.

제2절 전통사찰

1. 3대 사찰

1) 송광사

사적506호로 지정된 ① 승보(僧寶)* 송광사는 국내사찰 중 규모가 가장 크며, 조선 초까지 진각 · 각엄 · 나옹 · 찬영 · 태고 · 환암 · 무학 등 16국사를 배출한 곳으로 유명하다. 대한불교조계종 제21교구의 본사이며, ② 불보(佛寶)** 통도사, ③ 법보(法寶)*** 해인사와 더불어 우리나라 3대 사찰의 하나로 손꼽힌다.

창건시기는 정확하지 않으나, 신라 말 혜린대사가 작은 암자를 짓고 '길상사'라 한 데서 송광사의 역사가 시작된 것으로 보고 있다. 고려 인종 이후 거의 폐허상태에 놓여 있던 것을 보조국사 지눌이 정혜결사를 이곳으로 옮겨와 수도, 참선의 도량으로 삼은 뒤부터 승보사찰이 됐다.

1842년의 화재와 6 · 25전쟁 등으로 많은 전각들이 소실되거나 파괴되어 다시 중건되는 우여곡절을 겪었지만, 현재 한국의 선종을 이끄는 중심사찰의 역할을 하고 있다. 송광사 경내에는 80여 동의 건물이 있는데, 국보와 보물, 천

***승보사찰(僧寶寺刹)** : 큰스님들이 많이 배출되었다는 뜻
****불보사찰(佛寶寺刹)** : 부처의 진신사리(眞身舍利)를 봉안하였다는 뜻
*****법보사찰(法寶寺刹)** : 부처의 말씀을 기록한 대장경을 봉안한 곳이라는 뜻

연기념물 등 총 27점의 문화재가 보존돼 있다. 현존 당우로는 대웅전, 국사전(국보56호), 하사당(보물263호), 약사전(보물302호), 영산전(보물303호), 청량각, 척주각, 우화각, 천왕문, 해탈문, 대장전 등이 있다.

국보와 보물은 ① 순천 송광사 목조삼존불감(국보42호), ② 혜심고신제서(국보43호), ③ 순천 송광사 국사전(국보56호), ④ 대반열반경소 권9~10(보물90호), ⑤ 송광사경패(보물175호), ⑥ 송광사 금동요령(보물176호), ⑦ 묘법연화경관세음보살보문품삼현원찬과문(보물204호), ⑧ 대승아비달마잡집론소 권13~14(보물205호), ⑨ 묘법연화경찬술 권1~2(보물206호), ⑩ 금강반야경소개현초 권4~5(보물207호), ⑪ 순천 송광사 하사당(보물263호), ⑫ 순천 송광사 약사전(보물302호), ⑬ 순천 송광사 영산전(보물303호), ⑭ 순천 송광사 고려고문서(보물572호), 그리고 대웅전(보물1243호), 종루(보물1244호), 소조사천왕상(보물1255호), 소조석가여래삼불좌상(보물1274호) 등이 있다. 송광사가 보유하고 있는 국보와 보물은 〈표 6-1〉과 같다.

〈표 6-1〉 송광사의 국보와 보물

문화재	내용
 순천 송광사 목조삼존불감 (국보42호)	- 나무, 돌, 쇠 등을 깎아 건축물보다 작은 규모로 만든 것을 불감(佛龕)이라 한다. 불감은 그 안에 모신 불상의 양식이나 당시의 건축 양식을 함께 살필 수 있는 중요한 자료가 된다. 목조삼존불감은 보조국사 지눌이 당나라에서 돌아오는 길에 가져온 것으로 알려져 있다.
 혜심고신제서 (국보43호)	- 1216년(고려 고종 3)에 고종이 조계산 송광사 제2세 진각국사 혜심에게 대선사의 호를 내릴 것을 제가한 것이다. 필사본 수량은 1축(軸)이며, 크기는 가로 3.6m, 세로 33㎝이다. 이 문서는 홍 · 황 · 백 등의 색비단 7장을 이어서 두루마리에 묵서(墨書)한 것이다. 고려시대의 고문서로써 귀중한 자료이다.

문화재	내용
 순천 송광사 국사전 (국보56호)	-나라를 빛낸 큰스님 16분의 영정을 모시고, 그 덕을 기리기 위해 세운 건물이다. 1369년(고려 공민왕 18)에 처음 지었고, 그 뒤 1624년, 1914년 두 차례에 걸쳐 보수하였다. 정면 4칸, 옆면 3칸 크기이며, 지붕은 맞배지붕으로 주심포 양식이다. -건물 안은 우물 정(井)자 모양의 천장으로 꾸미고 연꽃무늬로 장식하였다. 소박하고 아담한 형태와 주심포 중기 형식의 표준이라고 할 만한 중요한 건축물이다.
 대반열반경소 권9~10 (보물90호)	-부처님의 열반을 다루고 있는 경전으로, 중생들에게 열반을 종교적 · 철학적으로 깊이 이해시키기 위해 만든 것이다. 이 책은 고려시대인 1099년(숙종 4)에 간행한 것을 조선 세조 때 복간하였는데, 글씨는 당시 구양순의 서풍을 따랐으며, 불교경전 및 한국 판본 연구에 중요한 자료이다.
 송광사 경패 (보물175호)	-원래 불경을 넣은 나무상자에 달아서 내용을 표기하는 데 사용하던 것이다. 송광사에 전해 내려오는 경패(經牌)는 총 43개이다. -표면에 액(額)을 만들어 불경의 명칭과 번호를 새겼으며, 가장자리에는 여러 가지 문양으로 장식하였는데, 그 문양은 덩굴무늬, 학무늬 등 각양각색이다. -또 밑으로는 보살, 나한, 신장상 등을 돋을새김하였고, '정(貞)', '주(周)', '진(晉)', '하(何)' 등의 기호가 새겨져 있다.
 송광사 금동요령 (보물176호)	-요령(搖鈴)은 절에서 강의할 때 사용한 도구로, 이것은 고려 전기에 높이 20.6㎝, 지름 6.6㎝의 청동으로 만들었다. -몸은 사각형이고 둥근 형태를 하고 있다. 예로부터 송광사에 전해 내려온 사찰의 행사도구로 우아한 형태와 아름다운 조각이다. -우리나라에 현존하는 요령 중에도 걸작에 속하며, 제작연대가 가장 오래된 것으로 추정된다.

문화재	내용
 묘법연화경관세음 보살보문품삼현 원찬과문 (보물204호)	–묘법연화경은 줄여서 '법화경'이라고 부르며, 부처가 되는 길은 누구에게나 열려 있다는 것을 기본사상으로 하고 있다. 이 책은 법화경 28품 중에서 제25품인 관세음보살보문품을 송나라 사효(思孝)가 알기 쉽게 풀이하여 쓴 것으로 크기는 세로 26㎝, 가로 35㎝이다. –보문품이란 법화경의 한 부분으로 관세음보살이 중생의 구제에 관하여 이야기한 내용을 담고 있다. 이것은 천태종의 근본경전으로 화엄종과 함께 우리나라 불교사상 확립에 크게 영향을 끼쳤다.
 대승아비달마 잡집론소 권13~14 (보물205호)	–불경은 경(經) · 율(律) · 론(論)의 삼장(三藏)으로 나누는데, 이 중 '론(論)'은 부처님의 설법을 조직적으로 설명한 것을 말한다. 『아비달마집론』은 부처님의 열반에 관해 설명한 것으로, 여기에 안혜가 해설을 붙이고, 현장이 한문으로 번역한 것을 『아비달마잡집론』이라 한다. –『아비달마잡집론』에 신라의 현범이 다시 해설을 붙인 것으로, 전체 16권 중 권13과 권14를 각기 1책으로 묶은 것이다. 책의 끝에 고려 선종 10년(1093)에 만들었다는 기록이 있어 원래 교장(敎藏)의 하나로 만들어졌음을 알 수 있다.
 묘법연화경찬술 권1~2 (보물206호)	–묘법연화경(妙法蓮華經)은 줄여서 '법화경'이라 부른다. 우리나라 천태종의 근본경전으로 부처가 되는 길은 누구에게나 열려 있다는 것을 기본사상으로 하고 있다. –화엄경과 함께 우리나라 불교사상의 확립에 크게 영향을 끼쳤으며, 불교경전 가운데 가장 많이 간행되었다. 교장(敎藏)을 원본으로 다시 찍은 것 가운데 하나로, 『법화경』에 대한 당나라 혜정(慧淨)의 주석서 10권 가운데 권 제1, 2를 하나의 책으로 묶은 것이다. 나무에 새겨서 닥종이에 찍었으며, 세로 36㎝, 가로 35㎝이다.
 금강반야경소개현초 권4~5 (보물207호)	–금강반야경(金剛般若經)은 줄여서 '금강경(金剛經)'이라 부른다. 조계종의 근본 경전으로 우리나라에서는 『반야심경』 다음으로 많이 읽히는 경전이다. –이 책은 『금강경』에 대해 공철이 쉽게 풀이한 것을 나중에 지온이 보충한 것으로 '개현초(開玄鈔)'에 관한 7권 중 권4~6이 하나의 책으로 만들어져 전해진 것이다. 닥종이에 찍은 목판본으로 크기는 세로 36㎝, 가로 35㎝이다.

문화재	내용
 순천 송광사 하사당 (보물263호)	–스님들이 생활하던 하사당은 대웅전 뒤 한 층 높은 곳에 있다. 앞면 3칸, 옆면 2칸 규모로, 왼쪽 2칸이 툇마루를 갖춘 온돌방이고 오른쪽 1칸은 부엌이다. –지붕은 옆면에서 볼 때 사람 인(人)자 모양을 한 맞배지붕이며, 기둥 위에서 지붕 처마를 받치고 장식을 겸하는 간결한 구조가 기둥 위에만 있다. 부엌 지붕 위로 네모 구멍을 내고 조그만 환기구를 만들었는데 다른 건물에서는 볼 수 없는 시설이다. 조선 전기 스님들이 생활하는 승방(僧房) 건축으로 중요한 가치를 지닌다.
 순천 송광사 약사전 (보물302호)	–모든 질병을 고쳐주는 부처 약사여래(藥師如來)를 모신 불전이다. 앞면과 옆면이 모두 1칸으로 간결하며, 지붕은 옆면에서 볼 때 여덟 팔(八)자 모양을 한 팔작지붕이다. 현재 우리나라 법당 중 가장 작은 약사전으로 조선 중기인 17세기 무렵의 건물로 추정한다.
 순천 송광사 영산전 (보물303호)	–영산전에는 석가모니 불상을 모시고, 석가의 생애를 8단계로 나누어 그린 팔상도와 석가가 설법하는 장면을 담은 영산대회 그림도 볼 수 있다. 규모는 앞면 3칸, 옆면 2칸이고 지붕의 옆면은 여덟 팔(八)자 모양을 한 팔작지붕이다. –지붕 처마를 받치기 위해 장식하여 짠 구조가 기둥 위뿐만 아니라 기둥 사이에도 있는 다포 양식이다. 건물에 사용한 부재의 세부기법이 힘차고 간결하여 조선 전기 건물의 기법을 잘 보여주고 있다.
 순천 송광사 고려고문서 (보물572호)	–모두 고려시대의 유물로 사찰에 관한 중요자료이다. 지정된 유물을 보면 ① 수선사의 창건연혁과 관련된 형지기 1점, ② 수선사에 소속되어 있는 노비를 기록한 노비문서 1점, ③ 팔사파문자의 문서인 외국문자로 된 문서 1점 등 총 3점이 있다.

자료 : 문화재청(www.cha.go.kr/korea/heritage/search/Culresult)에서 인용 후 재구성

2) 통도사

영취산 품에 안긴 불보(佛寶) 통도사(通度寺 : 경상남도 양산시 하북면 지산리)는 646년(신라 선덕여왕 15)에 자장율사가 당나라에서 부처의 가사와 사리를 받아 창건한 절이다. 대한불교조계종 제15교구 본사로 '법보(法寶) 해인사', '승보(僧寶) 송광사'와 함께 삼보사찰(三寶寺刹)의 하나이다.

통도사라는 사찰의 이름은 '금강계단을 통하여 도를 얻는다'는 의미와 '진리를 깨달아 중생을 극락으로 이끈다'는 의미에서 '통도(通度)'라고 하였다. 창건 당시엔 대웅전 · 적멸궁 · 법당 등이 있었으며, 계율종의 근본 도장으로 신라 승단(僧團)의 중심지가 되었다.

통도사의 대웅전은 임진왜란 때 불탄 것을 1645년(조선 인조 23)에 중건한 조선 중기의 대표적 건축물이다. 1997년 1월 1일 보물144호에서 '국보290호'로 승격 지정되었다. 통도사 대웅전은 동쪽에 대웅전, 서쪽에 대방광전, 남쪽에 금강계단, 북쪽에는 적멸보궁이라는 편액이 각각 걸려 있다.

대웅전을 중심으로 한 가람 배치가 독특하고 특이한 것으로 유명하다. 내부에는 불상이 없으며, 다만 장엄하고 화려한 불단(佛壇)이 조각되어 있다. 가람 배치는 동서축을 중심으로 남북으로 건물이 배열되어 있다. 즉 ① 상로전(上爐殿 : 대웅전 · 금강계단 · 응진전 · 명부전 등), ② 중로전(中爐殿 : 관음전 · 용화전 · 대광명전 · 장경각 · 황화각 · 화엄전 등), ③ 하로전(下爐殿 : 영산전 · 극락전 · 약사전 · 만세루 · 영각 등)으로 구성되어 있다.

이러한 가람구조는 금강계단을 중심으로 점차 대웅전 중심의 공간배치로 변했음을 보여준다. 이 건물들은 모두 조선시대 이후에 건립된 것으로 주위에 회랑을 돌리지 않고 삼문(三門)을 두어 구분했는데, 일주문*은 사찰 영역 밖에 있으며, 천왕문**과 불이문***을 들어서야 각 전각에 이르게 된다.

국보와 보물은 ① 양산 통도사 대웅전 및 금강계단(국보290호), ② 양산 통도사 국장생 석표(보물74호), ③ 통도사 청동 은입사 향완(보물334호), ④ 양산 통도사 봉발탑(보물471호)을 비롯해서 석가여래가사, 자장율사가사, 고려감지금니화엄경, 청동소탑, 법라, 화엄만다라, 청동요령, 고려은입사동제향로, 동판천문도, 감로병, 육환철장, 동자상, 금자법화경, 구룡병풍 등 문화재로 지정되지 않은 많은 유물들이 성보박물관에 소장되어 있다. 부속암자로 극락암, 백운암 · 축서암 · 취운암 · 비로암 · 자장암 · 수도암 · 사명암 · 옥련암 등이 있다. 통도사가 보유하고 있는 국보와 보물은 〈표 6-2〉와 같다.

***일주문(一柱門)** : 기둥이 일직선상의 한 줄로 늘어서 있다고 해서 일주문(一柱門)이라 불리며 사찰의 첫 번째 관문이다. 일주문은 일직선 기둥 위에 지붕을 얹는 독특한 양식을 하고 있는데, 그것은 신성한 가람에 들어서기 전에 세속의 번뇌로 부산히 흩어진 마음을 하나로 모아 진리의 세계로 향하라는 상징적인 의미를 담고 있다.

****천왕문(天王門)** : 천왕문은 불법을 수호하는 외호신(外護神)인 사천왕(四天王)을 모신 건물이다. 사천왕은 고대인도 종교에서 숭앙했던 신들의 왕이었으나, 석가모니 부처님께 귀의하여 부처님과 불법을 지키는 수호신이 되었다. 사천왕들은 수미산 중턱의 동서남북 네 방향을 지키면서 불법을 수호한다고 한다.

*****불이문(不二門)** : 본래 진리는 둘이 아님을 뜻한다. 불교의 진리가 이 불이문을 통하여 재조명되며, 이 문을 통해야만 진리의 세계인 불국토(佛國土)가 전개됨을 의미한다. 또한 불이의 경지에 도달해야만 불(佛)의 경지로 나아갈 수 있다는 상징적인 의미가 있어, 여기를 지나면 금당(金堂)이 바로 보일 수 있는 자리에 세운다. 이러한 의미에서 이 문을 해탈문(解脫門)이라고도 한다.

〈표 6-2〉 통도사의 국보와 보물

문화재	내용
 양산 통도사 대웅전 및 금강계단 (국보290호)	-대웅전은 원래 석가모니를 모시는 법당이지만, 통도사의 대웅전은 불상을 모시지 않고 건물 뒷면에 금강계단을 설치하여 부처님의 진신사리를 모시고 있다. 지금의 건물은 신라 선덕여왕 때 처음 지었고, 임진왜란 때 불에 탄 것을 조선 인조 23년(1645)에 다시 지은 것이다. -규모는 앞면 3칸, 옆면 5칸이고, 지붕은 앞면을 향해 T자형을 이룬 특이한 구성을 갖추고 있다. 지붕 처마를 받치기 위해 장식하여 짠 공포구조는 기둥 위, 기둥 사이에도 있는 다포계 양식으로 꾸몄다. 건물 바깥쪽 기단 부분과 돌계단 층계석, 계단 양쪽(소맷돌) 부분에서는 통일신라시대의 양식을 이어받은 연꽃조각을 볼 수 있다.
 양산 통도사 국장생 석표 (보물74호)	-통도사를 중심으로 사방 12곳에 세워놓은 사찰의 경계를 나타내는 표시이며, 동남쪽 약 4㎞ 지점에 있다. 국장생은 나라의 명에 의해 건립된 장생이라는 의미이다. -장생은 수호신, 이정표, 경계표 등의 구실을 하고 있어 풍수지리설과 함께 민속신앙과도 깊은 관계를 맺고 있다. 1085년(고려 선종 2)에 제작된 것으로, 나라의 통첩을 받아 세웠다는 내용이 금석문으로 새겨져 있다.
 통도사 청동은입사 향완 (보물334호)	-향완은 절에서 마음의 때를 씻어준다는 의미를 지닌 향을 피우는데 사용하는 기구를 총칭하는 말로 향완, 화완이라고도 한다. 향로는 모양에 관계없이 향을 피우는 도구를 총칭하는 말이고, 화완·향완은 밥 그릇 모양의 몸체에 나팔모양의 높은 받침대를 갖춘 향로만을 말한다. -통도사 청동은입사향완은 높이 33㎝, 입지름 30㎝, 받침대 지름 24.7㎝인 이 향로의 전체는 굵고 가는 은·금실을 이용하여 연꽃무늬, 덩굴무늬, 봉황, 구름무늬로 가득 새겼다. 몸통 중앙 네 곳에 원을 두르고 그 주위에 꽃무늬가 있다.

문화재	내용
 양산 통도사 봉발탑 (보물471호)	통도사의 용화전 앞에 있는 봉발탑은 석가세존의 옷과 밥그릇을 미륵보살이 이어받을 것을 상징한 조형물로 여겨진다. 형태는 받침부분 위에 뚜껑 있는 큰 밥그릇을 얹은 듯한 모습이다. 받침부분의 돌은 아래 · 가운데 · 윗부분으로 구성되며 장고를 세워 놓은 듯한 모양이다. 받침돌 위에는 뚜껑과 높은 굽받침이 있는 그릇 모양의 석조물이 있다. 만들어진 연대는 고려시대로 추정된다.

자료 : 문화재청(www.cha.go.kr/korea/heritage/search/Culresult)에서 인용 후 재구성

3) 해인사

법보(法寶) 해인사(海印寺 : 경남 합천군 가야면 치인리)는 가야산 중턱에 있는 사찰로서 많은 문화재가 세계기록유산, 세계문화유산으로 지정되었다. 대한불교 조계종 제12교구 본사로 150여 개의 말사(末寺)를 거느리고 있다. 승보(僧寶) 송광사, 불보(佛寶) 통도사와 함께 불교의 삼보사찰 중 법보(法寶) 사찰로 유명하며, 대적광전(大寂光殿)의 본존불은 비로자나불이다.

802년(신라 애장왕 3)에 의상대사의 제자 순응과 이정이 창건한 것으로 전해

지고 있다. 그들은 가야산에 초막을 세우고 참선하던 중, 등창으로 고생하던 애장왕 왕비의 병을 낫게 해주어 애장왕이 절을 창건하도록 명한 것으로 전해지고 있다.

해인사는 5차례가 넘는 화재로 여러 번 중창되어 창건 당시의 건축은 알 수 없고, 현재의 전각은 대부분 조선 말기 때의 것이며, 3층석탑과 석등 등이 현존한다.

1481년(조선 성종 12) 이후 8년간 중건하였고, 조선 초기의 대표적인 건축물로서 국보로 지정된 장경판전(藏經板殿)에는 유명한 '고려대장경'이 보관되어 있다.

해인사에 보존되어 있는 ① 팔만대장경은 '유네스코 세계기록유산'으로, ② 장경판전은 '유네스코 세계문화유산'으로 각각 지정되어 한국문화의 우수성을 인정받게 되었다. 특히 오탈자가 거의 없고, 글꼴이 한 사람이 새긴 듯이 일정해서 자체가 예술품처럼 느껴지고 있다.

특히 팔만대장경은 몽골의 침입을 부처의 힘으로 물리치기 위해, 1236년(고려 고종 23)부터 1251년까지 16년에 걸쳐 만들어진 것이다. 처음 만들어졌을 때는 강화도 선운사에 있었는데, 1398년(조선 태조 7)에 지천사로 옮겨졌고, 다시 이듬해인 1399년(조선 정종 1) 때 해인사로 옮겨 온 것이다.

해인사는 국보와 보물 등 국가지정문화재가 20여 점이나 된다. ① 합천 해인사 팔만대장경(국보32호)을 비롯해서 ② 합천 해인사 장경판전(국보52호), 그리고 ③ 합천 해인사 고려목판(국보206호)까지 국보가 3점 있다.

그리고 보물은 20여 점으로 ④ 합천 해인사 반야사지 원경왕사비(보물128호), ⑤ 합천 해인사 월광사지 동 · 서 삼층석탑(보물129호), ⑥ 합천 해인사 치인리 마애여래입상(보물222호), ⑦ 합천 해인사 석조여래입상(보물264호), ⑧ 합천 해인사 원당암 다층석탑 및 석등(보물518호), ⑨ 합천 해인사 고려목판(보물734호) 등이 있다. 사적과 명승, 천연기념물, 중요민속자료 등이 각 1점씩 있다. 해인사가 보유하고 있는 국보와 보물은 〈표 6-3〉과 같다.

〈표 6-3〉 해인사의 국보와 보물

문화재	내용
 합천 해인사 팔만대장경 (국보32호)	-대장경은 경(經) · 율(律) · 논(論)의 삼장(三藏)을 말하며, 불교 경전의 총서로 일명 '고려대장경'이라고도 부른다. 판수는 8만여 개이며, 8만 4천 번뇌에 해당하는 8만 4천 법문을 실었다고 하여 8만대장경이라고도 부른다. -고려 현종 때 새긴 초조대장경이 1232년(고려 고종 19년) 몽골의 침입으로 불에 타 없어지자 다시 대장경을 만들었다. 몽골의 침입을 불교의 힘으로 막아보고자 하는 뜻으로 대장도감이라는 임시기구를 설치하여 새긴 것이다. 2007년에 '유네스코 세계기록유산'에 등재되었다.
 합천 해인사 장경판전 (국보52호)	-해인사에 딸린 건물의 하나이다. 조선 초기의 건축물로 남쪽의 것을 수다라장, 북쪽의 것을 법보전이라 하는데 여기에 고려 대장경판을 보관하고 있다. -그 앞 두 동의 소당에는 보판(補板)과 잡판(雜板)이 소장되어 있다. 1995년 12월에 '유네스코 세계문화유산'으로 등록되었다.
 합천 해인사 고려목판 (국보206호)	-고려시대의 불교경전, 고승의 저술, 시문집 등이 새겨진 목판이다. 이 목판은 국가기관인 대장도감에서 새긴 합천 해인사 대장경판(국보32호)과는 달리, 지방관청이나 절에서 새긴 것이다. -후박나무를 짠물에 담가 나무의 결을 삭혀 잘 말린 다음 판각하였기 때문에 원형 그대로 보존되었다. 이 목판에는 『금강경』, 『화엄경』 등의 대승경전과 신라 · 고려 · 중국의 고승이나 개인의 시문집 등이 있다. 고려시대 불교경전의 유통 등 불교신앙의 경향을 알 수 있다
 합천 해인사 반야사지 원경왕사비 (보물128호)	-원경왕사를 기리기 위해 세운 비(碑)이다. 거북받침돌과 비몸, 지붕돌을 갖추었는데, 각 부분이 얇은 것이 특색이다. 원경왕사는 대각국사를 따라 송나라에 갔다가 귀국하여 숙종 9년(1104)에 승통(僧統)이 되었다. -비문은 김부일이 짓고 글씨는 이원부가 썼다. 고려 인종 3년(1125)에 만들어진 이 비는 조각기법이나 간단한 형태의 지붕돌 등에서 고려 중기의 특징을 잘 나타내고 있다.

<table>
<tr><th>문화재</th><th>내용</th></tr>
<tr><td>
합천 해인사 월광사지 동 · 서 삼층석탑
(보물129호)</td><td>-동서로 세워진 쌍탑으로, 모두 2층 기단 위에 3층 탑신을 올린 일반적인 모습이다. 기단은 아래 · 위층 모두 각 면의 모서리와 가운데 기둥 모양의 조각을 두었다. 탑신의 각 몸돌에도 모서리마다 기둥조각을 두었으며, 지붕돌은 밑면의 받침이 5단씩이다.
-전체적으로 볼 때 두 탑이 거의 비슷하지만, 동탑은 전체의 규모에 비해 기단부의 구성에서 다소 많은 돌을 사용하였다. 또한 기단 각 면의 가운데에도 기둥 모양을 본떠서 새겨놓았는데 서탑은 2개이고, 동탑은 1개이다.</td></tr>
<tr><td>
합천 해인사 치인리 마애여래입상
(보물222호)</td><td>-가야산 올라가는 길 옆의 바위에 돋을새김으로 높이 7.5m의 불상을 표현하였다. 민머리에는 상투 모양의 머리묶음이 크고 높직하다. 미소가 없는 풍만한 사각형의 얼굴에는 날카로운 눈 꼬리, 두꺼운 입술, 턱주름 등이 표현되었다.
-양 어깨에 걸친 옷은 왼쪽 어깨에서 매듭을 지어 고리를 만들었다. 오른손은 어깨까지 들어 엄지손가락과 가운뎃손가락을 맞대었고, 왼손은 검지와 가운데 손가락을 구부려 가슴에 대어 손등을 보이고 있다. 특히 손은 사실적으로 섬세하게 처리하여 생동감이 느껴진다.</td></tr>
<tr><td>
합천 해인사 석조여래입상
(보물264호)</td><td>-이 석불입상은 광배와 대좌가 없으며, 목이 절단되고 어깨와 두 팔이 모두 깨졌으며 발도 없어졌다. 민머리에는 작은 상투 모양의 머리(육계)가 있고, 얼굴은 긴 타원형으로 많이 닳고 손상되었다. 머리에 비하여 왜소해진 몸은 굴곡이 거의 드러나지 않아서 마치 돌기둥 같은 느낌이 든다.
-좁아지고 각진 양 어깨를 감싸고 있는 옷은 양쪽에서 비스듬히 흐른 선이 중심에서 만나 날카로운 V자형을 이루다가, 허리 부근에서 U자형으로 바뀌어 두 다리 사이로 흐르고 있다. 오른손은 팔꿈치를 꺾어 가슴 앞으로 들었고, 왼손은 내렸는데 두 팔은 몸에 바짝 붙어 있는 모습이다.</td></tr>
</table>

문화재	내용
 합천 해인사 원당암 다층석탑 및 석등 (보물518호)	- 땅과 맞닿아 탑의 토대가 되는 바닥돌은 화강암을 이용하여 3단으로 쌓았으며, 그 위에 탑신을 받치는 기단과 지붕돌은 점판암으로 구성하였다. - 기단은 1단으로 밑면에는 돌아가며 연꽃무늬를 장식하였고, 윗면은 네 모서리에 대리석 돌기둥을 세웠으며, 맨윗돌에는 연꽃무늬를 새겼다. - 탑신의 몸돌은 남아 있지 않고 지붕돌만 10층이 쌓여 있다. 지붕돌은 경사진 4면이 매우 평평하고 얇으며 밑면엔 낮은 3단의 받침이 새겨져 있고 처마는 네 귀퉁이에 이르러 위로 살짝 들려 올라갔다. - 탑의 꼭대기에는 화강암으로 만든 노반이 낮게 있고, 그 위로 복발만이 높직하게 남아 있다. 신라 말에 만들어졌다. - 청석탑은 대체로 고려시대부터 유행하게 되지만 이 석탑은 신라 말에 만들어진 것으로 청석탑의 선구라 할 수 있다.
 합천 해인사 고려목판 (보물734호)	- 고려시대의 불교경전과 유명한 승려들의 저술, 시문집 등이 새겨진 목판이다. 해인사에 있는 목판은 모두 54종 2천835판인데 이 중 28종 2천725판이 국보206호로 지정되어 있고, 26종 110판이 보물734호로 지정되어 있다. - 해인사 고려각판은 국가기관인 대장도감에서 새긴 해인사 대장경판과는 달리 사찰이나 지방관청에서 새긴 것이며, 현재 해인사 대장경판전 사이에 있는 동·서 사간판전(寺刊版殿)에 보관되어 있다. - 이 목판들은 금강경·화엄경 등의 대승불교 경전과 신라·고려·중국의 유명한 승려, 개인의 시문집 및 저술들이다. - 이곳의 불교경전들에는 대부분 간행한 연대와 목적 등이 남아있어 고려시대 불교경전의 간행과 유통 등 불교신앙의 경향을 살펴볼 수 있는 중요한 자료가 된다. - 고승 및 개인의 시문집과 저술 등에는 간행기록이 남아있지 않고 일부분이 훼손된 것들이 많다.

자료 : 문화재청(www.cha.go.kr/korea/heritage/search/Culresult)에서 인용 후 재구성

2. 주요 사찰

1) 불국사

찬란한 신라문화의 근본이며, 우리 민족문화의 정수인 불국사(佛國寺 : 경북 경주시)는 '구름을 머금다가 다시 내뿜는다'고 하는 토함산 중턱에 위치하고 있다. 불국사는 528년(신라 법흥왕 15)에 왕모 영제 부인이 국태민안을 기원해서 창건했다고 전해지고 있다.

그러나 일설에 의하면 751년(신라 경덕왕 10)에 재상 김대성이란 사람이 부모의 극락장생을 기원하여 석굴암 석불사를, 현생의 부모를 섬긴다는 뜻에서 불국사를 창건한 것으로도 보고 있다. 어떻든 수천 년이나 되는 역사를 가지고 있는 불국사는 찬란한 신라문화의 하나의 상징이라 할 수 있다.

건물의 배치를 보면, 대웅전은 중앙에 위치하여 남향하였고, 그 앞에 석등이 있으며, 다시 그 앞의 동서에 각각 석탑 1기가 서 있다. 동쪽의 다보탑은 기묘하고 정밀한 형태로 유례가 드물고, 서쪽의 석가탑은 예로부터 애달픈 전설을 간직하고 있다.

경내에는 통일신라시대에 만들어진 ① 경주 불국사 다보탑(국보20호), ② 경주 불국사 삼층석탑(국보21호), ③ 경주 불국사 연화교 및 칠보교(국보22호), ④ 불국사 청운교백운교(국보23호), ⑤ 불국사 금동비로자나불좌상(국보26호), ⑥

불국사 금동아미타여래좌상(국보27호) 등 다량의 문화재를 보유하고 있으며, 학술적 · 역사적인 측면에서 중요한 가치를 지니고 있다.

2009년 12월에 사적502호로 재지정되었고, 1995년 12월 불국사와 석굴암이 유네스코 세계문화유산으로 지정되었다. 불국사가 보유하고 있는 국보와 보물은 〈표 6-4〉와 같다.

〈표 6-4〉 불국사의 국보와 보물

문화재	내용
 경주 불국사 다보탑 (국보20호)	-다보탑(10.29m)과 삼층석탑(10.75m)은 우리나라의 가장 대표적인 석탑으로 높이도 서로 비슷하다. 대웅전과 자하문 사이의 뜰 동서쪽에 마주 보고 서 있는데, 동쪽 탑이 다보탑이다. -다보탑은 특수형 탑을, 삼층석탑은 우리나라 일반형 석탑을 대표한다고 할 수 있다. 두 탑을 같은 위치에 세운 것은 '과거의 부처'인 다보불(多寶佛)이 '현재의 부처'인 석가여래가 설법할 때 옆에서 옳다고 증명한다는 『법화경』의 내용을 눈으로 직접 볼 수 있게 탑으로 구현하고자 하기 위함이다. -다보탑은 그 층수를 헤아리기가 어렵다. 십(十)자 모양 평면의 기단에는 사방에 돌계단을 마련하고, 8각형의 탑신과 그 주위로는 네모난 난간을 돌렸다. -특히 다보탑은 법신불인 다보여래와 보신불인 석가모니불이 불이(不二)임을 상징하는 탑이다.
 경주 불국사 삼층석탑 (국보21호)	-삼층석탑은 751년(신라 경덕왕 10)에 조성된 것으로 추측되며, 2단의 기단 위에 3층의 탑신을 세운 석탑으로, 8세기 통일신라 시대의 훌륭한 작품이다. -탑 전체의 무게를 지탱할 수 있도록 2층의 기단이 튼실하게 짜여 있으며, 목조건축을 본떠서 위 · 아래층 기단의 모서리마다 돌을 깎아 기둥 모양을 만들어놓았다. -이 탑은 '무영탑(無影塔 : 그림자가 비치지 않는 탑)'이라고도 불린다. 삼층석탑을 짓고 있는 백제의 석공 아사달을 찾아 멀리 신라의 서라벌까지 찾아온 아사녀가 남편을 만나보지도 못한 채 연못에 몸을 던져야 했던 슬픈 전설이 서려 있다. -불국사 대웅전 앞마당에는 경주 불국사 다보탑(국보20호)과 함께 동서로 나란히 서 있다.

문화재	내용
 경주 불국사 연화교 및 칠보교 (국보22호)	- 불국사의 대웅전과 극락전에 오르는 길은 동쪽의 청운교와 백운교, 서쪽의 연화교와 칠보교가 있다. 연화교와 칠보교는 극락전으로 향하는 다리로, 서방 극락세계의 깨달은 사람만이 오르내리는 다리로 전해지고 있다. - 다리는 전체 18계단이며, 밑에는 10단의 연화교가 있고, 위에는 8단의 칠보교가 놓여 있다. 계단을 다리형식으로 만든 특이한 구성이나 경사면을 45° 각도로 구성한 점, 다리 아래가 무지개 모양을 그리고 있는 것이 그 예이다. 연화교는 층계마다 연꽃잎을 도드라지게 새겨놓았다는 점이 특이하다.
 경주 불국사 청운교 및 백운교 (국보23호)	- 불국사의 대웅전과 극락전에 오르는 길은 동쪽의 청운교와 백운교, 서쪽의 연화교와 칠보교가 있다. 청운교와 백운교는 대웅전을 향하는 자하문과 연결된 다리를 말하는데, 다리 아래 일반인의 세계와 다리 위 부처의 세계를 이어주는 상징적 의미를 지닌다. - 다리는 전체 34계단이며, 위로는 16단의 청운교가 있고, 아래로는 18단의 백운교가 있다. 청운교를 푸른 청년의 모습으로, 백운교를 흰머리 노인의 모습으로 빗대어 놓아 인생을 상징하기도 한다. 계단을 다리형식으로 만든 특이한 구조를 하고 있으며, 오르는 경사면을 45° 각도로 구성하여 정교하게 다듬었다. - 다리 아래는 무지개 모양으로 이루어져 있어 직선으로 딱딱해졌던 시선을 부드럽고 생동감 있게 풀어주고 있다. 다리가 있는 석축 아래쪽으로 연못이 있었다고 전하는데, 지금도 계단 왼쪽에 물이 떨어지도록 만들어 놓은 장치가 남아 있다.
 경주 불국사 금동비로자나불좌상 (국보26호)	- 불국사 비로전에 있는 높이 1.77m의 이 불상은 진리의 세계를 두루 통솔한다는 의미를 지닌 비로자나불을 형상화한 것이다. 머리칼은 작은 소라 모양으로 표현하였으며, 얼굴은 위엄과 자비로운 인상을 풍긴다. - 왼쪽 어깨에만 걸쳐 입은 옷은 매우 얇게 표현되어 있고, 자연스럽게 흘러내린 옷 주름은 사실적으로 표현하였다. 손모양은 오른손 검지를 왼손으로 감싸고 있어 비로자나불이 취하는 손모양과는 반대로 표현하였다.

문화재	내용
	–특히 신체의 비례 등에서 이상적이면서도 세련된 불상의 모습을 엿볼 수 있다. ① 경주 불국사 금동아미타여래좌상(국보27호), ② 경주 백률사 금동약사여래입상(국보28호)과 함께 통일신라 3대 금동불상으로 불린다.
 경주 불국사 금동아미타여래좌상 (국보27호)	–높이 1.66m인 이 불상은 불국사 극락전에 있다. 머리에는 소라 모양의 머리칼을 기교 있게 붙여놓았고 정수리 부근에는 상투 모양의 머리(육계)가 큼직하게 솟아 있다. –신체의 표현은 장중하여 건장한 남성의 체구를 연상시키며, 두 무릎은 넓게 퍼져서 매우 안정된 느낌을 준다. 오른쪽 어깨를 드러내고, 왼쪽 어깨에만 걸쳐 입은 옷에는 주름이 새겨져 있는데, 특히 옷깃 안쪽에서 밖으로 늘어지는 옷 접힘은 매우 사실적으로 표현되었다. –어깨 높이로 들어 약간 오므린 왼손은 손바닥을 보이고 있으며, 오른손은 무릎에 올려놓고 엄지와 가운데 손가락을 약간 구부리고 있다. 떡 벌어진 어깨와 당당한 가슴, 잘록한 허리 등에서 사실적이면서 세련된 통일신라시대 불상의 모습을 엿볼 수 있다. –① 경주 불국사 금동비로자나불좌상(국보26호), ② 경주 백률사 금동약사여래입상(국보28호)과 함께 통일신라 3대 금동불상으로 불린다.

자료 : 문화재청(www.cha.go.kr/korea/heritage/search/Culresult)에서 인용 후 재구성

2) 석굴암 석굴

국보24호 경주 석굴암 석굴(石窟庵 石窟 : 경북 경주시 불국로)은 751년(신라 경덕

왕 10)에 재상 김대성이 창건을 시작하여 774년(혜공왕 10)에 완성하였으며, 건립 당시에는 '석불사'라고 하였다.

경주 토함산 중턱에 백색의 화강암을 이용하여 인위적으로 석굴을 만들고, 내부공간에 본존불인 석가여래불상을 중심으로 그 주위 벽면에 보살상 · 제자상 · 역사상 · 천왕상 등 총 40구의 불상을 조각하였으나, 지금은 38구만이 남아 있다.

석가상의 높이는 3.84m로 인도의 아잔타 동굴, 중국의 운강 · 용문 등과 함께 아시아의 3대 동굴사원의 하나로 일컬어지고 있다. 인조 석굴 중에서 가장 정교함을 나타내고 있으며, 특히 천장 위에 공간이 있고, 그 위에 또 하나의 공간이 있는 이중구조를 하고 있다. 벽 뒤에는 거대한 석재를 쌓아서 견고한 보호벽을 만들고, 여기에 숯을 넣어 습도 조절에 완벽을 꾀하고 있다.

석굴의 구조는 입구인 직사각형의 전실(前室)과 원형의 주실(主室)이 복도 역할을 하는 통로로 연결되어 있다. 360여 개의 넓적한 돌로 원형 주실의 천장을 교묘하게 구축한 건축기법은 세계에서 유례가 드문 뛰어난 기술이다. 석굴 입구의 전실에는 좌우로 4구씩 팔부신장상을 두고 있고, 통로 좌우 입구에는 금강역사상을 조각하였다. 그리고 좁은 통로의 좌우로 2구씩 동서남북 사방을 수호하는 사천왕상을 조각하였다.

원형의 주실 입구에는 좌우로 8각의 돌기둥을 세우고, 주실 안에는 본존불이 안치되어 있다. 주실의 벽면에는 입구에서부터 천부상 2구, 보살상 2구, 나한상 10구가 채워지고, 본존불 뒷면 둥근 벽에는 가장 정교하게 조각된 십일면관음보살상이 서 있다. 원숙한 조각기법과 사실적인 표현으로 완벽하게 형상화된 본존불을 비롯하여 십일면관음보살상 · 인왕상 · 사천왕상 · 보살상 · 나한상 등 이곳에 만들어진 모든 조각품들은 동아시아 불교조각에서 최고의 걸작품으로 꼽힌다.

특히 주실 안 본존불의 고요한 모습은 석굴의 은밀한 분위기 속에서 신비로움을 더해주고 있다. 석굴암 석굴은 신라 불교예술의 전성기에 이룩된 최고의 걸작으로 건축 · 수리 · 종교 · 예술기하학 등이 유기적으로 결합되어 더욱 돋보인다. 석굴암은 1995년 12월에 불국사와 함께 유네스코 세계문화유산으로 공동 등재되었다.

3) 화엄사

지리산 자락에 위치한 화엄사(華嚴寺 : 전남 구례군 마산면 황천리)는 544년(신라 진흥왕 5)에 연기조사가 세운 사찰로 지리산에서 가장 규모가 크다. 그 뒤 670년(신라 문무왕 10)에 의상대사가 7칸의 석조전을 새롭게 세웠으나, 조선 선조 25년 임진왜란 때 전소되었고, 1630년(인조 8)에 벽암선사가 중건하였다.

화엄사는 호남 제일의 사찰답게 많은 부속건물과 국보 ① 구례 화엄사 각황전 앞 석등(국보12호)과 ② 구례 화엄사 사사자 삼층석탑(국보35호)이 있다. 1703년(숙종 29)에 우리나라 목조건물로는 가장 웅대한 ③ 구례 화엄사 각황전(국보67호)이 세워졌다.

그 밖에 ④ 구례 화엄사 동 오층석탑(보물132호), ⑤ 구례 화엄사 서 오층석탑(보물133호), ⑥ 대웅전(보물299호), ⑦ 구례 화엄사 원통전 앞 사자탑(보물300호) 등의 중요한 보물들이 있다.

부속 암자로는 구층암(九層庵) · 금정암(金井庵) · 지장암(地藏庵)이 있다. 화엄사가 보유하고 있는 국보와 보물은 〈표 6-5〉와 같다.

〈표 6-5〉 화엄사의 국보와 보물

문화재	내용
 구례 화엄사 각황전 앞 석등 (국보12호)	-각황전 앞에 세워진 이 석등은 높이 6.4m로 한국에서 가장 큰 규모이다. 불을 밝혀두는 화사석을 중심으로, 아래로는 3단의 받침돌을 두고, 위로는 지붕돌로 머리장식을 얹었다. -8각으로 이루어진 화사석은 불빛이 나오도록 4개의 창을 뚫어 놓았다. 건립연도는 860~873년 사이에 세워진 것으로 추정되며, 통일신라시대의 대표적인 작품이다.
 구례 화엄사 사사자 삼층석탑 (국보35호)	-이 탑에서 가장 주목되는 부분은 암수 4마리의 사자를 각 모퉁이에 기둥 삼아 세워놓은 구조로, 앞을 바라보며 입을 벌린 채 날카로운 이를 드러내고 있다. -탑신은 1층 몸돌에 문짝 모양을 본떠 새기고, 양옆으로 인왕상, 사천왕상, 보살상을 조각해 두었다. 탑 위에는 머리장식의 받침돌인 노반과 복발(엎어놓은 그릇 모양의 장식)이 있으며 통일신라 8세기 중엽에 만든 것으로 추측된다.
 구례 화엄사 각황전 (국보67호)	-돌 기단 위에 정면 7칸, 옆면 5칸 규모로 지은 2층 건물로 지붕은 여덟 팔(八)자 모양을 한 팔작지붕이다. 건물 안쪽은 위·아래층이 트인 통층으로 3여래불상과 4보살상을 모시고 있다. -천장은 우물 정(井)자 모양인데, 벽쪽 사방으로 돌아가면서 경사지게 처리하였다. 건물이 매우 웅장하고 뛰어나 우수한 건축 문화재로 평가받고 있다.
 구례 화엄사 동 오층석탑 (보물132호)	-통상적으로 통일신라시대의 탑이 2단 기단인 데 비해 1단 기단으로 되어 있다. 기단부의 돌 구성이 다소 느슨해져 있어 제작 연대는 9세기경으로 추정하고 있다. -탑신부 1층 몸돌은 높이에 비해 넓어 안정감이 있다. 또한 각 층의 몸돌 너비가 줄어드는 것에 비해 높이의 줄어드는 정도가 적어서 늘씬해 보인다.

문화재	내용
 구례 화엄사 서 오층석탑 (보물133호)	-대웅전 앞에 동·서로 서 있는 쌍탑 가운데 서쪽에 자리하며, 조각과 장식이 가득하다. 2단의 기단 위에 5층의 탑신을 세운 모습이다. 통일신라 후기인 9세기경에 만들어진 것으로 짐작된다. -아래층 기단 각 면에는 안상(眼象) 속에 12지신상을 방향에 따라 배치하였고, 위층 기단은 각 면 모서리와 가운데에 기둥 모양을 본떠 새겼으며, 나뉜 두 면에는 8부신중(八部神衆)을 조각하였다.
 구례 화엄사 대웅전 (보물299호)	-화엄사는 지리산 남쪽 기슭에 위치한 사찰로 통일신라시대에 건립된 것으로 전한다. -조선시대에는 선종대본산(禪宗大本山)으로 큰 사찰이었으나, 임진왜란 때 완전히 전소되었다. 그후 인조 때 다시 지어 오늘에 이르고 있다. -이 건물은 1630년(조선 인조 8)에 벽암대사가 다시 세운 것이라고 한다. 건물은 정면 5칸, 옆면 3칸이고, 지붕은 옆면에서 볼 때 여덟 팔(八)자 모양을 한 팔작지붕이다. -건물 안쪽 천장은 우물 정(井)자 모양으로 만든 우물천장이며, 삼존불 위쪽으로 장식적인 성격을 띠는 지붕 모형의 닫집을 놓아 엄숙한 분위기를 한층 높이고 있다. 규모도 크고 매우 아름답다.
 구례 화엄사 원통전 앞 사자탑 (보물300호)	-이 탑은 통일신라시대의 석탑으로, 4마리의 사자가 길쭉하고 네모난 돌을 이고 있는 모습으로 탑의 기단은 2단이다. 탑의 위층 기단 각 모서리의 사자들이 연꽃받침 위에 앉아 연꽃이 조각된 돌을 머리에 이고 있다. -탑신에는 직육면체 모양의 몸돌이 있는데, 각 면에는 직사각형의 테두리를 둘렀으며, 그 안에 신장상을 조각하였다. 몸돌 위에는 1장의 판돌이 있고, 밑면에는 연꽃이 새겨져 있다.

자료 : 문화재청(www.cha.go.kr/korea/heritage/search/Culresult)에서 인용 후 재구성

4) 부석사

부석사(浮石寺 : 경북 영주군 부석면)는 봉황산 중턱에 있으며, 676년(신라 문무왕 16)에 의상대사가 세웠다. 우리나라에서 가장 오래된 목조 건축인 무량수전과 조사당이 있고, 석가여래 좌상, 삼층 석탑 등 많은 문화재가 있다. 고려시대에는 '선달사', '흥교사'라 하였는데, 정종 때 원융국사가 이 절에 머무르면서 절을 크게 고쳐 지었다.

1372년 공민왕 때는 원응국사가 이 절의 주지로 있으면서 낡은 건물을 고치고, 그 밖에 여러 건물들을 다시 세웠다. 그 후 조선 선조 때인 1580년에 사명당을 다시 한 번 재건하였다. 그러나 1746년 영조 때 화재로 여러 건물이 전소된 것을 다시 지었다.

부석사의 국보와 보물은 ① 영주 부석사 무량수전 앞 석등(국보17호), ② 영주 부석사 무량수전(국보18호), ③ 영주 부석사 조사당(국보19호), ④ 영주 부석사 소조여래좌상(국보45호), ⑤ 영주 부석사 조사당벽화(국보46호), ⑥ 영주 부석사 삼층석탑(보물249호), ⑦ 영주 부석사 당간지주(보물255호), ⑧ 영주 부석사 고려목판(보물735호)을 비롯하여, 경북 유형문화재 제127호인 영주 부석사 원융국사비 등이 있다. 이 가운데 부석사 삼층 석탑은 원래 부석사의 동쪽 약사골 동방사 절터에 있던 것을 옮겨 세운 것인데, 전북 익산에 있는 왕궁리 탑에서 나온 사리를 탑 안에 봉안하였다. 부석사가 보유하고 있는 국보와 보물은 〈표 6-6〉과 같다.

〈표 6-6〉 부석사의 국보와 보물

문화재	내용
 영주 부석사 무량수전 앞 석등 (국보17호)	-통일신라시대의 석등으로 부처의 광명을 상징하며, 일명 '광명등'이라고 한다. 불을 밝혀두는 화사석을 중심으로, 아래에 3단의 받침돌을 두고, 위에 지붕돌을 올린 후 꼭대기에 머리장식을 얹었다. -4각 바닥돌은 옆면에 무늬를 새겨 꾸몄으며, 그 위의 아래받침돌은 연꽃조각을 얹어 가운데 기둥을 받치고 있다. 전형적인 8각 기둥형태로 위로는 연꽃무늬 조각의 윗받침돌을 얹어놓았다.
 영주 부석사 무량수전 (국보18호)	-부석사의 중심 건물로 극락정토를 상징하는 아미타여래불상을 모시고 있다. 신라 문무왕(661~681) 때 짓고, 고려 현종(1009~1031) 때 고쳐지었으나, 공민왕 7년(1358)에 전소되었다. 지금의 건물은 고려 우왕 2년(1376)에 다시 짓고, 1916년에 해체 · 수리하였다. 목조건물 중 매우 오래된 것으로 고대 사찰 건축의 구조를 연구하는 데 중요한 건물이다. -건물은 정면 5칸, 옆면 3칸이다. 지붕은 옆면이 여덟 팔(八)자 모양의 팔작지붕이며, 특히 장식적인 요소가 적어 주심포 양식의 기본 수법을 가장 잘 남기고 있는 대표적인 건물이다. 건물 안에는 다른 불전과 달리 불전의 옆면에 불상을 모시고 있는 것이 특징이다.
 영주 부석사 조사당 (국보19호)	-의상대사의 초상을 모시고 있는 곳으로 고려 우왕 3년(1377)에 세웠고, 조선 성종 21년(1490)과 성종 24년(1493)에 다시 고쳤다. 정면 3칸 · 옆면 1칸 크기로, 지붕은 사람 인(人)자 모양을 한 맞배지붕으로 꾸몄으며, 주심포 양식이다. -건물 안쪽의 좌우에는 사천왕상 · 보살상 등 고려 후기에 그려진 벽화가 있다. 이것은 고려시대 회화 가운데 매우 희귀한 것으로, 가장 오래된 채색 그림 중 하나이다. 지금은 보호각을 지어 보관하고 있다.

문화재	내용
 영주 부석사 소조여래 좌상 (국보45호)	–부석사 무량수전에 모시고 있는 소조불상으로 높이 2.78m이다. 소조불상은 나무로 골격을 만들고 진흙을 붙여가면서 만드는 것이다. 우리나라 소조불상 가운데 가장 크고, 오래된 작품으로 가치가 매우 크다. –얼굴은 풍만한 편이며, 두꺼운 입술과 날카로운 코 등에서 근엄한 인상을 풍기고 있다. 옷은 오른쪽 어깨를 드러내고 왼쪽 어깨에만 걸쳐 입고 있는데, 평행한 옷 주름을 촘촘하게 표현하고 있다.
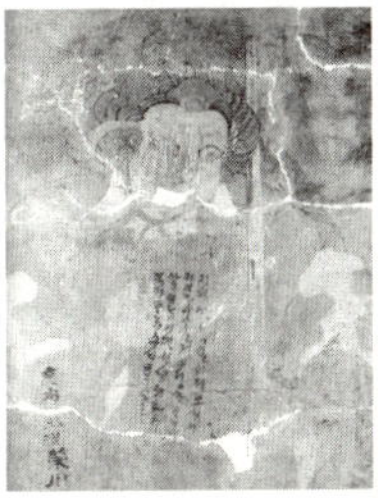 영주 부석사 조사당 벽화 (국보46호)	–부석사를 창건하고 한국에서 화엄종을 처음 시작한 의상대사를 모시고 있는 조사당 안쪽 벽면에 사천왕과 제석천, 범천을 6폭으로 나누어 그린 그림이다. 지금은 유리상자에 담아 무량수전에 보관하고 있다. –흙벽 위에 녹색으로 바탕을 칠하고 붉은색 · 백색 · 금색 등으로 채색하였으며, 각각의 크기는 길이 205㎝, 폭 75㎝이다. 연대는 고려 우왕 3년(1377)이다. 현재 우리나라에 남아 있는 벽화 가운데 가장 오래된 작품으로 평가받고 있다.
 영주 부석사 삼층 석탑 (보물249호)	–2단의 기단 위에 3층의 탑신을 세운 모습이다. 기단에는 각 면의 모서리와 가운데에 기둥 모양의 조각을 두었는데, 아래층 기단은 가운데에 2개씩의 조각을 두고, 위층 기단에는 하나씩을 두었다. –탑신의 몸돌과 지붕돌은 각각 하나의 돌로 되어 있다. 몸돌은 모서리마다 기둥 모양을 조각하였다. 지붕돌은 밑면의 받침이 5단으로 통일신라의 전형양식을 따르고 있다. 문무왕 16년(676)에 만들어진 것이다.

문화재	내용
 영주 부석사 당간지주 (보물255호)	-절에 행사가 있을 때 입구에 당(幢)이라는 깃발을 달아두는데, 이 깃발을 달아두는 장대를 당간(幢竿)이라 하며, 장대를 양쪽에서 지탱해 주는 두 돌기둥을 당간지주라 한다. -이 당간지주는 장식이 없고, 양쪽 모서리의 모를 둥글게 다듬었다. 기둥 윗부분은 원을 2겹으로 경사지게 조각하였고, 옆면 3줄의 세로줄이 새겨져 있다. 기둥머리에는 깃대를 단단하게 고정시키기 위한 네모 모양의 홈이 파여 있다.
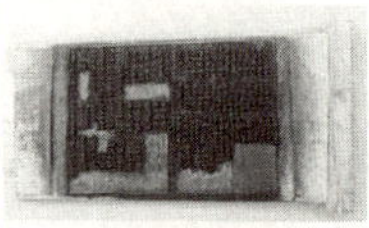 영주 부석사 고려 목판 (보물735호)	-부석사에 있는 『화엄경』 정원본 40권, 진본 60권, 주본 80권 등 3종의 대방광불화엄경을 나무판에 새긴 것이다. 대방광불화엄경은 줄여서 '화엄경'이라 부르는데, 화엄종의 근본경전으로 법화경과 함께 한국 불교사상 확립에 가장 크게 영향을 끼쳤다. -정원본(貞元本)은 반야가 번역한 『화엄경』 40권을 가리키고, 진본(晋本)은 불타발타라가 번역한 『화엄경』 60권을, 주본(周本)은 실차난타가 번역한 화엄경 80권을 가리킨다. 이 판은 모두 합쳐 634판이며 한 줄에 34자씩 글자를 배열한 특이한 형식이다. -13~14세기경 거란에서 불경을 수입하여 나무판에 다시 새긴 것으로 추정되며, 현재 전해지는 유일한 거란본 계열의 각판으로 매우 중요한 자료이다.

자료 : 문화재청(www.cha.go.kr/korea/heritage/search/Culresult)에서 인용 後 재구성

5) 상원사

오대산의 울창한 수목으로 둘러싸인 상원사(上院寺 : 강원 평창군 진부면 동산

리)는 705년(신라 선덕여왕 4)에 자장율사가 창건한 것으로 전해지고 있다. 당시에 창건된 절로 '진여원(眞如院)'이 있었는데, 고려 말에 소실되었고, 그 진여원 위에 사찰을 지은 것이 지금의 상원사이다.

일설에 의하면, 보천과 효명의 두 왕자가 창건한 진여원에서 조선의 세조 임금이 문수동자를 만나 질병을 치료했다는 전설이 전해지고 있다. 이와 같이 상원사는 문수신앙과 밀접한 관계가 있으며, 문수동자상은 국내 유일의 동자상이다. 이 동자상에서 나온 총 23점의 유물은 보물 제793호로 일괄 지정되었다.

상원사의 영산각을 제외한 나머지 건물은 1946년 화재로 전소되었다가, 1947년에 다시 중창되었다. 특히 상원사는 한국전쟁 중에도 피해를 입지 않았으며, 건물은 정면 8칸, 측면 4칸의 'ㄱ'자형이다. 현존하는 당우로는 'ㄱ'자형 선원을 중심으로 승당인 소림초당, 영산전과 종각인 동정각, 후원 등이 있다.

그리고 승사(僧舍)로 사용되는 소림초당은 정면 6칸, 측면 4칸의 일반형 팔작집이다. 소림초당 앞에는 종각이 있는데, 이곳에는 국내 최고(最古)의 ① 상원사 동종(국보36호)이 있다. 선원 안에는 ② 평창 상원사 목조문수동자좌상(국보221호), 석가여래좌상, 문수보살상, 대세지보살상이 함께 봉안되어 있다. 그리고 ③ 평칭 상원사 목조문수동자좌상 복장유물(보물793호)이 있다.

또한 선실 바깥 마루에 안치되어 있는 신중상은 일명 '동진보살'이라고도 한다. 모든 신중들이 탱화로서 봉안되어 있는 데, 이곳만이 유독 조상(彫像)으로 조성되어 있다. 높이 85㎝, 무릎 폭 35㎝의 목조상으로 머리에 구름무늬의 보관을 썼고, 좌우 손은 문수동자와 같은 수인을 취하고 있다.

현존하는 건물로는 강원도 유형문화재 제28호로 지정된 적멸보궁(석가모니불의 진신사리를 봉안한 사찰 당우 가운데 하나로, 이 불전에는 불상을 따로 봉안하지 않고 불단만 있는 것이 특징)과 선원, 승당인 소림초당, 영산전, 종각인 동정각, 후원 등이 있다. 영산전은 선원 뒤쪽에 있는데, 선원 화재 때 불길을 모면한 유일한 건물이다. 상원사가 보유하고 있는 국보와 보물은 〈표 6-7〉과 같다.

〈표 6-7〉 상원사의 국보와 보물

문화재	내용
 상원사 동종 (국보36호)	-상원사 동종은 725년(신라 성덕왕 24)에 만들어졌다. 경주 성덕대왕신종(국보29호)과 더불어 통일신라시대 범종 3구 중 하나이며, 높이 167cm, 입지름 91cm이다. 소리의 울림을 도와주는 음통(音筒)이 연꽃과 덩굴무늬로 장식되어 있다. -조각 수법이 뛰어나며, 몸체의 아래와 위의 끝부분이 안으로 좁혀지는 고풍스런 모습을 하고 있다. 또한 우리나라에 현존하는 종 가운데 가장 오래되고 아름답고, 고유한 특색을 갖추고 있다.
 평창 상원사 목조문수동자좌상 (국보221호)	-동자상의 고개는 약간 숙인 상태이며, 머리는 양쪽으로 묶어 올렸고, 얼굴은 볼을 도톰하게 하여 천진스럽게 만들었다. 옷 주름은 자연스럽게 표현하였고, 오른손은 어깨 높이로 들어 엄지손가락과 가운뎃손가락을 맞대고 있다. -문수동자좌상은 예배의 대상으로서 만들어진 국내 유일의 동자상으로, 왼손은 엄지손가락과 약지손가락을 거의 맞닿을 듯 섬세하게 표현하였다. 왼쪽 다리는 안으로 접고 오른쪽 다리는 밖으로 둔 편한 자세로 앉아 있다.
 평창 상원사 목조문수동자좌상 복장유물 (보물793호)	-오대산 상원사에 있는 목조문수동자좌상(국보221호)에서 1984년 7월 불상의 유래를 밝힐 수 있는 2개의 발원문(發願文)과 조선 전기의 복식, 전적류 등 23점의 복장유물이 발견되었다. 발원문은 불상을 만들게 된 이유와 만든 사람들에 대한 기록을 담고 있으며, 후대에 보수한 기록도 적어 놓고 있다.

자료 : 문화재청(www.cha.go.kr/korea/heritage/search/Culresult)에서 인용 후 재구성

6) 월정사

월정사(강원 진부면 오대산계곡 동산리)는 25교구 본사 가운데 하나이다. 신라 선덕여왕 때 자장율사가 처음으로 세웠으나, 한국전쟁 때 전소되어 지금의 건물은 1964년 이후로 새로 중창한 것이다. 당시 신라시대부터 내려오던 동종까지도 녹아 없어졌으며, 남은 건 화강암으로 만든 석탑과 기단, 석조보살좌상 하나뿐이다.

가람배치는 일반적인 신라시대 양식과는 달리 탑을 둘러싸고 부속 건물이 세워져 있다. 분황사처럼 고구려 가람배치에 더 가깝다. 이외에도 한국전쟁을 견디고 남았던 다각다층탑인 ① 평창 월정사 팔각 구층석탑(국보48호)과 ② 평창 월정사 석조보살좌상(보물139호)이 유명하다.

특히 월정사는 전나무 숲길이 유명하다. 일주문에서 금강교까지 1km 남짓한 길로서 오대산으로 들어가는 산문(山門) 역할을 한다. 이 길 주위로 1천7백여 그루의 전나무가 하늘을 향해 울창하게 뻗어 있다. 월정사가 보유하고 있는 국보와 보물은 〈표 6-8〉과 같다.

〈표 6-8〉 월정사의 국보와 보물

문화재	내용
 평창 월정사 팔각 구층석탑 (국보48호)	-탑은 8각 모양의 2단 기단 위에 9층 탑신을 올린 뒤, 머리장식을 얹어 마무리한 모습이다. 아래층 기단에는 안상을 새겨 놓았고, 아래 · 위층 기단 윗부분에는 받침돌을 마련하여 윗돌을 괴어주도록 하였다. -1층 탑신의 4면에 작은 규모의 감실(龕室 : 불상을 모셔두는 방)을 마련해 두었다. 지붕돌은 밑면에 받침을 두지 않고 간략하게 마무리하였다. 그리고 여덟 곳의 귀퉁이마다 풍경을 달아 놓았다. 고려 전기 석탑을 대표하는 작품이다.
 평창 월정사 석조보살좌상 (보물139호)	-높이 1.8m의 보살상이다. 머리에는 관을 쓰고 있으며, 갸름하면서도 복스러운 얼굴에는 만면에 미소가 어려 있다. 머리칼은 옆으로 길게 늘어져 어깨를 덮고 있고, 목에는 뚜렷한 3줄의 주름이 표현되어 있다. -목걸이는 매우 섬세하고 곱게 조각하여 가슴에까지 늘어지게 장식하였다. 보살이 입고 있는 옷은 얇고 가벼워 몸에 밀착되어 있다. 오른쪽 팔꿈치는 동자상의 머리에 올려놓아 편안한 자세를 취하고 있다.

자료 : 문화재청(www.cha.go.kr/korea/heritage/search/Culresult)에서 인용 후 재구성

7) 법주사

법주사(法住寺 : 충북 보은군 속리산면)는 553년(신라 진흥왕 14)에 당나라에서 공

부하고 돌아온 의신대사가 창건한 절이다. 그 뒤 혜공왕 12년에 진표율사가 크게 증수하였다.

고려 태조 원년에는 증통국사가 중건한 것으로 전해지고 있으며, 그 후 조선왕조에 이르기까지 무려 8번이나 증수를 거듭했다. 그 후 임진왜란 때 전소된 것을 인조 2년에 벽암대사가 다시 복구하였다.

한때 법주사에는 약 2백여 동의 건물과 수천 명의 승려가 있었던 곳으로 특히 커다란 금동미륵불상을 비롯한 국보와 보물을 많이 보유하고 있는 중요한 사찰이다.

경내에는 커다란 중층 건물인 대웅보전, 특이한 양식의 원통보전, ① 보은 법주사쌍사자 석등(국보5호), ② 보은 법주사 팔상전(국보55호), ③ 보은 법주사 석련지(국보64호), ④ 보은 법주사 사천왕 석등(보물15호), ⑤ 보은 법주사 마애여래의 좌상(보물216호), 철당간지주, 부도 등 귀중한 문화재가 많이 있다. 법주사가 보유하고 있는 국보와 보물은 〈표 6-9〉와 같다.

〈표 6-9〉 법주사의 국보와 보물

문화재	내용
 보은 법주사 쌍사자 석등 (국보5호)	- 법주사 대웅전과 팔상전 사이에 있는 통일신라시대의 석등으로, 사자를 조각한 석조물 가운데 가장 오래되었으며 매우 독특한 형태를 하고 있다. - 높이 3.3m인 석등은 720년(신라 성덕왕 19)에 조성된 것으로 보고 있다. 전체적으로 8각의 평면을 기본으로 하고 있으며, 불을 밝히는 화사석을 중심으로 아래에는 3단의 받침돌을 두고, 위에는 지붕돌을 올렸다. - 네모난 받침돌에 면마다 안상을 새기고, 그 윗면은 연꽃을 조각하였다. 화사석은 4면에 창을 두었고, 나머지 4면에는 불법을 수호하는 신으로 사천왕상을 조각하였다. - 통일신라는 물론 후대에도 이를 모방하는 석등이 나타났으며, 같은 사찰 안에 있는 보은 법주사 사천왕 석등(보물15호)과 함께 통일신라 석등을 대표하는 작품이다.

문화재	내용
 보은 법주사 팔상전 (국보55호)	-근대 이전에 만들어진 목탑 중 유일하게 남아 있는 팔상전은 높이 21m, 기둥이 5백61개에 이른다. 건물 안에는 석가여래의 역사인 팔상화첩을 사방 벽에 두 폭씩 봉안하고 있다. -건물의 특징은 중앙의 중심 기둥이 5층까지 1개로 통해 있고, 지붕 위의 쇠기둥은 피뢰침 역할을 하고 있다. 그리고 건물 내에는 석가여래의 행적을 8폭 그림으로 그려서 동서남북에 각각 2장씩 봉안하고 있다.
 보은 법주사 석련지 (국보64호)	-석련지는 높이 3m, 둘레 6.6m에 이른다. 몸돌은 커다란 돌의 내부를 깎아 만들었는데, 반쯤 피어난 연꽃 모양을 하고 있어 외부의 곡선과도 아름다운 조화를 이룬다. -표면에는 연꽃잎을 돌려 소박하게 장식하였고, 윗부분에는 연꽃잎을 두 겹으로 돌린 후 그 안으로 화사한 꽃무늬를 새겨두었다. 8세기경에 제작된 통일신라시대의 작품이다.
 보은 법주사 사천왕 석등 (보물15호)	-석등은 전체적으로 8각의 평면을 기본으로 하고 있다. 불을 밝히는 화사석을 중심으로 아래에는 3단의 받침돌을 두고 위에는 지붕돌을 올렸다. -네모난 받침돌에 면마다 안상을 새기고, 그 윗면은 연꽃을 조각하였다. 화사석은 4면에 창을 두었고, 나머지 4면에는 불법을 수호하는 신으로 사천왕상을 조각하였다. 제작연대는 8세기 중기 이후로 보고 있다.
 보은 법주사 마애여래의좌상 (보물216호)	-높이가 약 6m나 되는 큼직한 바위에 돋을새김으로 조각되어 있다. 보기 드물게 의자에 앉아 있는 모습으로 옆 바위에 조각된 지장보살과 함께 법주사의 성격을 알려주는 미륵불이다. -불상의 머리는 작은 소라 모양의 머리칼을 촘촘하게 새겼다. 둥글고 온화한 얼굴에는 크고 긴 코와 둥근 눈썹, 뚜렷한 눈두덩과 함께 두꺼운 입술이 잘 표현되어 있다. 고려 초기 마애불의 특징적인 양식을 보여주고 있다.

자료 : 문화재청(www.cha.go.kr/korea/heritage/search/Culresult)에서 인용 후 재구성

8) 범어사

범어사(梵魚寺 : 부산 금정구 청룡동 금정산)는 678년(신라 문무왕 18)에 의상대사가 창건했다는 설과 덕흥왕 10년에 세웠다는 설도 있다. 경내에는 대웅전을 비롯해 전각 7개, 누각 2개, 문 3개, 영각 1개, 요사채 7개, 암자 9개가 있다. 특히 네 개의 돌기둥으로 세운 일주문이 인상적이고, 반쯤 누운 듯한 노송이 묘한 운치를 더한다.

범어사는 나라를 지켜온 사찰로도 이름이 높다. 사찰을 짓게 된 동기는 왜적으로부터 나라를 지켜달라고 부처님께 비는 데 있었다. 임진왜란 때는 서산대사가 승병을 거느리고 이곳에 내려와 싸웠고, 조선 숙종 때부터 이 사찰의 승려들이 다른 사찰의 승려들과 함께 금정산을 지켜냈다고 한다.

1613년(광해군 5)에 묘전스님, 해민스님 등이 법당과 요사채 등을 중수했고, 현존하는 대웅전과 일주문은 그때 세운 것으로 알려져 있다. 범어사는 해인사, 통도사와 함께 영남의 3대 사찰로 불리며, 특히 선불교의 전통이 강해 선찰대본산이라 불린다.

경내에는 보물 ① 부산 범어사 삼층석탑(보물250호), ② 부산 범어사 대웅전(보물434호), ③ 부산 범어사 조계문(보물1461호), ④ 부산 범어사 금장요집경(보물1525호), ⑤ 부산 범어사 목조석가여래삼존좌상(보물1526호) 등과 부산광역시의 유형문화재 제90호로 지정된 범어사 동종, 그리고 천연기념물 제176호로 지정된 6천5백여 그루의 등나무가 자생하고 있다. 범어사가 보유하고 있는 보물은 〈표 6-10〉과 같다.

〈표 6-10〉 범어사의 보물

문화재	내용
 부산 범어사 삼층석탑 (보물250호)	-통일신라 흥덕왕(826~836) 때 세운 탑으로 2단의 기단 위에 3층의 탑신을 세웠다. 위 · 아래층 기단의 옆면을 기둥 모양으로 장식하지 않고, 안상(眼象)을 조각한 것이 특징이다. 탑신부는 1층 몸돌에 비해 2층 이상은 급격히 줄어들고 있다. 평평하고 얇은 지붕돌은 처마가 수평을 이루며, 밑면의 받침이 4단으로 되어 있어 통일신라 후기의 양식을 보여준다.
 부산 범어사 대웅전 (보물434호)	-의상대사가 678년(통일신라 문무왕 18)에 처음으로 창건한 것으로 보고 있다. 석가모니 불상만을 모시는 일반 대웅전과는 달리 이곳 범어사 대웅전에는 미륵보살과 가라보살을 각각 석가모니의 왼쪽과 오른쪽에 함께 모시고 있다. 임진왜란 때 전소된 것을 1602년(조선 선조 35)에 다시 지었고, 1613년(조선 광해군 5)에 한 차례 보수공사가 있었다.
 부산 범어사 조계문 (보물1461호)	-범어사 조계문은 우리나라 사찰의 일주문 가운데 처음으로 국가지정문화재(보물)로 지정되었다. 일반적인 사찰의 일주문이 초석 위에 둥근 목조기둥 2개를 세우고 있는 것과는 다르게, 자연초석 위에 긴 석조기둥과 짧은 목조기둥을 이어 세워, 석조와 목조를 엮은 4개의 기둥에 의해 3칸으로 구성되어 있다. -지붕은 맞배지붕 형태로 대웅전을 비롯한 범어사 안 모든 건축물과 같은 기법을 따르고 있다. 1614년(조선 광해군 6)에 묘전화상이 지은 것으로 보고 있다. 1694년(조선 숙종 20)에 중창한 것으로 추정되며, 1983년에 다시 해체 보수하였다.
 부산 범어사 금장요집경 (보물1525호)	-이 책은 승려 도기(道紀)가 불교 교화에 도움이 되는 인과응보 다음 행에 간략한 목차에 이 책을 구성하고 있는 22개 연의 이름이 나타나 있어 전체 내용을 조망해 볼 수 있다. -판식은 고려 13~14세기 불서에서 볼 수 있는 특징이 나타나 있다. 판심부의 하단에 '현사(玄四)', '문향(文鄕)', '백기(白基)' 등의 각수명(刻手名)이 새겨져 있다.

문화재	내용
	–판각 상태로 보면 고려 말에 새기어 조선 전기에 인출한 것으로 보고 있다. 이 책은 권1~2의 2권 1책만이 있는 결본상태이나, 희소성이 매우 높다.
 부산 범어사 목조석가여래삼존좌상 (보물1526호)	–이 삼존불은 당당하고 균형 잡힌 형태를 보이며, 상호는 풍만한 양감 속에 부드러운 미소가 어우러져 자비롭고 우아하다. 법의 주름은 직선의 선묘로 처리하여 여백을 많이 남겼지만, 전체적으로 힘이 있으면서도 잘 정돈되어 있다. –무릎 아래는 넓은 띠 모양의 주름이 좌우대칭으로 펼쳐져 부채꼴 모양을 이루고 있다. 범어사 대웅전 목조석가여래삼존좌상은 불상기문을 통하여 정확한 존상 명칭과 조성시기 등 불상으로서는 매우 완성도 높은 우수한 작품이다.

자료 : 문화재청(www.cha.go.kr/korea/heritage/search/Culresult)에서 인용 후 재구성

9) 갑사

갑사(甲寺 : 충남 공주시 계룡면 중장리 계룡산)는 대한불교조계종 제6교구 본사인 마곡사의 말사이다. 일명 계룡갑사 · 갑사 · 갑사사 · 계룡사라고도 한다. 420년(백제 구이신왕 원년)에 아도(阿道)가 창건하였는데, 556년(진흥왕 17)에 해명(惠明)이 중건한 후 503년(신라 무령왕 4)에 상대사가 천불전을 중창하고, '곶 갑자'를 '갑옷 갑자'로 고쳐 오늘에 이르게 되었다.

679년(문무왕 9)에는 의상(義湘)이 중수하여, '화엄대학지소(華嚴大學之所)'로 삼

았으며, 이때부터 신라 화엄십찰의 하나가 되었다. 그 뒤 859년과 887년에 중창하였다. 당시의 건물은 임진년에 일어난 '임진왜란(일본의 1차 침입)'과 정유년에 일어난 '정유재란(일본의 2차 침입)'으로 건물이 모두 불타, 그 뒤에 대웅전과 진해당을 중건하였다. 1654년(효종 5)에는 사정(思淨) · 신휘(愼徽) · 경환(瓊環) · 일행(一行) · 정화(正華) · 상균(尙均) · 행준(行俊) 등의 승려가 관찰사 강백년의 도움을 받아 크게 중창하였다.

갑사의 보물로 ① 공주 갑사 철당간(보물256호), ② 공주 갑사부도(보물257호), ③ 공주 갑사동종(보물478호), ④ 월인석보판본(보물582호)이 있고, 충청남도 유형문화재로 지정된 것은 강당, 대웅전, 대적전, 석조약사여래입상, 석조보살입상, 갑사사적비 등이 있다. 또한 충청남도 기념물로 지정된 영규대사묘, 표충원, 삼성각, 팔상전 등이 있고, 충청남도 문화재자료인 갑사중사자암지삼층석탑, 영규대사비, 천진보탑 등이 있다.

현존하는 당우로는 대웅전을 중심으로 강당, 대적전, 응향각, 진해당, 적묵당, 팔상전, 팔상문, 장경각, 표충원, 삼성각, 종각, 요사채 등이 있다. 갑사가 보유하고 있는 보물은 〈표 6-11〉과 같다.

〈표 6-11〉 갑사의 보물

문화재	내용
 공주 갑사 철당간 (보물256호)	-통일신라시대의 당간으로는 유일한 것이다. 네 면에 구름무늬를 새긴 기단 위로 철당간을 높게 세우고, 양옆에 당간지주를 세워 지탱하였다. 당간은 24개의 철통을 연결하였다. -당간을 지탱하는 두 개의 지주는 동 · 서로 마주 서 있으며, 꾸밈없는 소박한 모습이다. 기둥머리는 완만한 곡선을 이루며, 안쪽에 구멍을 뚫어서 단단하게 고정시키고 있다. 제작시기는 통일신라 중기의 양식을 갖춘 것으로 보고 있다.

<table>
<tr><th>문화재</th><th>내용</th></tr>
<tr><td>
공주 갑사부도
(보물257호)</td><td>- 전체가 8각으로 이루어져 있으며, 3단의 기단 위에 탑신을 올리고 지붕돌을 얹은 형태이다. 높직한 바닥 돌 위에 올려진 기단은 아래 · 가운데 · 윗받침 돌로 나눠지는데, 아래층이 넓고 위층으로 갈수록 차츰 줄어든다.
- 아래받침 돌에는 사자 · 구름 · 용을 조각하였다. 귀퉁이마다 꽃 모양의 장식이 있고, 그 사이에 주악천인상을 새겨 놓았다. 기단부의 조각은 고려시대의 특징을 잘 드러내고 있다. 전체에 조각된 각종 무늬와 기법 등은 고려시대 승탑들 중에서도 우수작으로 손꼽힌다.</td></tr>
<tr><td>
공주 갑사동종
(보물478호)</td><td>- 조선 초기의 종으로 국왕의 만수무강을 축원하며, 갑사에 매달 목적으로 선조 17년(1584)에 만들어졌다. 높이 131㎝, 입지름 91㎝로 전체적으로 어깨부터 중간까지 완만한 곡선을 이루고 있다. 중간 지점부터 입 부분까지는 직선으로 되어 있다. 종 꼭대기에는 음통이 없고, 2마리의 용이 고리를 이루고 있다.
- 종의 어깨에는 물결모양으로 꽃무늬를 둘렀다. 바로 밑에는 위아래로 나누어 위에는 연꽃무늬를, 아래에는 범자를 촘촘히 새겼다. 그 아래 4곳에는 사각형모양의 유곽을 만들고, 그 안에는 가운데가 볼록한 연꽃모양의 유두를 9개씩 두었다.</td></tr>
<tr><td>
월인석보판본
(보물582호)</td><td>-『월인석보』를 새겨 책으로 찍어내던 판각으로 우리나라에 남아 있는 유일한 판목이다. 『월인석보』는 『월인천강지곡』과 『석보상절』을 합하여 세조 5년(1459)에 편찬한 불교대장경이다. 석보는 석가모니불의 연보 즉 그의 일대기라는 뜻이다.
-『월인석보』는 본래 57매 233장으로 모두 24권이었으나, 현재는 21권 46매만 남아 있다. 이 판목은 선조 2년(1569) 충청도 한산에 사는 백개만(白介萬)이 시주하여 활자를 새기고, 충남 논산 불명산 쌍계사에 보관하였다. 현재 갑사에 소장되어 있는데 70여 년 전에 입수하였다고 한다.</td></tr>
</table>

자료 : 문화재청(www.cha.go.kr/korea/heritage/search/Culresult)에서 인용 후 재구성

10) 수덕사

수덕사(修德寺 : 충남 예산군 덕산면 사천리)는 영주 부석사의 무량수전과 더불어 우리나라에 현존하는 최고의 목조건물이다. 비구니(比丘尼) 사찰로도 이름높은 수덕사는 백제 말 숭제법사가 창건하고, 무왕 때 혜현이 법화경을 강설하면서부터 널리 알려졌다. 그 후 14세기 중후반에 나옹혜근선사가 중수한 것으로 전해지고 있다.

또한 1528년(중종 23)에 영조와 순조 때 대웅전을 중수했던 기록이 남아 있다. 수덕사의 국보와 보물로 ① 예산 수덕사 대웅전(국보49호)을 꼽을 수 있다. 그리고 ② 예산 수덕사 노사나불괘불탱(보물1263호), 그리고 수덕사 대웅전목조삼존불(보물1381호) 등 보물이 5점, 충청남도 유형문화재가 5점, 문화재자료와 등록문화재 4점 등 총 15점의 지정문화재를 보유하고 있다. 수덕사가 보유하고 있는 국보와 보물은 〈표 6-12〉와 같다.

〈표 6-12〉 수덕사의 국보와 보물

문화재	내용
 예산 수덕사 대웅전 (국보49호)	-석가모니불상을 모셔 놓은 대웅전은 1308년(고려 충렬왕 34)에 지은 건물로, 우리나라에서 가장 오래된 목조건물 중 하나이다. 건립연대가 분명하고 형태미가 뛰어나 한국 목조건축에서 중요한 문화재로 평가받고 있다. 앞면 3칸, 옆면 4칸 크기이며, 지붕의 옆은 사람 인(人)자 모양을 한 맞배지붕이다.

문화재	내용
	- 지붕 처마를 받치는 구조가 기둥 위에만 있는 주심포 양식으로, 앞면 3칸에는 모두 3짝 빗살문을 달았고, 뒷면에는 양쪽에 창을, 가운데에는 널문을 두었다. 백제계통의 목조건축양식을 이은 고려시대 건물로 특히 건물 옆면의 장식적인 요소가 매우 아름답다.
 예산 수덕사 노사나불괘불탱 (보물1263호)	- 괘불은 절에서 큰 법회나 의식을 행하기 위해 법당 앞뜰에 걸어 놓고 예배를 드리는 대형 불교그림이다. 이 괘불은 노사나불을 중심으로 하여 12대 보살, 10대 제자 등 여러 무리들이 그려져 있다. - 이 불화는 신원사 노사나불괘불탱(국보299호)과 같은 그림인데, 십이대보살, 십대제자, 사천왕상 등이 노사나불 주위를 에워싸고 있어 조금 더 복잡해진 모습이다. - 조선 현종 14년(1673)에 제작된 이 괘불은 노사나불을 단독으로 나타낸 독특한 형식의 그림으로, 적색과 녹색을 주로 사용하고, 공간을 오색의 광선으로 처리하여 화려하고 환상적인 느낌을 준다.

자료 : 문화재청(www.cha.go.kr/korea/heritage/search/Culresult)에서 인용 후 재구성

연습문제

01. 우리나라 3대 사찰에 속하지 않는 것은?

① 승보 – 송광사　　② 불보 – 통도사
③ 법보 – 해인사　　④ 삼보 – 불국사

02. 다음 설명에 해당하는 사찰 이름은?

> 국내사찰 중 규모가 가장 크며, 조선 초까지 진각 · 각엄 · 나옹 · 찬영 · 태고 · 환암 · 무학 등 15명의 국사를 배출한 곳으로 유명

① 범어사　　② 통도사
③ 송광사　　④ 불국사

03. 다음 (　　)에 들어갈 사찰의 이름은?

> '금강계단을 통하여 도를 얻는다'는 의미와 '진리를 깨달아 중생을 극락으로 이끈다'는 의미에서 (　　　)라고 하였음

① 범어사　　② 통도사
③ 조계사　　④ 수덕사

04. 다음 (　　)에 해당하는 사찰 이름은?

> (　　　)의 팔만대장경은 '유네스코 세계기록유산'으로, 장경판전은 '유네스코 세계문화유산'으로 각각 지정되어 한국문화의 우수성을 인정받게 됨

① 법주사　　② 부석사
③ 해인사　　④ 화엄사

05. 다음 설명에 해당하는 사찰 이름은?

> 우리나라에서 가장 오래된 목조건축인 무량수전과 조사당이 있고, 석가여래좌상, 삼층 석탑 등 많은 문화재를 보유

① 부석사 ② 월정사
③ 보경사 ④ 쌍계사

06. 다음 설명에 해당하는 사찰 이름은?

> 국보 36호로 우리나라에 현존하는 범종 가운데 가장 오래되고, 고유한 특색을 갖춤

① 월정사 동종 ② 에밀레종
③ 보신각종 ④ 상원사 동종

07. 다음 설명에 해당하는 건물은?

> 국보 55호로 근대 이전에 만들어진 목탑 중 유일하게 남아 있는 이 건축물은 높이 21m, 기둥이 5백61개가 있으며, 건물 안에는 석가여래의 역사인 팔상화첩을 사방 벽에 두 폭씩 봉안

① 부산 범어사 대웅전 ② 보은 법주사 팔상전
③ 서울 봉선사 대웅전 ④ 구례 화엄사 대웅전

08. 다음 설명에 해당하는 건물은?

> 국보49호로 지정되었으며, 영주 부석사의 무량수전과 더불어 우리나라에 현존하는 최고의 목조건물로, 건립연대가 분명하고 형태미가 뛰어나 한국 목조건축에서 중요한 문화재로 평가

① 예산 수덕사 대웅전 ② 평창 월정사 대웅전
③ 경주 불국사 대웅전 ④ 보은 법주사 대웅전

정답

01 ④, 02 ③, 03 ②, 04 ③, 05 ①, 06 ④, 07 ②, 08 ①

제7장

유적 · 유물

학습 포인트

- 제1절에서는 최근 문화유적지의 관광실태에 대해 학습한다.
- 제2절에서는 전국에 있는 유적지의 건립 및 역사적 배경, 중요문화재의 가치와 실태에 대해 학습한다.
- 연습문제는 전국 각 지역에 분포하고 있는 문화유적지에 대해 총체적으로 학습한 후에 풀어본다.

제1절 유적지 관광

1. 문화유적지 관광

유적지는 '옛사람이 남긴 건축물이나 무덤 따위가 있거나, 역사적 사건이 일어났던 장소'를 말한다. 우리나라 전국에 산재하고 있는 문화유적지는 유네스코 문화유산이나 국보 · 보물로 지정된 곳도 있고, 중요민속자료, 사적 · 명승 · 천연기념물, 중요무형문화재로 지정된 곳이 많이 있다.

그 밖에 광역시장 또는 도지사가 지정한 문화재로, 지방유형문화재, 지방민속자료, 지방기념물, 지방무형문화재로 지정된 것도 무수히 많다. 매년 국비나 지방비를 지원받아 보수정비사업을 꾸준히 추진하고 있다.

문화유적지는 전국 각지에 산재하고 있어, 누구나 쉽게 접할 수 있다. 또한 그 지역의 문화관광해설사로부터 유적지에 대한 해설을 들 수 있어, 최근 관광객들로부터 큰 호응을 얻고 있다.

서울시기념물10호로 지정된 ① 보신각에서는 매년 12월 31일 밤 12시를 기해 보신각종을 33번 치는 제야의 타종행사가 열린다. 대한민국의 가장 대표적인 새해맞이 행사로 널리 알려진 타종행사가 열릴 때마다 수많은 시민과 관광객들이 보신각 앞에 운집한다.

또한 서울시는 우리 고유의 명절인 설을 맞아 ② 설맞이 보신각 타종행사도 운영한다. 보신각 설맞이 타종행사는 고향에 방문하기 어려운 실향민, 중국동포, 다문화가족 등을 대상으로 설 합동차례를 지내기도 한다. 합동차례가 끝나면 차례에 참가한 모든 분들은 6명이 한 조가 되어 총 6개조를 구성하여 12번의 보신각종을 2회씩 나누어 타종하게 된다. 타종이 끝나면 기념촬영과 함께 서울특별시장 명의의 타종증서도 받게 된다.

한편, 경기도 고양시는 관내의 ③ 서오릉과 서삼릉 등 관광명소 10개소에

40여 명의 문화관광해설사를 배치해 관광객들에게 수준 높은 서비스를 제공하고 있다. 또한 적극인 관광객 유치로 방문객들의 만족도를 높이고 있다.

특히 문화관광해설사의 적극적인 활동 전개로 관내의 소중한 문화유산과 관광자원을 올바르게 알리기 위해, 관광객을 대상으로 고양시의 문화와 역사 스토리텔링 해설을 실시하고 있다. 현재 인터넷 등으로 문화관광해설사 해설 예약제를 실시하고 있다.

따라서 각 지역에 분포되어 있는 문화유적지는 자연과 역사 · 문화가 함께 공존하는 지역의 대표적인 관광지로서 관광객 및 주민들에게는 중요한 휴식처가 된다.

제2절 유적 · 유물

1. 서울권

1) 종묘

사적125호 종묘(서울 종로구 종로)는 조선시대의 역대 왕과 왕비, 그리고 추존된 왕비의 위패를 모시던 왕실의 사당이다. 1395년(태조 4) 2월에 사직단을 기공하여 동년 9월에 경복궁과 함께 준공하였다.

규모는 중앙 정면 7칸의 태실(太室)을 남향하여 세우고, 그 좌우에 7사(祀) 및 공신의 배향묘를 두었다. 1421년(세종 3)에는 신주를 모시기 위해 영녕전을 세웠으나, 임진왜란 때 소실되었다. 1608년(선조 41)에 다시 세운 것이 종로 3가에 남아 있다.

특히 종묘 정전(국보227호)은 조선시대 초 태조 이성계의 4대조(목조 · 익조 · 도조 · 환조) 신위를 모셨으나, 그 후 당시 재위하던 왕의 4대조(고조 · 증조 · 조부 · 부)와 조선시대 역대 왕 중 공이 많은 왕과 왕비의 신주를 모시고 제사 지내는 곳이 되었다.

종묘는 조선왕조의 역대 왕과 왕후의 위패를 모신 세계에서 가장 오래되고 권위 있는 유교적 전통 사당이다. 특히 종묘의 건축은 16세기 이후 현재까지 원형을 보존 · 유지하고 있어, 1995년 12월에 유네스코 세계문화유산으로 등재되었다.

2) 탑골공원

사적354호 탑골공원(서울 종로구 종로)은 원래 고려시대 때 '흥복사'라는 절이 있었던 곳이다. 1464년에 세조가 원각사로 이름을 바꾸고, 도성 안에서 가장 큰 사찰로 다시 지었지만, 조선시대(1392~1910)의 억불정책(抑佛政策 또는 排佛政策 : 조선왕조가 500년 내내 불교를 탄압한 정책)으로 인해 1504년에 폐사되었다.

그 후 1897년(고종)에 영국인 브라운의 건의로 서울 최초의 근대식 공원을 조성하게 되었다. 처음에는 동양의 불탑을 이르는 '파고다'라는 서양식 명칭을 따서 '파고다공원'이라 하였지만, 시민들은 탑동, 탑골의 지명을 따서 여전히 '탑동공원', '탑골공원'이라 불리고 있다.

탑골공원은 1919년 3 · 1운동의 발상지이다. 학생들이 처음으로 독립선언문을 낭독하고, 독립만세를 외친 후 시위행진을 벌였다. 1992년 5월에 명칭이 '탑골공원'으로 바뀌었다. 공원 내에는 팔각정, 원각사지 십층석탑(국보2호), 원각사비와 독립선언비(보물3호), 3 · 1운동 부조판, 손병희 선생 동상 등이 있다.

3) 보신각

보신각(서울 종로구 종로)에 있는 보신각종은 원래 원각사에 있던 종이다. 이 종은 세조 때 주조한 것인데, 1536년(중종 31)에 숭례문 안으로 옮겨 놓았다가, 1597년(선조 30) 광해군 때 종각을 복구한 후에 이전하였다. 지금의 종은 1469년에 주조한 것으로 높이 318㎝, 입지름 228㎝이며, 성덕대왕신종 다음으로 크다.

종은 파루에 33번, 인정에 28번 울려 도성의 문을 여닫고, 하루의 시각을 알리는 데 사용하였다. 그러나 오랜 세월 동안 많은 병화와 화재로 인하여 몸통에 균열이 생겨, 지금은 국립중앙박물관에 소장되어 있다.

현재 보신각에 걸려 있는 종은 국민의 성금에 의하여 새로 주조된 것이다. 매년 12월 31일 밤 12시를 기해 보신각종을 33번 치는 제야의 타종행사는 대한민국의 가장 대표적인 새해맞이 행사 중 하나이다.

그리고 보신각은 태조 4년에 창건된 이래 네 차례의 소실과 여덟 차례에 걸쳐 중건이 있었다. 고종 32년에 '보신각'이란 사액을 내린 데서 '보신각'이라 하였다. 현재의 종각은 서울시가 1979년 8월에 동서 5칸, 남북 5칸의 중층 누각으로 세운 것이다. 서울시기념물10호로 지정되었다.

4) 서울독립문

사적32호 서울독립문(서울 서대문구 현저동)은 1897년 조선왕조 말기 개화기에 건립된 건축물이다. 독립정신을 고취하기 위해 서재필과 독립협회가 주축이 되어 세웠다. 즉 조선이 청나라의 책봉체제에서 독립한 것을 상징하기 위해 영은문(중국 사신을 맞이하던 곳)을 헐어내고, 그 터에 지은 것이다.

이 문은 러시아 출신 사바틴이 프랑스 파리의 개선문을 모방해 설계한 것이라고 한다. 당시 명나라의 사신들을 맞이하기 위해 서대문 근처에 '영은문'을 건립하고, 근처에 사신을 맞이하는 '모화관'을 건립하였다. 여기서 '영은'은 '은혜로운 대국의 사신을 맞이한다'는 뜻이고, '모화'는 '중국을 흠모한다'는 뜻을 담고 있다.

5) 서울 암사동 유적

서울 암사동 유적(서울 강동구 올림픽로)은 약 6천 년 전 신석기시대 사람들이 살았던 집터 유적지로, 지금까지 우리나라에서 발굴된 신석기시대 최대의 집단 취락지이다. 1925년 한강 홍수 때 흔적이 드러나기 시작하였고, 1967년부터 1973년까지 본격적인 발굴작업을 벌였다. 신석기시대의 집터 5기와 석기가 출토되었다.

면적 78,793㎡의 넓은 선사공원 내에는 수렵과 채집으로 생활하며 취락을 형성했던 신석기시대 사람들의 움집을 복원해 놓았다. 특히 이곳에서는 3개의 문화층으로 구분되는 지층이 발견되었다. 상층에서는 백제의 옹관과 건물지, 중간층에서는 민무늬토기, 반달돌칼 등 1백여 개의 수혈 거주지가 출토되었다.

유적은 암사동 출토품 72점을 비롯하여 총 4백여 개에 이르며, 1988년부터 일반에 공개되었다. 현재는 큰 공원 안에 2개의 전시관과 움집 10동 등을 운영하고 있다. 1979년 7월 26일에 사적 제267호로 지정되었다.

6) 몽촌토성

몽촌토성(夢村土城)은 서울 올림픽공원 안에 있는 백제 초기의 토성이다. 가락동과 방이동 일대 자연 구릉지의 일부분을 이용하여 축조한 마름모꼴의 성곽을 말한다. 기름진 평야와 한강을 낀 지리적 여건으로 백제 한성시대의 중요한 토성 숭 하나로 꼽힌다.

'몽촌(夢村)'은 토성 내의 마을 이름에서 유래되었으며, 자연 구릉을 최대한 이용해서 축조하였다. 남북의 최장 길이는 5백40m이고, 총면적은 약 6만 7천 평이다. 약 8천 명에서 1만 명 정도의 인구를 수용할 수 있는 규모이다.

이곳에는 목책(木柵: 말뚝 같은 것을 일렬로 죽 늘어서게 박은 울)과 해자(垓字: 적의 침입을 막기 위해 성루 위를 둘러서 판 못)가 둘려 있고, 출토된 유물은 중국 도자기 및 와당 등이다.

토성 내의 백제몽촌역사관에는 백제 초기의 문학유적, 주거지, 고분 등의 모형과 몽촌토성, 석촌동고분 그리고 구의동에서 발굴된 유물들이 전시되어 있다. 1982년 7월 22일에 사적297호로 지정되었다.

2. 경기권

1) 수원화성

수원화성(경기 수원시 팔달구, 장안구)은 길이 5.4km의 성곽이다. 1963년 사적 3호로 지정되었으며, 1997년 유네스코 세계문화유산으로 등재되었다. 수원화성은 한국 성곽의 구성요소인 옹성 · 성문 · 암문 · 산대 · 체성 · 치성 · 적대 · 포대 · 봉수대 등 군사적 방어기능과 상업적 기능을 모두 갖춘 동양성곽의 백미라 할 수 있다.

수원화성은 정조의 효심과 강력한 왕도정치의 실현을 위해 계획된 곳이다. 1794년(조선 후기 정조)에 착공하여 1796년 9월에 준공하였다. 화강암이 아닌 벽돌로 쌓는 축성공사에는 정약용이 고안한 거중기가 사용되어 공사기간이 단축되었다.

수원화성은 1789년 10월에 정조가 자신의 부친 사도세자의 묘를 수원으로 옮긴 후에 축조한 성이다. 당시 장비는 거중기와 녹로 등 새로운 기재를 사용해서 만들었다. 군사적 방어기능과 상업적 기능을 갖춘 실용적인 구조로 되어 있다.

수원화성에는 동서남북으로 ① 동문(창룡문), ② 서문(화서문), ③ 남문(팔달문), ④ 북문(장안문) 등 4개의 성문이 있다. 수원화성의 중요문화재는 〈표 7-1〉과 같다.

〈표 7-1〉 수원화성의 중요문화재

문화재	내용
 수원 창룡문	수원성의 동쪽 문이다. 1795년(정조 19) 10월에 완공하였다. 창룡은 곧 청룡으로 풍수지리상 좌청룡이며 동쪽을 말한다. 성문을 보호하기 위한 옹성을 반달 모양으로 쌓았는데, 한쪽을 열어놓았다.

<table>
<tr><th>문화재</th><th>내용</th></tr>
<tr><td>
수원 화서문
(보물403호)</td><td>수원성의 서쪽 문이다. 네모반듯한 큰 돌을 높이 쌓아 만든 축대 위에 1층의 건물을 세웠는데, 규모는 앞면 3칸, 옆면 2칸으로 기둥 사이는 모두 개방되어 있다. 지붕의 옆면은 팔작지붕 건물이고, 축대의 가운데 무지개 모양의 홍예문과 문 앞쪽에 벽돌로 쌓은 반달모양의 옹성(방어효과)이 있다.</td></tr>
<tr><td>
수원 팔달문
(보물402호)</td><td>수원성의 남쪽 문이다. 문루는 앞면 5칸, 옆면 2칸의 2층 건물이며, 지붕의 앞면은 우진각지붕이다. 지붕 처마를 받치기 위해 기둥 윗부분에 짠 구조가 기둥과 기둥 사이에도 있는 다포양식으로 꾸몄다. 이 옹성은 1975년 복원공사 때 고증하여 본래의 모습으로 복원한 것이다. 수원성 안쪽에 있는 여러 건물 중 가장 크고 화려하다.</td></tr>
<tr><td>
수원 장안문</td><td>화성의 북문이자 정문이다. 보통 남문을 정문으로 삼으나, 화성은 임금을 가장 먼저 맞이하는 북문인 장안문이 정문이다. 잘 다듬은 화강암으로 쌓은 석축에 홍예문을 냈고, 그 위에 정면 5칸 측면 2칸의 다포 양식으로 이루어진 중층의 문루가 세워져 있다. 하나의 홍예문 위에 2층 누각을 올리고, 바깥쪽에 둥근 옹성을 갖추었다.</td></tr>
</table>

2) 조선왕릉

5백 년 이상 이어진 한 왕조의 왕릉이 거의 훼손 없이 남아 있는 예는 세계적으로 조선왕릉이 유일하다. 조선왕릉은 무려 42기나 된다. 42기의 왕릉 중 북한의 개성에 있는 제릉과 후릉을 제외한 40기가 일괄적으로 유네스코 세계문화유산에 등재되었다.

조선왕릉으로 등재된 왕릉은 구리의 ① 동구릉, 남양주의 ② 광릉, ③ 사릉, ④ 홍릉과 유릉이다. 왕릉은 조선시대의 국가통치 이념인 유교와 그 예법에 근거하여 시대에 따라 다양한 공간의 크기, 문인과 무인 공간의 구분, 석물의 배치, 기타 시설물의 배치 등이 특색이 있다.

특히 왕릉의 석물 중 문인석, 무인석의 규모와 조각양식 등은 예술성을 각각 달리하며, 시대별로 변하는 사상과 정치사를 반영하고 있어 역사의 흐름을 읽을 수 있는 뛰어난 문화유산이다. 조선왕릉의 중요문화재는 〈표 7-2〉와 같다.

〈표 7-2〉 조선왕릉의 중요문화재

문화재	내용
 동구릉 (사적193호)	구리시에 있는 동구릉은 1408년에 태조의 왕릉이 자리하고 있어 건원릉이라 하였다. 1855년(철종 6)에는 익종의 능인 수릉이 9번째로 조성되자 '동구릉'이라 부르게 되었다.
 광릉 (사적197호)	남양주시 주엽산 자락에 있는 광릉은 제7대 세조(1417~1468)와 정희왕후(1418~1483)의 능이다.
 사릉 (사적209호)	남양주시에 있는 사릉은 비운의 왕인 제6대 단종의 비 정순왕후 송씨(1440~1521)의 능이다. 사릉은 왕릉보다 궁과, 능에 필요한 나무를 기르는 양묘 사업소 묘포장으로 유명하다.
 홍릉과 유릉 (사적207호)	남양주시에 있는 홍릉은 조선 26대 고종과 그의 부인인 명성황후의 능이고, 유릉은 순종과 동비 순명효황후, 동계비 순정효황후의 능이다.

3) 남한산성

사적57호 남한산성(南漢山城 : 경기 성남시와 광주군의 경계)은 2014년 6월에 유네스코 세계문화유산으로 등재되었다. 이곳은 천혜의 요새를 이루고 있어 백제 초기에는 왕도가 자리하였다. 특히 병자호란의 한이 서린 산성으로 널리 알려져 있다.

그러나 병자호란 때 왕이 이곳으로 피난해 왔지만, 결국 45일 만에 굴욕의 항복을 하고 말았다. 청나라의 침입을 막기 위해 쌓은 이 성곽은 1624년에 인조가 총융사 이서로 하여금 성을 개축하게 하여, 1626년(인조 4)에 공사를 완공하였다.

정상에는 길이 4.5km의 산성이 있고, 4개의 문과 16개의 암문, 성가퀴 1천 8백97개, 옹성 · 성랑 · 1자 우물 등을 비롯해서 수어장대 · 청량대 · 숭렬전 · 연무관 등이 있다.

4) 참성단

사적136호 참성단(인천 강화군 화도면 마니산 산정에 있는 단)은 단군이 하늘에 제사를 올리던 제단으로 하부는 둥글게 하였고, 그 위에 네모난 단을 쌓아 올렸다. 아래 둥근 부분의 지름은 4.5m, 상단 네모의 1변 길이는 1.98m이다. 동서에 돌층계가 있으며, 단의 높이는 약 5.1m에 이른다.

고려 후기인 1270년(원종 11)에 보수하였고, 조선시대에 들어와 1639년(인조 17)에 다시 쌓았으며, 1700년(숙종 26)에도 보수를 하였다. 지금은 매년 개천절에 이곳에서 단군에게 제사를 지낸다.

전국체전 때마다 대회장에 타오르는 성화는 이 참성단에서 채화되어 대회장으로 봉송 점화되고 있다. 특히 88서울올림픽 대회의 성화도 이곳에서 채화되어 대회기간을 밝힌 바 있다.

5) 행주산성

사적56호 행주산성(경기 고양시 행주내동)은 해발 124.8m의 덕양산 능선을 따라 축조되어 있는 테뫼식 산성이다. 성벽은 해발 70~100m의 능선을 따라 부분적으로 흙으로 쌓았는데, 길이는 약 1km에 이른다.

성의 남쪽은 한강이 인접해 있고, 동남쪽으로는 창릉천이 산성을 돌아 한강으로 유입되고 있어 자연적인 해자(적의 침입을 막기 위해 성 주위를 둘러서 판 못)가 조성되어 있다.

임진왜란 당시 2천3백 명의 의병과 승병이 왜군 3만여 명을 크게 물리친 곳으로 임진왜란 3대첩(한산도대첩 · 행주대첩 · 진주성전투)의 하나로 꼽히고 있다.

이 싸움에서는 우리나라 전쟁의 역사에 처음으로 재주머니 던지기라는 전법이 쓰였다. 아낙네들은 긴 치마를 잘라 덧치마를 만들어 입고는 치마폭에 돌을 주워 담아 싸움을 거들었는데, 행주치마라는 이름은 바로 여기에서 비롯되었다.

행주산은 성 안에서 백제시대의 기와 조각과 토기들이 많이 출토되어 백제 때 처음 쌓은 것으로 추정된다. 최근 자유로가 개통되고 신행주대교가 완공되면서 교통이 훨씬 편리해져 휴일이면 이곳을 찾는 사람들이 많아졌다.

6) 서오릉

사적198호 서오릉(경기 고양시 덕양구 용두동)은 동구릉 다음으로 큰 능으로 ① 경릉, ② 창릉, ③ 익릉, ④ 명릉, ⑤ 홍릉을 일컫는다.

1457년에 세자를 경릉에 안장하고, 1470년에는 창릉에 예종과 안순왕후를, 1681년에는 익릉에 인경왕후를, 1721년에는 명릉에 숙종과 인현왕후와 인원왕후를, 그리고 1757년에는 홍릉에 정성왕후를 안장하였다.

첫째, 경릉은 왕릉의 일반 형식과는 다르게 호위에 해당하는 조각이 없지만, 왕비릉으로서의 구색은 갖추었고, 둘째, 창릉은 상석을 받친 석족에 문고리 모양을 조각한 북 모양이며, 석주양식은 고려 능의 양식을 반영하였다. 셋째, 명릉은 석물의 치수가 실물에 가까우며 부장품의 수도 줄어들었다. 넷째, 익릉은 '국조오례의' 제도와 임진왜란 이후의 양식을 따른 것도 있다. 다섯째, 홍릉은 명릉보다 20일 늦게 조성되어 양식은 거의 비슷하다.

7) 서삼릉

사적200호 서삼릉(경기 고양시 덕양구 원당동)은 조선시대 왕가의 묘역으로 ① 희릉, ② 예릉, ③ 효릉의 3능을 일컫는다. 이곳은 자연 그대로의 산세를 살려 조성되어 산책로로도 일품이다.

첫째, 희릉은 중종의 계비 장경왕후의 능이다. 왕후가 승하하자 처음에는 능터를 광주 헌릉 구역 내에 택정하였으나, 이를 둘러싼 권력다툼이 일어나자 새롭게 길지를 찾아 현재의 위치에 모시게 되었다.

둘째, 예릉은 철종과 철인왕후 안동김씨의 능이다. 양 능을 나란히 놓아 난간으로 연결된 쌍릉제도를 취하고 있다. 팔각장명등과 사각장명등의 운족양식을 합하여 새로운 양식으로 조성하였다.

셋째, 효릉은 중종의 아들 인종과 그 비 인성왕후 박씨의 능이다. 효릉은 왕릉과 왕비릉을 난간으로 연결한 쌍릉의 제도로 썼으며, 왕릉에는 양우석에 운채와 면석에 십이지신상이 새겨진 병석을 돌렸다.

8) 화석정

화석정(花石亭 : 경기 파주시 파평면 율곡리)은 조선시대의 누정으로 경기도유형문화재61호로 지정되었다. 정면 3칸, 측면 2칸 규모의 초이공(初翼工) 겹처마 팔작지붕 건물이다. 이곳은 원래 고려 말기의 문신 길재의 유지(遺址)였던 자리였다.

443년(세종 25)에 이명신이 건립하였고, 1478년(성종 9)에 이숙함이 화석정이라 붙였으며, 그 후 이명신의 증손인 이이(李珥)가 중수해 여생을 보내면서 시와 학문을 논했다고 전해진다.

화석정은 임진왜란과 한국전쟁 때 다시 소실된 것을 1966년 파주의 유림에서 성금을 모아 복원하였다. 1973년 정부가 실시한 율곡 선생 및 신사임당 유적 정화사업의 일환으로 화석정이 단청되고 주위도 정화되었다.

정자는 장단(長湍) 쪽을 향하고 있는데, 바로 밑을 흐르는 임진강을 굽어볼 수 있다. 난간에 기대어 바라보면 서울의 삼각산과 개성의 오관산(五冠山)이 멀리 보인다. 정자 안에는 이이가 8세 때 지었다는 '팔세부지'라는 시가 걸려 있다. '화석정중건상량문'을 비롯하여 여러 개의 현판이 있다.

9) 고달사지

고달사지(경기 여주군 북내면 상교리)는 신라시대의 절터이다. 당시 2천여 평에 달하는 들과 야산에 한때 대가람으로 왕실의 비호를 받았으나, 지금은 고달사의 터가 남아 있다.

고달사는 764년(신라 경덕왕 23)에 창건되었고, 950년(고려 광종 1)에 원감국사가 중건하였다. 1233년(고려 고종 20) 혜진대사가 주지로 취임했으며, 1260년(고려 원종1) 절을 크게 확장하고 중건하였다.

중요문화재는 ① 고달사지부도(국보4호), ② 고달사원종대사혜진탑비 귀부 및 이수(보물6호), ③ 고달사원종대사혜진탑(보물7호), ④ 고달사지석불좌(보물8호)가 절터에 남아 있다. 1993년 7월 23일에 사적382호로 지정되었다. 고달사지의 중요문화재는 본서 제3장의 「1. 국보(국보 제1호~제10호), 2. 보물」에 서술하였다.

3. 강원권

1) 청간정

청간정(강원도 고성군 토성면 청간리)의 창건연대는 알 수 없으나, 1520년(중종 15) 간성군수 최청이 중수한 기록으로 보아 그 이전에 건립된 것으로 추측된다. 그 뒤 1884년(고종 21) 갑신정변 때 전소된 것을 그대로 방치하였다가, 1928년에 재건하였다.

속초시에서 북쪽으로 약 7km쯤 떨어진 곳에 위치한 청간정은 관동8경의 하나로 설악산 골짜기에서 흘러내리는 청간천과 동해바다가 인접된 절벽 위에 자리 잡고 있다. 정자에 오르면 동해의 푸른 바다가 한눈에 들어온다.

청간정은 정면 3칸, 측면 2칸의 팔작지붕 누각으로, 그 옛날 시인 묵객들이 찾아와 풍류를 논했던 곳이다. 특히 청간정에서 바라보는 해돋이와 달 뜨는 저녁의 정경은 관동8경*의 하나로 가히 절경이라 할 수 있다. 1971년 12월 16일 강원도 유형문화재32호로 지정되었다.

2) 낙산사

낙산사(洛山寺 : 강원 양양군 오봉산)는 관동8경의 하나이다. 671년(신라 문무왕 11년)에 창건된 이후 여러 차례 중건, 복원과 화재가 반복되었다. 671년 의상이 '관음보살'의 전신이 이 해변의 굴 안에 머문다는 말을 듣고 굴속에 들어가 예불하던 중 관음보살이 수정으로 만든 염주를 주면서 절 지을 곳을 알려주어 이곳에 사찰을 창건하고 '낙산사'라 하였다.

중요문화재는 ① 양양 낙산사 칠층석탑(보물499호), ② 양양 낙산사 건칠관음보살좌상(보물1362호), ③ 해수관음공중사리탑과 탑비 및 사리 장엄구 일괄(보물1723호), ④ 양양 낙산사 일원(사적495호), ⑤ 양양 낙산사 의상대와 홍련암(명승27호), ⑥ 의상대(강원 유형문화재48호), ⑦ 홍련암(명승27호) 등이 있다.

3) 의상대

의상대(義湘臺 : 강원 양양군 강현면 전진리)는 동해안에 있는 정자로, 강원 유형문화재48호이다. 낙산사에서 홍련암의 관음굴로 가는 해안 언덕에 자리 잡고 있다. 신라의 고승 의상대사가 낙산사를 창건할 때 좌선하였던 곳이다. 1925년 8각형 정자를 짓고 '의상대'라 명명하였다.

676년(신라 문무왕 16)에 낙산사를 지은 의상대사를 기념하기 위해 1925년에

***관동8경** : ① 통천의 총석정(叢石亭), ② 고성의 삼일포(三日浦), ③ 간성의 청간정(淸澗亭), ④ 양양의 낙산사(洛山寺), ⑤ 강릉의 경포대(鏡浦臺), ⑥ 삼척의 죽서루(竹西樓), ⑦ 울진의 망양정(望洋亭), ⑧ 평해의 월송정(越松亭)

만든 정자이다. 원래 이곳은 의상이 낙산사를 지을 당시 머무르면서 참선하였던 곳으로 예부터 의상대라 불렀다고 한다.

6각으로 만들어진 아담한 크기의 의상대는 낙산사에서 홍련암의 관음굴로 가는 길 해안 언덕에 있어 좋은 전망대 역할을 하고 있다. 난간을 비스듬하게 세운 것은 하나의 특징이라 할 수 있다.

4) 오죽헌

오죽헌(강원도 강릉시 죽헌동)은 경포대에서 약 4km 남짓 떨어진 곳으로 조선시대의 99칸 한옥이 그대로 보존되어 있다. 오죽헌은 1536년(조선 중종 31) 유학자 이이가 태어난 유서 깊은 곳으로 강릉의 대표적 문화재로서, 보물165호로 지정된 조선 초기의 목조건물이다.

오죽헌은 원래 1452년(문종 2)에 등제하여 대사헌을 지낸 최응현의 집이었다고 하며, 주위에 오죽이 무상해 '오죽헌'이라 불렀다고 한다. 1976년에 오죽헌 정화사업으로 새로운 성지가 되었으며, 문성사, 율곡기념관, 자경문, 사주문 등을 만들고 율곡 선생이 태어난 몽룡실(夢龍室)과 사임당의 본가협문 등을 보수하였다.

평면구조는 앞면 3칸, 옆면 2칸으로 된 일자집이며, 대청 · 온돌방 · 툇마루로 이루어져 있다. 또한 경내에는 오죽, 목백일홍, 은행나무, 느티나무 등 관상수를 심어 말끔히 단장하였다. 기념관 내에는 율곡의 저서인 『격몽요결』과 벼루를 비롯해 신사임당의 유품인 초충도, 글씨 등 30점이 소장되어 있다.

5) 경포대

경포대(강원도 강릉시 저동)는 정면 5칸, 측면 5칸의 팔작지붕의 누각이다. 관동8경 중 으뜸으로 경포호의 가장자리 언덕 위에 있다. 1326년(충숙왕 13)에 창건되었으며, 1508년(중종 3)에 강릉부사 한급이 지금의 자리에 옮겨 지은 것으로 전해진다.

1626년(인조 4)에는 강릉부사 이명준에 의하여 크게 중수되었다. 인조 때 우의정 장유가 지은 「중수기(重修記)」에는 "태조와 세조가 친히 경포대에 올라 사면의 경치에 찬사를 아끼지 않았으며, 임진왜란으로 허물어진 것을 다시 지었다"고 쓰여 있다.

지금의 경포대는 1745년(영조 21)에 부사 조하망이 세웠다는 설과 1873년(고종 10)에 강릉부사 이직현이 중건한 것이라는 설도 있다. 1971년 12월 16일에 강원도 유형문화재6호로 지정되었다.

6) 죽서루

죽서루(강원도 삼척시 성내동)는 보물213호로 지정되었다. 관동8경의 제1루로서 1275년(고려 충열왕 원년)에 간관 이승휴가 창시하고, 1403년에 김효순이 중건하였다. 일설에 의하면 "누의 동편에 죽 장사가 있고, 명기 죽선녀가 노닐던 집이 동편에 있었다"고 하여 '죽서루'라는 이름을 붙였다고 한다.

이 건조물의 특징은 지하층의 기둥이 17개로 되어 있는 것이다. 그중의 8좌는 돌을 다듬어 주춧돌을 앉히고 세웠으며, 나머지 9좌는 자연석인 암초에 기둥을 세웠다. 2층을 보면 20개의 기둥을 올렸으니 가히 신기하다 할 뿐이다.

죽서루에는 숙종과 정조가 내린 상찬의 시와 이율곡 등 많은 명사들의 시가 걸려 있다. 남쪽 본루의 별관으로 연근당이 있었으나, 지금은 초석만 드문드문 보일 뿐이다. 누대 밑의 절벽에는 역사굴이 있으며, 누대에 올라 아래를 내려다보면 아찔하도록 깊은 낭떠러지 밑으로 오십천의 힘찬 물결이 소를 이루며 감돌고 있다.

4. 충청권

1) 온달산성

사적264호 온달산성(溫達山城 : 충북 단양군 영춘면)은 삼국시대의 성곽으로 길이 1.5km, 높이 7.5m, 너비 4m에 이른다. 이 산성은 화강석의 자연석으로 석탑을 쌓아 올린 것같이 견고하여, 고구려 때 온달이 신라의 침입을 막고자 배수진을 친 듯하다.

축성 연대는 삼국시대로 추측되고 있으며, 성벽의 구조는 주로 내외협축(內外夾築)의 형식으로 축조되었다. 과거에는 동문과 남문, 북쪽은 수구(水口), 그리고 북쪽과 서쪽에는 망루가 있었다. 산성 주변에는 온달 장군 및 평강 공주와 관련된 많은 전설이 전해지고 있다.

2) 탄금대

명승42호 탄금대(충북 충주시 탄금대안길)는 552년(신라 진흥왕 때)에 가야국에서 망명해 온 악성(樂聖) 우륵 선생이 망국의 한을 달래며, 가야금을 연주했던 곳이라 해서 '탄금대(彈琴臺)'라 불리었다.

551년 당시 우륵(가야국의 음악가)은 나라가 망할 위기에 처하자 그의 유일한 재산인 가야금을 가지고 망명길에 올랐다. 신라로 망명한 후에도 활발한 예술활동을 펼쳐 이름을 드높였지만, 설움이 되살아날 때마다 탄금대에 올라 가야금을 타며 나라 잃은 아픔을 달래곤 하였다.

이곳에는 우륵 선생 추모비, 탄금정, 신립장군 전적비, 탄금대비, 열두대, 충혼탑, 아동문학가 권태응의 노래비 등이 있다. 남한강과 달천이 합류하는 지점에 자리한 나지막한 산은 풍광이 매우 아름답다.

3) 공주 공산성

사적12호 공주 공산성(충남 공주시 산성동)은 둘레 2천2백m로 웅진성 · 쌍수산성으로 불리기도 하였다. 특히 백제시대의 기와, 토기 조각, 그리고 고려와 조선시대의 유물이 발견된 공주 역사 · 문화의 1번지이다. 이 산성은 백제의 대표적인 성곽으로, 표고 1백10m의 구릉 위에 석축과 흙으로 계곡이 둘러싸인 포곡형 산성이다.

475년(백제 문주왕)에 웅진(지금의 공주)으로 천도하여 538년(성왕 16)에 사비로 옮길 때까지 64년간 백제의 도읍을 지킨 산성이다. 축성시기는 동성왕 때로 짐작되며, 축조된 이래 여러 차례의 개축이 있었다.

사방 경계가 더할 나위 없는 천연요새인 공산성은 원래는 토성으로 만들어졌으나, 조선 선조와 인조 때 지금과 같은 석성으로 개축되었다. 성 안에는 전망대, 진남루, 공북루, 쌍수정, 영은사, 수구문, 장대지 등의 방어시설이 있다. 경관이 가장 으뜸인 곳은 공복루이다. 발 아래로 금강이 유유히 흐르고, 강 너머로는 하얀 백사장이 끝없이 펼쳐진다.

특히 '백제역사유적지구'는 총 8개의 유적을 포함한 연속유산으로 공주시에 ① 공산성, ② 송산리고분군 2곳, 부여군에 ① 관북리유적과 부소산성, ② 능산리고분군, ③ 정림사지, ④ 부여나성 4곳, 익산시에 ① 왕궁리유적, ② 미륵사지 2곳이 2015년 7월에 유네스코 세계문화유산으로 등재되었다.

4) 송산리고분군

송산리고분군은 '백제역사유적지구'로서 2015년 7월에 유네스코 세계문화유산으로 등재되었다. 송산리고분군은 충남 공주시 송산리에 위치한 백제의 왕릉으로 추정되는 고분들이다. 현재 1~7호분이 복원되어 있으며, 이 중 7호분은 무령왕릉으로 널리 알려져 있다.

무령왕릉(충남 공주시 금성동)은 1963년 1월 21일 사적13호로 지정된 송산리고분군에 포함되어 있다. 송산리고분군은 백제의 돌방무덤이 주종을 이루는데, 이 고분군에는 당시 중국 남조의 벽돌무덤 양식을 모방하여 축조한 벽돌무덤으로서 무령왕릉과 함께 제6호 벽돌무덤이 있다.

특히 무령왕릉은 잘 구워진 벽돌로 조영된 왕릉으로서, 그 치밀함이 백제의 수준 높은 과학과 수리학의 수준을 엿볼 수 있고, 아름다움은 세계적인 수준으로 평가되고 있다. 또한 무덤에서 무덤의 주인공을 알려주는 묘지석(墓誌石)이 발견됨으로써, 백제25대 무령왕(재위 501~523)의 무덤이라는 사실이 밝혀졌다.

5) 관북리유적과 부소산성

관북리유적과 부소산성은 '백제역사유적지구'로서 2015년 7월에 유네스코 세계문화유산으로 등재되었다.

① 관북리유적(부여 부여읍 관북리)은 왕궁지로 알려져 있으며, 1983년 9월에 충청남도 기념물43호 전백제왕궁지로 지정되었다.

1983년도에는 방형석축연지가 발견되었고, 1988년에는 토기 구연부에 북사(北舍)라는 명문이 발견되었다. 1992년 조사에서는 백제시대의 도로유적과 배수시설이 드러났다. 백제시대 마지막 도읍이었던 사비도성의 일부 유적이 밝혀진 것은 매우 중요한 학술적 의미를 지닌다.

② 부소산성은 둘레 2천2백m, 면적 약 74만㎡로 부여 백마강에 접해 있는 부소산의 산정과 그 주위에 축조한 복합식 산성을 말한다. 123년 동안 백제를 수호한 산성으로 성왕의 천도를 전후해 쌓은 것으로 보인다. 1915년 성 안에는 불에 탄 쌀이 발견된 군창 자리와 백제식 가람의 방형 건물터가 있고, 영일루와 반월루가 있다. 그리고 백마강 변의 깎아지른 듯한 벼랑에 낙화암과 고란사가 있고, 암벽 위에는 6각형의 백화정이, 맞은편에는 사비루가 있다.

6) 능산리고분군

사적14호 능산리고분군은 '백제역사유적지구'로서 2015년 7월에 유네스코 세계문화유산으로 등재되었다. 부여읍에서 동쪽으로 약 3㎞가량 떨어져 있으며, 사비성의 나성 동편에 있다. 현재 모두 8기의 고분이 있다. 백제시대의 왕릉으로 전해지고 있는 능산리고분군은 고분 현실의 구조와 장식에서는 고구려 말기의 고분과 같이 남조문화의 영향을 받은 듯하다. 고분군 입구에 백제고분 모형전시관을 세워 백제시대 고분의 변천과 묘제를 한눈에 볼 수 있다.

동상총은 원형봉토를 갖추었고, 봉토 자락에는 둘레돌이 있다. 매장주체시설은 널길이 널방의 남벽 중앙에 딸린 굴식 돌방무덤이고, 동하총은 부여지방에서 유일한 벽화고분이다.

널방 네 벽에는 사신도가 남아 있으며, 천장에는 연꽃무늬를 교차시켜 배치하고 그 사이에는 비운무늬를 그려 넣었다. 특히 중하총은 규모가 가장 크다. 중상총과 7호분에서 금동제식금구가 출토되었다. 능산리형돌방무덤은 부여와 충청도 · 전라도 지역에도 분포되어 있다.

7) 정림사지

사적301호 정림사지(충남 부여군 부여읍 동남리)는 '백제역사유적지구'로서 2015년 7월에 유네스코 세계문화유산으로 등재되었다. 1028년(현종 19)에 중건된 것으로, 1942년에 강당지에서 "太平八年戊辰定林寺大藏當草"라는 명문이 새겨진 기와가 발견되었다.

1979~84년 발굴조사에서 절터가 중문 · 석탑 · 금당 · 강당의 남북선상에 일렬로 배치되고, 그 주위는 회랑을 두른 전형적인 백제식 '남북일탑식'의 가람배치라는 것이 확인되었다. 그리고 회랑지에서는 다량의 기와편, 납석제삼존불상, 소조불 등이 발견되었다. 절터에는 중요문화재 ① 부여 정림사지5층석탑(국보9호)과 ② 부여 정림사지석불좌상(보물108호)이 남아 있다.

8) 부여나성

사적58호 부여나성(扶餘羅城 : 충남 부여군 부여읍)은 '백제역사유적지구'로서 2015년 7월에 유네스코 세계문화유산으로 등재되었다. 축성 연대는 성왕(523~554 재위) 때를 전후한 시기로 추정되며, 흙으로 쌓았기 때문에 무너진 곳이 많다.

나성은 황토질 흙으로 토축한 산성으로 백제 수도 사비의 외곽을 둘러싸고 있다. 성벽은 동문 터 북쪽지점에서 동쪽으로 약 5백m 지점에 있는 청산성을 거쳐, 다시 남쪽으로 구부러져 석목리, 동문다리, 필서봉 꼭대기를 지나 염창리 뒷산에서 금강 변까지 이어졌던 것으로 전해진다. 그러나 지금은 청산성 동쪽으로 약 20m 정도와 석목리에서 동문다리까지, 그리고 필서봉에서 염창리까지 약간의 흔적만 남아 있다.

9) 서산 용현리 마애여래삼존상

서산 용현리 마애여래삼존상(충남 서산시 운산면 마애삼존불길)은 국보84호로 지정되었다. 높이는 본존상 2백80㎝, 보살입상 1백70㎝, 반가상 1백66㎝이다. 인간의 상상력을 충분히 자극해 부처의 본모습을 형상화한 걸작이다.

중앙의 본존상을 중심으로 오른쪽에 보주를 든 보살입상이, 왼쪽에 반가사유상이 협시하고 있는 삼존형식이다. 찬란한 백제의 문화예술을 대표하는 마애삼존불은 빛이 드는 각도에 따라 표정이 달라지는 정교한 조각이 일품이다. 7세기 초에 조성된 것으로 추정된다. 본존상은 시무외 · 여원인의 입상으로 머리는 소발이고, 얼굴은 네모나며 눈을 크게 뜨고 밝게 웃고 있어, 마치 인자하면서도 어린아이 같은 순수함이 얼굴 가득 묻어난다.

5. 경상권

1) 경주역사유적지구

경주역사유적지구(경북 경주시 태종로 일대)는 찬란했던 신라시대(57~935)의 고도 경주의 역사와 문화를 담고 있는 유적지구이다. '경주역사유적지구'는 2000년 11월에 유네스코 세계문화유산으로 등재되었으며, 총 52개의 지정문화재가 포함되어 있다.

유적의 성격에 따라 5개의 역사유적지구로 나뉜다. ① 월성지구(月城地區)에는 경주 첨성대(국보31호), 임해전지(사적18호), 계림(사적19호) 등이 있고, ② 남산지구(南山地區)에는 신라 불교미술의 야외박물관으로서 경주 남산 불곡 마애여래좌상(보물198호), 경주 남산 칠불암마애석불(보물200호), 경주 남산 탑곡 마애불상군(보물201호), 천룡사지 삼층석탑(보물1188호), 포석정(사적1호) 등 37개의 불교유적이 있다. ③ 대릉원지구(大陵苑地區)는 신라왕과 왕비, 귀족들의 고분군 분포지역으로 노동리(사적38호), 노서리 고분군(사적39호), 황남리 고분군(사적40호), 오릉(사적172호), 재매정(사적162호) 등이 있다. ④ 황룡사지구(黃龍寺地區)에는 경주 분황사 모전석탑(국보30호), 명활산성(사적47호), 황룡사지(사적246호) 등이 있다. ⑤ 산성지구(山城地區)에는 400년 전에 쌓은 것으로 추정되는 명활산성(사적47호)이 있다. 경주역사유적지구의 중요문화재는 〈표 7-3〉과 같다.

〈표 7-3〉 경주역사유적지구의 중요문화재

지구	문화재	내용
월성지구	경주 첨성대 (국보31호)	높이는 약 950㎝이며, 천문관측대로서 세계에서 가장 오래된 석조유구이다. 첨성대는 지진 · 일식 · 월식 등을 관찰 기록하고 예언하거나, 혹은 별의 이동을 관찰하여 길흉을 판단하는 일과 농사에 도움이 되는 농업기상관측을 했던 것으로 보인다. 구조는 기단부 · 원주부 · 정자형 두부로 나뉜다. 석재는 화강암으로 총석재수는 365개 내외이다.
남산지구	경주 남산 불곡 마애여래좌상 (보물198호)	경주 남산 동쪽 기슭 부처 골짜기의 한 바위에 깊이가 1m나 되는 석굴을 파고 만든 여래좌상이다. 불상의 머리는 두건을 덮어쓴 것 같은데 이것은 귀 부분까지 덮고 있다. 얼굴은 둥그렇고 약간 숙여져 있으며, 전체적으로 자세가 아름답고 여성적이다. 삼국시대 후기에 만들어진 것으로 보인다.
	경주 남산 칠불암마애석불 (보물200호)	남산 동쪽과 북쪽으로 높이 4m가량 되는 돌 축대를 쌓아 불단을 만들고 이 위에 사방불(四方佛)을 모셨으며, 1.74m의 간격을 두고 뒤쪽의 병풍바위에는 삼존불(三尊佛)을 새겼다. 삼존불은 중앙에 여래좌상을 두고 좌우에는 협시보살입상을 배치하였다. 화려한 연꽃 위에 앉아 있는 본존불은 미소가 가득 담긴 양감 있는 얼굴과 풍만하고 당당한 자세를 통해 자비로운 부처님의 힘을 드러내고 있다.

지구	문화재	내용
	경주 남산 탑곡 마애불상군 (보물201호)	이 일대는 통일신라시대 '신인사'라는 절이 있었던 곳으로, 높이 9m의 사각형 바위에 여러 불상의 화려한 조각을 회화적으로 묘사하였다. 남쪽 바위 면에는 삼존과 독립된 보살상이 배치되어 있고, 동쪽 바위 면에도 불상과 보살, 승려, 그리고 비천상(飛天像)을 표현해 놓았다.
황룡사지구	경주 분황사 모전석탑 (국보30호)	분황사 창건 당시에 세워졌으며 안산암을 벽돌 모양으로 다듬어 쌓은 모전석탑이다. 원래는 9층이었던 것으로 추정되나 현재는 3층뿐이다. 높이는 9.3m이며, 634년 분황사의 창건과 함께 건립되었다. 네 모퉁이에는 사자상 한 마리씩을 배치하였고, 탑신 4면의 감실 입구에는 8구의 인왕을 배치하였다.

2) 안동 하회마을과 경주 양동마을

안동 하회마을과 경주 양동마을은 아주 오래된 유산으로, 가장 특징적인 사례의 건축양식으로서 중요한 문화 · 예술 · 사회 · 과학 · 기술 등 산업의 발전을 대표하는 양식을 충족하여 2010년 8월에 유네스코 세계문화유산에 등재되었다.

① 하회마을(경북 안동시 풍천면 하회리)은 민속마을로, 흔히 하회마을을 연꽃이 물 위에 떠 있는 '연화부수형'이라고 한다. 하회는 낙동강이 마을을 감싸 안고 흐르기 때문에 외부와 연결된 길은 북쪽의 화산을 통해 들어오는 길뿐이다. 이처럼 고립된 형태로 인하여 전란의 피해를 입지 않았으며, 고택이 원형 그대로 보존되었다.

하회를 대표하는 가옥 양진당은 남향, 충효당은 서향, 북촌댁은 동향이다. 또한 북향인 집도 많고 길이나 담장의 방향 또한 제각각이다. 이러한 지형의 특징으로 인해 마을의 중심부에는 풍산 류씨를 중심으로 한 양반 가옥과 이들을 따라 들어온 각 성씨(姓氏)들의 초가집 등 생활방식이 자리 잡아 2개의 문화가 병존하게 되었다.

② 양동마을(경북 경주시 강동면 양동리)은 우리나라 최대 규모의 집성마을로

경주 손씨와 여강 이씨 양 집안에 의해 형성되었다. 서백당, 낙선당, 시호당 고택, 상추헌 고택, 근암 고택, 두곡 고택 등 전형적인 양반 가옥들이 유교적 법도에 따라 집단을 이루어 잘 보존되어 있다.

대표적인 양반 마을답게 종가와 양반의 고택이 높은 지대에 자리하고 있다. 낮은 지대에는 농민과 하인들의 초가 160여 가구가 양반 가옥들을 에워싸고 있다. 유교의 질서의식이 마을의 전체적인 구조와 생활방식에 일관되게 반영되어 있다. 이곳에는 동강서원, 옥산서원 등이 옛 모습 그대로 간직되어 있다.

3) 안동 고산서원

안동 고산서원(安東高山書院 : 경북 안동시 남후면 광음리)은 18세기 유학자인 대산 이상정 선생을 추모하기 위해 1789년(정조 13)에 지방유림의 공의로 건립하였다.

1868년(고종 5)에 대원군의 서원철폐령으로 훼철된 뒤에는 향사만 지내왔다. 1977년에는 정사와 백승각을 보수하고, 1984년과 1985년에 강당 · 묘우 · 동재 등을 중수하였다. 1985년에는 유림의 공의로 이광정을 추가 배향하였다.

경내에는 3칸의 묘우, 신문, 10칸의 강당, 3칸의 전사청, 9칸의 백승각, 9칸의 동재, 3칸의 정시, 정문인 향도문, 14칸의 주사 등이 있다. 묘우에는 이상정과 이광정의 위패가 봉안되어 있다. 매년 3월 초정(初丁 : 첫 번째 丁日)과 9월 초정에 향사를 지내고 있으며, 제품은 4변(籩) 4두(豆)이다.

4) 안동 도산서원

안동 도산서원(安東陶山書院 : 경북 안동시 도산면 토계리)은 영남학파와 한국유학을 대표하는 퇴계 이황 선생의 학문과 덕행을 기리기 위해 건립한 서원이다. 이황 사망 4년 후인 1576년에 건립되었고, 영남학파의 선구자인 이언적을 모신 경주 옥산서원과 함께 한국의 양대 서원으로 꼽힌다.

이황은 1501년(연산군 7) 11월 경북 안동시 도산면 온혜리(현 노송정 종택 태실)

에서 출생하였다. 이곳은 그의 생가로서 태실이 모셔져 있다. 1575년에 선조가 당대의 명필 한석봉으로 하여금 쓰게 한 편액을 하사함으로써 영남 유림의 본산이 되었다. 1969년에 사적170호로 지정되었다.

주요 문화재는 ① 안동 도산서원 전교당(보물210호), ② 안동 도산서원 상덕사 및 삼문(보물211호), ③ 강세황필 도산서원도(보물522호) 등이 있다. 안동 도산서원의 중요문화재는 〈표 7-4〉와 같다.

〈표 7-4〉 안동 도산서원의 중요문화재

문화재	내용
안동 도산서원 전교당 (보물210호)	유생들이 자기 수양과 자제들을 교육하는 강당이다. 전교당의 앞마당 좌우에는 기숙사 동재와 서재가 있다. 1574년(선조 7)에 지었고, 1969년에 수리를 하였다. 팔작지붕과 온돌방, 대청마루로 이루어져 있고, 현판 글씨는 한석봉이 선조의 앞에서 쓴 글씨라고 전해진다.
안동 도산서원 상덕사 및 삼문 (보물211호)	도산서원 뒤쪽에 있는 상덕사는 이황 선생의 신주를 모신 사당이다. 1574년(조선 선조 7)에 지었고, 지금의 건물은 1969년에 수리한 것이다. 규모는 앞면 3칸, 옆면 2칸이며 지붕은 옆면에서 볼 때 여덟 팔(八)자 모양인 팔작지붕이다.
강세황필 도산서원도 (보물522호)	강세황필 도산서원도는 조선 후기의 문인 화가 강세황(1712~1791)이 도산서원의 실경을 그린 것으로, 크기는 가로 138.5㎝, 세로 57.7㎝이다. 현재는 국립중앙박물관에 소장하고 있다.

5) 옥산서원

사적154호 옥산서원(玉山書院 : 경북 경주시 안강읍 옥산서원길)은 1572년(선조 5) 경주부윤 이재민이 조선 중종 때의 성리학자인 이언직을 배향하기 위해 건립한 서원이다. 1574년에는 사액서원이 되었으며, 1871년 대원군이 서원을 철폐할 때 훼철되지 않고 존속된 47개의 서원 중 하나이다.

주변의 화개산, 자옥산, 무학산, 도덕산 등 4개의 명산으로 둘러싸인 명당으로서 경치가 수려하다. 서원에는 이언적의 친필과 저서를 비롯하여 역대 명인들의 글씨 등 약 4천여 점이 소장되어 있다.

주요 건물은 정문인 역락문, 이언적의 위패를 봉안한 체인묘, 서원 내의 여러 행사 때 사용하는 구인당, 제기를 보관하는 제기실, 유생들이 거처하면서 학문을 닦는 민구재 · 은수재, 유생들의 휴식공간인 무변루, 이언적의 신도비를 모신 신도비각, 내사전적과 이언적의 문집 및 판본을 보관하던 경각 · 판각 등이 있다.

서원에서 조금 떨어진 곳에는 이언적이 퇴거하여 거처한 ① 경주 독락당(보물413호)이 있고, 서원 내에는 ② 여주이씨 옥산문중 전적-사마방목(보물524호), ③ 삼국사기(보물525호), ④ 여주이씨 옥산문중 유묵-해동명적(보물526호), ⑤ 이언적 수고본 일괄(보물586호)이 있다. 옥산서원의 중요문화재는 〈표 7-5〉와 같다.

〈표 7-5〉 옥산서원의 중요문화재

문화재	내용
경주 독락당 (보물413호)	이언적 선생의 제사를 받드는 옥산서원 뒤편에 있는 사랑채이다. 이언적(1491~1553) 선생이 벼슬을 그만두고 고향에 돌아온 뒤에 거처한 유서 깊은 건물이라고 한다. 1516년(조선 중종 11)에 지은 이 건물은 낮은 기단 위에 세운 앞면 4칸, 옆면 2칸 규모로, 지붕은 팔작지붕이다.
여주이씨 옥산문중 전적-사마방목 (보물524호)	1513년(조선 중종 8)에 실시한 사마시의 합격자 명단이다. 사마시는 생원시와 진사시로 구분되는데, 생원시 합격자 가운데 조선 전기의 대학자인 이언적(1491~1553)이 포함되어 있다. 이 사마방목은 조선시대 과거제도 및 주요 인물들의 전기를 연구하는 데 도움이 되며, 또한 1469년(예종 원년)에 실시한 사마방목을 1476년(성종 7)에 갑인자로 찍어낸 것에 이어 2번째로 오래된 것이다.
『삼국사기』 (보물525호)	『삼국사기』는 1145년(고려 인종 23)에 김부식이 신라 · 고구려 · 백제 3국의 정치적인 흥망과 변천을 중심으로 편찬한 역사서이다. 현재 전하고 있는 이 책은 옥산서원 청분각에 보관되어 있는데 전 9책 50권이다. 가로 22.4㎝, 세로 31.5㎝ 크기로 장마다 9행 18자로 짜여 있다.

문화재	내용
여주이씨 옥산문중 유묵-해동명적 (보물526호)	조선 중종 때의 문신인 신공제(1469~1536) 선생이 우리나라 역대 명필의 글씨가 돌에 새겨진 것을 탁본하여 상하 2책으로 묶은 것이다.
이언적 수고본 일괄 (보물586호)	조선 중종 때의 유학자이며 정치가인 이언적(1491~1553)이 1547년(명종 2)에서 1553년(명종 8) 사이에 직접 쓴 저술이다.

6) 월송정

월송정(越松亭 : 경북 울진군 평해읍 월송정로)은 관동8경의 하나로 손꼽힌다. 고려시대에 처음 만들어졌으며, 신라시대의 네 화랑인 영랑, 술랑, 남석, 안상의 유람지였던 것으로 전해진다.

1326년(고려 충숙왕 13)에 존무사 박숙이 처음 지었고, 조선 연산군 때 관찰사 박원종이 중건하였다. 그 후 일본강점기 때 헐어버린 것을 1969년에 재일교포들이 신축하였지만, 옛 모습 같지 않아 해체하였고, 1980년 7월에 정면 5칸, 측면 3칸의 고려양식으로 복원하였다.

현판에는 최규하 전 대통령의 친필이 새겨져 있으며, 월송정에 오르면 울창한 소나무 숲 너머로 동해바다의 풍광이 한눈에 들어온다.

7) 소수서원

사적55호 소수서원(紹修書院 : 경북 영주시 순흥면 내죽리)은 우리나라 최초로 임금이 이름을 지어내린 사액서원이자 사학기관이다. 1542년(조선 중종 37)에 풍기군수 주세붕이 유학자 안향을 제사하기 위해 사당을 세웠다가, 이듬해 유생들을 교육하면서 '백운동서원'이라 하였다.

1550년(조선 명종 5)에 풍기군수 이황의 요청에 의해 '소수서원'이라는 사액을 받고 나라의 공인과 지원을 받게 되었다.

소수서원은 1868년 대원군이 서원을 철폐할 때에도 존속했다. 주요 문화재로 ① 안향 초상(국보111호), ② 영주 숙수사지당간지주(보물59호) 등과 141종 563책의 장서가 남아 있다. 소수서원의 중요문화재는 〈표 7-6〉과 같다.

〈표 7-6〉 소수서원의 중요문화재

문화재	내용
안향 초상 (국보111호)	고려 중기 문신인 회헌 안향(1243~1306) 선생의 초상화로 가로 29㎝, 세로 37㎝의 반신상이다. 안향은 1260년(고려 원종 1) 문과에 급제하여 여러 벼슬을 하였으며, 여러 차례에 걸쳐 원나라에 다녀오면서 주자학을 우리나라에 보급한 최초의 주자학자라고 할 수 있다. 현재 소수박물관에 소장되어 있다.
영주 숙수사지 당간지주 (보물59호)	소수서원 입구 소나무 숲에 남아 있는 것으로, 서원 내에는 아직도 당시 숙수사의 여러 유물들이 많이 남아 있다. 숙수사는 통일신라 전기에 창건된 사찰로, 고려시대까지 이어져 오다 소수서원의 건립으로 폐사된 것으로 보고 있다.

8) 촉석루

촉석루(矗石樓 : 경남 진주시 본성동 진주성 내)는 남한강변 바위벼랑 위에 장엄하게 우뚝 솟은 영남 제일의 아름다운 누각으로 일명 주장대 · 남장대 · 장원루라고도 한다. 1983년 7월에 경상남도문화새자료8호로 지정되었다.

1365년(고려 공민왕 14)에 창건하여 8차례의 중건과 보수를 거쳤던 이 누각은 정면 5칸, 측면 4칸의 단층 팔작지붕의 웅장한 건물로, 진주성의 주장대(主將臺)이다. 촉석루는 1241년(고려 고종 28)에 부사 김충광이 창건했다는 설과, 고려 때 김중선 등이 진주성을 쌓을 때 신축했다는 설이 전해지고 있다. 그 후 임진왜란 때 파괴된 것을 1618년(조선 광해군 10)에 병사 남이흥이 재건했다.

이곳은 1593년 7월 임진왜란 당시 제2차 진주성 전투에서 승리한 왜군이 촉석루에서 승전연을 벌일 때 논개가 촉석루 앞의 의암에서 왜장을 끌어안고 강으로 뛰어들었던 곳으로 널리 알려져 있다.

9) 옥산서원

옥산서원(玉山書院 : 경남 하동군 옥종면 정수리)은 조선시대에 지방유림의 공의로 정몽주의 학문과 덕행을 추모하기 위해 창건하였다. 옥산서원도 흥선대원군의 서원철폐령으로 1868년(고종 5)에 훼철되었다가, 1968년에 복원되었다.

경내는 3칸의 묘우, 1칸의 영각, 10칸의 강당, 각 3칸의 동재와 서재, 3칸의 장판각, 내삼문, 외삼문, 7칸의 주사 등의 건물이 있다.

묘우에는 정몽주의 위패가 봉안되어 있고, 영각에는 정몽주의 영정이 소장되어 있다. 강당은 원내의 여러 행사와 유림의 회합 및 학문 강론장소로 사용되고 있고, 주사는 서원을 관리하는 고자(庫子)로 사용하고 있다. 이 서원에서는 매년 3월 중정(中丁 : 두 번째 丁日)과 9월 중정에 향사를 지내고 있다.

6. 전라권

1) 유네스코 고인돌유적

고인돌은 동북아시아 지역에 밀집되어 있으며, 그중 우리나라가 그 중심지역이라고 할 수 있다. 즉 세계 고인돌의 반 이상이 우리나라에 있으며, 전국적으로 약 3만여 기에 가까운 고인돌이 분포되어 있다.

고인돌은 서너 개의 받침돌 위에 한 개의 넓고 커다란 덮개돌을 얹어 놓은 선사시대의 권력을 가진 지배자의 무덤이라 할 수 있다. 청동기시대에는 크고 무거운 돌을 함께 움직일 수 있을 정도로 많은 사람들이 모여 살았다. 고인돌 지역에서 발견된 그물추, 가락바퀴, 동검과 돌검 등의 유물을 보면 청동기시대의 기술 수준을 알 수 있다.

2000년 12월에 유네스코 세계문화유산으로 등재된 ① 고창, ② 화순, ③ 강화의 고인돌유적은 밀집분포도, 형식의 다양성으로 고인돌의 형성과 발전과정을 규명하는 중요한 유적이다.

지역별 고인돌유적 현황은 〈표 7-7〉과 같다.

〈표 7-7〉 지역별 고인돌유적의 현황

지역	내용
고창	전북 고창군 죽림리와 도산리 일대에 매산 마을을 중심으로 동서로 약 1,764m 범위에 447기가 분포하고 있으며, 우리나라에서 가장 큰 고인돌 군집을 이루고 있다. 무게 10톤~300톤에 이르는 탁자식, 바둑판식, 지상석곽형 등 다양한 크기와 형식의 고인돌이 분포하고 있다.
화순	전남 화순군 도곡면 효산리와 춘양면 대신리 일대의 계곡을 따라 약 10㎞에 걸쳐 596기(고인돌 287기, 추정고인돌 309기)의 고인돌이 집중분포하고 있으며, 최근에 발견되어 보존상태가 좋은 편이다. 또한 고인돌의 축조과정을 보여주는 채석장이 발견되어 당시의 기술, 축조와 운반방법 등을 확인할 수 있다.
강화	인천 강화군 부근리, 삼거리, 오상리 등의 지역에 고려산 기슭을 따라 160여 기의 고인돌이 분포하고 있다. 길이 6.399m, 높이 2.454m의 우리나라 최대의 탁자식 고인돌이 있으며, 타 지역 고인돌의 평균 고도보다 높은 해발 100m~200m까지 분포하고 있다.

2) 경기전

경기전(慶基殿 : 전북 전주시 완산구 풍남동)은 1410년(조선 태종 10)에 창건되었으며, 당시 어용전(御容殿)이라는 이름으로 지어졌다. 이곳은 조선을 건국한 태조 이성계의 초상화, 즉 어진(御眞)을 봉안하고, 제사를 지내기 위해 지어진 건물이다.

전주와 경주, 평양 등의 어진 봉안처를 '어용전'이라 불렀는데, 1412년(태종 12)에 태조 '진전(眞展 : 어진을 봉안한 궁전)'이라 하였다가, 1442년(세종 24)에 전주는 경기전, 경주는 집경전, 평양은 영숭전이라 각각 칭하였다. 또한 경기전은 1597년(선조 30) 정유재란 때 소실된 것을 1614년(광해군 6)에 중건하였다.

경기전은 조선 태조 이성계의 어진 봉안과 전주사고(全州史庫)가 설치되었다는 점에서 매우 중요한 의미를 안고 있다. 1971년에는 전라북도유형문화재 2호, 1991년에는 사적339호로 승격하였다. 그리고 2008년 12월에는 보물 제1578호로 승격 지정되었다.

경내에는 ① 태조의 어진이 봉안된 경기전 정전(正殿 : 보물1578호)이 있고, ② 어진박물관 수장고에는 국보317호인 이성계의 어진(왕의 초상화) 진본(1872년에 모사)이 있고, ③ 전주 이씨 시조인 이한공의 위패를 봉안한 조경묘, ④ 조선의 여러 실록을 보관했던 전주사고, ⑤ 예종의 탯줄을 묻은 태실 등의 유적이 있다.

3) 광한루

사적303호 광한루(廣寒樓 : 전북 남원시 천거동)는 조선 중기의 목조누각으로 보물281호로 지정되었다. 1418년에 황희 정승이 남원에 유배를 가서 현재보다 규모가 작은 누를 지어 '광통루'라 하였다. 1434년에 남원부사 민여공이 증축하였고, 1444년(세종 26)에 전라관찰사 정인지에 의해서 '광한루'라 불리게 되었다.

아름다운 경치에 취한 정인지가 이곳을 월궁 속에 있는 광한청허루(廣寒淸虛樓)와 같다 하여 '광한루'라는 이름이 붙게 되었다. 1461년에 신임부사인 장의국이 요천강(蓼川江) 물을 끌어다 연못을 조성하고, 4개의 홍예로 구성된 오작교를 화강암과 강돌로 축조하여 월궁의 모습을 갖추게 되었다.

1584년에는 송강 정철에 의해 수리될 때 봉래 · 방장 · 영주의 삼신산(三神山)을 연못 속에 축조하면서, 견우와 직녀의 전설이 담긴 오작교와 더불어 월궁과 같은 선경을 상징하게 되었다. 그 뒤 정유재란으로 전소된 것을, 1638년(인조 16)에 중건하였다.

인공정원 속에 건립된 광한루는 앞면 5칸, 옆면 4칸 팔작지붕의 이익공계(二翼工系) 다락집이다. 소설 『춘향전』에서 이도령과 춘향이 인연을 맺은 곳으로도 유명하며, 경내에는 춘향사를 건립하고 춘향의 영정을 모셔 놓았다.

4) 익산 왕궁리유적

전술한 바와 같이 익산 왕궁리유적(전부 익산시 왕궁면)은 '백제역사유적지구'

로서 총 8개의 유적을 포함한 연속유산이다. 공주시에 ① 공산성, ② 송산리 고분군 2곳, 부여군에 ① 관북리유적과 부소산성, ② 능산리고분군, ③ 정림사지, ④ 부여나성 4곳, 익산시에 ① 왕궁리유적, ② 미륵사지 2곳이 2015년 7월에 유네스코 세계문화유산으로 등재되었다.

1998년 9월에 사적408호로 지정된 왕궁리유적은 일명 '왕궁리성'이라고도 부르며, 마한의 도읍지설, 백제 무왕의 천도설이나 별도설, 안승의 보덕국설, 후백제 견훤의 도읍설이 전해지는 유적이다.

이 유적은 백제 후기와 통일신라 후기를 지나면서 만들어진 것으로 보고 있다. 석탑 동쪽으로 30m 지점에서 통일신라시대 것으로 보이는 기와 가마 2기를 발견하였고, 특히 탑을 에워싼 주변의 구릉지를 중심으로 직사각형 모양의 평지성으로 보이는 성곽 유물이 발견되었다.

또한 성곽 안팎으로 폭 약 1m 정도의 평평한 돌을 깔아 만든 시설이 발견되었다. 그리고 ① 익산 왕궁리 오층석탑(국보289호)과 절터의 배치를 알 수 있게 하는 유물, 바깥쪽을 둘러싸고 있는 직사각형의 성이 발견되어, 백제 후기의 익산 천도설이나 별도설을 뒷받침하는 중요한 유적이다. 익산 왕궁리유적의 중요문화재는 〈표 7-8〉과 같다.

〈표 7-8〉 익산 왕궁리유적의 중요문화재

문화재	내용
익산 왕궁리 오층석탑 (국보289호)	-마한시대의 도읍지 익산 왕궁면에서 남쪽으로 2㎞쯤 떨어진 언덕에 있는 석탑이다. -1단의 기단 위로 5층의 탑신을 올린 모습으로, 기단부가 파묻혀 있던 것을 1965년에 해체하여 수리하면서 원래의 모습이 드러났다. -1층부터 5층까지 탑신부 몸돌의 네 모서리마다 기둥 모양을 새겼으며, 1층 몸돌에는 다시 면의 가운데에 2개씩 기둥 모양을 조각했다.

5) 익산 미륵사지

백제시대의 절터인 익산 미륵사지(전북 익산시 금마면 기양리)는 '백제역사유적지구'로서 '익산 왕궁리유적'과 함께 2015년 7월에 유네스코 세계문화유산으로 등재되었다.

원래 미륵사는 639년 백제 무왕 때 창건한 사찰이다. 미륵사는 익산 용화산의 남쪽에 자리 잡고 있으며, 좌우 능선 사이 평지에 건립되었다. 현재 익산시 금마면 기양리에는 절터만 남아 있으며, 사적150호 익산미륵사지(益山彌勒寺址)로 지정되어 있다.

이곳에는 현재 ① 익산 미륵사지석탑(국보11호)과 복원된 동탑, ② 익산 미륵사지 당간지주(보물236호) 외에 무왕과 왕비의 설화가 깃든 유물과 유적 등이 있다. 익산 미륵사지의 중요문화재는 〈표 7-9〉와 같다.

〈표 7-9〉 익산 미륵사지의 중요문화재

문화재	내용
익산 미륵사지석탑 (국보11호)	-익산 미륵사 터에 있는 탑으로 탑이 세워진 시기는 백제 말 무왕(재위 600~641)대로 보며, 반쪽 탑의 형태만 남아 있다. 기단은 목탑과 같이 낮은 1단을 이루었다. -탑신은 1층 몸돌에 각 면마다 3칸씩을 나누고, 가운데 칸에 문을 만들어 사방으로 통하게 만들었으며, 내부 중앙에는 사각형 기둥을 세웠다. 1층 몸돌의 네 면에는 모서리기둥을 세웠는데, 위아래가 좁고 가운데가 볼록한 목조건축의 배흘림기법을 따르고 있다.
익산 미륵사지 당간지주 (보물236호)	-미륵사 터의 남쪽에는 2기의 지주가 약 90여 미터의 간격을 두고 서 있는데, 크기와 양식, 조성수법이 같아 같은 시기에 세워진 것으로 본다. 지주는 원래 모습 그대로 보존되어 있으며, 마주 보는 면에는 특별한 장식이 없다. -바깥쪽 면에는 가장자리를 따라 띠를 돌린 후, 그 중앙에 한 줄의 띠를 새겨두었다. 당간을 흔들리지 않게 고정시키기 위해 지주의 안쪽 면에 3개의 구멍을 각각 뚫어놓았다.

6) 장성 고산서원

장성 고산서원(高山書院 : 전남 장성군 진원면 고산리)은 조선 말기의 대표적 성리학자 노사 기정진을 추모하기 위해 1927년에 문인 후학들이 건립한 것이다. 1982년 10월에 전라남도기념물63호로 지정되었다.

기정진은 1789년(조선 정조 22)에 태어나 1831년(조선 순조 31) 사마시에 장원으로 급제한 후, 많은 관직에 임명되었다. 그러나 모두 사퇴하고 오로지 장성의 향토에서 학문연구와 후생들에 대한 강학으로 일생을 보냈다.

이곳에는 기정진이 주향되어 있으며, 김녹휴 · 조의곤 · 정재규 · 기우만 · 김석구 등의 위패가 배향되었다. 경내에는 외삼문, 강당, 거경재, 집의재가 강학공간을 이루고, 내삼문, 사당인 고산사가 제향공간을 이루고 있다. 음력 3월, 9월 중정일에 향사를 지내고 있다. 특히 장서각에는 노사문집 목판 980매와 노사집 12책(1질)을 비롯하여 많은 전적과 유물이 보존되어 있다.

7) 내산서원

내산서원(內山書院 : 전남 영광군 불갑면)은 조선 중기 문신인 강항(1567~1618)을 추모하기 위해 세운 서원이다. 1635년(조선 인조 13)에 나라에서 '용계사'라 하여 사액되었고, 1702년(조선 숙종 28)에 동사를 중수하였다는 기록이 있다.

강항은 당시 정유재란이 일어나자 의병을 모아 활동하다가 왜적의 포로가 되어 일본으로 압송되었다. 일본에서는 역사와 지리 등을 조사해 고국으로 보내하면서 일본에는 성리학을 전했다. 1600년(선조 33)에 귀국한 후 벼슬을 사양하고 독서와 후진양성에만 전념하였다.

제향을 받는 공간은 정면 3칸, 측면 2칸의 맞배집으로 아담한 규모를 지녔으며, 서원은 정면 4칸, 측면 3칸의 팔작지붕이다. 뒤에 있는 내삼문을 지나면 강항의 위패를 모신 작은 규모의 사당이 있다. 1977년 10월에 전라남도기념물28호로 지정되었다.

8) 나주 반남고분군

나주 반남고분군(潘南古墳群 : 전남 나주시 반남면 대안리, 신촌리, 덕산리)은 역사성과 특성을 고려한 인접지역 고분군을 통합하여 사적513호로 재지정하였다. 즉 기존에 사적으로 지정되었던 3개소 고분군인 ① 나주 대안리 고분군, ② 나주 신촌리 고분군, ③ 나주 덕산리 고분군을 해체하고 하나로 통합하였다.

이 고분군은 나주시 반남면 대안리 일대에 군집되어 있는 삼국시대의 고분군이다. 표고 98.3m의 자미산을 중심으로 서쪽에는 대안리 고분군이, 동쪽에는 신촌리 고분군과 덕산리 고분군이 형성되어 있다. 2011년 7월에 사적513호로 지정되었다.

특히 반남고분군에는 대형 옹관고분 수십 기가 분포하고 있다. 대형 옹관고분은 지상에 분구를 쌓고 분구 속에 시신을 안치한 커다란 옹(甕 : 항아리)을 매장하는 방식을 말한다. 이 고분양식은 고구려의 적석총, 백제의 석실분, 신라의 적석목곽분, 가야의 석곽묘 등과 구별되는 영산강 유역 고대사회의 독특한 양식이다.

9) 해남윤씨 녹우당 일원

해남윤씨 녹우당 일원(전라남도 해남군 해남읍 연동리)은 조선시대의 가옥이자 해남윤씨의 종가이다. 주변에 윤두서기념관이 있고, 1968년 12월에 사적167호로 지정되었다.

고산 윤선도가 살았던 집으로 윤선도의 4대 조부인 효정(1476~1543)이 연동에 터를 정하면서 지은 15세기 중엽의 건물이다. 이곳에 터를 잡고 살았던 연동마을에는 윤선도의 고택과 유물관, 시비 등이 있다.

이 고택은 대문, 안채, 사랑채, 제각 등을 두루 갖춘 호남지방의 대표적인 반가이다. 특히 사랑채는 '가을이면 은행잎이 소낙비처럼 우수수 떨어진다'고 해서 '녹우당'이라는 이름이 따로 붙게 되었다.

녹우당은 'ㅁ'자 모양의 구조로 되어 있는 60여 칸의 건물로 남도에서는 가장 크고 오래되었다. 당시 이곳에는 ① 윤두서 자화상(국보240호), ② 윤선도 종가문적(보물482호)이 있었다. 현재 지정문화재와 3천여 건의 많은 유물이 보관되어 있으며, 뒷산에는 500여 년 된 비자나무숲(천연기념물241호)이 우거져 있다. 해남윤씨 녹우당 일원의 중요문화재는 〈표 7-10〉과 같다.

〈표 7-10〉 해남윤씨 녹우당 일원의 중요문화재

문화재	내용
윤두서 자화상 (국보240호)	윤두서가 직접 그린 자화상으로 크기는 가로 20.5㎝, 세로 38.5㎝이다. 윤두서(1668~1715)는 고산 윤선도의 증손자로 조선 후기 문인이며 화가이다. 종이에 옅게 채색하여 그린 이 그림은 화폭 전체에 얼굴만이 그려지고 몸은 생략된 형태로 시선은 정면을 바라보고 있다. 윗부분을 생략한 탕건을 쓰고 눈은 마치 자신과 대결하듯 앞면을 보고 있으며 두툼한 입술에 수염은 터럭 한 올까지 섬세하게 표현하였다.
윤선도 종가문적 (보물482호)	조선 중기의 문신이자 시조작가인 고산 윤선도(1587~1671) 선생이 직접 손으로 쓰거나, 엮어 펴낸 수적들과 선생과 관계된 여러 문헌들이다.

10) 여수 진남관

여수 진남관(鎭南館 : 전남 여수시 군자동)은 조선시대 때 전라좌수영에 속하는 건물이다. 임진왜란 때인 1599년(조선 선조 32)에 창건되었으나, 그 후 소실된 것을 1716년(조선 숙종 42)에 중건하였다. 2001년 4월 17일에 국보304호로 지정되었다.

진남관은 건평 240평, 정면 15칸, 측면 5칸이다. 길이 75cm, 높이 14m, 둘레 2.4m의 기둥 68개의 거대하고 웅장한 모양을 자랑하며, 한국 최대의 단층 목조건물이다. 조선 초기의 객사양식으로서 보기 드문 건물이다.

우리나라에서 정면 15칸이나 되는 건물은 해인사 장경판고와 단 곳뿐이다. 공포는 기둥 위에만 배치하고, 그 사이의 공간에는 화반을 받쳤다. 이러한 구성의 건축은 주심포 내지는 익공집 계통의 수법에서 사용하는 방식이다.

11) 필암서원

필암서원(筆巖書院 : 전남 장성군 황룡면 필암리)은 선비들이 모여서 학문을 닦고 제사를 지내던 곳이다. 여기에는 김인후(1510~1560)와 양자징(1523~1594) 두 분의 위패를 모시고 있다.

1597년 정유재란으로 전소되어 없어졌으나, 1624년(조선 인조 24)에 다시 지었다. 1662년(조선 현종 3)에 임금이 '필암서원'이라고 쓴 현판을 직접 하사하였으며, 1672년에 지금의 자리로 옮겨 세웠다.

서원의 문루인 곽연루는 정면 3칸, 측면 3칸, 상하 18칸의 2층 와가로 조선 영조 때 두 번이나 중개수되었다. 그리고 문루에 들어서면 정면 5칸, 측면 3칸, 총 15칸의 단층 와가인 강당 청절당이 있다.

이 청절당 처마 밑에는 병계 윤봉구가 쓴 '필암서원'이라는 현판이 걸려 있고, 대청마루에는 동춘 송준길이 쓴 현판이 걸려 있다. 또한 '확연루'의 현판은 우암 송시열이 쓴 것이다. 사당의 동쪽에는 경장각이 있다.

경장각에는 보물로 지정된 필암서원 문적 일괄(보물587호)이 있었고, 그 밖에 장성필암서원하서선생문집목판(전라남도유형문화재215호) 등이 있다.

1972년 1월 29일에 전라남도유형문화재1호로 지정되었다가, 1975년 4월 23일에 사적242호로 승격되었다. 필암서원의 중요문화재는 〈표 7-11〉과 같다.

〈표 7-11〉 필암서원의 중요문화재

문화재	내용
필암서원 문적 일괄 (보물587호)	김인후는 조선 중기의 유학자이자 문신으로, 1540년 문과에 급제하여 벼슬길에 올랐으나, 을사사화 때 병을 핑계 삼아 고향인 장성으로 돌아갔다. 시와 문장에 뛰어나 10여 권의 시문집을 남겼다. 지정된 유물은 총 14책 64매로, 1624년(인조 24)부터 1900년경까지의 자료들이다. '필암서원 문적 일괄'에는 필암서원의 역대 원장들을 기록한 원장선생안, 학생들의 수업을 담당한 교관, 강의에 참석한 인물의 명단 등을 기록한 보강안, 필암서원의 재산을 기록한 암서원원적 등이 있다. 현재는 국립광주박물관에 소장되어 있다.

12) 면앙정

면앙정(免仰亭 : 전남 담양군 봉산면 제월리)은 조선 중기의 정자로 제봉산 산자락의 나지막한 언덕 위에 위치해 있다. 조선 중기의 문신이며 시신(侍臣)이었던 송순(宋純)이 1533년(중종 28)에 잠시 벼슬을 버리고 고향인 이곳으로 내려와 이 정자를 지었다. 그는 후학을 가르치며 한가롭게 여생을 지냈으며, 〈면앙정삼언가(俛仰亭三言歌)〉를 지어 정자이름과 자신의 호로 삼았다 한다.

그 후 정자는 1597년(조선 선조 30) 임진왜란 때 파괴되고, 지금의 정자는 후손들이 1654년(효종 5)에 중건한 것이다. 건물은 정면 3칸, 측면 2칸의 팔작지붕 건물이며, 기둥은 방주(方柱)를 사용하였다. 처마는 부연(浮椽 : 처마 끝에 덧얹어진 짤막한 서까래)이 없는 간소한 건물이다.

이곳에서 송순은 고경명 · 기대승 · 임제 · 정철 등의 문하생들과 시를 논하고, 〈면앙정가〉, 〈면앙정단가〉 등 주옥 같은 작품을 집필하였다. 건물은 비록 간소한 양식을 취했지만, 역사적 의의가 커서 1972년 8월에 전라남도기념물6호로 지정되었다.

13) 담양 송강정

담양 송강정(松江亭 : 전남 담양군 고서면)은 조선시대 송강 정철이 조정에서 물러나 4년 동안 조용히 지내던 정자이다. 1972년 1월 전라남도기념물1호로 지정되었으나, 2010년 5월에 '담양 송강정'으로 변경 지정(전라남도기념물1-2호)되었다.

건물은 정면 3칸, 측면 3칸의 팔작지붕건물이다. 조선시대의 문인 정철의 행적과 관련된 유적으로, 식영정 · 환벽당과 더불어 정송강유적으로 불린다. 지금의 정자는 후손들이 정철을 기리기 위하여 1770년(영조 46)에 세운 것인데, 그때 이름을 '송강정'이라 하였다.

정자 둘레에는 노송과 참대가 무성하고 앞에는 평야가 있고, 멀리 무등산의 아름다운 풍광이 보인다. 정철은 이곳에서 〈사미인곡〉, 〈속미인곡〉을 비롯한 뛰어난 단가와 시조를 지었다.

7. 제주권

1) 제주 관덕정

제주 관덕정(觀德亭 : 제주 제주시 삼도2동)은 제주시의 시내 중심가에 위치한 조선시대의 정자로, 보물322호로 지정되었다. 제주도에서 가장 유서 깊은 이 건물은 1448년(세종 30)에 제주 목사 신숙청이 군사훈련을 위해 지었다. 관덕이란 이름은 "사자소이관성덕야(射者所以觀盛德也 : 활을 쏘는 것은 높고 훌륭한 덕을 쌓는 것이다)"의 대목에서 유래되었다. 처음에는 3칸 건물이었지만, 이후 조선 중 · 후기에 여러 번 중수와 개축 과정을 거쳤다.

28개의 지주로 받쳐진 1층 누각의 관덕정은 17세기 전후에 수리된 건축 형태의 정면 5칸, 옆면 4칸의 단층 팔작지붕 양식이다. 관덕정은 처마가 길고 건물 높이가 낮은 제주도 건축의 특징을 갖추고 있다.

2) 삼성혈

사적134호 삼성혈(제주 제주시 이도동)은 일명 '모흥혈'이라고도 한다. 지금의 제주도인 탐라의 개국신화에서 고(高) · 양(梁) · 부(夫) 3성씨의 시조인 고을나 · 양을나 · 부을나의 3신이 땅에서 솟아나 나라의 터전을 닦았다고 하는 신화적인 전설의 발상지이다.

삼성혈은 땅에 옴폭하게 패인 작은 구멍으로 사적의 보호를 위해 울타리로 막아놓았다. 밑변이 넓은 3각형을 이루고 있으며, 3각형의 위쪽 모서리를 이루는 구멍에서 '고을나'가, 왼쪽 구멍에서 '양을나'가, 오른쪽 구멍에서 '부을나'가 솟아났다고 한다. 해마다 4월 10일과 10월 10일에 후손들이 모여 제사를 지내고 있다.

연습문제

01. 다음 설명에 해당하는 유적지는?

> 약 6천 년 전 신석기시대 사람들이 살았던 집터 유적지로 지금까지 우리나라에서 발굴된 신석기시대 최대의 집단 취락지

① 서울 몽촌토성 유적지　　② 서울 밤섬지역 유적지
③ 서울 암사동 유적지　　④ 서울 한강유역 유적지

02. 다음 (　　) 안에 해당하는 문화재는?

> (　　　)은 1794년(조선 후기 정조)에 착공하여 1796년 9월에 준공하였고, 화강암이 아닌 벽돌로 쌓는 축성공사에는 정약용이 고안한 거중기가 사용되어 공사기간이 단축됨

① 남한산성　　② 수원화성
③ 북한산성　　④ 온달산성

03. 서오릉에 속하지 않는 것은?

① 경릉　　② 창릉
③ 익릉　　④ 태릉

04. 관동8경의 지명과 명칭이 잘못 연결된 것은?

① 통천 – 죽서루　　② 고성 – 삼일포
③ 간성 – 청간정　　④ 평해 – 월송정

05. 다음 설명에 해당하는 왕릉은?

> 잘 구워진 벽돌로 조영된 왕릉으로서, 그 치밀함이 백제의 수준 높은 과학과 수리학의 수준을 엿볼 수 있고, 아름다움은 세계적인 수준으로 평가

① 조선왕릉
② 서삼릉
③ 무열왕릉
④ 무령왕릉

06. 다음 설명에 해당하는 마을은?

> 우리나라 최대 규모의 집성마을로 경주손씨와 여강이씨 양 집안에 의해 형성되었다. 서백당, 낙선당, 시호당 고택, 상추헌 고택, 근암 고택, 두곡 고택, 수졸당 등 전형적인 양반 가옥들이 유교적인 법도에 따라 집단을 이루어 잘 보존됨

① 양동마을
② 한옥마을
③ 북촌마을
④ 하회마을

07. 우리나라 최초로 임금이 이름을 지어내린 사액서원은?

① 옥산서원
② 도산서원
③ 소수서원
④ 고산서원

08. 태조 이성계의 어진을 봉안하고 있는 곳은?

① 경복궁
② 경기전
③ 경희궁
④ 창덕궁

정답

01 ③, **02** ②, **03** ④, **04** ①, **05** ④, **06** ①, **07** ③, **08** ②

제8장

박물관

학습 포인트

- 제1절에서는 박물관의 개념, 기능과 역할, 한국박물관의 역사, 박물관 투어 대해 학습한다.
- 제2절에서는 전국 주요 국립박물관의 건립배경과 소장유물에 대해 학습한다.
- 제3절에서는 전국 주요 공립박물관의 건립배경과 소장유물에 대해 학습한다.
- 연습문제는 전국 주요 국공립박물관에 대한 건립배경과 각 박물관별로 소장하고 있는 중요문화재를 총체적으로 학습한 후에 풀어본다.

제1절 박물관 투어

1. 박물관의 개념

박물관의 사전적 의미는 '고고학 자료와 미술품, 역사적 유물, 그 밖의 학술적 자료를 널리 수집 · 보존 · 진열 · 연구하고, 일반에게 전시하는 시설'을 말한다. 박물관은 동서고금의 자연과 문화에 관한 자료를 계통적으로 수집 · 보완하여 조사와 연구를 한 다음, 전시 공개하여 관광객 및 주민들로 하여금 이용하게 하는 사회교육시설이다.

ICOM(International Council Of Museums : 국제박물관협의회) 헌장에서는 박물관을 사회교육시설로 규정하고, "예술 · 역사 · 미술 · 과학 · 기술에 관한 수집품 및 식물원 · 동물원 · 수족관 등 문화적 가치가 있는 자료와 표본 등을 각종 방법으로 보존 · 연구하여, 일반대중의 교육과 오락을 위하여 공개 전시함을 목적으로 이룩된 영구적 공공시설"이라 정의하고 있다.

넓은 의미의 박물관은 미술관 · 과학관 · 기술관 · 공립기록보존소 등이 모두 포함된다. 박물관의 분류체계는 ① 소장품에 의한 분류, ② 경영주체에 의한 분류, ③ 봉사영역에 의한 분류, ④ 봉사대상에 의한 분류, ⑤ 소장품 전시

방법에 의한 분류로 나누어진다. 박물관의 분류체계는 〈표 8-1〉과 같다.

〈표 8-1〉 박물관의 분류체계

분류	내용
소장품	종합박물관
	전문박물관 ─┬ 인문계 : 고고학박물관, 미술관, 민속박물관, 역사박물관, 종교박물관, 민족학박물관, 교육박물관 등 └ 자연계 : 자연사박물관, 지질학박물관, 과학박물관, 산업박물관, 군사박물관 등
경영주체	국립박물관, 공립박물관, 대학박물관, 군박물관, 독립 · 사립법인박물관, 기업박물관 등
봉사영역	국립중앙박물관, 지역박물관, 지방박물관
봉사대상	교육박물관, 공공박물관, 전문박물관, 어린이박물관, 장애인박물관
소장품 전시	전통박물관, 유적지박물관, 야외박물관, 옥외박물관, 사이버박물관

국립박물관은 ① 유물의 발굴 · 조사 · 연구 등으로 한국의 문화와 역사를 연구하고, ② 미래지향적인 평생교육기관 및 전시관으로서의 기능과 역할을 재정립하고, ③ 복합적인 문화공간으로서의 시설을 갖추어 국민들의 문화 전반에 대한 요구를 충족시켜 줄 수 있도록 하고, ④ 국민들의 평생교육을 위한 장소와 휴식 · 여가선용을 위한 문화공간으로서의 역할을 해야 한다.

박물관은 영어의 뮤지엄(museum), 독일어의 무제움(Museum), 프랑스어의 뮈제(musee) 등은 고대 그리스의 뮤즈(Muse) 여신(그리스 신화에 나오는 제우스의 아홉 여신)에게 바치는 신전(神殿) 안의 보물창고인 무세이온(museion : 뮈제의 집, 뮤즈에게 헌납된 사원)에서 유래되었다.

오늘날과 같은 박물관은 기원전 3세기경 고대 이집트의 수도 알렉산드리아에 있었던 무세이온에서 비롯되었다. 이곳에서는 각종 수집품과 도서를 이용하여 문학 · 철학 · 미술의 진흥을 꾀하였고, 그 후 로마시대 때는 가정에서 진열 · 전시되는 가정용의 작은 박물관이 생겨났다.

중세에는 귀족이나 부호가 소장하고 있던 미술품이나 수집품들이 일부 공개되었는데, 각 사원(寺院)이 박물관의 역할을 하였다. 르네상스시대에는 '박물관'이라는 용어가 사용되기 시작했고, 1789년 프랑스 대혁명 이후 근대에 들어오면서 박물관은 공공박물관의 형식으로 자리 잡게 되었다.

박물관과 미술관은 산업혁명 등의 영향으로 설립이 늘어났고, 만국박람회(1982년에 국제박람회 조약이 체결되어 파리에 본부를 둔 사무국의 승인을 얻어 개최하는 박람회) 등을 개최함으로써 더욱 발전하게 되었다. 1845년 영국의회에서 박물관령이 공포 · 통과되어 박물관은 공공기관이자 교육기관이라는 사실이 강조되면서 많은 박물관이 건립되었다.

세계 3대 박물관으로 ① 영국의 대영박물관, ② 프랑스의 루브르박물관, ③ 바티칸시국의 바티칸박물관을 꼽는다. '대영박물관'은 1759년 1월 세계 최초의 국립박물관으로 탄생하였으며, 영국의 문화재보다 식민지 지배시절 약탈한 문화재가 대다수를 차지하고 있다. 2000년 11월에 한국관을 열어 우리 문화재 250여 점을 전시하고 있다.

1793년에 중앙미술관이란 명칭으로 일반 대중에게 공개된 '루브르박물관'은 225개 전시실에 그리스, 이집트, 유럽의 유물, 왕실 보물, 조각, 회화 등 40만 점의 예술품이 전시되어 있다. '바티칸박물관'은 18세기 후반 일반에 처음 공개되었고, 역대 교황의 궁전으로 사용되던 바티칸궁을 박물관으로 개조하여 공개한 것이다. 워낙 방대해서 소장된 유물만 보는 데 며칠이 걸려도 모자랄 정도이다.

2. 박물관의 기능과 역할

1) 기능

박물관은 기본적으로 ① 수집 · 보존, ② 연구, ③ 전시, ④ 교육이라는 내재적 고유 기능을 가지고 있다. 그리고 현대에는 지역사회 봉사와 교육, 지도 ·

연구업무 등의 기능도 수행하고 있다. 따라서 박물관은 상호 유리된 것이 아니라 다양한 기능이 서로 융합되는 유기적인 체계로 구축되어야 할 것이다. 박물관의 기능은 〈표 8-2〉와 같다.

〈표 8-2〉 박물관의 기능

기능	내용
수집 · 보존	–박물관은 인간과 인류환경의 물리적 증거물이나 소장품을 수집 · 관리하는 기능을 갖는다. 또한 자연상태에서의 훼손 · 파손 · 멸실 등으로부터 유물을 보호하고 영구히 보존하는 노력이 필요하다. –박물관은 수집된 모든 소장자료를 기록하고 보관 · 관리하는 기능뿐만 아니라 세심한 관리와 보존이 요구된다. 특히 살아 있는 수장고가 되기 위해서는 모든 소장품이 찾기 쉽고, 꺼내기 쉽게 보관되어야 한다.
연구	–연구 · 조사기능을 갖는 박물관은 소장하고 있는 자료에 대해 끊임없이 연구를 실시해야 한다. 그러나 연구되지 않은 유물을 전시하는 행위는 삼가야 한다. –또한 개인이 연구한 결과가 논리정연하다 할지라도 학계에서 공인된 사실이 아니면 전시하지 말아야 한다. 그리고 박물관은 지속적인 연구와 전문인력을 양성하는 데도 노력을 경주해야 한다.
전시	–문화적 욕구가 높은 관람객들에게 소장품에 대한 역사적 · 문화적 가치를 최대한 설명하고, 전시공간 자체를 수준 높은 종합문화 · 학습공간이 될 수 있도록 구성하여야 한다. –또한 관람객들에게 휴식과 여가선용을 위한 문화공간으로서의 역할은 물론 즐거움과 감동을 제공하고, 연령과 지적 수준에 맞춰 전시장의 색상 · 조명 · 배열 그리고 자료의 출처나 입수경위 등 세세한 것까지도 서비스되어야 한다.
교육	–박물관 교육은 학교 교육과는 달리 교육대상자의 성별 · 연령 · 계층 · 관심 등이 다양해 교육의 효율성을 높이는 데 어려움이 존재한다. 특히 이용자의 적극적인 의지나 선택에 의해 교육의 참가여부가 결정되기 때문에 수준별 수업이나 이용자 중심의 현장교육으로 이루어져야 한다. –평생교육기관인 박물관은 전국 또는 주변의 학교 교육과 긴밀한 유대관계를 유지하면서, 지역의 정서나 트렌드, 이용자의 흥미, 관심 등을 유도하여 지식과 가치를 전달하면서 발전시켜 나가야 한다.

자료 : 홍보라매(2016), 『박물관학』, (주)시대고시기획, pp. 6–7에서 인용 후 재구성

2) 역할

〈표 8-3〉과 같이 박물관의 역할은 크게 ① 정치적, ② 경제적, ③ 사회적, ④ 문화적 역할로 나눌 수 있다.

〈표 8-3〉 박물관의 역할

구분	내용
정치적 역할	국가 및 지역의 위상과 이미지 향상, 문화적 정체성 등을 홍보할 수 있다.
경제적 역할	박물관 소장품을 관광사업과 연계하여 경제 활성화를 도모할 수 있다.
사회적 역할	학습 및 교육, 연구 및 교류, 수집 및 보존 등 사회교육기관으로서의 역할을 도모할 수 있다.
문화적 역할	문화유산을 보전 · 전승해서 다음 세대에 물려주고, 국가 및 지역 간 문화교류도 도모할 수 있다.

3. 한국 박물관의 역사

우리나라 최초의 근대적 성격을 가진 박물관은 1909년 11월에 서울 창경궁에 문을 연 제실박물관(帝室博物館 : 1909~1910)이다. 제실박물관은 1911년 2월에 이왕가박물관(李王家博物館), 1938년 4월에 이왕가미술관, 1946년에 덕수궁미술관으로 각각 개편되었다가, 1969년 5월에 국립박물관에 통합되었다.

한편, 1915년 12월에 조선총독부 박물관이 개관되어 일반에게 공개되면서, 1926년에 경주분관, 1931년에 개성부립박물관, 1933년에 평양부립박물관, 1939년에 부여분관을 개관하였다. 1938년에는 경복궁 내의 건청궁에 조선총독부 미술관을 건립하고 조선미술 전람회 등의 전시회를 개최하였다.

국립박물관은 1945년 8월 15일 이후, 조선총독부 박물관(1915년 12월에 경복궁 안에 개관)을 인수하여, 1945년 12월에 개관하였다. 그러나 1950년 12월에 한국전쟁으로 소장품을 부산으로 임시 이전하였고, 1954년 1월에 다시 남산

분관으로 이전 개관하였으며, 1955년 6월에 덕수궁 석조전으로 이전 개관하였다.

그 후 1972년에 국립박물관은 다시 덕수궁 석조전에서 경복궁으로 이전 개관하였고, 그 명칭도 '국립중앙박물관'으로 변경되었다. 1986년에는 경복궁에서 또다시 舊 중앙청 청사 건물로 이전하였고, 1996년에 국립중앙박물관의 용산 이전이 확정됨에 따라, 2005년 10월에 현재의 용산 가족공원으로 이전하였다.

그리고 국립중앙박물관은 1984년에 진주박물관, 1987년에 국립청주박물관, 1990년에 국립전주박물관, 국립대구박물관을 개관하였고, 김해 · 춘천 · 제주에도 각각 국립박물관이 개관하였다. 2016년 국립중앙박물관은 그 산하에 12개의 지방박물관과 1개의 익산미륵사지유물전사관을 갖추면서, 수집 · 보관 · 조사연구 · 전시교육 등의 사업을 하고 있다.

1970년대 이후에는 국립박물관이 확장되고, 지방에서는 시립이나 도립박물관이 건립되었다. 또한 한국의 박물관에서 특징적인 것은 각 대학의 부속 박물관으로, 지역에서의 공공박물관 구실도 수행하면서 조사연구도 활발하게 진행되고 있다.

2016년 기준 우리나라의 박물관 수는 약 9백 개소에 이르며, 본 장에서는 ① 국가에서 운영하는 국립박물관, ② 지방자치단체에서 운영하는 공립박물관을 중심으로 기술하고자 한다.

4. 박물관 투어

요즘 박물관은 가만히 앉아서 관광객이나 일반 주민들을 기다리는 것이 아니라 뮤지컬, 발레, 오케스트라, 박물관 문화향연, 문화가 있는 날, 큐레이터와의 대화 등 각종 공연과 이벤트 행사를 직접 개최해서 잠재고객 및 국내외의 관광객을 적극 유치하고 있다.

박물관은 역사 · 문화 · 교육시설이지만, 결과론적으로 보면 복합관광시설이다. 관광객과 국민에게 박물관의 다양한 활동과 지식을 공개 · 소통 · 공유하여 함께 나누면서 여가와 문화생활을 풍부하게 즐기는 장소이다.

관광사업이 주된 지역에 박물관이 들어서면, 관광객의 유입효과로 인해 지역사회의 기반시설이 활성화되고, 인접한 상가나 호텔은 관광객의 요구를 충족시킴으로써, 소비성향을 가속화시킬 수 있다.

또한 박물관이 소장하고 있는 귀중한 문화유산은 관광자원으로써 박물관의 재정확보와 자생력을 키우는 데 기여하고, 지역의 이미지와 홍보, 경제 활성화에도 큰 원동력으로 작용하게 된다. 또한 박물관은 관광과 더불어 도시경쟁력의 주요한 원천이 된다.

국립중앙박물관은 2005년도에 약 134만 명이던 관람객이 2007년도에는 228만 명으로 증가하였다. 2008년에 국립박물관의 관람료를 무료화한 이후인 2015년에는 353만 명이 방문하였다. 향후 관람객은 꾸준히 늘어날 전망이다.

특히 '국립중앙박물관'은 최첨단장비를 이용해서 관람객들에게 최상의 서비스를 제공하기도 한다. 먼저, 내국인을 대상으로 모이는 장소와 해설시간을 정해 놓고, 오전과 오후로 나누어 해설을 서비스하고 있다. ① '국립중앙박물관 명품관람'이란 주제로 성인 및 기관 등 10인~40인 단체는 희망일 하루 전까지 전화로 신청을 받기도 한다.

또한 ② '이야기가 있는 전시해설 스마트 큐레이터'란 주제로 태블릿 PC를 활용한 스토리텔링형 신개념 전시해설을 마련해 놓고 있고, ③ "국립중앙박물관 전시안내" 즉 상설전시관 주요 전시품에 대한 IoT(Internet of Things : 스마트폰, PC를 넘어 자동차, 냉장고, 세탁기, 시계 등 모든 사물이 인터넷에 연결된 사물인터넷) 기술을 도입한 안내서비스를 제공하고 있다.

블루투스(1994년에 에릭슨이 최초로 개발한 개인 근거리 무선통신을 위한 산업표준)를 활용한 비콘과 스마트 기기를 연동한 새로운 전시안내 서비스로써, 위치 기반의 전시품 자동안내와 '좋아요(전시품 북마크)', '전자 스탬프' 등의 기능을 지원하고 있다.

그 밖에 영상/음성안내기(PMP/MP3), 즉 상설전시관에 전시되어 있는 소장품에 대한 이해를 돕기 위한 최첨단 디지털 가이드로, 북마크 기능과 정보검색 서비스를 연계하여 소장품에 대한 세분화되고 전문적인 정보를 제공하고 있다. 대여신청은 관람 전날까지 인터넷으로 예매해야 한다.

특히 청소년 및 장애인에게 PMP 대여료 할인도 해준다. 대상은 19세 이하 청소년 및 장애인이 해당된다. 영어권 관람객 및 일본인, 중국인 관람객은 전화로 신청을 받는다. 그리고 청각장애인을 위한 수화통역 전시해설도 해주며, 예약은 현장 접수도 가능하나, 사전예약자를 우선으로 하고 있다. 국립중앙박물관의 모든 전시해설 서비스는 무료이다.

지방의 국립박물관도 매년 다양한 주제의 특별전시회를 열어 관람객과 문화적 공감대를 형성하고, 일반인을 대상으로 한 문화공개강좌를 개최해 강연과 유적답사를 병행하면서 지역민들에게 문화에 대한 욕구를 충족시켜 주고 있다.

또한 어린이들의 예술적 재능과 창의력을 키워주고, 우리의 전통문화와 문화재를 사랑하는 마음을 갖도록 하기 위해 매년 5월에 ① '어린이 문화재 그리기 대회' 및 '우수작 전시회'를 개최하기도 한다.

그리고 전통 공예품 제작을 바탕으로 잊혀져 가는 옛 문화를 실제 경험을 통해 배우는 ② '엄마와 함께하는 어린이 공예교실'은 엄마와 아이가 자연스럽게 서로의 친밀감과 애정을 확인할 수 있는 강좌로 여름 및 겨울 방학 중에 실시된다.

또한 전통문화를 주제로 기획한 다양한 사회교육 프로그램은 청소년과 일반시민들에게 문화재와 전통문화에 대한 이해를 넓히는 기회를 제공하고 있다. 초등학생을 대상으로 한 ① 어린이 문화재 미술실기대회, 중등학생을 대상으로 한 ② 전통문화강좌, 대학생과 성인을 대상으로 한 ③ 인문학강좌, ④ 박물관대학, ⑤ 전통문화의 이해 등 박물관 강좌를 실시하고 있다.

매년 개관기념일에 한의학 관련 특별전과 허준 관련 학술세미나를 개최하는 곳도 있다. 성인을 대상으로 봄에는 ① 박물관대학, 가을에는 ② 허준건강 · 의학교실을 통해 시민들에게 전통문화와 건강에 관한 지식을 전달하며, 방학기간에는 ③ 어린이 허준교실 등의 교육사업을 운영하고, 10월 허준축제 기간에는 ④ 약초꽃꽂이전시회를 비롯한 한의학 관련 전시회와 어의, 의녀 체험프로그램을 운영하고 있다.

기타 전국의 국 · 공립박물관에서는 다양한 교육 및 문화예술 프로그램 등을 개발 · 홍보해, 국내외 관광객 및 지역주민들에게 교육 및 문화향수의 기회를 제공하면서 적극적으로 관람객을 유치하고 있다.

제2절 국립박물관

국립중앙박물관 전경

국립박물관은 국가에서 건립한 박물관을 말한다. 국립박물관은 정부부처별로 다양하게 소속되어 있어 관리는 해당 소속기관에서 한다. 소속기관은 국가정보원 · 국토교통부 · 산업통상자원부 · 농림축산식품부 · 미래창조과학부 · 문화체육관광부 · 여성가족부 · 해양수산부 · 경찰청 · 관세청 · 국세청 · 농촌진흥청 · 산림청 등이며, 여러 부처에 소속되어 있다.

국립박물관의 설립목적은 주로 우리나라 전통문화의 얼을 간직하고 있는 소중한 교육문화의 전당으로서, 또한 지역의 전통문화를 조감하고, 지방문화의 창달을 위해 건립되었다. 특히 문화를 주제로 하는 박물관으로서 우리 고유의 문화를 재조명하고, 국민들에게 문화공간을 제공하기 위해 설립되었다.

우리나라의 대표적인 국립박물관은 ① 국립중앙박물관, ② 국립민속박물관, ③ 국립고궁박물관, ④ 국립경주박물관, ⑤ 국립공주박물관, ⑥ 국립광주박물관, ⑦ 국립김해박물관, ⑧ 국립나주박물관, ⑨ 국립대구박물관, ⑩ 국립부여박물관, ⑪ 국립전주박물관, ⑫ 국립제주박물관, ⑬ 국립중앙과학관, ⑭ 국립진주박물관, ⑮ 국립청주박물관, ⑯ 국립춘천박물관, ⑰ 국립해양박물관, ⑱ 국립현대미술관, ⑲ 국립국악박물관, ⑳ 덕수궁미술관 등이 있다.

1. 국립중앙박물관

•위치 : 서울특별시 용산구 서빙고로 137 •설립 : 1908년 9월, 2005년 10월 •성격 : 박물관 •분야 : 예술 · 체육/회화

국립중앙박물관은 면적 10만 평, 지하 1층, 지상 6층 건물로, 약 33만 점의 귀중한 문화유산을 소장하고 있다. 5천 년 민족문화유산의 보고인 이곳은 사라져 가는 전통문화의 얼을 간직한 소중한 교육문화의 전당이다. 관람객 수는 아시아 1위, 세계 10위를 자랑하고 있다.

원래 국립중앙박물관은 1915년 12월에 개관한 조선총독부박물관을 인수하여 1945년 12월에 개관하였다. 1996년부터는 경복궁 내에 있었으나, 2005년 10월에 용산가족공원 내에 새 보금자리를 마련하게 되었다. 새 박물관은 우리의 전통적인 건축정신을 현대적으로 재해석한다는 입장에서 건축의 기본개념을 설정하였다.

소장유물은 우리나라의 역사 · 고고학 · 미술 · 민속 등에 관한 방대한 자료를 비롯해서, 일제강점기에 평양지방에서 발굴 · 수집된 낙랑유물, 중앙아시

아 지역에서 수집된 서역유물, 최근에 신안해저에서 인양된 원나라 중국유물 등이다.

하나로 보이는 장대한 두 개의 건물 가운데, 우리 건축의 고유공간인 마루를 상징하는 열린 마당을 두어 모든 관람객들에게 개방하고 있다. 건물 1층은 선사 · 고대관, 중 · 근세관, 2층은 기증관, 서화관, 3층은 아시아관, 조각 · 공예관이 있고, 그 밖에 어린이박물관, 도서관, 교육관, 편의시설을 비롯해서 연못과 옥외전시 공간, 휴게시설 등을 조화롭게 배치해 핵심공간으로 구성하였다.

특히 용산가족공원의 자연스러운 경관을 보전하면서도 박물관 건물과 조화될 수 있도록 조성하였다. 그리고 폭포와 계류, 녹지공간 등을 만들어 격조 높은 문화공간으로 조성하여 이용도를 극대화하였다. 박물관 특설강좌를 비롯한 전통염색교실, 도자기교실, 각종 사회교육 강좌 등을 운영하고 있다.

국보는 ① 서울 북한산 진흥왕순수비(국보3호), ② 청자 어룡형 주전자(국보61호), ③ 금동미륵보살반가사유상(국보78호), ④ 경주 구황동 금제여래좌상(국보79호), ⑤ 경주 구황동 금제여래입상(국보80호), ⑥ 감산사 석조미륵보살입상(국보81호), ⑦ 감산사 석조아미타불입상(국보82호), ⑧ 금동미륵보살반가사유상(국보83호), ⑨ 금동신묘명삼존불입상(국보85호), ⑩ 개성 경천사지십층석탑(국보86호) 등이 있고, 보물은 ① 금동약사불입상(보물328호), ② 청자 철채 퇴화잎무늬매병(보물340호), ③ 청자음각 모란상감보자기무늬 뚜껑 매병(보물342호) 등이 전시되어 있다.

2. 국립민속박물관

•위치 : 서울특별시 종로구 삼청로 37 경복궁 내 •설립 : 1945년 11월 8일 •성격 : 박물관, 민속박물관 •분야 : 예술 · 체육/회화

국립민속박물관은 1945년 11월에 민속학자 송석하*의 소장품 기증으로 인

해 서울에 '국립민족박물관'이란 이름으로 처음 창립되었다. 1966년 10월에는 경복궁 내 수정전에 한국민속관을 열었다.

1972년 6월에는 박물관 건물 설정 및 민속자료 수집 등에 착수하였다. 1973년 6월에는 경복궁 내 현대미술관을 인수하여 보수 · 증축하여 진열공사에 착수하였고, 1975년 4월에는 '한국민속박물관'이라는 이름으로 개칭 및 이전하였다.

1979년 4월에는 박물관의 소속이 바뀌었고, 1992년 10월에는 다시 직제가 개편(문화부 소속)되어, 1993년 2월에 현재의 경복궁 내 건물로 이전 개관하였다. 1993년 3월부터 2008년까지 다시 여러 차례 소속이 변경되었고, 2009년 5월에는 국립어린이박물관이 신설되었다.

① 국립중앙박물관은 주로 '도자기와 고고미술품'을 전시하고 있고, ② 국립민속박물관은 '한국인의 생활민속문화와 토속적이고 일상생활에 관련된 유산'을 전시하고 있다. 즉 우리의 고유생활양식, 풍속 및 관습을 조사 · 연구하며, 생활민속 유물을 수집 · 보존 · 전시함으로써 전통문화의 보급 및 선양 등을 널리 알리기 위해 설립되었다. 이곳에는 한민족의 생활사, 한국인의 일상, 한국인의 일생 등 3개의 상설전시실과 전통가옥 등을 볼 수 있는 야외전시장을 운영하고 있다.

보물은 ① 조씨삼형제초상(보물1478호), ② 신 · 구법천문도(보물1318호), ③ 경진년 대통력(보물1319호) 등이 있고, 총 9만 1천5백여 점을 소장하고 있다.

3. 국립고궁박물관

•위치 : 서울특별시 종로구 효자로 12 경복궁 내 •설립 : 2005년 8월 15일 •성격 : 박물관 •분야 : 예술 · 체육/회화

국립고궁박물관은 1908년 9월에 황실박물관으로 개관하였다. 조선왕조 5백

*손석하(1904~1948) : 우리나라에서 민속학이 독립된 학문으로서의 자격을 갖추는 데 결정적인 공헌을 한 사람이다.

년 역사와 문화가 살아 숨 쉬는 곳으로, 조선왕실 문화유산 전문박물관이다. 특히 궁중 문화재 국립박물관으로 조선왕조 및 대한제국시대의 왕실복식 및 생활관련 유물 약 4만여 점을 소장하고 있다.

문화재청은 1980년대 중반부터 창경원을 창경궁으로 복원하고, 일제에 의해 헐린 경복궁의 전각들을 복원하였다. 1992년 10월에는 4대 궁궐과 종묘, 능원 등에 흩어져 있던 궁중 문화재를 모아 덕수궁 석조전에 궁중유물전시관을 개관하였다.

그러나 덕수궁 석조전은 전시공간과 수장공간이 부족하고 규모가 작아, 1993년에 조선총독부 건물을 철거하였다. 그 후 2005년 8월에 덕수궁 석조전에서 경복궁 내 옛 국립중앙박물관 자리로 이전 개관하였다. 지하 1층은 왕실의 회화, 1층은 왕실의 의례, 2층은 왕실의 생활을 전시하고 있다.

보물은 ① 복각천상열차분야지도각석(보물837호), ② 숭정9년명신법지평일구(보물839호), ③ 신법지평일구(보물840호), ④ 간평일구 · 혼개일구(보물841호), ⑤ 창덕궁 측우대(보물844호), ⑥ 앙부일구(보물845호), ⑦ 소총통(보물856호), ⑧ 비격진천뢰(보물860호), ⑨ 영조어진(보물932호) 등이 있고, 그 밖에 많은 등록문화재를 보유하고 있다.

4. 국립경주박물관

•위치 : 경상북도 경주시 일정로 118 •설립 : 1945년 •성격 : 박물관, 국립박물관 •분야 : 예술 · 체육/회화

국립경주박물관은 반월성 뒤 넓은 벌판에 있으며, 1945년에 국립박물관 경주분관으로 출범하였다. 경주고적보존회라는 단체가 1913년에 조선시대 경주부의 관아 건물을 이용하여 진열관을 열었다. 1926년에는 조선총독부박물관 경주분관으로 바뀌어 광복 전까지 유지되었다.

1975년에 국립경주박물관은 경주시 인왕동에 건물을 새로 짓고 박물관 전체를 옮겼다. 정문의 추녀부터 신라 옛 건물의 모습을 보여주고 있다. 1975년

당시에는 본관(신라역사관)과 별관(특별전시관), 그리고 성덕대왕신종 종각이 지어졌다.

1982년에는 안압지 출토품을 전시하기 위한 제2별관을 지었고, 2002년에는 미술관을 신축하였다. 이곳은 전시, 박물관 교육, 연구관리 공간으로 이용하고 있다. 2005년에는 어린이박물관을 개관하였다.

소장품은 약 10만 점에 이르며, 국보와 보물은 ① 백률사금동약사여래입상(국보28호), ② 금관총 금관(국보87호), ③ 토우장식장경호(국보195호) 등 국보 13점, 보물 26점의 지정문화재가 있다.

또한 전시실에는 선사시대에서 통일신라시대까지 약 3천 점의 유물이 진열되어 있다. 안압지관에는 안압지에서 출토된 약 3만 점의 유물 가운데 예술성이 뛰어난 명품 약 7백 점이 전시되어 통일신라시대의 왕실과 귀족들의 화려한 생활을 엿볼 수 있다.

옥외전시장에는 ① 성덕대왕신종(국보29호), ② 고선사지삼층석탑(국보38호)을 비롯한 경주지역 절터와 궁궐터 등에서 옮겨온 석조유물이 전시되어 있다.

5. 국립공주박물관

•위치 : 충청남도 공주시 정지사길 30 •설립 : 1940년 10월 •성격 : 박물관, 국립박물관 •분야 : 예술 · 체육/회화

국립공주박물관은 1940년 10월에 충청도 감영청이던 선화당을 옮겨, 그 건물에 공주지방 유물들을 전시함으로써 시작되었고, 1946년에 국립박물관 공주분관으로 개편되었다. 이곳은 웅진 백제시대의 문화를 주제로 하는 박물관으로서 문화를 재조명하고, 주민들에게 문화공간을 제공하기 위해 설립되었다.

1945년 서울에서 국립박물관이 정식으로 개관되자 이듬해인 1946년에 국립박물관 공주분관으로 편제되었다. 1971년 백제 무령왕릉에서 발굴된 각종 출토품 전시를 계기로 2층 건물을 신축하였다. 그 뒤에 1972년에는 국립중앙박물관 공주분관으로 개칭되었고, 1973년에는 건물을 다시 신축 개관하였다.

1975년에는 직제개편으로 국립공주박물관이 되어 현재의 모습을 갖추게 되었다. 그리고 2004년에는 공주시 정지사길(웅진동)에 신축 이전되어 개관되었다. 현재 상설 전시되고 있는 유물은 무령왕릉 출토 금제관식(국보154, 155호)과 석수(국보162호) 등을 포함하여 국보 14건 19점, 보물 4건 4점 등 중요 유물 약 1천 점이 있다.

전시실은 무령왕릉실, 웅진문화실, 야외정원 등 3곳의 상설전시공간과 1곳의 특별전시실로 구성되어 있다. 발굴을 통해 출토된 108종 2천9백06점의 유물 중에는 묘지석, 왕의 관식, 다리작명 은제팔찌 등이 전시되어 있으며, 왕과 왕비의 목관도 복원되어 있다.

그리고 천안 용원리유적, 공주 송산리고분, 공산성 출토품 등 총 1백30여 점이 전시되어 있다. 특히 4~5세기 무렵 공주 지역 지방세력의 존재를 밝혀준 공주 수촌리 백제고분 출토품들도 공개되고 있다. 이 지역의 백제적 전통을 보여주는 계유명삼존천불비상 등 불교미술품들을 전시하고 있다.

야외정원에서는 반죽동의 대통사지 석조와 웅진동서혈사지의 석조여래좌상 등 공주 일원에서 출토된 70여 점의 석조미술품들을 전시하고 있다.

6. 국립광주박물관

•위치 : 광주광역시 북구 박물관로 114 •설립 : 1978년 12월 6일 •성격 : 박물관, 국립박물관 •분야 : 예술 · 체육/회화

1978년 12월에 개관한 국립광주박물관은 우리나라에서 다섯 번째로 문을 연 국립박물관이다. 지방문화의 창달을 위해 건립되었으며, 광주와 전남 지역의 전통문화를 조감할 수 있는 대표적인 박물관이다.

국보와 보물 등의 지정문화재를 포함하여 총 7만 2천여 점의 유물을 소장하고 있다. 이 중 약 1천5백 점의 유물이 7개 상설전시실과 야외전시장에 진열되어 있다. 주로 광주와 전남 지역에서 출토된 유물과 완도 해저에서 발굴된

고려시대 청자가 있다.

전시실에는 전남에서 출토된 구석기시대부터 초기 철기시대까지의 유물, 신석기유적인 여수 송도유적 출토품, 청동기시대 화순 대곡리 등의 고인돌 출토품, 원삼국시대 유물과 고분시대 영산강 유역의 옹관묘 및 석실고분 출토유물 등이 있다.

그리고 고려시대의 청자, 조선시대의 분청사기와 백자, 또한 신안 해저침몰 무역선으로부터 인양한 중국 송 · 원대의 유물도 전시되어 있고, 통일신라시대부터 조선시대에 이르기까지 불교공예품과 불화 등이 전시되어 있다.

그 밖에 보림사삼층석탑, 사리장엄구, 금동여래입상, 금동보살입상, 금동사천황상, 금동지장보살좌상, 부처얼굴, 나한상 등이 전시되어 있고, 입구 로비에는 중흥산성 쌍사자석등(국보103호)이 있다.

7. 국립김해박물관

•위치 : 경상남도 김해시 가야의 길 190 •설립 : 1998년 7월 29일 •성격 : 박물관, 국립박물관 •분야 : 예술 · 체육/회화

삼국시대 가야의 문화유산을 집대성하여 고고학 중심 박물관으로서의 역할과 기능을 수행하기 위해 설립된 국립김해박물관은 1992년에 착공하였다. 1997년에는 직제공포(대통령령 제15308호)가 이루어졌고, 1997년에 박물관이 준공되었다.

건물의 외관은 검은색 벽돌을 사용하여 철의 왕국 가야를 상징적으로 표현하고자 하였으며, 1998년 7월에 본관을 개관하였다. 2006년 12월에는 교육관 '가야누리'를 개관하였고, 2008년 4월에는 상설 전시실을 전면 개편하여 새롭게 단장하였다.

소장유물은 모두 약 9만 4천 점이 있고, 시설은 상설전시실, 수장고, 대강당, 기획전시실, 어린이박물관 등이 있다. 상설전시실은 가야의 형성에서 신

라의 쇠락까지의 역사적 변천과정을 제시하고, 가야인이 남긴 생활문화와 의식세계를 집중적으로 조명하고 있다.

8. 국립나주박물관

• 위치 : 전라남도 나주시 반남면 신촌리 • 설립 : 2013년 11월 22일 • 성격 : 박물관, 국립박물관 • 분야 : 예술 · 체육/회화

국립나주박물관은 국립중앙박물관 소속기관으로 영산강과 나주 지역 고대문화의 형성 및 발전, 그리고 소멸의 과정을 한눈에 보여주기 위하여 2013년에 설립되었다. 전시장 지하 1층에는 수장전시와 고고학 자료실이 있다. 국보는 나주 신촌리 금동관(국보295호) 등이 있다. 나주 신촌리 금동관은 반남면 신촌리 9호 무덤에서 발견되었으며, 높이 25.5cm이다. 이 금동관은 삼국시대에 제작된 것으로 외관과 내관으로 구성되어 있다.

9. 국립대구박물관

• 위치 : 대구광역시 수성구 황금로 200 • 설립 : 1994년 12월 7일 • 성격 : 박물관, 국립박물관 • 분야 : 예술 · 체육/회화

국립대구박물관은 영남 지방의 민속문화와 선비문화를 재현하고, 대구와 경북 일원에서 출토된 각종 유물들을 집성 전시하기 위해 건립하였다. 1994년에 설립하여, 2006년 10월에 우리문화체험실, 문화사랑방, 역사탐방실, 어린이도서관 등을 갖춘 해솔관을 개관하였다. 우리나라에서 열 번째로 문을 연 종합전시체제의 박물관이다.

적갈색의 벽돌로 건물 벽을 치장한 지하 1층, 지상 2층의 현대식 건물로, 고고실, 미술실, 민속실 등 세 개의 상설전시실과 기획전시실을 갖추었다. 야외전시실에서는 각종 문화재와 모형을 전시하여 조상들의 생활모습을 알 수 있도록 하였다.

국보와 보물은 ① 금동여래입상(국보182호), ② 금동보살입상(국보183호), ③ 금동용형당간두(보물1410호) 등이 있고, 지정문화재 59건 1백여 점을 포함하여 약 2천 점을 소장하고 있다. 이 가운데 약 1천3백 점이 전시되고 있다.

미술실에서는 신라시대부터 고려시대까지 불상 · 범종 · 금속공예품 등을 관람할 수 있고, 고려청자부터 조선시대 분청사기와 백자의 변천과정을 살필 수 있다. 민속실에서는 약 6백30개의 모형 및 실물을 통하여, 영남의 선비문화와 주거문화, 신앙과 놀이 문화를 살펴볼 수 있도록 꾸몄다.

10. 국립부여박물관

•위치 : 충청남도 부여군 부여읍 금성로 1 •설립 : 1971년 9월 1일 •성격 : 박물관, 국립박물관 •분야 : 예술 · 체육/회화

국립부여박물관은 1965년에 진열실과 관리시설을 갖춘 신관 신축공사를 기공하여, 1971년 9월에 개관하였다. 1975년 8월에는 국립부여박물관으로 승격되었고, 1993년 8월에 금성산 기슭의 현 박물관 자리로 옮겨 새롭게 개관하였다.

특히 충남 서부지역의 선사문화를 비롯하여 백제의 문화유산을 보존 관리하고, 유적 및 유물의 전시 등 백제의 문화를 널리 선양하기 위해 설립되었다.

전시실은 선사실, 역사실, 불교미술실, 기획전시실 등 모두 4개로 꾸며져 있으며, 약 7천 점의 유물을 소장하고 있다. 그중 토도제품(土陶製品)이 가장 많은 수를 차지하고 있다. 유물은 1937년 규암면 외리의 한 백제 절터에서 출토된 문양전, 1950년에 발견된 사택지적비, 부여 지방의 건물지 등에서 출토된 연화문와당 등이 있다.

국보와 보물은 ① 백제금동대향로(국보287호), ② 백제창왕명석조사리감(국보288호), ③ 금동관음보살입상(국보293호)를 비롯해서 군수리 사지에서 출토된 ④ 금동미륵보살입상(보물330호) 등이 있다. 야외 전시장에는 ⑤ 부여 석조(보물194호), ⑥ 당유인원기공비(보물21호), ⑦ 부여 보광사지 대보강선사비(보물107

호), ⑧ 흑단령포본(보물1477-3호) 등이 있다.

11. 국립전주박물관

•위치 : 전라북도 전주시 완산구 쑥고개길 284 •설립 : 1990년 10월 26일 •성격 : 박물관, 국립박물관 •분야 : 예술 · 체육/회화

국립전주박물관은 1990년 10월에 개관한 이래 전라북도를 중심으로 한 귀중한 문화재를 수집 · 보존 · 연구 · 전시하고 있으며, 국내외의 문화교류를 적극적으로 추진하는 등 지역문화의 중심적인 역할을 하고 있다.

지방 전통문화 보존과 문화 창조의 요람인 전주박물관은 대부분 전북 지역에서 출토된 유물을 전시하고 있다. 내부에는 상설전시실과 야외전시장, 기획전시실, 강당 및 영상실, 문화사랑방 등으로 구성되어 있다.

국보와 보물은 ① 익산 왕궁리 오층석탑 사리장엄구(국보123호), ② 익산 왕궁리 오층석탑(국보289호), ③ 법화경절본사본(보물278호), ④ 전주이씨 고림군파 종중 문서 일괄(보물718호), ⑤ 남원양씨 종중 문서 일괄(보물725호), ⑥ 설씨부인 권선문(보물728호), ⑦ 이상길초상(보물792호), ⑧ 전 낙수정 동종(보물 1325호) 등이 있다.

소장 문화재는 선운사 석씨원류(전라북도유형문화재14호)를 포함하여 약 4만 점에 이른다. 이 중 약 2천 점의 소장품이 고대실, 미술실, 민속실, 석전실 등에 전시되어 있다.

12. 국립제주박물관

•위치 : 제주특별자치도 제주시 일주로동 17 •설립 : 2001년 6월 15일 •성격 : 박물관, 국립박물관 •분야 : 예술 · 체육/회화

국립제주박물관은 2000년 12월에 건물을 준공하고, 2001년 6월에 개관하였다. 이 박물관은 제주 지역 고유의 역사와 문화를 종합적으로 발굴 · 연구 · 조

사 · 전시함으로써 제주 고유의 전통문화를 재조명하고, 문화공간을 제공하기 위해 설립되었다.

건물은 지상 2층, 지하 1층으로 지어졌다. 건물의 지붕 모양은 제주 지역의 전통민가를 본뜬 형태를 취하고 있고, 주변의 자연경관과 어우러진 아름다운 모습을 보여주고 있다. 소장품은 약 1만 5천 점에 달하며, 상설전시실, 기획전시실, 야외전시실 등에는 약 1천 점의 유물들이 전시되어 있다.

선사 · 고고실에는 화산섬 제주의 탄생과 제주인의 정착과정 및 구석기시대부터 탐라국이 탄생하기 전까지의 문화상을 관람할 수 있다. 그리고 청동기시대 삼양동 유적의 복원모형을 통해 선사시대 사람들의 삶을 알 수 있도록 꾸며 놓았다.

고려실에서는 제주의 문화 및 화려한 도자문화의 유입과 융성했던 불교문화, 아시아의 대몽항쟁의 역사를 볼 수 있다. 탐라실에서는 탐라국의 탄생과 주변 국가들과의 교류를 통해 성장해 가는 모습을 살펴볼 수 있다.

조선시대실에서는 제주목사와 제주목 관아, 유배와 표류를 통한 새로운 문화의 수용, 옛 문서와 생활도구에 나타난 일반인들의 삶에 대하여 살펴볼 수 있다. 특히 조선시대와 근 · 현대 제주인의 생활상을 보여주는 유물들이 전시되어 있다.

13. 국립중앙과학관

•위치 : 대전광역시 유성구 대덕대로 48 •설립 : 1926년 •성격 : 공공기관 •분야 : 과학/과학기술

국립중앙과학관은 1926년 서울 남산에 개관한 과학관이 그 모태이다. 1949년에 국립과학관으로 개편 · 운영되다가, 1990년 10월 완공과 동시에 이전 · 개관하면서 국립중앙과학관으로 개편되었다.

이 과학관은 청소년의 과학기술 등에 대한 흥미유발 및 창의력 배양을 목적으로 설립되었다. 1990년 10월 완공과 동시에 이전 · 개관하면서 국립중앙과

학관으로 개편되었다.

시설은 상설 및 특별전시관, 천체관, 영화관, 실험실습실, 야외극장 등이 있다. 상설전시관에는 자연사와 과학기술사, 자연과학과 기술을 주제로 한 약 4천 점의 전시품들이 전시되어 있는데, 자연 · 인간 · 과학의 조화를 이해시키는 구실을 하고 있다.

특히 국내 최대인 23m 돔의 천체관에서는 우주를 배경으로 펼쳐지는 신비스러운 천체현상과 이에 도전하는 인간의 우주개발 모습 등을 생동감 있게 관찰할 수 있다.

14. 국립진주박물관

•위치 : 경상남도 진주시 남성동 169-17 •설립 : 1984년 11월 •성격 : 박물관, 국립박물관 •분야 : 예술 · 체육/회화

국립진주박물관은 진주의 명승지 진주성 안에 위치해 있으며, 가야의 유물과 유적이 전시되어 있다. 1984년 11월에 개관하였다. 진주는 임진왜란의 최대 격전지로서 촉석루와 쌍충사적비 등 많은 임진왜란 유적들이 남아 있다. 1996년부터 본격적인 전시체제를 개편하여, 1998년 1월 15일에 기존의 가야문화 위주의 박물관에서 임진왜란 전문역사박물관으로 재개관하였다.

우리의 고건축 양식으로 조화시킨 현대식 건물로, 전시실은 상설전시실(임진왜란실)과 기획전시실(두암실)로 이루어져 있다. 소장유물은 약 4만 8천 점이다. 보물은 ① 보현자총통(보물1233호), ② 오목해시계(보물1845호), ③ 은입사귀면문철퇴(보물1444호), ④ 임란첩보(보물660호), ⑤ 쇄미록(보물1096호), ⑥ 천자총통(보물647호), ⑦ 중완구와 비격진천뢰(보물858호), ⑧ 김시민장군 선무공신 교서(보물1476호), ⑨ 현자총통(보물885호), ⑩ 지자총통(보물862호)을 비롯한 보물급 유물은 33종류 113점에 이른다.

특히 임진왜란 관련 무기류, 전적 및 서화류, 도자류 등은 국내외 여러 곳에

분산 소장되어 있는 많은 유물들을 한곳에 모아 다양하게 전시함으로써 관람자들에게 임진왜란에 대한 이해를 돕고 있다.

15. 국립청주박물관

•위치 : 충청북도 청주시 상당구 명암로 393 •설립 : 1987년 10월 30일 •성격 : 박물관, 국립박물관 •분야 : 예술 · 체육/회화

국립청주박물관은 도심에서 약 3km 정도 떨어진 우암산 기슭에 자리하고 있다. 충북 지역의 문화유산을 조사 및 연구, 전시하고 다양한 문화교육 프로그램을 통하여 중원문화의 특색을 조명하고자, 1987년 10월에 개관하였다.

소장유물은 약 8천2백 점이 있고, 이 중 4개의 상설 전시실에는 시대적 흐름에 따라 구석기시대부터 조선시대까지 충청북도 지역에서 출토된 약 2천3백 점의 유물을 전시하고 있다.

2004년 10월에 개관한 청명관은 어린이박물관, 기획전시실, 첨단 영상시설이 갖추어져 있어 이용자들에게 복합문화공간으로서, 더욱 다채로운 문화생활의 기회와 편안한 휴식공간을 제공하고 있다.

2007년 3월에 문을 연 정보자료관은 소장도서 약 1만 3천 권과 영상자료 7백 점 등 총 1만 4천여 점에 달하는 다양한 자료를 구비하여, 지역주민과 관람객들에게 문화학습 공간과 학술정보를 제공하고 있다.

상설전시실에는 충북에서 출토된 유물이 시대별로 전시되어 충북 지역의 역사와 문화를 살펴볼 수 있게 하였다. 야외에는 백제시대의 제철로와 통일신라시대의 무덤을 복원 전시하고 있다.

국보와 보물로 ① 계유명전씨아미타불삼존석상(국보106호), ② 기축명아미타여래 제불보살석상(보물367호) 등이 있고, 국가지정문화재 4점과 세계 최초로 금속활자를 주조한 청주흥덕사지를 비롯한 청주사뇌사지 · 충주미륵리사지 등 고려시대의 절터 유물, 분청사기에서 청화백자까지의 조선자기 등 도자기

의 역사와 고려 이후 인쇄문화의 발전사에 관한 자료 등이 있다.

16. 국립춘천박물관

•위치 : 강원도 춘천시 우석로 70 •설립 : 2002년 10월 30일 •성격 : 박물관, 국립박물관 •분야 : 예술 · 체육/회화

국립춘천박물관은 2002년 10월에 개관하였다. 구석기시대 이래 강원 지역의 문화유산 보존과 학술조사, 연구와 문화교육을 수행하기 위해 설립되었다. 첨단 전시시설과 보존설비체계를 갖추었으며, 부대시설로 야외공연장, 체험학습실, 어린이문화사랑방, 도서실 등이 있다.

전시실은 모두 4개의 상설전시실과 2개의 기획전시실, 야외 전시장으로 이루어져 있다. 선사실에는 강원도 내에서 출토된 구석기시대, 청동기시대의 고고학 관련 유물이 있고, 고대실에는 동예부터 삼국, 통일신라, 후삼국시대에 이르는 시기의 유물이 전시되어 있다.

특히 상설전시실에는 한송사지 석조보살좌상(국보124호) 등 이 지역에서 출토된 불교 관련 유물과, 금강산 · 관동팔경 · 곡운구곡 등 강원도의 명산을 그린 회화, 조선왕실 관련 유물들이 전시되어 있다.

17. 국립해양박물관

•위치 : 부산광역시 영도구 해양로 301번길 45 •설립 : 2012년 7월 9일 •성격 : 박물관, 국립박물관 •분야 : 문화 · 교육/문화 · 예술

국립해양박물관은 해양유물을 발굴하고 보존하며, 그 가치를 연구하고 해양문화와 해양개발에 대한 관심을 고취하기 위해, 2012년 7월에 개관하였다. 박물관 규모는 우리나라에서 세 번째로 크다.

바다와 관련된 귀중한 국내외 유물과 자료를 전시하고 있으며, 다양한 해양체험과 교육 프로그램을 마련하고 있다.

건물은 지하 1층에서 지상 4층으로 이루어져 있으며, 해양 한국의 랜드마크인 종합해양박물관이다. 우리나라 전역에 산재한 귀중한 해양유물을 수집 · 보존 · 전시하면서 해양의 미래를 보여주고, 교육체험의 핵심기능을 담당하고 있다.

상설전시관 8곳, 기획전시관, 해양도서와 멀티미디어실이 있는 해양도서관, 어린이박물관, 야외 원형광장, 수족관, 4D영상관, 아름다운 바다를 감상할 수 있는 전망대 등이 있다.

이곳에는 해양문화, 해양역사와 인물, 항해선박, 해양산업, 해양과학, 해양영토 등 해양과 관련된 장비 · 용품 · 물품 · 도서 · 사진 등 약 1만 2천 점을 전시하고 있다.

18. 국립현대미술관

•위치 : 경기도 과천시 광명길 209 •설립 : 1969년 10월 20일 •성격 : 미술관, 국립미술관 •분야 : 예술 · 체육/회화

국립현대미술관은 1910년대 이후부터 미술작품을 체계적으로 수집, 보존하여 전시함으로써 미술문화 발전에 기여하고, 연구 · 조사 · 교육 활동과 국제 미술 교류 등 현대미술의 발전에 기여할 목적으로 설립하였다.

1969년 8월 대통령령 제4030호로 직제가 제정되어, 1969년 10월에 경복궁(현 국립민속박물관)에서 개관하였다. 그 뒤 1973년 5월에 덕수궁 석조전으로 청사를 이전하였다. 이후 1986년 8월에 대통령령 제11957호에 의한 직제 개정으로 8월 25일에 국제적 규모의 시설과 야외 조각장을 겸비한 과천 서울대공원 내로 이전, 개관하였다.

1998년 12월에는 덕수궁미술관 분관을 개관하여 서울 강북권에 새로운 문화공간을 활성화하는 데 주력하고 있다. 2006년 책임운영기관으로 전환되어 전문성을 살린 고객 중심의 미술관으로 거듭 나고 있습니다. 규모는 지하 1층, 지상 3층으로, 야외 조각장을 갖추고 있다.

19. 국립국악박물관

•위치 : 서울특별시 서초구 서초동 남부순환로 2364 •설립 : 1995년 2월 23일 •성격 : 박물관, 국악전문박물관
•분야 : 예술 · 체육/국악

국립국악박물관은 1995년 2월에 개관하였다. 우리나라 최초의 국악 전문박물관으로서 각종 국악 관련 자료와 유물 약 6천 점을 소장하고 있으며 4층 건물이다.

상설전시실에는 각종 국악기와 국악 관련 음향 및 영상자료 약 2백50점을 전시하고 있으며, 입체 영상실에서는 3D 애니메이션을 감상할 수 있다. 궁중음악실에서는 궁중의 음악과 무용을 비롯해서, 조선시대의 병풍 등 궁중문화의 진수를 만나볼 수 있다.

원류음악실에서는 고대악기의 변천과 고대유적 출토유물 속 악기, 고분벽화 속의 악기를 볼 수 있다. 가야금 제작 공방에서는 우륵의 정신을 이어가는 악기장의 모습과 가야금의 제작과정을 살펴볼 수 있다.

서민음악실에서는 노동의 음악, 기원의 음악, 유흥의 음악 등 민간에서 생겨난 백성들의 음악을 엿볼 수 있고, 선비음악실에서는 조선 선비들의 풍류를 즐겨볼 수 있고, 세종음악실에서는 세종대왕의 음악적 업적을 마주할 수 있다.

그리고 궁중음악인실에는 조선시대 최고 악인(樂人)들의 이야기가 펼쳐져 있고, 근현대음악실은 장악원의 명맥을 잇는 국립국악원과, 근현대를 가로지르는 국악계 스타, 국악 명반 등이 전시되어 있다.

20. 덕수궁미술관

•위치 : 서울시 중구 정동 5-1번지 •설립 : 1998년, 2002년 5월 7일 •성격 : 미술관 •분야 : 예술 · 체육/회화

덕수궁미술관은 덕수궁 내에 위치한 국립현대미술관 분관으로 1998년에 개관하였으며, 건물은 2004년 등록문화재81호로 지정되었다. 한국 근대미술의 형성과 전개과정을 체계화하여 우리 민족의 문화와 역사적 정체성을 구현하

기 위한 목적으로 설립되었다.

이 미술관은 1900년대부터 1960년대까지 한국 근대미술, 아시아 및 서구 근대미술도 함께 다루고 있다. 기획전시, 소장품 전시를 비롯하여 근대미술 관련 조사연구와 학술행사 등 다양한 활동을 통해 한국미술의 세계화, 미술의 물적 및 인적 교류 등을 도모하고 있다.

원래 덕수궁미술관은 1938년 2월에 개관한 이후 최초의 근대식 박물관 건물로서 많은 전시가 개최되었다. 완성된 이 건물은 지상 3층으로 화강암과 인조석을 섞어 의석조로 지었다. 좌우 대칭형 건물로서 중앙부는 코린트식 기둥의 현관이 덧붙여진 형식이다.

1954년 이후 국립박물관으로 사용되었다가, 1973년 7월에 국립현대미술관이 경복궁에서 덕수궁으로 이전하여 국립현대미술관으로 사용되었다. 1986년 8월에 국립현대미술관이 과천으로 신축 이전하였고, 1998년에 국립현대미술관 분관을 개관하였다. 2002년 5월에 덕수궁미술관으로 정식 직제화되었다.

제3절 공립박물관

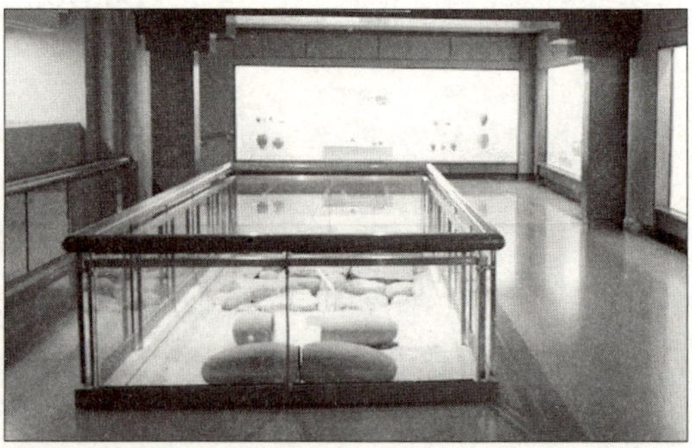

강릉시오죽헌시립박물관 내부

공립은 '지방자치단체가 특정시설을 설립하여 운영하는 일, 또는 그 시설'을 말한다. 공립박물관은 주로 광역자치단체(특별시 · 광역시 · 특별자치도 · 도), 기초자치단체(시 · 군 · 구) 등에 소속되어 있어 관리도 자치단체별로 한다.

공립박물관의 설립목적은 주로 해당 지역에서 출토된 귀중한 문화자료를 수집하고 연구 · 전시 · 교육 등을 통해 조상들이 물려준 숭고한 업적을 기리고, 우리의 전통문화를 계승 발전시키며, 나아가 시민들의 휴식공간과 문화향수의 장으로서의 역할을 수행하기 위해 설립되었다.

지방자치단체가 설립한 대표적인 공립박물관은 ① 강릉시오죽헌시립박물관, ② 거창박물관, ③ 경기도박물관, ④ 광주광역시립민속박물관, ⑤ 독도박물관, ⑥ 옛길박물관, ⑦ 부산광역시립박물관, ⑧ 이중섭미술관, ⑨ 서울역사박물관, ⑩ 영일민속박물관, ⑪ 인천광역시립박물관, ⑫ 제주특별자치도민속자연사박물관, ⑬ 고창판소리박물관, ⑭ 허준박물관 등이 있다.

1. 강릉시오죽헌시립박물관

• 위치 : 강원도 강릉시 오죽헌로 15 • 설립 : 1992년 11월 15일 • 성격 : 박물관, 시립박물관 • 분야 : 예술 · 체육/회화

강릉시오죽헌시립박물관은 1992년 11월에 강릉향토사료관으로 처음 개관되었으며, 1997년 10월에는 역사문화관을 증축하여 개관하였다. 1998년에는 오죽헌과 통합함으로써 '강릉시오죽헌시립박물관'으로 명칭이 바뀌었다. 그리고 2003년 3월에는 대관령박물관을 흡수하면서 규모가 더욱 확대되었다.

영동 지방의 향토자료 수집 · 전시 및 전통문화를 계승 발전시키고, 사회교육 및 시민의 정서함양에 기여하기 위해 설립되었다. 전시관은 역사문화관, 향토민속관, 오죽헌, 문성사, 율곡기념관, 야외전시장 그리고 대관령박물관으로 구분되어 있다.

역사문화관에는 영동 지방에서 출토된 각종 선사 · 역사유물과 도자기, 고문서, 전적, 서화류 등이 전시되어 있고, 향토민속관은 각종 생활용품과 생업도구, 그리고 김영숙 기증유물로 이루어져 있다.

또한 신사임당과 이이가 태어나고 성장한 오죽헌, 1975년 이이의 영정을 모신 문성사, 신사임당과 아들 이이를 포함한 자녀들이 남긴 작품이 전시된 율곡기념관, 대관령 산기슭에서 수집한 유물들이 전시되어 있다.

소장유물은 약 6천 점이며, 보물은 ① 한송사지석불좌상(보물81호), ② 오죽헌(보물165호), ③ 격몽요결(보물602호), ④ 명안공주관련유물(보물1220호) 등이 있다.

강원도유형문화재는 ① 이씨분재기(제9호), ② 율곡 유품(제10호), ③ 신사임당 초충도병(제11호), ④ 사임당 초서병풍(제41호), ⑤ 매창매화도 및 옥산국화도첩(제12호), ⑥ 산서병(제13호), ⑦ 박중신문과급제교지(제116호), ⑧ 목판초간본(124호) 등이 있다.

2. 거창박물관

•위치 : 경상남도 거창군 거창읍 상림리 64-1 •설립 : 1988년 5월 20일 •성격 : 박물관, 공립박물관 •분야 : 예술 · 체육/회화

거창박물관은 향토 사학자인 최남식과 김태순의 기증으로 1988년 5월에 개관하였다. 두 사람은 일제강점기와 6 · 25전쟁 중에 이 지역 문화재가 다른 지역으로 반출되는 것을 애석하게 여겨 직접 문화재를 수집하였다.

수집된 많은 문화재를 보존하기 위해 1983년 9월에 '박물관설립추진위원회'를 결성하여 1988년에 '거창유물전시관'으로 개관하였다. 1993년 4월에는 거창박물관으로 승격되었고, 박물관의 개보수 이후 2009년 3월에 재개관하여 오늘에 이르고 있다.

건물은 한옥 구조로 제1전시실, 제2전시실, 야외전시실, 별관으로 구성되어 있다. 소장 유물은 약 1천2백 점이며, 전시유물은 약 9백 점으로 각 시대별 · 유형별로 전시되어 있다. 소장유물은 가야시대 유물을 포함한 토제품 약 2백 50점, 고려와 조선시대의 자기류 약 4백 점, 생활 농기구 약 5백 점 등이다.

유물은 ① 제복(중요민속자료218호), ② 대동여지도(경상남도유형문화재275호),

③ 송림사지석조여래좌상(경상남도유형문화재311호)과 ④ 거창 둔마리벽화고분(사적239호) 모형도 등이 있다.

3. 경기도박물관

•위치 : 경기도 용인시 기흥구 상갈동 85 •설립 : 1996년 6월 21일 •성격 : 박물관 •분야 : 예술 · 체육/회화

경기도박물관은 1996년 6월에 개관하였고, 도립박물관으로는 제주도에 이어 두 번째로 설립되었다. 그 후 2008년 3월에 경기문화재단 소속으로 변경되었다. 한강 유역과 고려 · 조선의 왕도를 포용하는 지역으로서 경기도에 산재한 문화유산을 수집 · 관리 · 전시하는 등 문화의 정체성을 확립하기 위해 설립되었다.

건물은 수원성을 형상화한 현대식 건물로 지상 3층, 지하 1층이다. 시설은 자연사실, 고고미술실, 문헌자료실, 민속생활실, 서화실 등의 상설전시실과 1개의 기획전시실이 있다. 야외전시장에는 고인돌, 삼국시대 주거지 등 비교적 규모가 큰 유물이 전시되어 있다.

국보와 보물은 ① 초조본대방광불화엄경주본 권1(국보256호), ② 궤장 및 궤장연회도첩(보물930호), ③ 전태사교의(보물1052호), ④ 진인권공(보물1053호), ⑤ 청원군 심대호 성공신교서(보물1175호), ⑥ 조영복영정(보물1298호) 등이 있고, 유물 약 3천5백 점을 소장하고 있다.

4. 광주광역시립민속박물관

•위치 : 광주광역시 북구 비엔날레 2길 213 •설립 : 1963년 5월 •성격 : 박물관, 민속박물관, 시립박물관 •분야 : 예술 · 체육/회화

광주광역시립민속박물관은 농업사회의 전통을 지켜온 광주 지역의 민속문화를 총체적으로 전시 · 연구 · 교육하기 위해 1963년 5월에 도립광주박물관

으로 설립되었고, 1964년 4월에는 광주시립박물관으로 개칭되었다.

1983년 5월에는 다시 광주시립박물관을 흡수 · 통합하여 '광주시립민속박물관'으로 확대 이전하였다. 총공사비 약 60억 원은 순수한 광주시의 재정으로 완공하여 문화예술 도시로서의 면모를 과시하였고, 1995년 10월에 또다시 '광주광역시립민속박물관'으로 개칭되었다.

박물관 건물은 지하 1층, 지상 2층으로, 한옥과 양옥의 절충 양식이다. 이곳의 민속자료는 광주와 전남 지역에서 수집하였고, 시기적으로는 19세기 말 20세기 초를 중심으로 하였다.

전시실에는 주생활 · 의생활 · 식생활 · 농업 · 어업 · 생업 · 민속공예 등이 있고, 주요 소장자료는 약 8천9백66점으로 ① 정지장군환삼(보물336호), ② 강진김해김씨상여(광주광역시민속자료4호) 등 총 7건 99점(국가 2건 7점, 지방 5건 92점)이 문화재로 지정되어 있다.

5. 독도박물관

• 위치 : 경상북도 울릉군 울릉읍 약수터길 90-17 • 설립 : 1997년 8월 8일 • 성격 : 박물관, 공립박물관 • 분야 : 역사/현대사

독도박물관은 독도 관련 자료를 발굴 · 수집 · 연구 · 전시 · 교육 · 홍보함으로써 영토수호 의지 고취와 교육장으로 활용하기 위한 취지로 설립되었다.

1995년 광복 50주년을 맞아 울릉군이 대지를 제공하고, 삼성문화재단이 건축한 건물에, 고(故) 이종학 초대관장이 국내외에서 수집한 자료와 고(故) 홍순칠 대장의 유품 및 독도의용수비대동지회, 푸른울릉독도가꾸기모임 등의 자료를 모아 1997년에 설립되었다.

건물은 지하 1층, 지상 2층의 규모이다. 제1전시실에는 독도가 신라시대부터 지금까지 우리 영토로 표기되어 있는 지도와 전적이 전시되어 있다. 제2전시실에는 청일전쟁 이후의 지도와 전적, 대한제국이 1900년 울릉도를 지방관

제에 편입하면서, 그 관할구역으로 독도를 명기한 사실, 1905년 러일전쟁 중에 일본이 독도를 불법 강점한 과정, 독도를 한반도의 부속 도서로 표기한 지도 · 전적 · 문서 등이 전시되어 있다.

제3전시실에는 한국전쟁에 참전했던 울릉도 청년들의 독도의용수비대의 활약상과 19세기 미국 포경선의 울릉도와 독도 발견을 전하는 항해 일지 등이 전시되어 있다.

자연생태 영상실에는 동식물과 조류, 어류 등 독도의 생태를 사진으로 게시하고, 대형영상을 통하여 독도의 사계절을 보여주고 있다.

6. 옛길박물관

• 위치 : 경상북도 문경시 문경읍 새재로 944 • 설립 : 1997년 4월 27일 • 성격 : 박물관 • 분야 : 예술 · 체육/회화

옛길박물관은 1997년에 설립된 문경새재박물관을 확충하여 2009년 4월에 재개관한 박물관이다. 문경 지역의 민속자료와 향토역사 유물을 수집 및 전시, 연구한다는 본래의 기능에 '옛길'이라는 역사와 문화적 정체성을 더하여 박물관의 위상을 높였다.

소장품 약 6천 점 중에 1571년(선조 4) 문경 대승사에서 간행한 『부모은중경』, 1701년 봉암사의 정원대사가 집필한 『선원제전집도서과문』, 조선 후기의 고문서들, 문경 지역 무덤 출토 복식유물인 금선단 치마, 중치막 등이 있다.

1층 전시실에는 문경 지역에서 출토된 토기 등 고고 역사 유물, 도화서 화원 이치가 그린 옥소 권섭 영정, 선조 어필과 홍인걸의 투구, 주두업의 묘지 등에서 출토된 유물들이 전시되어 있다.

2층 전시실에는 조선 후기 유곡역 고문서와 권섭의 유행록을 중심으로 전통시대의 길과 사람들에 대해 재현해 놓았다. 야외에는 금학사지 삼층석탑을 비롯해 이 지역의 옹기 약 1천5백 점, 연자방아, 장독대, 솟대, 서낭당 등이 전시되어 있다.

7. 부산광역시립박물관

•위치 : 부산광역시 남구 유엔로 210 •설립 : 1978년 7월 11일 •성격 : 박물관 •분야 : 예술 · 체육/회화

부산광역시립박물관은 1978년 7월에 개관하였다. 1995년 1월에 부산광역시립박물관으로 개칭되었고, 2002년 5월에는 부산광역시립박물관이 부산박물관으로 새 단장되어 개관되었다.

선사시대부터 근대까지의 문화재를 전시하고 있고, 부산 지역의 선사 · 고대 · 중세시대의 문화를 규명하기 위한 학술조사와 발굴 유적의 보존 처리 및 보관을 하고 있다. 건물은 총 6개의 전시실과 야외전시장에 구석기시대부터 조선 말기에 이르기까지 부산 지역을 중심으로 역사의 흐름을 살펴볼 수 있는 여러 가지 유물과 유품들로 꾸며져 있다.

대표적 발굴유적으로는 덕천동고분군, 노포동고분군, 두구동임석유적, 복천동고분군, 가달고분군, 만덕동사지, 당감동성지, 해운대구석기유적, 청강리고분군, 동삼동패총, 범방패총 등을 들 수 있다. 소장유물은 약 1만 1천3백점에 이른다. 대표적인 전시 유물로는 ① 국보200호인 통일신라시대의 금동보살입상과 ② 국보233호인 영태2년명납석제호 등 국보 2점 및 보물 · 기념물 등이 있다. 주로 부산 및 경상남도 지역의 덕천동 · 노포동 고분군, 김해읍성 유적 등지에서 발굴한 매장문화재 약 6천 점을 비롯하여 구입품 약 7백30점, 기증품 약 3천8백70점, 수집품 약 3백50점 등이다. 전시실에는 부산 지역의 역사와 관련된 유물과 선사시대 이래의 각종 유물 약 5백60점이 전시되어 있다.

8. 이중섭미술관

•위치 : 제주특별자치도 서귀포시 이중섭거리 87 •설립 : 2002년 •성격 : 미술관, 도립미술관 •분야 : 예술 · 체육/회화

이중섭미술관은 이중섭의 예술혼을 기리고 제주의 문화예술 진흥발전을 도

모하기 위하여 설립되었다. 이중섭은 1951년 1·4후퇴 때 원산을 떠나 가족과 함께 서귀포로 피난을 와서 약 1년 동안 작품활동을 하였다.

1995년 정부는 이중섭 화가가 살았던 거주지에 기념표석을 건립하였고, 1996년에는 이중섭거리(360m)가 지정되었다. 1996년에는 이중섭 거주지를 매입하여 복원한 후, 2002년에 이중섭미술관을 개관하였다. 건물은 지상 2층의 건물로, 상설전시실, 기획전시실, 이중섭거주지로 이루어져 있다.

주요 소장품은 이중섭의 작품 11점, 한국 현대미술작품 1백41점을 소장하고 있다. 이중섭의 작품은 섶섬이 보이는 풍경, 파란 게와 어린이, 선착장을 내려다본 풍경, 사내와 아이들, 게와 가족, 은지화 등이 있다. 그리고 1층 상설전시실에는 이중섭의 작품과 이중섭 관련 각종 서적 및 자료, 부인이 이중섭과 시인 구상에게 보낸 편지문 등이 전시되어 있다.

9. 서울역사박물관

•위치 : 서울특별시 종로구 새문안로 55 •설립 : 서울특별시 종로구 새문안로 55 •성격 : 박물관 •분야 : 예술 · 체육/회화

서울역사박문관은 2002년 5월에 개관하였다. 조선시대 이후 서울의 역사와 생활모습, 현대 서울의 변화과정을 보여주기 위해 설립된 도시역사박물관이다.

건물은 지하 1층, 지상 3층으로, 분관은 청계천문화관, 동대문역사관, 한성백제박물관, 몽촌역사관이 있다. 상설전시는 1존 조선시대 서울, 2존 개항, 대한제국기 서울, 3존 일제강점기 서울, 4존 고도성장기 서울, 5존 도시모형 영상관 등 5개 존으로 구성되어 있다.

기증전시실에는 약 8백 점의 기증유물이 전시되어 있다. 대표적인 유물은 조선신궁 진좌제 기념주화, 경성명승유람안내, 한국병합기념화보, 경성회고록, 황국신민서사, 대동여지도, 동여도, 흥선대원군 이하응 초상, 용비어천가 등 보물 21점을 비롯하여 고지도, 고문서와 전적, 사진자료, 운현궁 유물 등

약 12만 점을 소장하고 있다.

10. 영일민속박물관

•위치 : 경북 포항시 북구 흥해읍 한동로 51 •설립 : 1983년 10월 29일 •성격 : 민속박물관 •분야 : 예술 · 체육/회화

1983년 10월 29일에 개관한 영일민속박물관은 포항과 영일 지역의 사라져가는 향토 풍습과 민속 유물을 영구 보존하기 위해 설립된 민속박물관이다. 1984년에는 추가적인 자료를 수집해 1985년에 제2전시관을 준공했다. 특히 영일민속박물관은 1987년 6월에 민속박물관으로서는 국내 최초로 지정되었다.

건물은 조선 헌종 원년인 1803년에 건립된 제남헌을 수리하여 사용하고 있다. 전시실은 제1전시장, 제2전시장, 전통초가 1동, 연자방앗간 1동, 야외전시장, 유물보관창고 등의 시설을 갖추고 있다. 전시실에는 토기, 고서적, 관혼상례용구, 부엌도구, 신변잡구류 등이 전시되어 있다.

주요 소장품으로는 베틀, 토기항아리, 디딜방아를 비롯하여 1천771점의 생활용구류가 있고, 지게, 도리깨, 절구, 새우잡이통 등 약 1천142점의 농어업기구류가 있다. 그 밖에 조선 건국사집, 칙령, 교지, 시집 등 2백50점의 고서적류와 질그릇, 도자기, 귀대병 등 약 5백91점의 토기류, 그리고 상례복, 혼례복 등의 관혼상제 및 의관류 240점과 골패와 비석 약 6백40점 등이 있다.

11. 인천광역시립박물관

•위치 : 인천광역시 연수구 청량로 138 •설립 : 1946년 4월 1일 •성격 : 박물관 •분야 : 예술 · 체육/회화

인천광역시립박물관은 우리나라 최초의 공립박물관으로서, 1946년 4월에 지금의 자유공원에서 향토관 소장 유물을 인수하여 개관하였다. 1950년 한국전쟁 당시 연합군의 인천상륙작전으로 박물관 건물이 소실되었지만, 1953년

휴전 성립 후 현 인천문화원으로 이전하여 이듬해 4월에 복관하였다.

1990년 5월에는 현 부지로 이전하여 현재에 이르렀다. 1995년에는 인천광역시립박물관으로 명칭이 변경되었고, 2006년에는 리모델링하여 재개관되었다.

건물은 지하 1층, 지하 2층 규모에 5개의 상설전시실과 1개의 기획전시실, 야외전시장을 갖추고 있다. 약 4천7백 점의 소장 유물 중 약 7백50점을 총 6개의 전시실에서 토기 및 도자기와 근대 개항 관련 유물을 주로 전시하고 있다.

12. 제주특별자치도민속자연사박물관

•위치 : 제주특별자치도 제주시 삼성로 46 •설립 : 1984년 5월 24일 •성격 : 박물관, 도립박물관 •분야 : 예술 · 체육/회화

1975년에 제주도관광종합개발계획에 의하여 박물관 건립지구로 결정 고시된 후, 1984년 5월에 제주도민속자연사박물관으로 개관하였다. 2011년 1월에는 '제주특별자치도민속자연사박물관'으로 변경되었다.

건물 지붕은 제주 초가의 물매 형태와 한라산의 완만한 능선을 표현하였고, 마감 재료는 다공질 현무암을 사용하여 지역성을 부각시켰다. 시설은 상설전시실(자연사전시실과 민속전시실), 특별전시실, 시청각실, 수장고 등이 있고, 고고민속자료 9천817점과 자연사 자료 2만 7친9백84점 등 총 3만 7천8백 점을 소장하고 있으며, 이 가운데 약 4천 점을 상설 전시하고 있다.

특히 ① 제주 무태장어 표본 1점(천연기념물27호), ② 국제보호조인 황새 표본 1점(천연기념물199호), ③ 한란(천연기념물191호) 등이 있다.

13. 고창판소리박물관

•위치 : 전라북도 고창군 고창읍 읍내리 241-1 •설립 : 2001년 6월 25일 •성격 : 박물관 •분야 : 문화 · 교육/교육

고창판소리박물관은 판소리 전문박물관이다. 동리 신재효 선생의 유품이

설립의 직접적인 계기가 되었다. 판소리 이론가이자 개작자였던 신재효와 진채선, 김소희 등 많은 명창을 기념하고, 판소리의 전통을 계승 · 발전시키며, 판소리에 대한 유형 · 무형의 자료를 수집 · 보존 · 조사 · 연구 · 전시 · 해석함으로써 수준 높은 판소리 예술의 재교육 등을 제공하고자 설립되었다.

이 박물관은 2001년 6월 25일에 개관하였고, 그 후 2003년 1월에 조직 개편에 따라 문화체육시설관리사업소로 통합되었다. 2005년 4월에는 제1종 전문박물관으로 등록되었고, 2007년 1월에는 고창군청 문화관광과 문화시설계로 편입되었다.

2009년 9월 소장 및 관리하던 미술품 1백40여 점과 1백여 점 이상의 미술품을 기증받아 미술품을 별도로 전시한 고창군립미술관을 개관하였다. 전시실은 상설전시실 5실, 기획전시실 1실을 운영하고 있으며, 상설전시실은 멋마당, 소리마당, 아니리마당, 발림마당, 다목적실로 이루어져 있다.

14. 허준박물관

•위치 : 서울특별시 강서구 허준로 87 •설립 : 2005년 3월 23일 •성격 : 박물관, 공립박물관 •분야 : 예술 · 체육/회화

허준박물관은 허준 관련 자료를 수집하고 연구 · 전시 · 교육 등을 통해 허준 선생의 숭고한 의학사상과 의학적 업적을 기리고, 한의학의 역사와 전통문화를 계승 발전시키며, 나아가 시민들의 휴식공간과 문화 향수의 장으로서의 역할을 수행하기 위해 설립되었다.

허준의 고향인 서울 강서구에서 1999년에 건립계획을 수립한 이래 5년여의 준비 끝에 국비, 서울시비의 지원을 받아 2005년 3월에 개관하였고, 1종 전문박물관 제13호로 등록하였다.

① 신찬벽온방(보물1087-2호), ② 구급간이방(보물1236-2호) 등 전통 한의학 관련 자료 1천여 점을 소장, 전시하고 있다. 허준에 관한 자료를 전시한 허준

기념실, 『동의보감』을 비롯한 저서들을 전시한 동의보감실, 약초약재실, 전통의약기실, 내의원과 한의원실, 체험실, 서울시 우수조망점으로 선정된 휴게공간, 약초원 등으로 구분되어 있다.

연습문제

01. ICOM(International Council Of Museums)의 본부가 있는 도시는?

① 런던 ② 파리
③ 뉴욕 ④ 도쿄

02. 박물관의 기본기능으로 옳지 않은 것은?

① 수집 · 보존기능 ② 조사 · 연구기능
③ 판매 · 위탁기능 ④ 전시 · 교육기능

03. 박물관의 역할에 해당하지 않는 것은?

① 정치적 역할 ② 환경적 역할
③ 경제적 역할 ④ 문화적 역할

04. 박물관의 종류를 잘못 설명한 것은?

① 국립박물관 ② 공립박물관
③ 사립박물관 ④ 사회박물관

05. 다음 설명에 해당하는 박물관은?

> 고고학 · 역사 · 미술사 · 인류학 분야 등에서부터 민속학 · 자연사 · 산업 · 체신 · 교통 · 의약 · 서도 등으로 세분

① 전문박물관 ② 대형박물관
③ 복합박물관 ④ 종합박물관

06. 국립박물관의 역할을 잘못 설명한 것은?

① 유물의 조사 · 발굴 · 수집 · 보존 · 연구 · 전시 · 교육 등으로 한국문화와 역사를 연구
② 미래지향적인 평생교육기관 및 전시관으로서의 기능과 역할을 재정립
③ 문화공간의 시설을 갖추어 시민들에게 문화향유를 제공하고 수익을 창출
④ 국민들의 평생교육을 위한 장소와 휴식 · 여가선용을 위한 문화공간의 역할

07. 1759년 1월 세계 최초의 국립박물관으로 탄생한 박물관은?

① 루브르박물관　② 대영박물관
③ 프레도박물관　④ 바티칸박물관

08. 1909년 우리나라 최초의 근대적 성격을 가진 박물관은?

① 경주박물관　② 부여박물관
③ 공주박물관　④ 제실박물관

09. 다음 설명에 해당하는 박물관은?

> 1945년에 설립된 박물관으로 우리의 고유생활양식, 풍속 및 관습을 조사 · 연구하며, 생활민속 유물을 수십 · 보존 · 전시함으로써 전통문화의 보급 및 선양 등을 널리 알리기 위해 설립

① 국립제주박물관　② 영일민속박물관
③ 국립민속박물관　④ 공립허준박물관

10. 다음 설명에 해당하는 박물관은?

> 1908년에 황실박물관으로 개관하였고, 조선왕조 5백 년의 역사와 문화가 살아 숨쉬는 곳으로, 조선왕실 문화유산 전문박물관이다. 특히 궁중 문화재 박물관으로 조선왕조 및 대한제국시대의 왕실복식 및 생활관련 유물을 소장

① 국립고궁박물관　　② 서울역사박물관
③ 국립중앙박물관　　④ 국립진주박물관

11. 지방자치단체가 운영하는 박물관은?

① 국립박물관　　② 사립박물관
③ 공립박물관　　④ 대학박물관

정답

01 ②, 02 ③, 03 ②, 04 ④, 05 ①, 06 ③, 07 ②, 08 ④, 09 ③, 10 ①, 11 ③

제9장

공연예술

학습 포인트

- 제1절에서는 공연예술과 관광에 대해 학습하고, 한국무용을 분류해 본다.
- 제2절에서는 국악과 국악기를 분류해 보고, 제례음악과 판소리, 풍물 · 사물놀이에 대해 학습한다.
- 연습문제는 우리나라의 전통무용과 전통음악에 대해 총체적으로 학습한 후에 풀어본다.

제1절 한국전통무용

1. 공연예술과 관광

공연(Performance)은 공연예술에서 공연자가 관객들 앞에서 하는 행위를 말하며, 음악의 공연은 연주라고 한다. 우리나라 「공연법」 제2조에서는 공연을 "음악 · 무용 · 연극 · 국악 · 곡예 등 예술적 관람물을 실연(實演)에 의하여 공중(公衆)에게 관람하도록 하는 행위"라고 정의하고 있다.

라토마(Lartoma, 1989) 등은 공연예술을 "시간과 장소에 국한된 예술적 형태를 발생시키며, 동시에 소멸되는 예술로 무대 위에서 청중이나 관객을 위해 행해지는 예술행위"라고 정의하였다.

① 예술(藝術)은 '아름다움을 표현하고 창조하는 일에 목적을 두고 작품을 제작하는 모든 인간 활동과 그 산물을 통틀어 이르는 말'이고, ② 예능(藝能)은 '음악 · 연극 · 무용 · 미술 등의 연예분야를 통틀어 이르는 말'이다.

특히 고대로부터 전승되고 있는 그 나라의 독특한 고전적 예술(한국의 판소리 · 이탈리아의 가극 · 러시아의 발레 · 일본의 가부키 · 중국의 경극 등), 또는 근대 음악과 근대 회화 등의 예술작품도 중요한 관광대상이 된다. 학자들이 주장한 공연예술의 정의는 〈표 9-1〉과 같다.

〈표 9-1〉 공연예술의 정의

학자명	내용
「공연법」 제2조	음악 · 무용 · 연극 · 국악 · 곡예 등 예술적 관람물을 실연에 의하여 공중(公衆)에게 관람하도록 하는 행위
라토마(Lartoma)	시간과 장소에 국한된 예술적 형태를 발생시키며, 동시에 소멸되는 예술로 무대 위에서 청중이나 관객을 위해 행해지는 예술행위

이유재 등(1999)은 공연예술의 특성을 ① 무형성, ② 비분리성, ③ 이질성, ④ 소멸성의 4가지 서비스 특성을 통하여 설명하고 있다.

첫째, 공연은 물리적 형태가 없고, 실연되는 것으로 경험하기 전까지는 상상이 불가능하다. 즉 실체를 보거나 만질 수 없는 무형성이다.

둘째, 공연의 실연과 관객의 관람이 동시에 이루어지고, 또한 관객은 공연의 구성요소로서 박수와 환호 등을 통해 공연의 과정에 참여한다. 즉 생산과 소비가 동시에 일어나며, 소비자가 서비스 공급에 직접 참여해야 한다.

셋째, 배우나 연주자 등의 기분, 숙련도에 따라 작품의 내용과 질이 달라질 수 있고, 상연되는 공연장과 시설에 따라 질 또한 달라질 수 있다. 즉 품질이 고르지 않거나 종업원에 따라 제공되는 서비스의 내용이나 질이 달라질 수 있다.

넷째, 공연관람은 1회성으로서 소멸되며, 공연시간 외에는 공연을 관람할 수 없다. 즉 재고로 보관할 수 없는 특성을 지닌다. 공연예술의 특성을 정리하면 〈표 9-2〉와 같다.

〈표 9-2〉 공연예술의 특성

특성	공연예술의 성격
무형성	공연은 물리적 형태가 없고, 실연되는 것으로 경험하기 전까지는 상상이 불가능. 즉 실체를 보거나 만질 수 없는 무형성
비분리성	공연의 실연과 관객의 관람이 동시에 이루어진다. 또한 관객은 공연의 구성요소로서 박수나 환호 등을 통해 공연의 과정에 참여. 즉 생산과 소비가 동시에 일어나며, 소비자가 서비스 공급에 직접 참여해야 함
이질성	배우나 연주자 등의 기분, 숙련도에 따라 작품의 내용과 질이 달라질 수 있고, 상연되는 공연장과 시설에 따라 질 또한 달라짐. 즉 품질이 고르지 않거나 종업원에 따라 제공되는 서비스의 내용이나 질이 달라짐
소멸성	공연관람은 1회성으로서 소멸되며, 공연시간 외에는 공연을 관람할 수 없음. 즉 재고로 보관할 수 없음

자료 : 이유재 외(1999), 「공연예술시장의 소비자 행동 연구에 대한 고찰」, 『경영논집』, 서울대학교출판부에서 인용 후 재구성

2. 한국무용의 분류

무용(舞踊)의 사전적 의미는 "음악에 맞추어서 몸을 움직여 감정과 의지를 표현하는 예술"이다. 즉 무용은 인간의 삶을 보다 여유롭고 문화적으로 풍부하게 만드는 데 기여한다. 또한 인간은 풍요로운 삶의 연장을 위해 춤과 노래로 하늘과 땅에 제사를 드렸다.

원시시대의 무용형태로 탈춤(假面舞)을 들 수도 있다. 탈춤은 '얼굴에 탈을 쓰고 추는 춤'으로, 하나의 무속적 관념으로서 병을 추방하는 행사 또는 재앙이나 액운을 쫓아내는 행사로써 추었다. 제의(祭儀)형태의 무용은 원시인들의 주요 활동인 사냥과 관련된 것으로 동물들의 번식을 증진시키고, 성공적인 사냥을 보장받기 위한 것이었다(김말복, 2013).

현존하는 미개민족의 무용이나 구석기시대의 벽화, 고대의 조각 등을 통하여 원시무용의 모습을 추측해 볼 수 있는데, 모든 민족이 춤을 즐겨왔음을 알 수 있다. 사람들은 춤을 춤으로써 황홀한 경지로 빠져들고, 악령 · 신령의 세계에 도달하였다. 또한 그들은 신을 인간의 세계로 초대하기 위해, 신과의 대화를 위해, 신을 숭배하기 위해 춤을 추었다.

바로 여기에 모든 무용이 지니는 원시적인 모습이 담겨 있다. 그들의 춤은 죽음 · 탄생 · 사랑 · 전쟁 · 평화 · 질병 · 건강 · 수확 · 천재(天災) 등과 결부되어 있었다. 즉 춤에 몰입함으로써 새로운 힘을 부여받았던 것이다. 그리고 춤은 현재의 자신에게서 나오는 것이기도 했다. 따라서 원시무용은 제의(祭儀)와 밀접하게 관련되어 생활의 실용적 의미를 가지고 중요한 위치를 차지한 것으로 보고 있다.

제의와 무용의 연결은 그 후 시대와 민족에 따라 양식을 달리했으며, 또한 생활에 있어서의 의미와 역할을 바꾸어 가면서 우리나라의 향토예능처럼 오늘날까지 끊임없이 존속하고 있다.

이러한 무용의 원시형태는 ① 종교무용(종교적인 행사의 색채를 지니는 무용),

② 모방무용(사람 또는 사물의 꼴을 모방하는 춤), ③ 수렵무용(생명보존의 양식으로 들짐승을 잡기 위해 추는 춤), ④ 전쟁무용(다른 종족이나 부족과 싸울 때 자기네 종족의 사기를 돋우기 위한 춤), ⑤ 노동무용(농경시대에 힘을 돋우기 위해 춘 춤) 등으로 나눌 수 있다.

한국무용은 한국의 전통문화를 바탕으로 하여 만들어진 모든 종류의 무용을 말한다. 거의 침체상태에 있던 한국무용은 1950년 8 · 15광복을 맞이해 다시 회생의 기쁨을 맞게 되었다. 현재는 많은 무용인이 양성되면서 보전과 전승도 잘 이루어지고 있다.

무용 또는 춤은 음악 또는 박자에 맞춰 몸을 움직이는 예술적 행위로, 사람이나 동물 사이의 비언어적 의사소통의 방식을 말하는 데 쓰이기도 한다. 무용은 사회적 상호작용이나 표현의 수단으로 이용되기도 하며, 영적인 의식 또는 공연 등에도 춤이 이용된다. 즉 미적(美的) 정서를 리듬에 맞춰 신체로 표현하는 공연예술을 말한다.

오늘날 무용은 음악이나 연극과도 친근성이 있는 시공성(時空性) 있는 예술이라 보고 있다. 예술로서의 무용은 언어나 문자를 사용하지 않고 작자의 내적 이미지를 운동적인 심벌로 직접 바꿈으로써 그것을 표출 · 형성 및 전달을 꾀할 때 독자적 영역을 갖는 것이다.

정부에서는 「문화재보호법」에 의해 주요 전통무용의 보전 · 전수사업을 활발히 지원하고 있으며, 전통무용에 대한 인식도 점차 높아지고 있다. 이러한 현상은 한국무용이 대중생활에 깊이 뿌리내리고 있음을 암시하는 것이다. 한국무용은 크게 ① 궁중무용, ② 민속무용, ③ 가면무용, ④ 의식무용 등으로 나눌 수 있다.

1) 궁중무용

궁중무용은 '동작이 아니라 노래로써 설명한다'는 점이 가장 큰 특징이다. 여기 사용되는 노래를 창사 · 치어 · 치사라고 한다. 춤을 시작할 때 제일 먼저 부르는 것을 '선구호'라 하고, 춤이 끝날 무렵에 부르는 것을 '후구호'라 부른다. 또한 노래는 춤을 추는 중간에도 부른다.

동작 면으로 보면 춤의 가락이 우아하고, 선이 고우며 몸가짐이 바르나, 동작의 변화가 적어 다양하지는 못하다. 사용되는 장단 및 박자는 여유가 느껴지게 느릿하고 편안하다. 급하고 촉박한 것은 금기로 되어 있다. 또한 의상이 현란하고 구성이 장대하며, 의상의 색조에 있어서는 오행설(五行說)에 의하여 방위(方位)에 부합되는 것을 입었다.

반주에 사용되는 장단은 20박(拍)을 1장단으로 한 것, 16박을 1장단으로 한 것, 12박을 1장단으로 한 것, 10박을 1장단으로 한 것, 6박을 1장단으로 한 것, 4박을 1장단으로 한 것 등의 6종류가 있다.

2) 민속무용

민속무용은 각종 제사와 서민대중이 즐겨하는 세시풍속 중에서 자연발생적으로 민중과 결부되거나 밀착되어 민중과 호흡을 같이하고, 서민대중의 생활환경 속에 뿌리를 박고 오랫동안 발전해 왔다.

민속무용은 어떠한 격식이나 일정한 법도 없이 서민들의 정서와 소박한 감정을 적절하게 표출하는 것이다. 한국 민속무용의 형성시기와 발생장소는 짐작할 수 있지만, 작자와 창작연대는 분명치 않은 것이 많다. 그것은 어느 한 사람이 창작한 것이 아니라, 오랜 세월 동안 조금씩 틀이 잡히면서 발전했기 때문이다.

찬란한 의상이나 복잡한 무대장치가 없어도 적당한 공간의 장소라면 어디에서고 춤을 출 수 있다. 장단 및 박자로는 염불(6박이 1장단), 타령(12박이 1장단) 등이 쓰이며, 그 밖에 남도 지방의 산조곡 장단과 무악인 살풀이장단 등도 사용한다.

한국 민속무용의 종류로는 ① 농악무, ② 승무, ③ 강강술래, ④ 한량무, ⑤ 남무, ⑥ 살풀이춤, ⑦ 무당춤, ⑧ 무동춤, ⑨ 장구춤, ⑩ 소고춤 등이 있다. 한국 민속무용의 종류는 〈표 9-3〉과 같다.

〈표 9-3〉 한국 민속무용의 종류

종류	내용
농악무	- 농악무는 '농악에 맞춰 추는 춤'을 말하며, 전국에 산재해 있다. 내용은 지방에 따라 약간의 차이가 있으나 거의 비슷하다. 춤의 진행은 상쇠(지휘자)가 전담하고 소고 · 북 · 장고 등이 보조역할을 한다. 농어촌의 유일한 오락물인 농악무는 세시풍속의 행사 등에 참가한다. 사용되는 악기로 꽹과리 · 징 · 북 · 장고 · 소고 · 호적 등이 있다.
승무	- 승무는 끝내 수행을 이루지 못한 고뇌를 법고를 두드려서 잊으려는 파계승의 심정을 나타내는 춤이다. 승무는 '고깔과 장삼을 걸치고 두 개의 북채를 쥐고 추는 민속춤'을 말하며, 간간이 법고를 치기도 한다. - 춤의 구성은 체계적이고 춤사위가 다양하며, 춤의 기법 또한 독특하다. 6박자인 염불, 도드리와 4박자인 타령, 굿거리장단에 맞춰 춤을 춘다. 또 장단의 변화는 7차례나 있어 춤사위가 각각 다르게 구분된다.
강강술래	- 중요무형문화재8호로 지정된 강강술래는 '여자들이 손을 잡고 원을 그리며 빙빙 돌면서 추는 민속춤, 또는 그 춤에 맞춰 부르는 노래'를 말한다. 2009년 9월에 유네스코 인류구전 및 무형유산 걸작으로 선정되었다. - 추석날밤 또는 정월대보름날밤에 추는 민속놀이로, 주로 전라남도 서남해안지방의 해남 · 무안 · 진도 · 완도 등지에서 행해진다.
한량무	- 한량무는 진주 관아의 행사 때 여흥으로 춘 춤으로 일종의 풍자 춤극이며 경상남도 시도무형문화재3호로 지정되었다. 한량(閑良)은 조선시대에 벼슬을 하지 못한 호반(虎班)의 이름이다. - 내용은 '한량과 별감이 기생을 데리고 즐겁게 노는데, 승려가 나타나 멋진 춤으로 기생의 환심을 사니, 기생은 마침내 한량과 별감을 배반하고 승려에게로 가는 남녀의 관계를 그린 춤'이다.
남무	- 남무는 '남자들이 추는 춤', 또는 '예전에 기생이 남빛 창의를 입고 추던 춤'을 말한다. 일반적으로 대중화되지는 않았고, 다만 기생들에 의하여 유행되었다. - 춤의 내용은 '두 사람이 서로 상대하고 상배(相背) 및 포옹하며 교태를 부리는 것'이다. 반주 음악으로 삼현영산회상(三絃靈山會相 : 향피리 중심의 합주곡) 전곡이 사용된다.

종류	내용
살풀이춤	– 살풀이춤은 우리나라 춤의 정수라 할 수 있으며, 중요무형문화재97호로 지정된 춤이다. 살풀이는 '타고난 흉살을 풀기 위하여 하는 굿'을 의미한다. 즉 무속의식에서 액(厄)을 풀어낸다는 뜻으로 '살(煞)을 푸는 춤' 또는 '도살풀이'라고도 한다. – 이 춤은 남도(南道) 무무(巫舞) 계통이라는 설이 있으며, 그 후 다양한 기법으로 변천하여 기방무용으로 계승 발전한 것으로 보고 있다. 주로 굿의 마지막 판에 안화태평(安和太平)과 재수를 바라며 추어진다.
무당춤	– 무당춤은 '무당이 굿을 할 때 추는 것'을 말하며, 경기도 굿의 무속무용을 무대화시킨 것이다. 춤은 쾌자를 입고 깃을 꽂은 관(절립)을 쓰고 한 손에 방울을, 한 손에 삼불제석(三佛帝釋)*을 그린 부채, 혹은 3지창 · 칼 등을 들고 춘다. – 장단은 도드리 · 굿거리 · 타령 · 당악 등이 쓰이고, 무용음악은 반염불 · 허튼타령 · 굿거리 · 당악 등이다. 처음에는 신을 부르기 위하여 느린 장단으로 천천히 추다가, 나중에는 뛰면서 춤을 춘다.
무동춤	– 무동은 '걸립패 따위에서 상쇠의 목말을 타고 춤추고 재주를 부리는 아이'를 의미한다. 따라서 무동춤은 걸립패 · 남사당패 · 답교놀이 · 농악 등에서 추는 춤이다. – 대부분 나이 어린 소년을 뽑아 여장(女裝)을 시켜 남자의 어깨 위에 올라서서 춤을 춘다. 춤가락은 양주산대(楊州山臺)놀이에서 소무(小巫)의 가락인 자라춤을 많이 사용한다.
장구춤	– 장구는 '국악에 쓰이는 타악기의 하나'로 허리가 잘록한 통의 양쪽 두 개의 테에, 하나는 말가죽을 매어 오른쪽 마구리에 대고, 다른 하나는 쇠가죽을 매어 왼쪽 마구리에 대어 붉은 줄로 얽어서 팽팽하게 켕긴다. 왼쪽은 손으로 치고, 오른쪽은 채로 친다. – 최근에는 새로운 형태로 안무하면서 완전한 무용으로 발전해 독특하고 장쾌한 멋을 풍긴다.
소고춤	– 소고는 '농악기의 하나로 운두가 낮고 양면을 얇은 가죽으로 메운 작은 북으로 대개 자루 손잡이가 달려 있으며, 나무채로 치는 것'을 말한다. 농악의 12차 장단에 맞추어 소고(小鼓)를 두드리면서 춤을 춘다.

***삼불제석(三佛帝釋)** : 무교와 불교를 받아들이면서 슬그머니 만들어낸 신으로 본래는 삼신제석이다.

3) 가면무용

가면무용은 원시적인 신앙행사나 세시풍속의 행위에서 발생되었다고 할지라도 특정한 지역에 기반을 두고, 그 지방에 뿌리를 박고 토착화되어, 오랫동안 그 지역의 범위 안에서만 성행하고 성장되어 현재까지 전해진 춤을 말한다.

현재 각 지방에 남아 있는 탈춤(가면무용)은 전체적으로 내용에 있어서는 대동소이하지만, 노는 형태에 있어서나 춤가락 면에 있어서는 각각 그 지방대로의 특징이 있다. 멀리 삼국시대에서 근세에 이르는 동안 궁정무인 정재(呈才 : 예전에, 대궐 안의 잔치 때 하는 춤과 노래를 아울러 이르던 말)에서 서민들의 놀이인 산대춤에 이르기까지 민속예술의 뼈대를 이루어 온 것이 바로 가면무이다.

한국 가면무용의 특징은 얼굴 위에 가면을 쓰고 추는 점, 연희자 전원이 남자로 구성된다는 점, 춤에 노래와 대사가 곁들여진 종합예술이란 점, 벽사진경의 의식무, 파계승에 대한 풍자, 양반계급에 대한 모욕, 남녀 간의 갈등, 1부(夫) 대 처첩(妻妾)의 삼각관계, 서민생활의 빈곤상 폭로 등 어떤 가면극이든 공통되는 주제를 가졌다는 점, 과장(科場)마다 독립성을 가졌다는 점, 사회성을 띠고 있다는 점 등이다.

가면무용은 ① 중부형 탈춤 ② 경남형 탈춤 ③ 해서형 탈춤 ④ 기타 지역의 탈춤 등이 있다. 지역분포에 따른 분류는 〈표 9-4〉와 같다.

〈표 9-4〉 지역분포에 따른 분류

지역	내용
중부형 탈춤	서울을 중심으로 수도권과 경기도 일원에서 추었던 춤으로 지금은 '경기도의 양주산대놀이'와 '송파의 산대놀이'에만 보존되어 있다.
경남형 탈춤	경남 합천군 초계의 밤마리라는 포구에서 발생된 것으로 전해지는 탈춤으로 오광대(五廣大)라고도 한다. 지금은 통영시와 고성군의 두 곳에 남아 있다. 놀이의 구성은 다섯 과장으로 되어 있고, 5방신장(五方神將) · 5문둥이 · 5양반(五兩班) 등이 등장한다.

지역	내용
해서형 탈춤	황해도 봉산군을 주축으로 삼고, 근접한 해안선 지역과 내륙지방을 포함하여 여러 곳에 산재해 있던 탈춤이다. 봉산탈춤과 강령탈춤이 대표적이다.
기타 지역의 탈춤	기타 지역으로는 함경도 북청사자놀이, 강원도 대관령 단오제의 관노가면(官奴假面)놀이, 경북 안동의 하회별신굿놀이에서의 탈춤 등이 있다.

4) 의식무용

의식무용은 불교의 재의식(齋儀式)과 문묘·종묘의 제사에서 추는 춤을 말한다. 과거에는 원구단이나 사직단 제사에서도 노래와 춤이 있었으나, 오늘날은 제사가 폐지되어 소멸되었다. 불교계통의 무용에는 5종이 있는데 ① 나비춤, ② 바라춤, ③ 법고춤, ④ 목어, ⑤ 타주(打柱) 등의 5가지가 그것이다.

불교 재의식 절차 중에는 '식당작법(食堂作法)'이라 하는 순서가 있어서, 반드시 상기 5종의 춤을 추는 대목이 있다. 5종의 춤은 불경의 범음(梵音)과 북·징·장고·호적 등이 반주로 사용된다.

이외에 문묘와 종묘에서 추는 일무(佾舞)가 있다. 일무는 '종묘나 문묘 제향 때 여러 사람이 여러 줄로 벌여 서서 추는 춤'을 말한다. 한국 의식무용의 특색과 의식 절차에 따라 춤이 진행되고, 춤으로써의 독자성·독립성이 희박한 점이 있으며 무용종류에 따라 무용도구가 달라진다는 점이 있다. 의식무용의 종류는 〈표 9-5〉와 같다.

〈표 9-5〉 의식무용의 종류

종류	내용
나비춤	-나비춤은 '나비가 나는 모양을 흉내 낸 춤'을 말한다. 불교의식을 위해 추는 무용의 하나로, 일명 '접무', '작법'이라고도 한다. 춤은 매우 완만하고 느린 동작으로 조심스럽게 춘다. -승무에서 소매가 긴 옷에 고깔을 쓰고, 모란꽃을 쥐고, 나비가 나는 모양으로 춤을 춘다. 영산재, 수륙재, 각배재, 생전예수재 등의 의식 중간에 삽입해서 춘다.
바라춤	-바라춤은 '불전(佛前)에 재(齋)를 지낼 때 자바라를 치고 천수다라니를 외면서 추는 춤'을 말한다. '바라' 혹은 '요잡'이라 불리는 악기를 들고 추는 춤이다. -절에서 영산재와 같은 의식에서 추는 불교무용의 하나로, 큰 법고를 세우고 장삼을 입고, 양손에 북채를 들고 북굴레와 북통을 치면서 춤을 춘다. 춤은 엄숙하고 경건한 느낌으로 춘다.
법고춤	-법고춤은 ① 불교의식에서 행하는 무용의 하나, ② 농악에서는 버꾸재비들이 버꾸를 치면서 추는 춤, ③ 절에서는 조석(朝夕)의 예불이나 각종 의식에 쓰인다.
목어	-사찰에서는 새벽 예불과 저녁 예불, 큰 행사가 있을 때 범종 등과 함께 목어를 친다. 이는 '물속에 사는 모든 중생들을 제도한다'는 상징적인 의미를 포함하고 있다. -형태는 단순한 물고기 모양에서 용머리에 고기의 몸을 취한 용두어신(龍頭魚身)의 형태로 변형되었으며, 입안에 여의주를 물고 있는 형태를 취한 것도 있다.
타주	-불교의식 무용의 하나로 '수행을 다짐한다'는 뜻을 지닌 춤이다. 즉 불교에서 중요 수행법인 팔정도(八正道)를 표시한 팔각의 기둥을 세워놓고, 두 사람이 마주 보고 오른손에 잡은 채로 기둥을 두들기며 그 주위를 도는 춤이다.

제2절 한국전통음악

1. 국악의 의미와 분류

국악(國樂)의 사전적 의미는 “그 나라의 고유한 음악”, “우리나라의 고전음악”이다. 그러나 이 단어는 누가 어떻게 사용하느냐에 따라 특정 국가의 음악을 가리킬 수 있다. 즉 국악은 ‘자기 나라의 음악’이란 뜻이므로, 한국인이 ‘국악’이라 한다면, 이는 곧 ‘한국음악’을 가리키는 것이다(김영은, 2016).

또한 국악은 한국전통음악으로 불리며, 한국 현대음악도 한국음악에 포함된다. 한국에서는 조선왕조에서 계승하도록 장려한 것과 백성들의 자발적인 농악을 포함하여 전래된 전통 국악이라고 정의한다(현경실 외, 2016).

한국의 전통음악은 시대와 방법에 따라 다양하게 분류할 수 있다. 조선시대에는 주로 아악 · 당악 · 향악 등 3개로 나누었다. 그러나 근래에는 다른 방법의 분류법이 사용된다. 즉 <그림 9–1>과 같이 국악을 분류하는 방법은 크

<그림 9–1> 국악의 분류도

자료 : 현경실 외(2016), 『전통음악으로의 초대』, 성신여자대학교출판부, p. 13.

게 ① 정악, ② 민속악, ③ 창작곡으로 나눈다. 그리고 정악은 다시 ① 궁중음악(아악 · 당악 · 향악), ② 풍류음악(기악 · 성악)으로 세분되고, 민속악은 ① 기악, ② 성악으로 세분되며, 창작곡은 ① 전통창작곡, ② 퓨전으로 세분된다.

1) 정악 · 민속악 · 창작곡

국악을 분류하면 〈표 9-6〉과 같이 ① 정악, ② 민속악, ③ 창작곡으로 나뉜다.

〈표 9-6〉 정악 · 민속악 · 창작곡

분류	내용
정악	- 정악(正樂)은 국악 가운데 넓은 의미의 아악(雅樂)을 이르는 말이다. 즉 '아악 가운데 민간에 계승되어 온 잔잔하면서도 단아한 귀족풍의 고상한 순정음악'을 말한다. - 또한 정악은 '기품이 높고 바르다'는 뜻으로 과거의 궁중음악과 양반들이 연주하던 모든 음악을 통칭한다. - 〈종묘제례악〉, 〈문묘제례악〉, 〈영산회상〉, 〈수제천〉, 〈취타〉, 가곡, 시조 등이 정악에 포함된다.
민속악	- 민속악(民俗樂)은 '민간에서 전해 내려오는 그 지역 고유의 음악'을 말한다. 민속악은 주로 서민층이 즐기던 음악을 일컬으며, 주로 조선 중기 이후에 발달하였다. - 민요 · 판소리 · 산조 · 시나위 · 풍물놀이 등은 민속악에 속한다.
창작곡	- 1900년대에 들어오면서 국악분야에도 새로운 형태의 창작곡(創作曲)이 많이 만들어졌다. 새롭게 작곡된 곡을 '창작곡' 혹은 '신곡'이라 부르며, 작곡된 곡들 중 대중음악적 요소가 많이 들어간 것은 '퓨전음악'이라 부른다.

2) 궁중음악 · 풍류음악

정악을 세분하면 〈표 9-7〉과 같이 ① 궁중음악, ② 풍류음악으로 나뉜다.

〈표 9-7〉 궁중음악 · 풍류음악

분류	내용
궁중음악	궁중음악은 국가나 왕실의 공식 의전음악을 말하는 것으로, 비교적 규모가 크다. 〈종묘제례악〉, 〈낙양춘〉, 〈보허자〉, 〈수제천〉, 〈평조회상〉 등 대부분의 관현악곡들이 궁중음악에 포함된다.
풍류음악	풍류음악은 조선 후기의 양반 · 사대부나 지식인 사회의 음악 애호가들에 의하여 연주 · 감상된 음악을 말하며, 규모가 작은 실내악이 발전하였다. 가곡 · 시조, 〈현악 영산회상〉 등을 포함한다.

3) 아악 · 당악 · 향악

궁중음악을 세세분하면 〈표 9-8〉과 같이 ① 아악, ② 당악, ③ 향악으로 나뉜다.

〈표 9-8〉 아악 · 당악 · 향악

분류	내용
아악	– 아악(雅樂)은 옛날 우리나라에서 의식 따위에 정식으로 쓰던 궁정용 고전음악으로 〈아부악〉, 〈당부악〉, 〈향부악〉이 있다. 현재는 공자 제사에 쓰이는 〈문묘제례악〉만 남아 그 명맥을 유지하고 있다. – 아악은 고려 예종 때 중국에서 들어온 대성아악을 가리킨다. 대성아악은 고려와 조선 초까지 우리나라의 궁중음악이었다. 박연은 조선 초에 대성 아악을 정리하였는데, 이것이 오늘날까지 전해져 오는 〈문묘제례악〉이다.
당악	– 당악(唐樂)은 '중국 당나라 때의 음악'이며, 중국 음률에 의거하여 제정한 풍류이다. 주로 중국에서 유행하던 음악이 통일신라와 고려시대에 우리나라로 전해졌다. 현재는 〈낙양춘〉과 〈보허자〉 두 곡만이 남아 전해진다. – 또한 당악은 당나라 음악은 물론 송나라의 속악까지도 포함한다. 통일신라시대 이후에 우리나라에 들어왔다. 제례 음악인 향악과 구별하여 당악이라고 한다. 당피리가 주선율을 이끌며 연주한다.
향악	– 향악(鄕樂)은 삼국시대부터 우리나라 궁중에서 연주되던 한국 고유의 음악을 일컫는 말로, 당악이 들어오기 이전의 제례 음악과 당나라 이전 시대에 서역에서 들어온 음악이다. 대표적인 악기로 가야금 · 거문고가 있다. – 대표적인 향악은 〈정대업〉, 〈보태평〉, 〈여민락〉, 〈수제천〉, 〈영산회상〉 등의 곡과 가곡, 가사, 시조의 여러 곡이 전승되고 있다.

4) 기악 · 성악

풍류음악을 세세분하면 〈표 9-9〉와 같이 ① 기악, ② 성악으로 나뉜다.

〈표 9-9〉 기악 · 성악

분류	내용
기악	기악(器樂)은 악기로 연주하는 음악을 말한다.
성악	성악(聲樂)은 사람의 목소리로 하는 음악을 말한다.

2. 국악기의 분류

국악기는 연주법에 따라 ① 현악기, ② 관악기, ③ 타악기로 나누어진다. 국악 연주에는 국악기가 사용된다. 국악기는 거문고나 가야금처럼 상고 시대부터 전해 내려오는 것이 있다. 피리나 비파같이 서역에서 전래된 것이 있고, 편종과 편경같이 중국에서 들어온 것이 있다. 외국에서 들어온 악기는 대부분 우리 음악에 맞도록 고쳤다.

1) 현악기

우리나라의 대표적인 현악기는 〈표 9-10〉과 같이 ① 거문고, ② 가야금, ③ 해금, ④ 아쟁, ⑤ 양금 등이 있다. 그 외에도 비파 · 금슬 · 대금 · 월금 · 공후 등이 있으나, 많이 사용하지는 않는다.

〈표 9-10〉 현악기

분류	내용
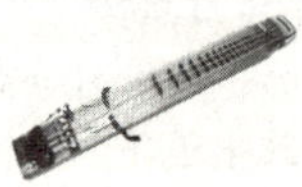 거문고	- 거문고는 '오동나무의 긴 널을 속이 비게 짜고, 그 위에 6개의 줄을 친 현악기'를 말한다. 고구려의 왕산악이 만들었다고 전해지며, 술대를 이용하여 연주하는 우리나라의 대표적인 현악기이다.

분류	내용
	–명주실로 된 6개의 줄과 음을 눌러 낼 수 있는 16개의 괘로 구성되어 있다. 현재는 새로운 주법도 개발되고 개량된 악기도 등장하고 있다.
 가야금	–가야금은 '우리나라 고유의 현악기로, 가야고, 가얏고 등으로 불린다. 오동나무로 길게 공명판을 만들어 바탕을 삼고, 그 위에 12줄을 매어 손가락으로 뜯거나 튕겨서 소리를 낸다.' –정악을 연주하는 정악가야금과 민속악을 연주하는 산조가야금, 그리고 개량된 18현 · 21현 · 25현 가야금 등이 쓰인다. 특히 음색이 맑고 우아하여 표현력이 뛰어난 악기이다.
 해금	–해금은 '향악기의 하나이다. 둥근 나무통에 가는 자루를 박고 2개의 줄 사이에 활을 끼워 문질러 연주한다. 원래는 수입된 악기이나 우리나라에 들어와 완전히 향악화되었다. –관현합주는 물론 삼현육각 · 관악합주 · 독주에 이르기까지 광범위하게 사용되는 중요한 악기이다. 자유자재로 연주가 가능해서 많은 곡들이 해금을 위해 작곡되고 있다.
 아쟁	–아쟁은 '우리나라 고유 현악기의 하나로 대쟁(大箏)과 비슷하나, 그보다 작은 7현 악기이다.' 앞면은 오동나무, 뒷면은 밤나무로 만든다. 요즘에는 9줄 또는 12줄로 만들기도 한다. –활로 그어 소리를 내며, 소리가 시원하고 남성적이어서 사랑받는 악기이다. 정악을 연주하는 대아쟁과 산조를 연주하는 소아쟁이 있다.
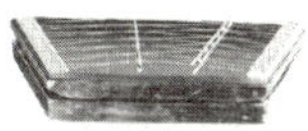 양금	–양금은 '서양의 현악기라는 뜻으로, 우리나라와 중국에서 쓰는 현악기'이다. 오동나무로 만든 사다리꼴로 된 넓적한 상자 모양의 통 위에 놋쇠의 현이 14줄 있는데, 대나무로 만든 채로 치며, 매우 독특한 소리를 낸다. 〈영산회상〉, 〈보허자〉 등에 사용된다.

2) 관악기

우리나라의 대표적인 관악기는 〈표 9–11〉과 같이 ① 대금, ② 피리, ③ 태평소, ④ 단소, ⑤ 소금, ⑥ 생황, ⑦ 나발, ⑧ 나각, ⑨ 훈 등이 있다. 그 외에도 중금 · 당적 · 퉁소 · 초적 · 소 · 지 · 약 · 적 등이 있다.

〈표 9-11〉 관악기

분류	내용
 대금	- 대금(大笒)은 순우리말로 '저', 또는 '젓대'라고도 하였다. 통일 신라 때부터 전해지는 오래된 악기로, 중금 · 소금과 더불어 삼죽(三竹)이라 불린다. 관현악 합주 때 임종을 불어 여기에 맞추어 모든 악기가 조율을 하며, 독주 · 합주에 두루 쓰인다. - 대금에는 정악대금과 산조대금의 두 종류가 있다. ① 정악대금은 〈영산회상〉과 가곡반주 등에 사용되고, ② 산조대금은 산조 · 시나위 · 민요 반주 등에 쓰인다.
 피리	- 피리는 구멍이 8개 있다. 피리 혀를 꽂아서 부는 관악기의 하나로, 속이 빈 대에 구멍을 뚫고 불어서 소리 내는 것을 총칭한다. 크기는 상대적으로 작으나, 음량은 크고 우렁차서 주된 가락을 연주하는 악기이다. - 피리는 향피리 · 당피리 · 세피리의 세 종류가 있다. ① 향피리는 당피리와 같으나 그것보다 가늘고, 주로 향악을 연주하는 데 쓰이며, 그 활용범위가 넓다. ② 중국에서 들어온 당피리는 구멍이 8개인데, 한 구멍은 뒤에 있다. 주로 당악을 연주하는 데 쓰인다. ③ 세피리는 가늘기 때문에 '가는 피리'라는 뜻에서 세피리라 한다. 주로 가곡 · 가사 등 성악곡의 반주에 주로 쓰인다.
 태평소	- 태평소(太平簫)는 나무로 만든 관에 8개의 지공을 뚫었는데, 그 중 둘째 지공은 뒷면에 있다. 아래 끝에는 깔때기 모양의 놋쇠를 달고, 부리에는 갈대로 만든 겹혀를 끼웠다. - 또한 태평소는 음량이 가장 큰 관악기이다. 소리가 커서 주로 대취타와 풍물놀이 등 야외에서 연주되는 곡에 많이 쓰이며, 주된 가락을 연주하는 경우가 많다. 겹서를 꽂아 연주한다.
 단소	- 단소(短簫)는 대로 만들며, 퉁소보다 좀 짧고 가늘며, 구멍은 앞에 4개, 뒤에 1개가 있다. 단소의 음력은 두 옥타브 정도이며, 소리가 청아하고 연주가 쉬워 많은 사랑을 받고 있는 관악기 중 하나이다. 특히 소리가 크지 않아 실내악이나 독주 악기로 많이 쓰인다.

분류	내용
 소금	-소금(小笒)은 가로로 비껴들고 부는 관악기의 하나이다. 삼죽 가운데 가장 작고 음이 높다. 대금과 같이 옆으로 부는 악기로, 관악기 중 가장 높은 소리를 낸다. 7음 음계를 내기 쉽고 소리가 맑고 청아하다. 비교적 연주가 쉬워 학교에서 교육용으로 많이 쓰인다.
 생황	-생황(笙簧)은 삼국시대부터 사용되었던 관악기로, 17개의 가는 대를 세우고, 주전자 귀때 비슷한 부리로 분다. 우리나라의 악기 중 2개 이상의 음을 동시에 낼 수 있는 유일한 악기로서, 단소와 이중주로 연주되기도 한다. -최근에는 중국으로부터 개량된 악기를 들여와 독주나 국악관현악과의 협주 등에 사용하기도 한다.
 나발	-나발은 옛날 악기의 하나이다. 쇠붙이로 긴 대롱같이 만드는데, 위는 가늘고 끝은 넓게 퍼져 있다. 주로 군중에서 호령이나 신호용으로 쓰인다. -관의 길이는 115cm 정도이며, 취구(吹口) 쪽이 가늘고 동팔랑(벌렁이)이 붙어 있는 쪽이 굵다.
 나각	-나각(螺角)은 소라의 껍데기로 만든 옛 군대 악기를 말한다. 속칭 '소라', 또는 '고동'이라고도 한다. 고려시대에 취타군이 불었다는 기록이 있다.
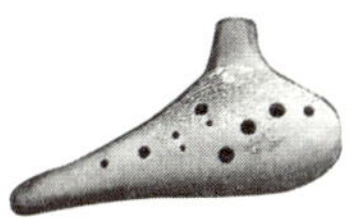 훈	-훈(壎)은 흙으로 구워 만든 고대 중국의 악기이다. 속이 빈 저울추 모양으로 지공이 앞에 3개, 뒤에 2개가 있고, 부는 구멍은 위쪽에 있다. 음역 12율이다.

3) 타악기

타악기(打樂器)는 '나무 · 가죽 · 금속 등을 두드려서 소리 내는 악기'를 말한다. 타악기는 크게 나누면 음을 낼 수 있는 유율 타악기와 음을 낼 수 없는 무율 타악기로 나눌 수 있다.

유율 타악기는 〈표 9-12〉와 같이 ① 편종, ② 편경, ③ 특종, ④ 특경, ⑤ 방향, ⑥ 운라 등이 있다. 무율 타악기는 〈표 9-13〉과 같이 ① 장구, ② 좌고, ③ 용고, ④ 박, ⑤ 축, ⑥ 어, ⑦ 부, ⑧ 북, ⑨ 징, ⑩ 자바라, ⑪ 꽹과리 등이 있다.

〈표 9-12〉 유율 타악기

분류	내용
 편종	편종은 두 개 층의 걸이가 있는 틀에 12율의 순서로 조율된 종을 한 단에 8개씩 달아 망치로 치는 타악기를 말한다.
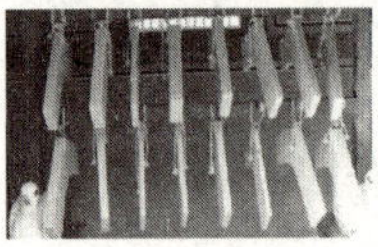 편경	편경은 두 개 층의 걸이가 있는 틀에 한 층마다 8개씩의 경쇠(돌을 ㄱ자 모양으로 깎아 만든 타악기)를 매어 단 것을 말한다.
 특종	특종은 풍류를 시작할 때 치는 종을 말한다.
 특경	특경은 편경보다는 크고, 한 가자(架子)에 하나만 달고 풍류를 그칠 때 친다.
 방향	방향은 2단으로 된 가자(架子)에 직사각형의 강철판을 각각 8개씩 매어 놓고, 망치 모양으로 된 두 개의 채로 친다. 고려 전기부터 궁중음악에 사용되었다.

분류	내용
 운라	운라는 10개의 동그란 쇠판을 매달아 작은 나무망치로 쳐서 음을 낸다.

무율 타악기는 〈표 9-13〉과 같이 ① 장구, ② 좌고, ③ 용고, ④ 박, ⑤ 축, ⑥ 어, ⑦ 부, ⑧ 북, ⑨ 징, ⑩ 자바라, ⑪ 꽹과리 등이 있다.

〈표 9-13〉 무율 타악기

분류	내용
 장구	-장구는 가장 널리 쓰이는 타악기로 장구 또는 장고라고 불린다. 정악이나 민속악에서도 음악에 반주로 쓰인다. 북의 양편을 줄로 엮어 음량과 음빛깔을 조절한다. -우리나라에는 고려 때 송나라에서 들어와 당악 연주에 사용하였다.
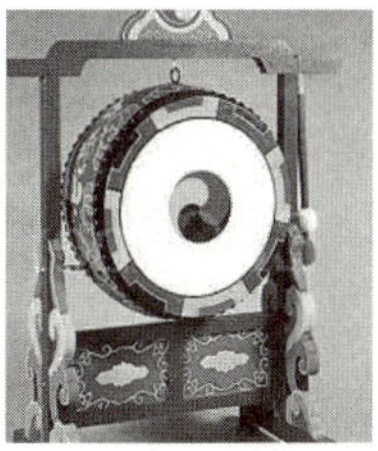 좌고	-좌고는 북의 종류로 정악을 연주할 때 빠지면 안 되는 중요한 악기이다. 앉아서 주요 박을 연주하며, 정악에서 빠르기를 주도하는 역할을 한다.
 용고	-용을 그린 북통 양쪽에 고리를 박아 끈을 달고, 어깨에 메고 두 손에 쥔 채로 내리쳐서 연주한다. -〈대취타〉에서는 장단에 맞추어 오른손과 왼손을 번갈아가며 리듬을 연주한다.

분류	내용
 박	-박은 6개의 나무를 연결하여 묶은 악기를 말하며, 두 손으로 양쪽을 벌려 서로 부딪혀서 소리를 낸다. 특히 정악의 시작과 끝을 알리는 역할을 하며, 무용 음악에서는 장단, 방향, 춤의 변화를 알리는 역할도 한다.
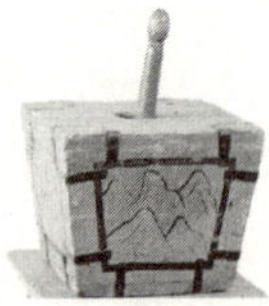 축	-축은 아악을 시작할 때 연주하는 타악기로, 네모난 나무절구에 축퇴를 꽂아 내려치며, 〈문묘제례악〉, 〈종묘제례악〉 등 음악의 시작을 알리는 데 쓴다.
 어	-어는 호랑이 모양으로 깎은 나무로 만든 악기이다. 등 부분에 나무 톱니를 만들어서 대나무로 만든 채로 긁어 소리를 낸다. 제례악 연주에서 음악을 그칠 때 연주하는 타악기이다.
 부	-부는 흙으로 만든 화로 모양의 악기로 대나무로 만든 채로 옆을 쳐서 소리 내며 〈문묘제례악〉에만 사용된다.
 북	-북은 판소리를 할 때 반주에 쓰이는 소리북과 풍물놀이에 쓰이는 풍물북이 있다. ① 소리북은 북 양편에 징을 박아 북면을 고정시킨 것이 특징이고, ② 풍물북은 북 양쪽의 가죽에 줄을 엮어 소리를 조절한다.
 징	-징은 놋쇠로 만든 국악기로, 울의 한쪽에 끈을 꿰고 채로 친다. 징과 꽹과리는 모양은 비슷하고 크기만 다르다. 지금은 〈종묘제례악〉, 〈무속음악〉, 〈풍물놀이〉 등에 쓰인다.

분류	내용
 자바라	-자바라는 두 짝으로 된 타악기이다. 놋쇠로 둥글넓적하게 만들고 배가 불룩하며 가운데에 끈을 꿰어 마주쳐서 소리를 낸다. -음 높이가 특별히 정해지지 않은 금속제 타악기로 서양의 심벌즈와 모양이 같다. 주로 불교의식에서 많이 쓰인다.
 꽹과리	-꽹과리는 놋쇠로 만든 징 따위의 타악기로, 깽매기, 깨매구 등으로 다양하게 불린다. 일반적으로 풍물놀이에서 리더의 역할을 한다.

3. 제례음악

1) 종묘제례악

조선시대의 역대 왕과 왕비의 신위(神位)를 모신 사당인 종묘(宗廟)에서 제사를 지내고 있어 '종묘제례'라고 한다. 종묘제례는 조선시대 국가의 최고 의례였다. 왕이 직접 참여하며, 매년 5월 첫째 주 일요일에 종묘에서 행해진다.

여기서 〈종묘제례악〉은 대표적인 한국전통의 궁중음악으로 조선시대에 종묘에서 제사 때 사용하던 음악이다. 종묘제례악은 우리나라 중요무형문화재1호이며, 2001년에 유네스코 세계무형문화유산으로 등재되었다.

제례의 절차는 ① 영신례(迎神禮 : 신을 맞아들임), ② 전폐례(奠幣禮 : 신에게 예물을 올림), ③ 진찬례(進饌禮 : 신에게 제수를 올림), ④ 초헌(初獻) · 아헌(亞獻) · 종헌례(終獻禮 : 세 잔의 술을 차례로 올림), ⑤ 음복례(飮福禮 : 복을 내려준 음식을 나누어 먹음), ⑥ 철변두(撤籩豆 : 제기를 치움), ⑦ 송신례(送神禮 : 신을 보내는 의식), ⑧ 망료례(望燎禮 : 지방이나 축문을 불태움)의 순서로 진행된다. 절차에 따라 춤 · 노래 · 악기가 같이 연주된다.

종묘제례가 진행될 때는 2개의 관현악단이 연주한다. 관현악단 하나는 댓돌 위에서 연주하고, 다른 하나는 댓돌 아래에서 연주한다. ① 댓돌 위에서 연주하는 관현악단을 '등가'라 하고, ② 댓돌 아래에서 연주하는 관현악단을 '헌가'라 한다.

제례가 진행되는 동안 '등가'와 '헌가'가 번갈아 가면서 연주하고, 향악기 · 아악기 · 당악기가 모두 편성되어 연주된다. 종묘제례의 음악은 주로 5음 음계로 이루어져 있다.

2) 문묘제례악

문묘제는 중국 상고시대부터 있어온 제도로서, 이때부터 제사에 가무악이 따랐다. 〈문묘제례악〉은 종묘와 사직에 이어 조선시대의 국가적 제례 중 중사(中祀)에 속한다. 1986년 중요무형문화재85호 〈석전대제〉로 지정되었다.

〈문묘제례악〉은 공자와 그의 제자의 제사에 쓰이는 음악을 말한다. 즉 문묘제례 때 행해지는 음악이다. 석전악 · 문묘악 · 응안지악이라고도 한다. 제사는 해마다 음력 2월과 음력 8월 첫 정일인 상정일에 성균관대학교 구내에 있는 문묘대성전에서 열린다.

제례의 절차는 ① 영신례(迎神禮 : 신을 맞아들임), ② 전폐(폐백을 드림), ③ 초헌(初獻 : 첫 잔 올리기), ④ 공악(아무런 의식 없이 문무와 무무 교체를 위한 음악만을 연주), ⑤ 아헌(亞獻 : 두 번째 잔 올리기), ⑥ 종헌(終獻 : 마지막 잔 올리기), ⑦ 철변두(撤籩豆 : 제기를 치움), ⑧ 송신례(送神禮 : 신을 보내는 의식), ⑨ 망료(축문 불사르기)의 순으로 종묘제례의 절차와 비슷하다.

문묘제례 때는 '문무(文舞)'와 '무무(武舞)'로 나누어 춘다. ① 문무는 약(籥)과 적(翟)을 들고 추고, ② 무무는 방패와 도끼를 들고 춘다. 연주되는 음악은 15곡이었으나, 현재는 4곡만이 연주된다. 모두 같은 곡이나 기본음인 궁(宮)만이 다르다. 리듬도 단순하고 반복적이며, 7음 음계를 쓴다.

곡은 궁으로 시작하여 궁으로 끝난다. 문묘제례에도 '등가'와 '헌가' 2개의 관현악단이 연주한다. 등가는 노래와 현악기가 중심이 되며, 헌가는 관악기와 타악기가 중심이다. 악기편성은 8가지 재료로 만든 8음이 다 갖추어져야 한다.

4. 판소리

판소리는 '공연용 노래'란 뜻으로, '광대 한 사람이 고수(鼓手)의 북장단에 맞추어 서사적인 사설을 노래와 말과 몸짓을 섞어 창극조로 부르는 민속예술의 한 갈래'이다. 중요무형문화재5호로 지정되어 있으며, 2003년 유네스코의 '인류 구전 및 세계무형유산 걸작'으로 선정되어 세계무형유산으로 지정되었다.

판소리는 '판'과 '소리'의 복합어로서, '판'은 많은 사람이 모여서 무엇인가를 벌이는 장소, '소리'는 민속음악 성악곡을 가리킨다(최동현, 2016). 『조선창극사』에서 판소리는 무녀의 굿에서 왔다는 설이 전해진다.

판소리는 조선 말기 이후 남도를 중심으로 발달하였으며, 원래 민담이나 판놀음(전문 놀이꾼들이 돈을 받고 벌이는 놀이) 설화를 바탕으로 만들어졌다. 비교적 간단한 줄거리에 다양하고 재밌는 내용들이 덧붙여져 만들어졌다. 원래는 12마당이었으나, 현재는 〈춘향가〉, 〈심청가〉, 〈수궁가〉, 〈적벽가〉, 〈흥보가〉 등 5마당이 전해지고 있다.

판소리의 3대 요소는 소리 · 아니리 · 발림이다. ① 소리는 극의 중요한 노래 부분으로 서양음악 오페라의 아리아(aria)에 비교될 수 있다. ② 아니리는 창을 하는 중간에 장면의 변화나 정경 묘사를 위해 이야기하듯 말로 하는 부분이고, ③ 발림은 극적인 효과를 위하여 창하는 사람이 곁들이는 몸짓이나 손짓으로써 이야기의 재미를 더해준다.

판소리에서 고수의 역할은 매우 중요하다. 고수는 반주, 추임새 등을 하여 소리하는 사람을 도와준다. 추임새는 고수나 관객이 판소리 도중에 '얼쑤', '잘한다', '좋다', '어이' 등 흥을 돋우기 위해 중간에 하는 감탄사를 말한다. 특히 추임새는 관현악 반주 이상의 중요한 역할을 하면서 소리와 어우러져 하나의 완벽한 음악을 만든다.

판소리의 유파 중에서는 서편제 · 동편제가 유명하다. ① 서편제는 명창 박유전에 의해 시작되었으며, 광주 · 나주 · 보성 등지에서 성행한 유파이다. 즉 섬진강 서쪽을 중심으로 발달한 것이 서편제이며, 소리가 곱고 애절한 것이 특징이다. ② 동편제는 섬진강 동쪽의 구례 · 남원 · 순창 등지에서 발달한 유파이다.

한편, 창작판소리는 우리의 전통판소리를 기본으로 하여 현대의 생활 이야기를 재밌게 붙여 만든 것을 말한다. 대표적인 창작판소리로 〈토끼와 거북이〉, 〈캔디타령〉, 〈못생긴 춘향〉, 〈10대 애로가〉 등이 있다.

창극은 '혼자 연창하는 판소리를 여러 사람이 각각 배역을 맡아 창을 중심으로 극을 전개하는 연극'을 말한다. 즉 화려한 무대장치, 의상, 연기는 물론 관현악 반주 등이 가미된 종합예술형태의 음악극이다.

5. 풍물 · 사물놀이

① 풍물놀이는 농경사회의 풍년 기원과 마을 · 가정에 복을 빌며 행해지는 농민 음악이다. 서민들의 희로애락 공유와 주체적인 삶에서 나타나는 우리나라 고유의 민속문화로 발림 · 가락 · 진으로 구성된다. 악기의 구성은 꽹과리 · 태평소 · 장구 · 소고 · 북 · 징 등이다.

② 사물놀이는 '네 사람이 각기 꽹과리 · 장구 · 북 · 징의 4가지 타악기로 농악 · 무악 등에서 연주되는 리듬 음악을 합주하는 민속음악'을 말한다. 1978년에 풍물놀이에서 동작은 빼고 음악만을 구성하여 '사물놀이'라는 이름으로 창단된 '김덕수 사물놀이' 연주단에 의해서 처음 시도된 음악이다.

연습문제

01. 원시형태의 무용으로 옳지 않은 것은?

① 종교무용　② 모방무용
③ 수렵무용　④ 창작무용

02. 한국무용의 분류에 속하지 않는 것은?

① 궁중무용　② 원시무용
③ 가면무용　④ 의식무용

03. 다음 설명에 해당하는 춤은?

> 진주 관아의 행사 때 여흥으로 춘 것으로 일종의 풍자 춤극이다. 경상남도 시도무형문화재 제3호로 지정되었다.

① 남무　② 승무
③ 한량무　④ 무당춤

04. 다음 설명에 해당하는 춤은?

> 걸립패 따위에서 상쇠의 목말을 타고 춤추고 재주를 부리는 아이를 의미하며, 걸립패 · 남사당패 · 답교놀이 · 농악 등에서 추는 춤이다.

① 무동춤　② 바라춤
③ 소고춤　④ 장구춤

05. 궁중음악에 속하지 않는 것은?

① 성악　② 아악
③ 당악　④ 향악

06. 현악기에 속하지 않는 것은?

① 거문고 ② 가야금
③ 해금 ④ 태평소

07 다음 설명에 해당하는 악기는?

> 통일신라 때부터 전해지는 오래된 악기로, 중금 · 소금과 더불어 삼죽(三竹)이라 불린다. 관현악 합주 때 임종을 불어 여기에 맞추어 모든 악기가 조율을 하며, 독주 · 합주에 두루 쓰인다.

① 대금 ② 단소
③ 피리 ④ 나발

08. 관악기에 속하지 않는 것은?

① 소금 ② 생황
③ 양금 ④ 나각

09. 유율 타악기에 속하지 않는 것은?

① 편종 ② 편경
③ 특종 ④ 장구

10. 제례의 절차 중 설명이 바르지 못한 것은?

① 영신례 – 신을 맞아들임 ② 진찬례 – 첫 번째 술을 올림
③ 철편두 – 제기를 치움 ④ 송신례 – 신을 보내는 의식

정답

01 ④, 02 ②, 03 ③, 04 ①, 05 ①, 06 ④, 07 ①, 08 ③, 09 ④, 10 ②

제10장

민속놀이

학습 포인트

- 제1절에서는 놀이의 정의, 놀이의 특성과 관광실태에 대해 학습한다.
- 제2절에서는 가무놀이, 경기놀이, 겨루기놀이, 아동놀이 등 민속놀이를 종류별로 분류해서 학습한다.
- 연습문제는 놀이의 개념과 민속놀이를 총체적으로 학습한 후에 풀어본다.

제1절 놀이의 개념

1. 놀이의 정의

놀이(play)의 사전적 의미는 ① 여러 사람이 모여서 즐겁게 놂, ② 인간이 재미와 즐거움을 얻기 위해 행하는 모든 활동, ③ 우리나라의 전통적인 연희를 통틀어 이르는 말로서, 굿이나 풍물, 인형극 따위를 일컫는다. 다시 말하면 '인간의 생존과 관련이 있는 활동과 일에 해당되는 활동을 제외한, 모든 육체적 · 정신적 활동'을 말한다.

놀이는 갈증을 뜻하는 라틴어 플라가(plaga), 독일어 슈필(Spiel)에서 유래하였다. 놀이는 이해관계를 떠나서 뚜렷한 목적 없이 자발적으로 참여하는 활동으로 즐거움과 흥겨움을 동반하는 자유롭고 해방된 인간활동을 말한다.

또한 놀이는 자유롭고, 임의적이고, 자발적이다. 그리고 각종 규제나 제약으로부터 자유롭게 해주는 자발적인 참여와 자유가 보장되어야 하며, 그 자체를 위해 추구되는 활동으로 정의되고 있다. 즉 '놀이하는 사람은 외적인 환경에 의해 강요받지 않는다는 점에서 놀이는 선택의 자유를 의미'한다.

놀이는 자신이 스스로 선택한 활동으로부터 나오는 즉각적인 만족으로 인해 즐거울 수 있다. ① 피아제(Piaget)는 놀이에 대해 "정복하는 것은 즐거움을 추구할 때 가능하다"라고 주장하였고, ② 알레아(Alea)는 놀이를 라틴어로 "주사위 놀이를 의미하며 요행과 우연의 의미를 포함하고 있다"고 하였다. ③ 하위징아(Huizinga)는 놀이를 “일상적인 인간생활의 외부에서 의식적으로 존재하는 동시에 놀이하는 사람의 마음속 깊이까지 강하게 흔들어주는 자유로운 행위”라고 정의하였다.

막연한 휴식은 놀이가 아니다. 일정한 육체적 · 정신적인 활동을 전제로 정서적 공감과 정신적 만족감을 바탕으로 이루어져야 한다. 놀이는 삶의 재미를 적극적으로 추구하고 즐기고자 하는 의지적인 활동으로서, 즐거움이나 재미가 있어야 하고, 사람들을 흡인할 수 있는 공감력이 있어야 한다.

놀이현상(phenomenon of play)을 연구하는 것은 인간행동을 이해하는 하나의 수단이며, 이와 같은 놀이는 인간의 보편적인 활동으로 이질적 문화권에 속한 어린이들도 유사한 놀이형태를 사용하고 보편적으로 리듬을 사용하고 있는 것으로 나타났다.

놀이의 공통된 특징은 동물의 놀이행동과 탐험행동에서도 나타나는데, 그 특징을 살펴보면, ① 색다른 자극이 있으면, 동물의 관심수준은 증가하고, ② 고조된 관심이 계속적으로 노출되고, 익숙해지면 감소되고, ③ 일정기간 동안 자극을 받지 않으면, 자극에 대한 동물의 반응은 회복되고, ④ 자극에 대한 익숙함 · 관심 · 회복의 과정은 여러 동물들 사이에서 일관되게 나타나지만, 동물에 따라 특별히 싫어하거나 좋아하는 자극이 있다. 학자들이 주장한 놀이의 정의는 〈표 10-1〉과 같다.

〈표 10-1〉 놀이의 정의

학자	내용
피아제(Piaget)	놀이를 정복하는 것은 즐거움을 추구할 때 가능
알레아(Alea)	주사위 놀이를 의미하며 요행과 우연의 의미를 포함
하위징아(Huizinga)	일상적인 인간생활의 외부에서 의식적으로 존재하는 동시에 놀이하는 사람의 마음속 깊이까지 강하게 흔들어주는 자유로운 행위

2. 놀이의 특성과 관광

인간은 사회적 동물로서 누구나 놀이를 즐긴다. 대개 정초에서 봄까지 많은 민속놀이가 행해지는데, 놀이를 즐기는 이유는 재밌고 즐겁기 때문이다. 놀이를 통하여 여러 가지 정신적 고통을 잊어버리고, 업무나 생업에 지쳐 있던 육체적 피로를 말끔히 풀어내기도 한다.

특히 세시풍속은 농경의례로서 농사의 풍농을 예측하거나 기원, 감사하는 의례와 관련되며, 자연과도 직간접적으로 이어지는 것이 많다. 우리는 세시풍속을 통해 그 집단이 추구하는 가치관이나 개인적 세계관까지도 엿볼 수 있다.

원시인의 주술에서 놀이는 곧 일의 연장이었다. 놀이의 근원은 노동에 있으며, 그 동작은 노동의 동작에서 비롯된 것이다. 놀이의 리듬은 노동의 동작에 리듬을 주고, 노동의 동작은 놀이의 동작으로 전환시켜 정신적 · 육체적 고통을 덜어준다.

놀이에 재미를 주는 요소는 ① 신명의 요소를 들 수 있다. 흥과 신바람이 나지 않으면, 놀이의 진정한 기분을 맛볼 수 없다. 신바람이 근심을 잊게 해주고, 경직된 몸을 유연하게 풀어준다. ② 우연성의 요소를 들 수 있다. 사전에 결과를 예측할 수 없는 상황에서 놀이를 진행하기 때문에, 관객들은 특별한 재미를 맛보게 된다. ③ 겨루기 요소를 들 수 있다. 놀이에서 겨루기는 가장 재밌고, 적극적인 요소에 해당된다. ④ 표현의 요소를 들 수 있다. 표현의 요소는 새로운 창조의 기쁨과 자아의 실현을 획득해 주고, 자신의 장기를 과시하게 됨으로써 자족적 즐거움과 만족감을 얻게 해준다.

특히 행사는 '많은 사람이 특정한 목적이나 계획을 가지고 정해진 절차에 따라 조직적으로 진행하는 일'을 말하는데, 외국인 관광객의 입장에서 볼 때 방문 국가의 풍습이나 행사 등은 모두 커다란 관광매력이 될 수 있다.

최근 향토색이 풍부한 놀이나 민속제전, 그 고장에 전해지고 있는 전설 · 신화 · 전승 등 근대화가 침투되지 않은 사회나 지역의 풍속이나 습관이 관광의 대상으로 주목받게 되었다.

제2절 민속놀이

1. 민속놀이의 종류

민속놀이는 '민간에 전해 내려오는 그 지방의 생활과 풍속이 나타나 있는 놀이'를 말한다. 놀이의 종류는 ① 가무놀이, ② 경기놀이, ③ 겨루기놀이, ④ 아동놀이 등이 있다. 민속놀이는 농민들을 중심으로 즐겼기 때문에 집단성이 매우 강하며, 낙천적 기상과 정서를 담고 있다. 일반적으로 농경 세시(歲時 : 한 해의 절기나 달, 계절에 따른 때)의 변화에 맞추어 세시풍속으로 이루어진다.

한편, 여성의 놀이로는 널뛰기, 놋다리 등이 있고, 남성의 놀이로는 연날리기, 줄다리기, 차전놀이, 석전, 고싸움, 탈춤 등이 있으며, 남녀가 공유하는 놀이로는 윷놀이 등이 있다.

1) 가무놀이

가무놀이는 '노래와 춤으로 흥겹게 노는 잔치'를 말한다. 놀이의 종류는 ① 풍물놀이, ② 다리밟기, ③ 놋다리밟기, ④ 탈놀음, ⑤ 돈돌라리, ⑥ 쾌지나칭칭, ⑦ 강강술래, ⑧ 화전놀이, ⑨ 마당놀이, ⑩ 방천놀이, ⑪ 시절윷놀이, ⑫ 봉죽놀이, ⑬ 길쌈놀이, ⑭ 꼭두각시놀음, ⑮ 등놀이, ⑯ 불꽃놀이, ⑰ 북청사자놀음, ⑱ 양주별산대놀이, ⑲ 고성오광대놀이 등이 있다.

(1) 풍물놀이

풍물놀이는 '태평소 · 꽹과리 · 나발 · 장구 · 북 · 징 등을 불거나 치면서 춤을 추고 노래하는 것'을 말한다. 악기를 기본구성으로 하여 악기연주, 몸동작 그리고 행렬을 지어 다채로운 집단적 움직임을 보여주는 진풀이(농악대가 여러 가지 진을 짜서 노는 놀이 : 일자진, 오방진, 쌍방울진 등) 등을 가리키는 말이다. 농촌의 보편적인 전통놀이였던 풍물놀이는 전국적으로 분포하고 있으나, 지금은 중부지방 이남에서 많이 볼 수 있다.

특히 모내기나 논매기 등 농사일의 능률을 올리기 위한 농악으로 사용되었고, 정초의 지신밟기를 비롯한 세시의례와 단오, 백중(명절의 하나이며, 망혼일이라고도 함), 추석 등 명절에 세시놀이 음악으로도 많이 사용되었다. 현재 중요무형문화재로 지정된 풍물굿은 ① 진주 · 삼천포 농악, ② 평택농악, ③ 이리농악, ④ 강릉농악, ⑤ 임실필봉농악, ⑥ 구례잔수농악 등 총 6종목이다.

(2) 다리밟기

일명 '답교놀이[踏僑戲]로 불리는 다리밟기는 다리를 왔다 갔다 건너면서 노는 세시풍속'이다. 음력 정월 보름에 행하며, 사람의 다리[脚]와 물 위의 다리[橋]가 같은 음을 지닌 데서 비롯된 것으로 보고 있다. 고려 때부터 성행하였으며, 다리를 밟으면 한 해 동안 다리의 병을 피할 수 있다는 속설이 있다.

대보름 달빛이 맑아야만 그해에 풍년이 든다고 해서 남녀노소가 모두 나와 보름달을 즐기면서 어우러졌다. 그러나 남녀가 짝을 지어 밤늦도록 다니면, 풍기가 문란해진다고 여겨 여자는 보름달 다리밟기를 금기하고, 열엿샛날 밤에 따로 여자들만이 답교놀이를 행하게 되었다고 한다. 지금은 거의 소멸되었다.

(3) 놋다리밟기

놋다리는 다리를 놓(놋)는다는 놋(놓)다리로서, '놓은 다리 밟기'라는 뜻의 놋다리밟기이다. 경상북도 안동과 의성 등지에서 음력 정월 보름밤에 부녀자들이 하는 민속놀이로서, 공민왕이 홍건적의 난을 피해 몽진한 데서 유래되었다고 전해진다. 즉 젊은 여자들이 한 줄로 늘어서서 허리를 구부리고, 공주로 뽑힌 소녀를 위로 올려 등을 밟고 걸어가게 하는, 안동 지방에서 전승된 여성 놀이다. 경상북도 지방에서는 정월 작은 보름(14일)에 부녀자들의 놋다리밟기 놀이가 성행하였다. 대보름이나 작은 보름날 밤에 명절 옷을 차려 입은 아녀자들이 줄줄이 앞사람의 허리를 껴안고 머리와 허리를 수그린 모양이 기와지붕의 기와를 깔아놓은 듯하며, 마치 '기와지붕 같은 위를 밟고 간다'는 뜻에서 나온 말이다.

(4) 탈놀음

탈놀음은 '꼭두각시놀이, 산대놀이 등과 같이 탈을 쓰고 하는 연극'을 말한다. 일명 '가면극', '탈놀이'라고 한다. 즉 연기자가 가면으로 얼굴이나 머리 전체를 가리고, 본래의 얼굴과는 다른 인물이나 동물 또는 초자연적 존재 등으로 분장하여 극적인 장면을 연출하는 연극을 말한다.

(5) 돈돌라리

돈돌라리는 함경남도 북청군 · 신창군 · 덕성군 · 단천군 · 이원군과 양강도의 갑산군 · 풍산군 등지에 전해 내려오는 가요의 하나이다. 예로부터 음력 3월의 한식과 5월의 단오 등 연중행사가 있을 때마다 모래산에서는 돈돌라리 춤과 노래판이 벌어졌다. 돈돌라리춤은 누구든지 북의 장단과 노래에 맞추어 쉽게 춤출 수 있다.

음악은 리듬이 선명하고 절도가 있으며, 흥겹고 낙천적인 특성을 가지고 있다. 곡조는 부르기 쉬운 선율로 이루어져 있어, 노래가 춤곡으로 발전한 것으로 보고 있다. 북청 지방에는 이 노래에서 파생된 홀라리 · 라이라레뚤 · 라이쏘 등 수많은 민요들이 있다.

(6) 쾌지나칭칭

쾌지나칭칭은 경상도 일대에서 '칭칭이 소리'로 잘 알려진 소리를 말한다.

이것은 농악에 쓰이는 꽹과리 소리의 의성음으로 추정된다. 계면조나 메나리조의 음조직을 보여주고 있어, 경상도 사람의 남성적이고 꿋꿋한 기질을 잘 나타내준다. 오늘날에는 전국적으로 널리 불리는 민요가 되었다.

(7) 강강술래

강강술래는 원시 공동체 사회로부터 비롯된 것으로 보고 있으며, '여자들이 손을 잡고 원을 그리며 빙빙 돌면서 추는 민속춤'을 말한다. 명칭을 강강술래, 또는 강강수월래(强羌水越來)로 표기하는 경우도 있으나, '강강술래'가 일반적이다. 원래 강강수월래는 '강강술래'의 다른 이름이다.

현재 강강술래는 중요무형문화재8호로 지정되었으며, 주로 전남 서남해안 지방(해남 · 완도 · 무안 · 진도 등)에서 성행되어 왔다. 노래와 무용, 놀이가 혼합된 부녀자들의 민속놀이로 주로 정월대보름이나 한가위 같은 연중행사 때, 달 밝은 밤에 부녀자들이 손잡고 둥글게 원을 만들어 돌며 소리하고 춤추며 노는 놀이이다.

(8) 화전놀이

화전놀이는 '꽃잎을 따서 전을 부쳐 먹으며 춤추고 노는 부녀자들의 봄놀이'를 말한다. 이 놀이는 삼짇날(음력 3월 초사흗날. 제비가 돌아오는 날이라 하여 제비집을 손질하고, 꽃잎을 따서 전을 부쳐 먹으며 춤추고 노는 화전놀이의 풍습)의 풍속으로 야외나 산 같은 경치 좋은 곳에 가서 음식을 먹고 꽃을 보며 노는 꽃놀이이다. 지방에 따라 화전놀이, 화류놀이, 꽃놀이라고 하며, 화류 또는 회취라고도 한다. 주로 남부 지방에서 많이 행해졌다.

(9) 마당놀이

마당놀이는 '마당에서 벌이는 민속놀이'를 의미한다. 주로 실외의 넓은 공간에서 공연되는 대중적인 민속극을 말한다. 마당놀이는 춤과 노래, 재담 등으로 이루어지며, 구경꾼들의 흥을 돋우면서도 해학과 풍자를 통해 슬픔과 기쁨 등 주로 애환이나 현실을 비판하는 내용을 담고 있다.

북청사자놀음의 한 장면인 전통마당놀이는 1970년대 이후 적극적으로 계승하고 현대적으로 재편성하여 공연하고 있다. 마당놀이는 춤과 노래가 극 속에서 자연스럽게 결합하는 경우가 많으며, 작품에 따라 배우들의 연기가 춤처럼 이루어지기도 한다.

(10) 방천놀이

'함경북도 종성 지방에 전해지는 가무놀이'를 말한다. 종성 지방에서 5월 단오와 6월 유두 기간에 여자들이 놀던 야외놀이이다. 음식물과 악기를 준비하고, 소리꾼과 춤 잘 추는 여자 2~3명을 고른다. 개별적으로 음식을 정성스레 준비해 장구나 징소리를 울리면서 두만강 둑을 향해 나간다.

놀이는 소리를 중심으로 이루어진다. 이 지역의 대표적 민요인 〈애원성〉·〈성주풀이〉·〈왜생경〉 등을 부르면서, 장구 잡이는 장단을 잡고, 아낙들은 물장구 바가지 장단으로 추임새를 놓는다. 소리가 돌림소리로 넘어가면 아낙네들은 제각기 한 구절씩 받아 넘긴다.

(11) 시절윷놀이

시절윷놀이는 우리의 민속놀이 중에서 가장 폭넓은 놀이이다. '황해도 장연지방 농민들이 정월 대보름에 하던 집단 가무놀이'로서, 이 용어는 집단 가무놀이에 앞서 그해 농사의 풍년과 흉년을 점치는 윷놀이를 했기 때문에 붙여진 것이다.

특히 놀이 가운데 씨를 뿌리는 동작이 많아 종군(種軍)놀이·부종군(付種軍)놀이라고도 한다. 매년 정월 보름을 사흘 앞두고 견문과 신망 있는 사람을 소탄관(소를 타고 행사를 지휘하는 관원)으로 뽑고, 큰 집의 사랑방을 행사를 준비하는 장소로 정한다.

(12) 봉죽놀이

봉죽놀이는 '우리나라 서해안 어촌의 정월 세시놀이'를 말한다. 즉 정초에 어촌에서 풍어를 기원하며, 행하던 집단 가무놀이이다. 이 놀이는 어업생산에 직접적으로 관련된 배꾼들의 소리와 춤으로 엮어지며, 소리의 바탕은 봉죽타령(또는 봉기타령)이다.

큰 북을 둘러맨 북재비와 꽹과리잡이가 자리를 잡고 서서 장단을 맞추면, 선창자가 놀이판 가운데 나서서 소리를 메기면, 배꾼들이 받는다. 마을단위로 대동굿을 하고 뱃기를 각자 배에 꽂고 나서 노랫소리와 악기 장단에 맞춰, 온 집단이 춤을 추면서 봉죽놀이를 한다.

(13) 길쌈놀이

길쌈놀이는 '예로부터 동네의 부녀자들이 한데 모여 공동으로 길쌈하는 풍습'을 말하는데, 삼한시대부터 시작되었다. 공동길쌈은 지방이나 길쌈 재료에 따라 시기와 규모 등이 다르나, 이를 진행하는 과정에서 집단적으로 모여 유쾌한 놀이를 하는 것은 공통적으로 같다. 길쌈놀이는 충청도 · 경상도 · 전라도에서 음력 7월부터 8월 추석까지 특히 성행했다.

(14) 꼭두각시놀음

중요무형문화재3호로 지정된 꼭두각시놀음은 '여러 인형을 번갈아 내세우고, 무대 뒤에서 조종하는 민속 연극의 하나'이다. 주로 경기도 · 황해도 · 강원도 · 충청도에서 성행하였다. 여기서 꼭두는 인형, 각시는 신부를 뜻한다. 삼국시대 중엽 이후~고려 초에 들어온 서역의 인형놀음과 혼합되어 발전한 것으로 봉건지배체제하에서 저항적 민중연희로 발전하였다.

장연 지방의 꼭두각시놀음은 8장으로 이루어졌는데, 각 장에는 중들의 타락한 모습이나 지배층의 부패상을 폭로하는 내용들로 구성되었다. 3장, 4장에서는 다양한 민요와 춤, 능숙한 인형조종술이 부각되며, 8장에서는 허례허식으로 가득 찬 지배층의 장례식을 신랄하게 풍자한다.

(15) 등놀이

등놀이는 '4월 초파일에 등을 밝혀 복을 기원하는 불교의례놀이'를 말한다. 일명 '연등놀이' 또는 '관등놀이'라고도 한다. 등놀이를 성대하게 시작한 것은 통일신라 때부터이며, 초파일에 등을 밝혀 복을 기원하였다. 불교가 융성했던 고려시대는 등놀이를 포함한 팔관회와 연등회를 국가적으로 장려하였다.

당시의 등놀이는 대단히 호화찬란했고, 명절 분위기를 한층 돋우어주었다. 등놀이가 성황을 이룬 곳은 서울 · 개성 · 평양과 같은 옛 도읍지이며 황해도 평산과 신천, 경기 수원, 충남 논산 등도 유명하였다.

(16) 불꽃놀이

불꽃놀이는 '경축이나 기념행사 때 화포를 쏘아 공중에서 불꽃이 일어나게 하는 놀이'를 말한다. 이 놀이는 ① 국가에서 대규모로 행한 화산대(화산이 집중적으로 분포하고 있는 띠 모양의 지대), ② 민간에서 흔히 하던 줄불(잇따라 일어나는 불), ③ 딱총놀이(보통 대나무를 잘라 대롱을 만들고, 물에 적신 종이를 총구에 넣은 후 압력을 이용해 총알을 밀어냄)의 세 가지가 있다. 화약이 발명되기 전에는 폭죽이 사용되었고, 우리나라는 13세기 후반부터 화약이나 기타 폭발물을 사용해 불꽃놀이를 한 것으로 보고 있다.

(17) 북청사자놀음

중요무형문화재15호로 지정된 북청사자놀음은 '함경남도 북청에 전해 오는 탈놀이'를 말한다. 즉 정월 보름경에 사자를 꾸며 집집마다 다니며 춤을 추어서 잡귀를 쫓는 민속놀이이다. 북청사자는 현재 유일하게 전승되고 있는 사자탈이다. 북청사자놀음에 나오는 성원은 사자 · 꺽쇠 · 거사 · 양반 · 중 · 의생 · 무동 등이다. 여기서 ① 사자는 두 사람이 앞뒤에 서서 사자가면을 쓰고,

② 꺽쇠는 험상궂은 탈을 쓰며, 양반은 긴 수염이 달린 탈을 쓰고 머리에는 관을 쓰며 도포를 입고, ③ 거사는 탈과 고깔을 쓴다. 정월 대보름을 전후하여 세시명절놀이로 많이 놀았다.

(18) 양주별산대놀이

양주별산대(楊州別山臺)놀이는 '경기도 양주 지방에 전승되는 가면극 놀이'로, 중요무형문화재2호로 지정되었다. 서울 중심의 경기 지방에서 전래되어 온 산대도감극(山臺都監劇)의 일분파로 '본산대'라 불리던 서울의 녹번 · 아현 · 구파발 · 송파, 경기도의 퇴계원 등지의 산대놀이와 구별해서 '별산대'라 부르고 있다.

과거 한강 이북의 양주는 가장 번창한 고장으로서, 이곳 사람들은 명절 때 서울의 산대를 불러들여 탈놀이를 즐겼다. 이 놀이는 모구 8과장으로 되어 있으며, ① 악귀를 쫓는 굿, ② 파계승에 대한 풍자, ③ 양반에 대한 모욕, ④ 서민생활의 모습 등을 담고 있다. 일반적으로 음력 4월 8일, 5월 단오, 6월 유두, 7월 백중 등의 대소명절과 기우제의 행사로 공연되었다.

(19) 고성오광대놀이

오광대(五廣大)놀이는 '영남 해안지방에서 전해 오는 놀이로, 음력 정월보름에 탈을 쓰고 노는 민속 연극의 한 가지'이다. 발생지는 낙동강변의 초계 '밤마리'라고 전해진다. 오광대는 밤마리 장터의 대광대 패들에 의해 시작되어 점차 각지로 퍼져서 의령 · 진주 · 산청 · 창원 · 통영 · 고성 · 김해 · 동래 등 거의 경남 내륙과 해안선 일대의 각지를 망라하게 되었다.

'오행사상에 바탕을 둔 오광대놀이는 우주만물이 물[水], 나무[木], 불[火], 흙[土], 쇠[金] 등에 의해 생성 · 소멸된다는 것이며, 이런 연유로 다섯 양반이 등장한다. 그러나 발상지인 밤마리 오광대를 비롯한 여러 지방의 것은 전해지지 않고 있다. 현재는 고성오광대, 통영오광대, 진주오광대 · 마산오광대만 전해지고 있다.

2) 경기놀이

경기놀이는 '상호 간에 경기를 매개로 이루어지는 놀이'를 말하며, 일명 민속경기라는 이름을 붙일 수 있는 놀이다. 주로 실내보다도 야외의 벌판 · 산야 · 마당 등에서 논다.

경기놀이의 종류는 ① 그네뛰기, ② 널뛰기, ③ 활쏘기, ④ 줄다리기, ⑤ 씨름, ⑥ 농주, ⑦ 쥐불놀이, ⑧ 횃불싸움, ⑨ 차전놀이, ⑩ 제기차기, ⑪ 장치기, ⑫ 축국, ⑬ 격구, ⑭ 마상재, ⑮ 소싸움, ⑯ 조리희, ⑰ 석척놀이, ⑱ 택견, ⑲ 태권도 등이 있다.

(1) 그네뛰기

그네뛰기는 '그네에 올라타고 몸을 앞뒤로 움직여 나는 놀이'로, 여자들의 대표적인 민속놀이이다. 씨름과 더불어 누구나 할 수 있는 단오절의 가장 대중적인 놀이이다. 북방의 오랑캐들이 한식날에 거행했던 것을 후에 중국 여자들이 배우게 되었다고 한다.

중국의 한(漢)과 당(唐)에 이르러서는 궁중에서까지 경기대회가 있었다고 하며, 이것이 우리나라에 들어와 고려시대에는 궁중이나 상류층에서 즐겼고, 조선시대에는 민간에서 더욱 성행했던 것으로 전해진다.

그네는 대개 농번기를 피해 음력 4월 8일을 전후하여 5월 5일 단오절에 이르는 약 한 달 동안 놀았다. 이 놀이는 1년 내내 집안에서 생활하며 바깥 구경을 하지 못하던 젊은 여인네들이 단오날 하루만이라도 밖에 나와 해방감을 맛보고자 한 데서 비롯되었다.

그네경기는 ① 한 사람이 뛰는 외그네뛰기, ② 두 사람이 함께 마주 서서 뛰는 쌍그네뛰기 등 다양한 방법으로 겨루며, 누가 제일 높이 올라가느냐에 따라 승부를 정한다.

(2) 널뛰기

널뛰기는 '긴 널의 중간을 괴고 양쪽 끝에서 번갈아 뛰는 여자들의 놀이'로, 정월 초하루에 여성들이 즐겨 하는 놀이이다. 즉 두꺼운 판자를 짚단이나 가마니 같은 것으로 괴어놓고 양쪽에 한 사람씩 올라서서 서로 발을 굴러 공중에 높이 솟아오르는 놀이이다. 널뛰기는 뛰었다가 내려딛는 힘의 반동으로 서로 번갈아 뛴다.

옛날 여성들은 이 놀이로 씩씩한 기상을 길러왔고, 별다른 운동경기가 없던 시절의 신체단련에도 좋은 놀이였다. 여성의 외출이 자유롭지 못하던 옛날에는 끼리끼리 안마당에 모여 놀았다. 여성들이 모처럼 해방감에 젖어 놀 수 있었으며, 특히 추운 겨울에 알맞은 놀이였다.

(3) 활쏘기

활쏘기는 '활을 쏘는 일', 또는 '그 기술을 의미'한다. 우리나라에서는 일정한 수의 선수를 뽑아 각 선수가 1회에 5대를 쏘는 것을 1순으로 했을 때, 3순이나 5순씩 쏘아 맞춘 화살의 총수로 승부를 결정하는 편사(便射)가 주로 이루어졌다.

편사에는 사정편사, 사계편사, 아동편사 등이 있다. ① 사정편사는 사원 조직에서 선수를 뽑아 경쟁하는 것이고, ② 사계편사는 조직에 속하는 사원들까지도 포함하여 경쟁하는 것이다. 그리고 ③ 아동편사는 아동 선수를 선출하여 경기하는 것을 말한다. 일반적으로 가장 많이 하는 것은 사정편사이다.

(4) 줄다리기

줄다리기는 '여러 사람이 양쪽으로 나뉘어 줄을 마주 잡아당겨 승부를 겨루는 놀이'로, 단순한 놀이가 아니라 민속적인 의미를 지니고 있다. 전국적으로 행해지는 줄다리기는 지방에 따라서 그 행하는 방법이 조금씩 다르지만, 정월 대보름에 즐겨 놀았다. 정월 초하루부터 보름까지 아이들은 징이나 양동이를 두드리며, "짚이나 새끼 주세요!" 하면서 돌아다닌다. 아이들은 짚으로 새끼줄을 만들어 자기들끼리 줄다리기를 즐기곤 했다.

마을에서는 볏짚을 모아 새끼줄을 꼬고, 그 줄을 다시 모아 큰 줄을 만든다. 마을 사람들의 염원이 줄에 실려 있어 서낭당에 가서 고사를 올리기도 한다. 큰 길이나 개천을 사이에 두고 동서로 나뉘어 편을 짠다. 암줄은 머리를 동쪽으로 향하고, 수줄은 서쪽으로 향한다. 보통 암줄이 이기면 풍년이 든단고 한다. 현재 경남 영산줄다리기는 중요무형문화재26호로 지정되었고, 2015년에 유네스코 인류무형문화유산으로 등재되었다.

(5) 씨름

씨름은 '두 사람이 샅바를 넓적다리에 걸어 서로 잡고 힘과 기술을 써서 상대를 먼저 넘어뜨리는 것으로 승부를 겨루는 우리나라 고유의 경기'를 말한다. 즉 다리와 허리의 샅바를 맞붙잡고 일정한 규칙 아래 힘과 재주를 이용하여 상대선수를 바닥(발바닥 이외의 신체부분)에 먼저 닿게 넘어뜨리면 이기는 경기이다.

씨름에 대한 최초의 기록은 조선 세종 때의 『고려사』에서 볼 수 있다. 고려시대 충혜왕이 신하들에게 정무(政務)를 맡기고 환관(宦官)들과 씨름을 즐겨 조정(朝廷)의 예를 무너뜨렸다는 기록이 있다. 또한 단오절 · 중추절 등에 씨름을 했는데 이러한 민속경기가 현대식으로 발전한 것은 1927년경이다.

(6) 농주

농주는 나무공을 7개 또는 9개를 가지고, 공중으로 계속 던지면서 공이 원을 그리며 돌게 하는 공놀이다. 농주는 주로 백제시대에 성행했으나, 신라시대 때는 백희(百戲)의 한 종목으로서, 농환(弄丸 : 구슬을 공중에 높이 던졌다가 받는 공 던지기 놀이)이라고도 했다. 고려시대 때는 잡희(雜戲)의 한 종목이었고, 조선시대에는 나례(儺禮)와 함께 행해졌다.

최치원은 농주를 금환(金丸)을 놀린다고 표현했고, 최남선은 농주를 '공놀리기' 또는 '죽방울'이라고도 했다. 즉 죽방울을 가느다란 노끈에 장구 모양의 작은 나무토막을 걸어서 이리저리 돌리다가 공중으로 높이 던져 올리고, 떨어지는 것을 다시 노끈으로 받아 또 던져 올리면서 계속하는 놀이를 말한다.

(7) 쥐불놀이

쥐불놀이는 '농가에서 쥐불을 놓는 일'을 의미한다. 즉 정월 첫 쥐날에 쥐를 쫓는 의미로 논과 밭둑에 불을 놓는 풍습을 말한다. 쑥방망이나 짚에 불을 붙여 논과 밭둑의 마른 풀에 불을 놓아 태운다. 마을에 따라서는 두 패로 갈라 불을 놓고, 불의 세기를 겨루는 놀이를 하기도 한다.

쥐불놀이는 쥐를 쫓아내고 마른 풀에 붙어 있는 해충의 알 등 모든 잡균들을 태워 없애며, 새싹이 잘 자라게 하기 위함이다. 또 쥐불로 한 해의 운수를 점치기도 하는데, 이 풍습은 지금도 흔하게 볼 수 있다. 그러나 요즘은 산불 방지 차원에서 자제하기도 한다.

(8) 횃불싸움

횃불싸움은 '홰싸움'이라고도 하며, 강원도 산골에서 가장 세차게 벌어졌는데, 주로 영동지방 · 함경도 · 경상도 · 동해안에서 성행하던 놀이이다. 정월 대보름날 달이 뜨면 홰에 불을 붙여 들고 농악에 맞추어 빙빙 돌아가며 춤을 추면서 기세를 올린다.

싸움 신호가 울리면 서로 상대편의 진지를 향해 쳐들어간다. 싸움 대열이 가까워지면 서로 홰를 내리치면서 육탄전을 벌이기도 하는데, 상대편의 진지를 먼저 빼앗는 쪽이 이기게 된다.

싸움은 세력이 약해서 쫓기는 마을이 패하게 되며, 싸움에서 진 편은 흉년이 들고, 이긴 편은 풍년이 든다는 속설이 있다. 현재는 전승되지 않고 있다.

(9) 차전놀이

차전놀이는 '동채싸움'이라고도 하며, '음력 정월 보름날에 하는 민속놀이의 하나로 용감성을 기르는 놀이이다. 이 놀이는 남성들만이 하는 대동놀이로 영남 · 영동 · 경기 지방에 전해 내려온다. 동서(東西) 두 패로 나누어, 동채(차전놀이에 쓰이는 수레 모양의 물건)에 탄 대장의 지휘 아래 수많은 장정이 어깨에 멘 동채로 상대방을 공격하여 상대방의 동채를 먼저 땅에 닿게 한 편이 이기는 놀이'를 말한다.

일명 '경북 안동 지방의 동채싸움'이라고 부르는데, 동채 2개를 십자형으로 엇갈려놓고, 중간의 교차점을 쇠줄로 묶은 뒤, 그 위에 1명의 대장이 타고 싸움을 한다. 승부가 끝나면 이긴 편은 짚신을 모두 벗어서 하늘 높이 던진다. 이 놀이는 풍요를 점치는 것과 관계가 있으며, 이긴 편은 풍년이 든다고 좋아한다. 현재 중요무형문화재24호로 지정되었다.

(10) 제기차기

제기차기는 '제기를 차면서 노는 놀이'를 의미하며, 주로 겨울철에 많이 노는 놀이기구를 말한다. 제기는 구멍이 뚫린 엽전이나, 그와 비슷한 것을 종이나 비닐 등으로 싼 다음, 나머지 부분을 구멍으로 내보내 7~8cm 정도의 술을 갈래갈래 찢어서 발로 차며 노는 장난감이다.

제기차기 종류로는 ① 땅강아지는 한 번 차고 땅을 딛고, 또 차고 땅을 딛는 것이고, ② 양발차기는 두 발을 번갈아 차는 것이고, ③ 발 들고 차기는 땅을 딛지 않고 계속 차는 것이 있다. 그 밖에 ④ 제기를 뒤로 차올리거나 발등 바깥쪽으로 차는 뒷발차기, ⑤ 무릎으로 차는 무릎차기 등이 있다.

(11) 장치기

장치기는 '장대로 공을 친다'는 의미이다. 한자로 '봉희(棒戱)'라고 하며, 지역에 따라서는 공치기 · 얼레공치기 · 타구놀이라고도 한다. 정월 초하루나 농한기에 주로 성행하였다. 격구(擊毬)나 타구(打毬)와 마찬가지로 양편으로 나누어 공을 쳐서 상대편 종점 선까지 몰아가는 놀이로, 1970년대에 일반인들에게 다시 알려지게 되었다.

장치기는 설비가 필요 없으며, 어디서나 손쉽게 할 수 있다. 공은 솔방울이나 나무토막을 다듬어 쓰며, 장대는 지게작대기 같은 것을 쓴다. 편을 갈라서 놀았으며, 중앙 기점으로부터 공을 빼앗아 각각 자기편 종점 선까지 몰아가는 것이다.

(12) 축국

축국은 '아이들이 가죽으로 만든 공을 차면서 즐기던 놀이'이다. 오늘날의 축구와 같은 공차기 놀이로, 삼국시대와 신라시대 때 김춘추와 김유신이 축국을 행하였다는 기록과 고구려 사람들이 축국을 잘한다는 기록이 남아 있다. 시대에 따라 놀이방법과 규칙이 다르며, 공은 가죽주머니로 만들어 겨를 넣거나 공기를 넣고, 그 위에 꿩의 깃을 꽂았다.

축국은 양쪽에 문을 설치한 축국경기, 일정한 구장에서 행하는 축국, 구장 없이 하는 것도 있는데, 구장이 없이 마당에서 할 수 있는 축국에는 1인장(一人場)에서 9인장(九人場)이 있다. 혼자서 차는 것은 1인장이라 하고, 2, 3명이 마주 서서 차는 것은 2인장 또는 3인장이라 한다. 따라서 축국은 서로 번갈아 돌려가며 차는 놀이로 공을 땅에 떨어뜨리는 사람이 지는 경기이다.

(13) 격구

격구는 '구장(毬場)에서 말을 타거나 걸어 다니면서 막대기로 공을 치던 무예, 또는 그런 운동'을 의미한다. 즉 말을 타고 달리면서 숟가락 모양의 채로 공을 쳐서 상대방 문에 넣는 경기로, 타구(打毬) 또는 편구(鞭毬)라고도 한다. 우리나라에는 937년(고려 태조) 격구장이 있었다는 기록이 있는 것으로 보아 삼국시대부터 행했던 것으로 보인다.

고려시대에는 주로 단오절에 궁중행사로 시합을 열었으며, 의종 때는 여성팀도 있었다고 한다. 조선시대에도 태조와 정종이 격구를 즐겼으며, 세종은 "격구를 잘하는 사람이라야 말 타기와 활쏘기를 잘할 수 있다"고 하여 1425년 무예연습의 필수과목으로 삼았다.

(14) 마상재

마상재는 '조선시대 때 24반 무예의 한 가지로, 내닫는 말 위에서 하던 여러 가지 무예'를 말한다. 일명 '마기(馬技)', '곡마(曲馬)' 또는 '마광대(馬廣大)'라고도 한다. 마상재는 전쟁에 대비한 무술경기로서 고구려시대 때부터 있었다. 이는 칼쓰기 · 활쏘기와 함께 말 다루는 기술이 중시되며, 평소에 놀이를 통해 말타기 기술을 익히면서 대담성과 체력을 단련한다.

종류는 ① 옆에 매달리기, ② 거꾸로 서서 달리기, ③ 옆에 거꾸로 매달려서 달리기, ④ 쌍마 타고 서서 총 쏘기, ⑤ 말 위에 서서 달리기, ⑥ 말등 넘나들기, ⑦ 말 위에서 가로눕기, ⑧ 뒤로 눕기 등이 있다. 당시는 왕까지 직접 참여하는 국가적인 행사도 있었고, 무술시험의 무예종목으로 쓰이기도 했다.

(15) 소싸움

소싸움은 '단옷날 남부 지방에서 사나운 소 두 마리를 골라 넓은 들에서 싸움을 시키는 행사'를 말하며, 일명 '투우'라고도 한다. 즉 두 마리의 소를 맞붙여 싸우게 하는 전래 민속놀이를 뜻한다. 주로 강원도와 황해도, 경기도 일부 지역에서도 볼 수 있으나, 경남 진주 일대의 소싸움이 유명하며, 매년 음력 8월 보름을 전후하여 열린다.

소 싸움터에는 여러 마을 사람들이 모여 꽹과리와 북을 울리고 새납(우리나라 고유의 관악기)을 불면서 각기 자기 마을의 소가 우승하기를 기원한다. 대개 소싸움은 15~20분이면 결판이 난다. 싸움에 이긴 주인은 상품과 우승기를 들고 소 등에 올라타고 풍물소리에 맞추어 흥겹게 마을로 돌아온다.

(16) 조리희

조리희(照里戲)는 제주시에서 추석 때 놀았던 민속놀이로서, 제주 지역에서는 8월 추석 때 지금의 줄다리기와 비슷한 놀이를 즐겼던 것으로 전해지고 있다. '제주의 풍속에는 매년 8월 15일에 남녀가 같이 모여 노래를 부르고 춤을 추며 즐기고, 남녀를 좌우대로 나누어 큰 줄을 양쪽 끝에서 당겨 승부를 가린다.

줄이 가운데로 끊어지면 양쪽 대열이 모두 땅에 자빠지는데, 이를 보던 관중들이 크게 웃는다. 이날에는 또 그네뛰기와 포계지희(捕鷄之戲 : 집집마다 들고 나온 닭을 훨훨 자유로이 놓아주었다가 요리조리 내빼는 닭을 맨손으로 붙잡는 놀이)를 한다.'고 되어 있다. 현재는 전승되지 않고 있다.

(17) 석척놀이

석척(石擲)놀이는 장정들이 남북으로 편을 갈라 돌싸움을 하는 민속놀이로, 석전(石戰) 또는 편전(便戰), 편싸움이라고도 한다. 당시 개경(開京)은 석척놀이가 유행하였다. 석척놀이는 군사조련법의 일환으로 장려되어 기개와 국력을 다지는 바탕이 되기도 하였는데, 놀이와 스포츠로서는 실로 살기등등한 격렬한 싸움이었다.

놀이의 방법은 어른 아이 할 것 없이 마을의 모든 남자들이 마을 경계 부근에 모여 하천이나 들판을 경계로 대치하여 서로 돌을 던져 싸운다. 거리가 멀기 때문에 돌에 맞는 일은 그리 흔치 않았으나, 간혹 주의가 산만해진 경우 돌에 맞기도 하며, 부상을 당하기도 한다. 현재는 거의 전승되지 않고 있다.

(18) 택견

택견은 주로 발을 사용하여 상대를 차서 쓰러뜨리는 한국전통의 맨손무예이다. 각희(角戲) · 비각술(飛脚術) 등으로도 불리는 택견은 '차기'라는 뜻이며, 고문헌에는 '탁견'으로 나온다. 택견은 문헌상으로 볼 때 원시시대부터 발달해 온 기층문화의 하나로 보인다.

고려시대에는 무인들의 무예로써 장려되었을 뿐 아니라 민간에서도 활발히 전승되었으며, 조선시대에 들어와 민속경기의 하나로 정착되었다. 조선 후기 '송덕기'에 의해 되살아나 다시 맥을 이었다. 경기방법은 각각 상대방을 향해 한쪽 발을 내딛는 대결의 상태에서 손발을 사용하여 상대방을 넘어뜨리거나 얼굴을 발로 차면 이기게 된다.

(19) 태권도

태권도는 '우리나라의 전통무예를 바탕으로 한 운동 또는 그 경기'를 말한다. 상대방의 공격에 맨손과 맨발 및 몸의 각 부분을 사용하여 차기 · 지르기 · 막기 등의 기술을 구사하면서 자신을 방어하고 공격한다. 태권도는 한국 고유의 전통무예로서, 공격과 방어의 기술뿐만 아니라 정신적 수련도 강조하고 있다.

오늘날에는 세계적 운동경기이자 올림픽 종목으로 채택되어 세계인의 사랑을 받고 있으며, 국제공인 스포츠로서 전 세계에 널리 보급되었다. 수련을 통해 심신단련을 꾀하고, 강인한 체력과 굳센 의지로 정확한 판단력과 자신감을 길러 강자에게는 강(强)하고 약자에게는 유(柔)하며, 예절 바른 태도로 자신의 덕(德)을 닦는 행동철학이다.

3) 겨루기놀이

겨루기놀이는 '간단하게 집 안에서 편을 갈라서 놀 수 있는 놀이'를 말한다. 종류로는 ① 윷놀이, ② 장기, ③ 바둑, ④ 고누, ⑤ 수투, ⑥ 남승도놀이, ⑦ 칠교놀이, ⑧ 산가지놀이 등이 있다.

(1) 윷놀이

윷놀이는 '편을 갈라 윷을 던져 승부를 겨루는 민속놀이'를 의미한다. 윷은 작고 둥근 통나무 두 개를 반으로 쪼개어 네 쪽으로 만든 놀잇감이다. 주로 정초부터 정월 대보름 사이에 가정이나 마을에서 함께 즐기는 전통 민속놀이이다.

윷가락은 엎어지거나 젖혀지는 두 가지의 가능성을 가지며, 4가락을 종합하면 5가지의 경우가 생긴다. ① 셋이 엎어지고 하나가 젖혀지면 '도', ② 둘이 엎어지고 둘이 젖혀지면 '개', ③ 하나가 엎어지고 셋이 젖혀지면 '걸', ④ 넷이 다 젖혀지면 '윷', ⑤ 넷이 다 엎어지면 '모'이다.

(2) 장기

장기는 놀음놀이의 하나이다. 32짝을 붉은 글자, 푸른 글자의 두 종류로 나누어 판 위에 정해진 대로 벌여 놓고 둘이서 교대로 두어 장군을 막지 못하면 지게 된다. 즉 청·홍 양편으로 나뉘어 기능이 다른 같은 수의 기물로 상대편의 장을 취함으로써 승패를 가리는 전통적 놀음놀이의 하나이다.

장기는 중국에서 들어온 것으로, 말에 쓰인 글씨가 초·한으로 되어 있어, 초패왕 항우와 한왕 유방의 각축전을 본뜬 것으로 보고 있다. 우리나라 장기의 기원은 고려 초로 보고 있다. 1956년에는 장기를 체계적으로 발전시키기 위해 한국기도원이 창설되었고, 1973년에는 한국장기협회로 개칭되었다.

(3) 바둑

바둑은 '두 사람이 흑백의 돌을 하나씩 바둑판에 번갈아 두며 서로 에워싸서 집을 많이 차지함을 다투는 놀이'를 말한다. 바둑을 둘 때 쓰는 돌은 흑 181개, 백 180개이다. 바둑돌은 모 없이 둥글둥글하며 반드럽다. 바둑판은 네모꼴로 가로·세로 19줄 361점이다.

(4) 고누

고누는 '땅이나 종이 위에 말밭을 그려 서로 상대방의 말을 많이 따거나 길을 막음으로써 승부를 겨루는 놀이'를 말한다. 이 놀이는 간단한 전통놀이로 널리 보급되어 왔다. 사방 30㎝쯤 되는 널빤지에 고누판(고누의 말밭을 그린 판)을 그리고 붉은 말이나 푸른 말을 만들어 놀기도 하지만, 야외에서 놀 때는 조약돌 등을 가지고 땅바닥에 줄을 그어놓고 놀기도 한다.

(5) 수투

수투는 일명 '수천' · '수투전' · '투전'이라고도 한다. 수투는 '사람이나 물고기, 새, 꿩, 노루, 별, 말, 토끼 따위를 그린 투전'을 의미한다. 주로 상류층 남자들이 종이쪽으로 만든 도구를 가지고 방 안에서 하는 놀이로 방법도 다양하게 발전했다. 수투놀이는 몇 자 안 되는 숫자를 가지고 즐기는 오락이지만, 놀이방법에 변화가 많은 흥미로운 놀이다.

(6) 남승도놀이

남승은 '좋은 경치를 구경함'을 의미한다. 즉 남승도놀이는 '명승지를 적어놓은 도표를 놓고 주사위를 던져 나오는 숫자대로 유람 다니는 놀이'를 말한다. 서울을 떠나 팔도강산을 돌아본 다음 다시 서울로 되돌아오는 놀이로 일정을 빨리 마치고 돌아오는 쪽이 이기게 된다.

놀이의 인원은 보통 5~6명이며, 준비물로는 도표(가로 1cm, 세로 70~80cm) · 숫자팻이 · 말이 필요하다. 주로 청소년들이 하는 놀이로서, 나라의 명승지나 풍토, 산물, 인물 등을 익히는 데 도움이 되는 놀이이다.

(7) 칠교놀이

칠교놀이는 '칠교희'라 부르며, 7가지 조각으로 여러 종류의 교묘한 형태를 만들면서 노는 놀이를 말한다. 칠교판(지혜판)과 칠교도를 가지고 몇 사람이 모여서 경쟁을 벌이거나 혼자서 놀기도 한다.

예전에는 집에 손님이 왔을 때 음식을 준비하는 동안이나 사람을 기다리는 시간에 접대 삼아 권하는 오락으로 이용되기도 하였다.

칠교판은 사방 10㎝ 정도 되는 얇은 나무판을 직각삼각형 큰 것 2개, 중간 것 1개, 작은 것 2개, 정사각형 1개, 평행사변형 1개로 모두 7조각을 낸 것을 말한다.

(8) 산가지놀이

산가지는 '예전에 수효를 셈하는 데 쓰던 막대기로 대나무나 뼈 따위로 젓가락처럼 만든 것'을 말하는데, 지방에 따라 일명 '산가비'·'산대'·'수가비'·'수대'로도 불린다.

이 놀이는 산가지로 여러 가지 문제를 내고 이를 푸는 놀이로서, 때와 장소에 구애받지 않고 어린이나 어른들도 즐길 수 있다. 놀이방법에는 산가지 떼어내기, 산가지 따기, 형태 바꾸기, 산가지 들기, 삼각형 없애기, 쌍 만들기 등이 있다.

4) 아동놀이

아동놀이는 아이들이 노는 놀이로 그 종류는 ① 각시놀음, ② 수박치기, ③ 다리셈, ④ 풀싸움, ⑤ 꽃싸움, ⑥ 실뜨기, ⑦ 공기놀이, ⑧ 줄넘기, ⑨ 자치기, ⑩ 비사치기, ⑪ 숨바꼭질, ⑫ 바람개비, ⑬ 썰매타기, ⑭ 팽이치기, ⑮ 연날리기 등이 있다.

(1) 각시놀음

각시놀음은 '여자 아이들이 각시인형을 가지고 노는 놀음'을 뜻한다. 『동국세시기』「월내조(月內條)」에는 "아가씨들이 푸른 풀을 한 줌 따다가 머리채를 만들고 나무를 깎아 그것을 붙인 다음 붉은 치마를 입힌 것을 각시라 하고, 이부자리와 머리맡 병풍을 쳐놓고 그것을 희롱하는 것을 각시놀음이라 한다"라고 하였다.

해마다 3월이 되면 주로 여자 아이들이 물곳(각시풀이라고도 함) 풀을 뜯어서

대쪽에 실로 잡아매고 끝을 땋아 가느다란 나무를 비녀처럼 꽂는다. 그리고 헝겊조각으로 대쪽에다 노랑 저고리와 붉은 치마를 만들어 입혀서 각시처럼 꾸민다. 그 밖에 요 · 베개 · 병풍까지 차려놓고 장난하는 것을 풀각시놀이라고 한다.

(2) 수박치기

수박은 손뼉을 의미하며, 수박치기는 '손뼉을 치며 노는 아동놀이'이다. 손뼉을 치는 방법은 부르는 노래에 따라서 다양하게 바꾸면서 놀 수 있다. 주로 이 놀이는 두 아이가 마주 앉아서 자기의 오른손은 맞은편 아이의 왼손을, 자기의 왼손은 맞은편 아이의 오른손을 서로 가볍게 잡고, 아래위로 흔드는 것으로 시작된다.

먼저 자기의 손바닥을 마주 치고, 자기의 오른손 손바닥과 맞은편 아이의 오른손 손바닥을 마주 치며 왼손도 같은 방법으로 한다. 때로는 손바닥을 아래위로 엇바꾸어 치기도 하며 다양하게 즐긴다.

(3) 다리셈

다리셈은 4~5명에서 10여 명의 아동들이 집단적으로 노는 놀이의 하나이다. 여럿이 한자리에 모여서 2패로 편을 가른 다음 옆으로 열을 지어 다리를 펴고 쭉 늘어앉는다. 아이마다 맞은편에 앉은 아이와 한 다리씩 서로 엇바꾸어 다리 사이에 끼워서 편다. 이렇게 2줄로 늘어앉은 다음 다리를 세는 방법으로 논다.

(4) 풀싸움

풀싸움은 '여러 가지 풀잎을 뜯어다가 서로 비교하여 많고 적음을 다투는 아이들의 놀이'를 말한다. 주로 늦은 봄에 하는데, 겨울을 제외하고는 언제 어디서든지 놀 수 있는 놀이를 말한다. 단둘이 또는 여럿이 패를 지어 노는데,

서로 풀잎을 번갈아 대는 방법이 가장 흔하다.

진행과정은 어린이들이 제각기 흩어져서 여러 가지 풀잎을 따 모으는데, 자기가 뜯은 것을 상대가 모르도록 한다. 이 놀이에서는 희귀한 풀잎일수록 유리하며, 잎의 수가 많으면 더욱 좋다. 이 놀이의 승패는 남이 가지지 못한 풀잎의 수가 많고 적음에 따라 결정된다.

(5) 꽃싸움

꽃싸움은 '봄에 꽃을 가지고 노는 아이들의 놀이'를 말한다. 봄이 되면 아이들은 꽃을 따면서 자연 속에서 다양한 놀이를 즐겼다. 놀이방법은 풀싸움처럼 꽃술 등을 서로 걸어 당기는 것인데, 그중에서 가장 대표적인 것은 진달래꽃싸움이다. 진달래의 꽃술을 뽑아서 서로 마주 걸어 당겨 상대편의 꽃술을 끊는 놀이이다. 그 밖에 아카시아꽃을 따서 꽃잎을 하나씩 떼어내며 홀수와 짝수를 맞추는 싸움을 하기도 한다.

(6) 실뜨기

실뜨기는 '실의 두 끝을 마주 매어 두 손에 건 다음 양쪽 손가락에 얽고 두 사람이 주고받으면서 여러 가지 모양을 만드는 놀이'를 말한다. 즉 전래 아동놀이의 하나인 실뜨기는 주로 여자 아이들이 실을 손가락에 걸쳐서 여러 모양을 만들어 풀어내면서 즐기는 놀이이다. 길이가 약 1m쯤 되는 실이나 노끈의 양쪽 끝을 연결해서 실테가 되게 한 다음 두 아이가 마주 앉아서 실테를 서로 번갈아가면서 손가락으로 걸어 떠서 여러 가지 형태로 변형시킨다.

(7) 공기놀이

공기놀이는 전국에 퍼져 있는 보편적인 놀이로, '공기를 가지고 노는 아이들의 놀이'를 의미한다. 공기는 다섯 개의 작고 동그란 돌을 땅바닥에 놓고, 일정한 규칙에 따라 집고 받는 놀이이다. 지방에 따라 여러 가지 이름으로 불리기도 한다.

공기놀이의 방법은 다양하지만, 보통 다섯 알을 가지고 한 알 집기, 두 알 집기, 세 알과 나머지 한 알 집기, 네 알 집기, 다섯 알 손등 위에 뒤집기의 순서로 노는 방법이 일반적으로 널리 행해진다. 손등 위에 올려놓고 뒤집기에 성공한 알의 수로 승부를 결정한다.

(8) 줄넘기

줄넘기는 '두 사람이 기다란 줄의 양쪽 끝을 한쪽씩 잡고 커다란 원을 그리면서 돌리고 나머지 사람들은 그 속에 차례대로 들어가서 뛰어넘는 놀이'를 말한다. 19세기에 시작된 줄넘기는 주로 여자아이들이 놀이터나 길가에서 즐기던 놀이였다.

줄 길이는 사람의 키보다 1.5배 정도 큰 것이 좋으며, 줄넘기를 하는 사람은 줄을 돌릴 때 뛰어넘어 걸리지 않고 빠져나가야 한다. 놀이가 발전하면서 뛰는 방법도 다양해졌다. 혼자 뛰기, 둘이 뛰기, 뒤로 뛰기, X뛰기, 반 바퀴 돌며 뛰기, 한 바퀴 돌며 뛰기, 한 번 뛸 때 두 번 돌리기 등의 방법이 있다.

(9) 자치기

자치기는 '긴 나무막대기로 그보다 짧은 나무때기를 쳐서 날아간 거리를 재어 승부를 겨루는 아이들의 놀이'를 말한다. 땅바닥에 금을 긋거나 홈을 파서 집을 정하고, 편을 갈라 한편은 집에서 어미자(긴 막대기)로 새끼자(짧은 막대기)를 쳐서 날려 보내면, 다른 한편은 이것을 받아서 집으로 던지면서 즐긴다. 넓은 장소와 막대기 둘만 있으면 어느 때나 쉽게 놀 수 있어, 예부터 어린이들이 즐겨 놀던 놀이 중 하나이다.

(10) 비사치기

비사치기는 '아이들 놀이의 하나로 돌을 비석처럼 땅바닥에 세우고, 돌을 던져서 넘어뜨리거나 발로 돌을 차서 맞혀 넘어뜨리는 것'을 말한다. 이 놀이는 전국적으로 행해지는 놀이로 일명 '비석치기', 또는 '비석차기'라고도 한다.

놀이방식은 선을 그어놓은 선상에 비석을 세워두면, 상대편은 반대편 선상에서 서 있는 비석을 향하여 비석을 던진다. 비석을 던진 사람은 앙감질(한 발로만 뛰어 걷는 것)로 한 발 내디뎌 자기 비석을 밟는다. 물러나서 비석을 집어 한 발을 든 채로 서서 비석을 맞혀 쓰러뜨린다. 다음은 거리를 멀게 던져 나아가 비석을 맞힌다. 만약 비석을 맞히지 못하거나, 한 발을 땅에 디디면 지게 된다.

(11) 숨바꼭질

숨바꼭질은 '숨은 사람을 찾아내는 아이들의 놀이'를 말하며, 일명 '술래잡기'라고도 한다. 한 아이가 잠깐 눈을 감고 있는 동안(흔히 10까지 수를 셈)에 다른 아이들은 숨는다. 눈을 감았던 아이가 눈을 뜨고 숨은 아이들을 찾아 나선다. 처음으로 발견된 아이가 그 다음의 술래가 되고 맨 마지막에 발견되는 아이가 승자가 된다.

이 놀이의 여러 다양한 변형 중에는 술래가 아이들을 찾고 있는 동안에 다른 아이들은 숨어 있다가 술래의 기둥으로 술래보다 먼저 돌아와야 하는 것도 있는데, 만약 숨었던 아이들 모두가 들키지 않고 안전하게 술래기둥으로 돌아오면 다음번에도 같은 사람이 계속 술래를 해야 한다.

(12) 바람개비

바람개는 또는 팔랑개비는 '어린이 장난감의 하나로 빳빳한 색종이를 여러 갈래로 자르고 그 귀를 구부려 한데 모아 철사 따위를 꿰어 자루에 붙여서 바람에 돌아가도록 만든 것'을 의미한다. 바람개비는 아이들이 뛰놀면서 노는 것 외에도 정월 대보름날 볏가리대에 매다는 것도 있다.

또 아이들이 들고 다니는 바람개비는 손에 쥐고 앞으로 내달리면서 논다.

바람개비의 축을 손으로 힘 있게 비벼서 돌리기도 하고, 바람개비의 축에 노끈을 감았다가 그 노끈을 빨리 풀어 바람개비를 공중으로 날아 올리기도 한다. 이러한 방법으로 누구의 바람개비가 더 높이 오르는가를 경쟁한다.

(13) 썰매 타기

썰매는 '아이들이 얼음이나 눈 위에서 미끄럼 타는 기구'를 말한다. 즉 겨울철에 비탈진 눈길이나 얼음 위에서 썰매를 타고 즐기는 남자아이들의 놀이이다. 썰매는 여러 가지 모양이 있으나, 가장 일반적인 것은 널판 바닥에 적당한 높이의 각목을 나란히 붙이고, 여기에 쇠나 철사 등을 박아서 잘 미끄러지도록 만든다.

탈 때는 끝에 뾰족한 쇠꼬챙이를 꽂은 긴 송곳을 양손에 쥐고 이를 이용하여 썰매를 움직이거나 방향전환 또는 멈춰서는 동작을 한다. 송곳으로 양쪽의 얼음을 찍어가며 타는 방법이 있는데, 보통은 뒤에서 밀어주기도 한다.

(14) 팽이치기

팽이치기는 '팽이를 채로 쳐서 돌리는 놀이'를 말한다. 주로 겨울철에 어린이들이 얼음판 위에서 원뿔모양으로 깎아 만든 팽이를 채로 쳐서 돌리며 즐기는 놀이이다. 우리나라에서 이 놀이가 언제부터 시작되었는지는 확인하기 어려우나, 삼국시대 때부터 널리 유행한 것으로 보고 있다.

팽이는 박달나무 · 대속나무와 같이 무겁고 단단한 나무나 소나무의 관솔부분을 깎아서 만드는데, 이러한 나무라야 끝이 쉽게 무뎌지지 않고 오래간다. 팽이 끝에는 작고 둥근 철제 뿔이나 구슬 등을 박아서 쉽게 닳지 않으면서도 오래 돌아가도록 만든다. 윗부분에는 태극무늬나 물감으로 여러 가지 모양을 그려서 돌아갈 때 아름다움을 나타내기도 한다.

(15) 연날리기

주로 소년들에 의해 놀이되는 연날리기는 한국의 민속놀이로 정월 초하루부터 대보름까지 날린다. 액을 쫓는 주술적인 의미로 대보름에는 연에 송액영복(送厄迎福)이라는 글을 써서 해질 무렵 연실을 끊어 멀리 날려 보낸다. 즉 '그 해의 온갖 재앙을 연에 실어 날려 보내고 복을 맞아들인다', '심중의 더러움을 깨끗이 씻어낸다'는 뜻이 담겨 있다. 서울시는 연날리기를 시도무형문화재4호로 지정하였다.

5) 기타

(1) 줄타기

줄타기는 공중에 매단 줄 위에서 광대가 재담 · 소리 · 발림을 섞어가며 갖가지 재주를 부리는 곡예로 중요무형문화재58호로 지정되었다. 관아의 뜰, 대갓집 마당, 장터 등 넓은 마당에서 주로 공연되었다. 줄타기는 줄광대 · 어릿광대 · 악사로 구성되며 약 40가지 곡예가 있다.

줄광대는 주로 줄 위에서 놀고, 어릿광대는 줄 아래에서 재담을 하며, 악사는 줄 아래 한쪽에 앉아 장구 · 피리 · 대금 · 해금으로 반주한다. 줄광대가 악사와 어릿광대를 모두 갖추고 소리 · 재담 · 춤 등을 하고 잔놀음과 살판까지 하는 것을 판줄이라 하고, 어릿광대 없이 줄광대 혼자 간단하게 노는 것은 도막줄이라 한다. 줄타기는 2015년 12월 2일에 유네스코 무형문화유산으로 등재되었다.

연습문제

01. 다음 설명에 해당하는 것은?

> 인간의 본능적이며 무조건적인 욕구를 반영하는 행동, 즉 이성적이라기보다는 본능적이거나 자발적인 행동

① 여행 ② 관광
③ 놀이 ④ 천렵

02. 놀이의 핵심 요소와 관련이 없는 것은?

① 겨루기 요소 ② 신명의 요소
③ 표현의 요소 ④ 노동의 요소

03. 다음 설명에 해당하는 것은?

> 공민왕이 홍건적의 난을 피해 몽진한 데서 유래되었다고 전해진다. 젊은 여자들이 한 줄로 늘어서서 허리를 구부리고, 공주로 뽑힌 소녀를 위로 올려 등을 밟고 걸어가게 하는 안동 지방에서 전승된 여성놀이

① 놋다리밟기 ② 다리밟기
③ 강강술래 ④ 술래잡기

04. 다음 설명에 해당하는 것은?

> 태평소 · 꽹과리 · 나발 · 장구 · 북 · 징 등을 불거나 치면서 춤을 추고 노래하는 것

① 방천놀이 ② 풍물놀이
③ 탈놀음 ④ 마당놀이

05. 다음 설명에 해당하는 것은?

> 씨름과 더불어 단오절의 가장 대중적인 놀이로, 북방의 오랑캐들이 한식날에 거행했던 것을 후에 중국 여자들이 배우게 되었다고 함

① 강강술래 ② 활쏘기
③ 농주 ④ 그네뛰기

06. 다음 설명에 해당하는 것은?

> 여성의 외출이 자유롭지 못하던 옛날에는 끼리끼리 안마당에 모여 놀았다. 여성들이 모처럼 해방감에 젖어 놀 수 있었는데, 특히 추운 겨울에 알맞은 놀이

① 공기놀이 ② 널뛰기
③ 숨바꼭질 ④ 썰매타기

07. 다음 설명에 해당하는 것은?

> 주로 발을 사용하여 상대를 차서 쓰러뜨리는 한국전통의 맨손무예

① 태권도 ② 격구
③ 택견 ④ 마상재

정답

01 ③, 02 ④, 03 ①, 04 ③, 05 ④, 06 ②, 07 ③

제11장

생활민속

학습 포인트

- 제1절에서는 전통적으로 전승되고 있는 월별 세시풍속, 차례와 통과의례 등에 대해 학습한다.
- 제2절에서는 동해안, 남해안, 전라북도, 황해도, 제주도 지역에서 전승되고 있는 풍어제에 대해 학습한다.
- 제3절에서는 신의 종류와 종교 및 철학에 대해 학습한다.
- 연습문제는 세시풍속, 지역별 풍어제, 민속신앙에 대해 총체적으로 학습한 후에 풀어본다.

제1절 세시풍속

1. 세시풍속

우리 민족의 삶과 생활방식을 담고 있는 생활민속은 생활양식의 전부라고 할 수 있다. 세시풍속과 관련된 생활민속 자료는 여타 고고학이나 미술사 자료와는 달리 우리 조상의 일상적인 생활풍습과 밀접하게 연관되어 있어 우리 주변에서 쉽게 찾을 수 있다.

그러나 오늘날 세시풍속도 생활양식의 변화로 심한 변모 양상을 보이면서, 소멸위기에까지 이르게 되었다. 따라서 급속히 바뀌거나 소멸되어 가는 세시풍속 관련 생활민속 자료를 확보하기 위해서는 구입이나 기증 및 기탁 등 여러 가지 방법으로 수집 · 보존해 나가야 할 것이다.

우리 고유의 생활풍속 중 하나인 세시(歲時)는 '한 해의 절기나 달, 계절에 따른 때'를 의미한다. 즉 세시풍속(歲時風俗)은 '세시 · 세사 · 월령 · 시령'이라고도 하며, 음력과 양력이 혼합된 태음력을 기준으로 한다. 한 해를 기준으로 달마다 배분되어 있으며, 매 절기마다 상이한 풍습을 만들었다.

우리나라 세시풍속의 역사는 상고시대로 거슬러 올라간다. ① 부여의 영고(迎鼓 : 옛 부여에서 추수를 감사하는 뜻으로 섣달에 지내던 제천의식), ② 고구려의 동맹(東盟 : 고구려 때, 매년 10월에 열렸던 제천의식), ③ 예의 무천(舞天 : 삼한시대, 예에서 해마다 농사를 마치고 10월에 드리던 제천의식) 등은 모두 세시행사에 속한다. 그리고 추석, 수리(단오), 유두(음력 6월 보름으로, 명절의 하나), 대보름 등 삼국시대에 이미 세시풍속의 원형들이 있었으며, 고려시대에는 신라시대의 세시풍속이 대체로 전승되었다.

조선시대 세시풍속의 주기는 농경의 주기와 관련이 있으며, 오늘날의 세시풍속은 현대생활에 맞게 모양이나 형태가 달라지게 되었다. 대표적인 풍속은

① 설날, ② 정월 대보름, ③ 한식, ④ 단오, ⑤ 추석 등이 있다.

오늘날의 세시행사로 귀착된 것은 조선시대에 접어들어서이다. 조선시대 세시풍속은 농경의 각 주기를 따랐다. 24절기를 기준으로 볼 때 한국의 경우 봄은 양력 2월, 음력으로는 정월부터 시작되었다.

시대변화에 따라 세시의 변화도 필연적이므로 오늘날 현대생활에 알맞게 축소 · 변형된 것이다. 월별 세시풍속은 〈표 11-1〉과 같다.

〈표 11-1〉 월별 세시풍속

기간	내용
정월	-'음력으로 한 해의 첫째 달'을 뜻한다. 시간적으로는 한 해가 시작되는 새 달의 첫날로, 첫 명절이라는 의미이다. 설날을 원일(元日) · 원단(元旦) · 원정(元正) · 연시(年始)라고도 한다. 원일(元日)에는 조상에게 차례를 지내고, 이웃 간 덕담을 나누며 친지들을 찾아 세배를 한다. -정월 보름은 작은 보름과 대보름으로 나뉜다. 대보름 아침에는 ① 부럼(땅콩, 호두, 잣, 밤 등 딱딱한 과일을 먹는 풍속)을 깨물거나, ② 귀밝이술(耳明酒 : 귀가 밝아지라고 마시는 술)을 마신다. 그리고 남에게 한여름 더위를 파는 ③ 더위팔기도 행한다. -대보름 저녁 달이 뜰 무렵에는 달맞이를 즐긴다. 이 시기에는 마을공동체의 동신제(洞神祭)가 집중적으로 열리며 널뛰기, 제기차기, 쥐불놀이, 지신밟기, 동채싸움, 줄다리기, 연날리기 등 다양한 민속놀이가 펼쳐진다.
2월	-2월 1일은 보름에 세웠던 낟가릿대를 쓰러뜨리고, 머슴날 또는 노비일(奴婢日)이라 하여 떡을 만들어 종들에게 나이 수대로 나누어 먹인다. -이날은 묵은 먼지를 털며 대청소를 하는 음력 2월 초하룻날로, 일명 '노래기날'이라고도 하는데, 이때 ① 집안을 깨끗이 청소하여 향랑각시(절지동물 배각류)를 내쫓는다. 남쪽 지방에서는 ② 영등신(靈登神) 맞이 행사를 한다.
3월	-3월 3일 삼짇날에는 강남의 제비가 돌아오는 날이다. 완연한 봄이 다가오면서 여자들은 산과 들로 나가 화전놀이(꽃잎을 따서 전을 부쳐 먹으며, 춤추고 노는 부녀자의 봄놀이)를 즐기고, 남자들은 화류(花柳 : 꽃과 버들) 등을 즐긴다. -청명(淸明)이 되면 봄의 경치가 시작되며, 동지로부터 105일째 되는 한식날에는 ① 조상에게 제사를 올리거나 벌초를 하고, ② 성묘를 하는 한식절사(寒食節祀 : 한식날 묘소에 가서 지내는 제사)를 행한다. 음식은 탕평채나 과하주, 수란 등의 절식을 만들어 먹기도 한다.

기간	내용
4월	–4월 8일 초파일에 신도들은 절을 찾아 불공을 드리고, 신도가 아닌 사람들도 연등놀이를 즐긴다. 놀이로 수부희(물장구)를 즐기며 음식은 증편, 어채, 어만두, 미나리강회 같은 절식을 즐긴다.
5월	–5월 5일 단오절에는 수리치떡과 밀전병을 준비한다. ① 여자들은 창포로 머리를 감고 그네를 뛰고, ② 남자들은 씨름을 한다. ③ 더위에 대비하여 단오선(조선시대 단옷날 임금이 재상과 시종들에게 하사한 부채)을 선사하기도 한다. ④ 각 가정에서는 악귀를 쫓는 부적을 만들어 문설주에 붙였는데, 이것을 단오부적 또는 천중부적(天中符籍)이라 한다. 이날은 양기가 가득 찬 날이라 하여 익모초 같은 약초를 뜯어서 말린다.
6월	–6월 6일 유둣날에는 술과 안주를 장만하여 계곡 따위를 찾아가서 더위를 피하여 즐기는 유두잔치를 베푼다. –이날 음식은 ① 수단(水團 : 화채), ② 건단(乾團 : 꿀물 따위에 담그지 않고 그냥 먹는 경단 같은 떡), ③ 상화병(霜花餠 : 밀가루를 막걸리 따위로 반죽하여 부풀려 꿀팥으로 만든 소를 넣고 빚어 찐 떡), ④ 밀쌈(연병) 같은 절식을 먹는다. 그리고 삼복에는 보신탕이나 삼계탕 등으로 더위를 피한다.
7월	–7월 7일 칠석(七夕)에는 ① 칠성고사(칠성신에게 드리는 제사, 일명 칠성제라 함)를 올린다. –15일 백중(百中)에는 100가지 과실을 차려 제사를 지내고 남녀가 모여 음식을 먹고 노래와 춤을 즐기는 ② 백중난장(백중놀이)을 즐긴다. 이날은 '호미씻이'라고도 하고, 백종 · 중원 · 망혼일이라 하여 조상의 넋을 위로하는 날이다.
8월	–8월 15일 추석(秋夕)은 가배라 부르며, 음력 팔월 보름을 일컫는 말이다. 가을의 한가운데 달, 또한 8월의 한가운데 날이라는 뜻이며, 조상에 대한 성묘를 으뜸으로 여기는 명절이다. –이날은 ① 강강술래와 거북놀이 등을 즐기며, 음식은 ② 인병(인절미)이나 송편, 그리고 ③ 율단자(栗團子 : 찹쌀가루를 쪄서 계란같이 둥근 떡을 만들고 삶은 밤을 꿀에 개어 붙임) 같은 절식을 먹는다.
9월	–9월 9일 중양(重陽)은 9월 중의 유일한 속절(俗節)이며, 중구(重九) 또는 중광(重光)이라고도 한다. ① 중양 · 중광은 양(陽)이 겹친다는 뜻이고, ② 중구는 '9[九]' 수가 겹친다는 뜻으로 풀이된다. 이때는 단풍놀이를 즐기며, 음식은 화채나 국화전 같은 절식을 먹는다.

기간	내용
10월	–상달에는 상달고사라 하여 집안의 신에게 제를 올리며, 곳에 따라서는 마을 당굿을 행한다. 상달고사는 음력 10월 상달[上月]이 되면 햇곡식으로, 쌀과 술을 빚어 길일을 택하여 한 해의 추수와 가내의 안녕을 기원하여 성주신 · 토지신 · 조왕신 · 조상신 · 삼신 등 모든 가신에게 고사를 지낸다. –음식은 신선로, 연포탕, 난로회, 애단자, 만두, 애탕, 강정 같은 절식을 먹는다.
11월	–동지에는 팥죽을 쑤어 먹고 죽물을 대문간에 뿌려 악귀를 쫓는다. 동지는 ① 애동지(음력 11월 10일 이전에 드는 동지), ② 늦동지(음력 11월 20일이 지나서 드는 동지)로 구분된다. 청어나 감귤을 국왕에게 진상하며, 음식은 냉면이나 동치미, 수정과 같은 절식을 먹는다.
12월	–음력 12월을 '섣달', 또는 '납월(臘月)'이라고도 한다. 납일(臘日)에는 ① 납향제(臘享祭 : 납일에 한 해 동안 이룬 농사와 그 밖의 여러 일들을 여러 신에게 고하는 제사)를 행하며, ② 납약(臘藥 : 여러 종류의 환약)을 만들어 나누어준다. 민간에서는 ③ 납육(臘肉 : 납향에 쓰려고 사냥한 산짐승 고기)을 잡는다. –① 섣달 그믐은 제석(除夕)이라 하여 묵은세배를 행하고, ② 수세라 하여 집안 구석구석에 불을 밝히고 묵은해를 보낸다. ③ 윤달은 군달 또는 공달이라 하여 무슨 일을 해도 탈이 없는 달로 여겨 평소에 꺼리던 집수리나 이사를 하거나, 산소를 이장(移葬)한다.

2. 차례와 통과의례

1) 차례

설날이나 추석이 되면 친척들이 모여 정성껏 차린 음식을 상 위에 놓고 차례를 지낸다. 차례는 '매달 음력 초하룻날과 보름날 또는 명절날이나 조상의 생일날 등의 낮에 지내는 제사'를 말한다. 먼저 ① 신위는 죽은 사람의 영혼을 모시는 자리로, 사진을 놓기도 하고, 그 사람의 이름을 적은 '지방'을 놓기도 한다. 그 다음에 ② 향을 피우고 잔에 술을 받아 제사상에 올린다. ③ 집안의 가장 큰 어른부터 절을 한 다음 모든 가족들이 절을 하는데 남자는 두 번, 여자는 네 번 절을 한다. 지역에 따라 여자는 하지 않는 경우도 있다. ④ 차례를 지내기 전에 조상님의 영혼이 들어올 수 있도록 대문이나 현관문을 살짝 열어 두고, ⑤ 차례가 다 끝난 후에도 한동안 문을 열어둔다. 차례상 올리는 순서나 음식은 지역에 따라 조금씩 다르다. 차례상 올리는 순서는 〈표 11-2〉와 같다.

〈표 11-2〉 차례상 올리는 순서

1열	지방을 중심으로 수저, 술잔, 밥과 국을 조상 수대로 올리고, 명절 차례에는 떡국이나 송편을 올린다.
2열	왼쪽에서부터 전, 육전, 생선, 전을 놓는다. 생선의 머리는 오른쪽, 꼬리는 왼쪽을 향하게 놓는다.
3열	생선탕, 두부탕, 고기탕 등의 탕류를 놓는다.
4열	왼쪽부터 포, 나물, 간장, 나박김치, 식혜를 올린다.
5열	왼쪽부터 대추, 밤, 배, 감 순으로 놓고, 붉은 과일은 오른쪽, 흰 과일은 왼쪽에 놓는다.

2) 통과의례

통과의례는 '사람이 일생을 살아가는 과정에서 새로운 상황, 지위, 신분, 연령 등을 거치면서 치르는 갖가지 의례나 의식을 총칭'하는 말이다. 통과의례와 관련된 놀이는 주로 잔치형식을 취하고 있다.

또한 잔치는 경사를 맞이하여 일가친척과 이웃사람들을 청해서 술과 음식을 대접하고 노래와 춤을 즐기는 일종의 향연이다. 종류는 ① 백일잔치, ② 돌잔치, ③ 혼인잔치, ④ 회갑잔치 등이 있다. 통과의례를 정리하면 〈표 11-3〉과 같다.

〈표 11-3〉 통과의례

구분	내용
백일잔치	–백일잔치는 '아이가 태어난 지 백 번째가 되는 날 열리는 잔치'를 말한다. 어린아이를 위한 잔치이기 때문에 특별한 놀이가 행하여지는 것은 아니다. 이때는 아이의 수명장수와 건강한 성장을 기원하는 뜻의 잔치음식을 장만한다. 옷차림이나 장식물 역시 이러한 기원에 바탕을 두고 있다. 떡을 만들어 돌리기도 한다.
돌잔치	–돌잔치는 '돌날에 베푸는 잔치'를 말한다. 아기가 돌상 위에 놓인 활·실·쌀·책·붓·대추 등에서 무엇을 먼저 집느냐에 따라 아기의 장래를 예측해 보기도 한다. –아기가 활을 먼저 집으면 장군이 되고, 쌀을 집으면 부자가 되며, 책이나 붓을 집으면 선비가 된다고 믿는 것이다. 어른들은 이 광경을 지켜보고 아기의 장래 성취를 낙관하면서 손뼉을 치며 즐긴다.
혼인잔치	–혼인잔치는 비교적 성대하게 치른다. 회갑잔치와 함께 마을잔치로 푸짐하게 베풀어진다. 놀이는 대례(大禮) 마당에서부터 시작된다. 그렇게 못 하면 닦달이 심하다. 주로 신랑의 다리를 묶어 거꾸로 매달아 놓고, 발바닥을 마른 명태나 방망이로 때리기도 한다. 신랑은 통과의례의 시련을 단단히 겪지만, 처가의 식구들과 허물없는 사이가 된다.
회갑잔치	–회갑잔치는 일명 '회갑연', 또는 '환갑잔치'라고도 한다. 주로 특별한 격식이나 의식보다는 풍물놀이가 중심을 이룬다. 보통 회갑주(回甲主)에게 헌수(獻壽)를 하는 의식을 끝내면 마을사람들이 풍물을 치며 춤판을 벌인다. 회갑주를 업고 나와 목말을 태우기도 하고 들것을 준비하여 그 위에 태우고 춤을 추기도 한다.

제2절 풍어제

1. 동해 · 남해안 지역

풍어제(豊漁祭)는 '어촌에서 수신(水神), 해신(海神)을 위안하고, 어민의 안전과 풍어를 비는 제사'를 말한다. 크게 마을 전체 주민이 참여하는 공동제의(公同祭儀)와 선주(船主) 등이 주재하는 개인제의(個人祭儀)로 나눌 수 있다.

먼저, 공동제의는 ① 동해안 · 남해안에서는 별신굿, ② 서해안에서는 수륙재 · 용왕굿 · 수륙용왕제, ③ 전라북도 고창은 영신당제, ④ 전라북도 위도는 띠뱃놀이, ⑤ 황해도는 대동굿, ⑥ 제주도는 영등굿 등 지역에 따라 고유한 명칭이 쓰인다.

개인제의는 보통 뱃고사라고 하는데, 조기잡이가 성했던 ① 서해안에서는 배연신굿으로 불리기도 하고, 전라남도 ② 여수에서는 용신맞이 풍어굿이라고 한다. 특히 동해안 별신굿, 서해안 배연신굿, 황해도 대동굿, 위도 띠뱃놀이, 남해안 별신굿은 중요무형문화재82호로 지정되었다.

이 풍어굿은 일제강점기에 중단되었다가 1976년에 복원되었는데, 놀이적 성격이 보다 강화되었다. 최근 풍어제 기간에는 갯벌생물 잡기, 농게장 담그기, 갯길 탐사, 황토화분 만들기, 황토농산물 보물찾기, 갯벌하늘 연날리기, 맷돌바지락전 부치기 등을 개최해 관광객을 유치하고 있다.

1) 동해안 별신굿

동해안 별신굿은 가장 대표적인 굿으로, 일명 '풍농 · 풍어제'로 부른다. 주로 강원도 고성에서부터 부산 지역에 이르는 동해안 해변마을 일대에서 행해지는 굿으로, 흔히 풍어제라고 부른다. 별신이란 '마마귀신'(손님마마 · 별상아씨 · 별상)을 뜻하여 마을단위로 크게 굿판을 벌여 두신을 퇴치하는 의미였다.

주로 마을의 안녕과 풍어를 기원하며, 단골패들이 주관한다. 이들은 지역 세습무로서 각자 흩어져 살다가 굿이 나면, 굿패를 조직하여 참여한다. 중요무형문화재82호(풍어제)로 김석출과 김유선 등이 지정되어 있다.

2) 남해안 별신굿

남해안 별신굿은 '남해안 일대에서 행해지는 어민이 하는 굿'을 말한다. 주로 마을의 안녕과 풍요를 기원하는 대동굿의 일종으로, 동제는 마을의 수호신을 모시지만, 별신(別神)은 다신을 모시는 제축적 성격이 강하다.

별신굿은 일명 '벨신 · 벨손 · 별손'이라고도 한다. 별신은 해마다 열리기보다는 주기적으로 해를 정하여(익년 · 윤년 · 10년 등) 이루어지는 것이 보통이다. 굿의 규모도 매우 크기 때문에 난장도 벌어지고 굿거리도 다양하다.

특히 남해안 별신굿은 급격히 쇠퇴하여 경상남도 ① 거제도의 죽림포 · 구조라 · 수산 · 양파, ② 통영시의 동 지역과 한산도 · 사랑도, ③ 갈도의 치리등지에서 전승되는 정도이며, 마을마다 2년 또는 1년 간격으로 지낸다.

2. 서해안 지역

1) 서해안 수륙재

수륙재(水陸齋)는 '물과 육지에 떠도는 잡귀를 위해 재를 올리는 법회' 또는 '물과 육지에서 헤매는 외로운 영혼을 위로하기 위하여 올리는 재(齋)'를 말한다. 유의어로 수륙굿 · 수륙회 등이 있다.

수륙재는 505년에 중국 양나라 무제가 시행했던 것이 그 시초이다. 무제의 꿈에 한 스님이 나타나 6도 4생의 중생들이 고통을 받고 있으므로 수륙재를 베풀어 그들을 제도하는 것이 으뜸가는 공덕이라고 말했다는 데서 유래한다.

우리나라에서는 971년 고려시대 수원 갈양사에서 처음 시행하였다. 조선시대에 들어서 억불정책의 일환으로 수륙재의 형식을 규제하였으나 폐지하지는 않았다. 세종이 위독할 때 구병을 위한 수륙재를 올린 예가 있다.

2) 서해안 용왕굿

용왕굿은 별신굿의 하나로, '인천을 중심으로 한 서해안의 갯마을에서 정월 보름 전후에 마을의 안녕과 풍어를 빌던 옛 당굿'을 뜻한다. 주민이 공동으로 참여하여 재앙을 없애고, 마을의 평안과 풍어를 비는 규모가 큰 굿이다. 바닷가에서 무당이 물동이를 타고 방울을 흔들며 공수를 내리고 음식을 떼어 바다에 던진다.

전라북도 군산 지역의 용왕굿은 육지 및 해상을 오가는 모든 사람들의 무사고와 풍어를 기원하는 민속 굿이다. 세습무들의 흥겨운 노랫가락으로 용왕신을 달래는 형태를 지니고 있으나, 당집이 소멸되고 세습무의 굿도 맥이 끊겨 사라졌다. 지금은 지역의 무속인들이 원형을 찾아 옛 모습을 재현하고 있다.

굿은 ① 산신과 용왕의 대내림굿, ② 농악대가 마을을 돌며 무사태평과 수복강령을 비는 동네 걸립굿, ③ 용신당에 당도한 신령에게 인간의 부정함을 사하여 달라고 비는 부정굿, ④ 배의 주인신과 육지를 지키는 각시 선왕과 애기 선왕, 처녀 선왕, 동자 선왕 등 여러 형태의 선왕을 달래는 선왕굿, ⑤ 굿마당에 동참한 사람들을 신에게 축원하는 축원굿, ⑥ 넋을 달래는 해원굿, ⑦ 모셔온 신령을 제자리에 모시고 인간의 액을 꽃배에 실어 바다에 띄우면서 하는 뒤풀이굿 등으로 이루어진다.

3. 전라북도 지역

1) 고창 영신당제

영신당제는 '전북 고창군 동호마을에서 지내는 풍어제 성격의 마을제사'를 말한다. 영신당제는 음력 2월 초하루에 해안지역의 동호마을 신당에서 선박의 안전을 기원하며 지내는 마을 공동의 제사이다.

동호리 주민들은 영신당제를 '수륙제 · 당제 · 영신제' 등으로 부르는데, 예전에는 동호리의 당제를 2월 20일에 지냈다. 그날은 영등할머니 생일이라서 이월 스무날에 당제를 모셨다고 한다.

그러나 지금은 2월 초하루에 영신당제와 용왕제를 함께 지낸다. 2월 초하룻날 ① 오전에는 무당이 중심이 되어 영신당에서 당 할머니에게 영신당제를 지내고, ② 오후에는 선주들이 바다로 나가 용왕제를 지낸다. 지금은 무당과 마을 사람들이 함께 지내는 축제적 성격이 강하다.

2) 위도 띠뱃놀이

띠뱃놀이는 전라북도 부안군 위도에 전승되어 내려오는 민속놀이이다. 중요무형문화재82-3호로 지정되어 매년 정월 초사흗날 어민들의 풍어와 마을의 평안 등을 기원하는 마을 공동제의이다. 또한 인천광역시 옹진군 장봉도에서도 '마을의 액운을 불태우고, 띠배를 큰 배에 매달고 뱃노래를 부르며 바다에 나가 불을 지르는 띠뱃놀이'를 하고 있다.

본래의 명칭은 원당제(願堂祭)로, 제당의 명칭이 원당에서 유래된 것이다. 띠뱃놀이로 불리게 된 것은 원당 당굿에 이어 바닷가의 용왕굿 때 띠배를 띄워 보내기 때문이다. 즉 재앙을 쫓고 풍어를 비는 뜻에서, 음력 정월 초사흗날 당집에서 제사를 지내고 띠로 만든 배에 허수아비를 실어 바다로 띄워 보낸다.

위도 띠뱃놀이는 산 정상에 있는 원당에서의 당굿과 마을의 주산(主山) 돌기, 그리고 바닷가의 용왕굿으로 산과 마을과 바다로 이어지는 사제무(司祭巫) 주관의 무(巫), 굿형 제의인데, 사제무는 동해안이나 남해안 지방과 같이 세습무(世襲巫)이다.

4. 황해도 지역

1) 황해도 대동굿

대동굿은 황해도의 해주와 옹진에서 연평도 지역 및 평안도 지역에서 성행하였던 마을의 큰 제의(祭儀)를 말한다. 주민들이 한마음으로 정성을 모아, 한 해의 풍요와 안녕을 기원하면서, 공동운명체로서의 확신과 단결을 도모하는 마을단위의 굿이다. 1980년대 초반에 황해도 풍어제를 보존하고 마을의 축제로 정착시킬 목적으로 인천에서 재현되고 있다.

황해도 대동굿은 일반적인 마을굿과 마찬가지로 지역수호의 성격을 강하게 보여준다. 일단 당(堂)을 모신 후 세경을 도는 것은, 마을 전체에 신의 축복이 있기를 기원함과 동시에, 주민들이 모두 하나의 신을 믿는 공동운명체임을 실감케 하기 위한 것이었다. 동시에 하나의 신을 의지하고 사는 마을주민들 사이는 깊은 동질감으로 연결되는 것이다.

5. 제주도 지역

1) 제주도 영등굿

영등신(靈登神)은 일명 '바람 신[風神] 또는 영등할머니, 영둥신, 영동신'이라고도 부른다. 『동국세시기(東國歲時記)』「2월조」에는 "영남 지방 풍속에 집집마다 영등신을 맞아 제사를 지낸다. 사람들은 이달 초하루부터 사람을 만나지 않는데, 15일에서 20일까지 간다"고 하였다.

영등신은 해마다 영등달, 즉 2월 초하루에 찾아왔다가 14일에 떠난다. 칠머리당에서 제주로 찾아온 영등신을 떠나보내는 송별제를 한다. 이때 영등신이 사람들에게 해를 끼칠 만한 모든 것들을 갖고 떠나도록 굿을 지낸다.

제주도의 영등굿은 본향당에서 열리는데, 초감제 · 불도맞이 · 용왕맞이 등의 순서로 진행되며, 제주도의 풍요를 기원한다.

6. 신의 종류

굿에서 제를 받는 신의 종류는 가신 · 동신 · 외부신의 3가지로 나뉜다. ① 가신(家神)은 집을 지키며 집안의 운수를 좌우하는 신으로, 조왕신 · 삼신 · 지신 · 성주신 · 조상신 등이 있다. ② 동신(洞神)은 마을에서 공동으로 모시는 신으로, 산신 · 서낭신 · 당신(堂神) 등이 있다. ③ 외부신(外部神)은 집과 마을 밖의 신으로, 천신 · 천왕신 · 칠성신 · 시준신 · 제석신 · 용신 · 요왕신 · 장군신 · 군웅신 · 신장신 · 손님신 · 창부신 · 잡귀 등이 있다.

1) 가신

(1) 조왕신

조왕신(竈王神)은 '늘 부엌에 있으면서 모든 길흉화복(吉凶禍福)을 맡아보는 신으로, 화신(火神)'이라고도 한다. 유의어는 부뚜막신, 부엌신, 조왕대감, 조왕할머니 등이 있다. 예전에는 궁중에서 역귀를 쫓는 의식을 할 때 등장하는 나자(儺者)의 하나를 이르던 말이다.

굿을 할 때에는 성주신(집을 지키고 보호하는 신)에게 빌듯이 조왕신에게도 조왕상을 차려 놓고 집안이 잘 되게 해달라고 빌며 절을 하였고, 새벽에 부뚜막 위에 깨끗한 물을 떠놓고 집안의 무사함을 빌기도 하였다.

또한 조왕신은 부엌에 머물러 있는 가신(家神)으로서, 본질이 화신(火神)이기 때문에 부엌에서 존재하게 되었다. 예부터 부녀자들과 깊은 관계를 갖고 있다고 여겨지는 부엌을 관리한다는 신이다. 때로는 조왕각시라고 믿기도 한다.

사찰에서는 조왕각을 따로 지어 탱화를 안치하여 모시거나 부엌에 탱화를 걸어 놓고 있다. 한국의 풍속과 민속으로 전래되는 신으로, 일본이나 중국에서도 모시고 있다.

(2) 삼신

삼신은 '아기의 점지와 해산을 맡는다는 세 신령'을 의미하며, 3개의 신을 나타내기도 한다. 유의어는 산신(産神), 삼시랑, 삼신령(三神靈), 삼신할머니 등이 있다. 즉 삼신은 아이의 점지와 출산, 수명과 질병 등을 관장하는 가신(家神)이다.

삼신의 직능과 그에 따른 제의는 두 종류로 모셔지고 있다. 하나는 ① 자녀의 출산과 성장을 관장하는 대상으로서의 삼신이고, 다른 하나는 ② 집안 식구의 편안함을 기원하는 대상으로서의 삼신이다.

(3) 지신

지신은 '땅을 맡아 다스리는 신'을 의미한다. 유의어는 땅귀신, 온신(媼神), 지기(地祇), 토신(土神), 토지신(土地神) 등이 있다. 즉 지신은 ① 마을공동체의 수호신 역할과 ② 한 가정의 복을 얻는 일, 즐겁게 사는 일과 연관된 가신 역할을 한다.

또한 각종 세시명절이나 한 가정의 안녕과 번영을 비는 무속제의로서의 지신은 가신 역할을 한다. 정초에 마을과 가정의 무사함, 농사의 풍작을 위해 주산(主山) 지신과 당산 지신, 각 가정의 지신을 밟는 마을공동체의 축제이다.

가신으로서의 지신은 흔히 터주라고 불리는데, 곡식을 넣은 항아리에 짚을 덮은 것으로 형상화된다. 이는 대개 터주가리라고 불리며, 집안의 평안과 재수 있기를 빌고, 재액의 퇴치를 빈다.

(4) 성주신

성주신은 '집을 지키고 보호하는 신'으로, 집을 새로 짓거나 옮길 때에는 반드시 성주신을 모시는 풍습이 있다. 유의어로 상량신, 성조, 성주대감, 성주대신 등이 있다. 성주신은 집과 가족을 보호한다고 믿는 신으로, 강원도 강릉 지역에서 볼 수 있다.

인간에게 최초로 집 짓는 법을 가르쳐주어 가내의 평안을 주관하는 성주신은 집안의 최고신이다. 따라서 안방 상부의 깨끗한 곳에 봉안하며 위치도 중심부가 된다.

① 이사 갈 때 성주단지는 산에다 묻고 가거나, 단지 속의 쌀은 떡이나 밥을 해서 먹는다. ② 가정에서는 해가 바뀌거나 가을 농사가 끝나면 팔시루떡과 백설기를 찌고 메나 나물 등의 제물을 장만하여 성주신에게 평안과 부귀를 기원한다.

(5) 조상신

조상신은 '전북 군산 지역에 있는 민간신앙'을 말한다. 부모나 조부모와 같이 피를 이어준 조상들의 혼령도 가택신의 하나로 받들어 왔다. 조상신은 다른 가택신에 비해 조상과 자손이라는 혈맥관계로 이어져 있기 때문에 신령스러운 힘이 강하다.

조상신에 대한 신앙은 매우 오래전부터 시작되었을 것으로 추측할 수 있다. 조상의 영혼은 육체가 사멸하여도 남아 있다고 믿음으로써 조상 숭배가 성립되었다. ① 차례 때는 조상상을 차려서 제를 올리고, ② 햇곡식이 나면 성주신과 함께 고한다. 가신 신앙처럼 집안에서 모시는 조상신은 집안의 사정에 따라 다양하다.

2) 동신

(1) 산신

산신(山神)은 '산신령'을 의미한다. 즉 산을 맡아 수호하고 있다는 신령이다. 산신은 ① 인간에게는 아이를 가져다주는 신이면서 악귀들로부터 생명을 보호해 주는 수호신이다. 그리고 ② 농경민에게는 비를 내리는 강우신이나 풍산신의 성격을 띠고, ③ 유목민에게는 사냥감을 내리는 은혜자이면서도 노여움을 내는 존재이다.

산신의 신체는 호상과 신선상이며, 산신에게 제사하는 일을 산제, 또는 산신제라고 한다. 우리나라는 예부터 산신제를 지냈으며, 지금까지도 그 풍습이 전해 내려오고 있다.

(2) 서낭신

서낭신은 '토지와 마을을 지켜준다는 신'을 말한다. 약어는 서낭이며, 유의어로는 성황제(城隍祭)가 있다. 마을신앙 중에서 가장 광범한 분포를 보이는 데, 한자로는 성황신(城隍神)이라고 쓴다.

강원도 강릉 지방에서는 서낭신앙에 대하여 동해안에 접한 어촌과 평야지역의 농촌, 그리고 대관령 등의 산간지역에서 각각 다르게 부른다. ① 산간마을에서는 산신제나 성황제 등으로 부르고, ② 어촌에서는 풍어제 · 용왕제 · 해신제 · 서낭제, ③ 농촌에서는 성황제 · 고청제 · 고봉제 등으로 부른다.

(3) 당신

당신(堂神)은 '신당(神堂)에 모신 신'을 말한다. 송당리 마을제는 제주도의 여러 마을 당신(堂神)의 원조인 '벡주또마누라신'에게 제사를 지내, ① 마을의 평화를 기원하는 마을단위의 제사이다. 제사는 매년 음력 1월 13일, 2월 13일, 7월 13일, 10월 13일에 지낸다.

벡주또마누라신은 서울 남산 송악산에서 태어나 다섯 곡식의 씨앗을 가지고 제주도에 온 산육과 농경의 여신으로, 한라산에서 솟아나 수렵과 목축의 남신인 소로소천국과 결혼하여 아들 8명과 딸 28명을 낳았는데, 그 자손들이 제주도 전 지역에 고루 뻗어 368개 마을의 당신(堂神)이 되었다고 한다. 송당리는 '당신앙의 뿌리'가 되는 성스러운 장소로써, 송당리 마을제는 제주도에서 행해지는 마을제 가운데 가장 대표적이라 할 수 있다.

3) 외부신

(1) 천신

천신(天神)은 '하늘에 있는 신령'을 뜻한다. 천신은 하늘 자체를 신격화하거나, 하늘에 있는 초인적인 신격을 믿음으로써 생겨난 개념이다. 천신은 그 유래가 오래되었으며, 오늘날에 이르도록 높이 우러르며 소중하게 여기고 있다. 즉 천신은 특정 신의 개념보다 앞선 것으로 매우 오래전에 형성된 것으로 보고 있다.

천신의 가장 일반적인 명칭은 아버지이다. 일부 전승에서 천신은 초월적인 원리 또는 신성한 질서로 인식된다. 노쇠하거나 무기력한 존재로 간주되어 더 적극적인 신으로 대치되거나 너무 멀리 떨어져 있기 때문에 거의 잊혀진 존재가 되기도 한다.

(2) 칠성신

칠성신(七星神)은 '칠원성군을 인격화한 신으로, 농사와 생사, 화복을 맡아보는 신'을 의미한다. 충남 논산 지역에서 '자손의 수명장수를 주관한다'고 믿는 가신의 일종이다. 칠성은 ① 아이의 명을 이어주고, ② 복을 주는 신령이다. 또한 칠성은 가정에서 모시는 신령 가운데 가장 윗분이라고 여긴다.

칠성신은 민간에서는 마을신앙의 대상물로 여겨 정성을 다한다. 즉 커다란 바위나 고인돌 등을 칠성신의 거처로 생각하여 칠성바위로 모시는 경우가 있으며, 일부 마을에서는 칠성을 수호신으로 섬겨 칠석날 동제를 지내기도 한다.

(3) 제석신

제석신(帝釋神)은 '무당이 모시는 신의 하나'이며, 집안사람들의 수명, 곡물, 의류 및 화복에 관한 일을 맡아본다고 한다.

제석은 산신인 삼신과 섞여서 완전히 융합되어 사용되기도 하며, 때로는 삼불제석으로 불리기도 한다. 제석은 이처럼 ① 민간신앙에서 농작물의 결실, ② 장수와 복과 연관된 복합적 기능의 신격으로 자리 잡고 있다.

신체는 제석단지, 또는 신줏단지라고 불리며, 흰 항아리에 쌀을 담아 다락이나 부엌에 안치한다. 무녀가 제석굿을 진행할 때는 흰 장삼과 고깔을 쓰고 염주를 걸며, 흰 부채를 들고 중타령 등의 무가를 부르며 춤을 춘다. 제물은 백설기를 바친다.

(4) 용신

용신(龍神)은 '용 가운데의 임금으로 용궁을 다스리며, 구름을 일으키고 비를 내려 중생의 번뇌를 식힌다'고 한다. 민간신앙에서 용은 물을 지배하는 수신(水神)으로 믿어지면서, 용신신앙(龍神信仰)이 성행하였는데, 농경문화권과 깊은 관계가 있다.

용신제는 주로 어촌의 부녀자들이 음력 정초나 2월 초에 만조 시를 택하여 해변에 간단한 제물을 차려놓고 사해의 용왕에게 가족의 안전과 풍어를 빈다. 의식을 마무리할 때는 제물을 골고루 조금씩 떼어 덩이를 만들어 백지로 싸서 바다로 던진다. 이때 용왕이 그 제물을 받아줄 것을 기원하는데, 이를 '회식'이라 한다.

(5) 장군신

장군신은 전남 여수시에서 불가사의한 업적을 남긴 영웅을 믿는 마을신앙의 신체를 의미한다. 마을신앙은 마을을 수호하는 신을 신당에 모셔 놓고 마을의 원화소복(遠禍召福)을 위해 정기적 혹은 부정기적으로 마을 단위로 당신제, 동신제 등을 행하는 무속신앙이다.

신당에는 그 마을의 특징에 따라 천신 · 산신 · 칠성신 · 지신 · 서낭신 · 용신 · 토지신 · 사해용신 등과 같은 자연신을 모신 곳도 있고, 단군신 · 왕신 · 대왕신 · 장군신 등과 같은 인간신을 모신 곳도 있다.

특히 군웅은 인간의 수(壽)와 복(福)을 관장하는 여러 신격(神格)을 뜻하는데, 지역에 따라 군웅신의 모습은 달리 나타난다. 강릉 일대에서는 ① 조자룡이나 김유신 장군을 지역 장군신으로 정해 그분의 위대성을 기리고 있고, 서해안 일대에서는 ② 최영과 임경업 장군의 넋을 불러 온 마을의 안과태평을 소망하기도 한다.

제3절 민속신앙

1. 민속신앙

1) 서낭당

서낭당은 '서낭신을 모신 당,' 또는 '서낭신을 모시고 제사 지내는 집'을 의미한다. 즉 서낭신은 '토지와 마을을 지켜준다는 부락의 수호신'을 말한다. 한자로 성황당(城隍堂)이라고도 하며, 한국 전래의 천신(天神)과 산신(山神)이 복합된 것으로 여기에 중국에서 유입된 성황신앙(城隍信仰)이 융합된 것으로 보고 있다. 명칭은 선왕당 · 천왕당 · 국수당 등으로 불리며, 지방에 따라 약간씩 다르다.

서낭당은 보통 마을의 고갯마루에 있는 느티나무나, 신성시되는 오래된 나무(神樹) 또는 장승 등으로 이루어져 있거나, 마을 어귀나 고갯마루에 쌓은 돌무더기를 말한다.

형식은 주로 5색 헝겊을 걸어놓은 서낭나무와 돌무더기를 쌓아놓은 누석단(累石壇)이 결합된 것이 일반적이나 누석단 또는 서낭나무만으로 구성되기도 한다. 기타 서낭나무와 당집이 함께 있거나, 입석(立石)의 형태인 것도 있다.

서낭당은 지역 간의 경계를 표시하는 경우도 있지만, 주로 마을을 수호하거나 액운퇴치 및 소원성취 등을 기원하는 민간종교로서의 의미가 강하다. 즉 가족의 무병장수를 기원하거나, 새 집으로 이사할 때 잡귀들이 따라오지 못하도록 옷을 찢어 걸어놓는 속신이 있다.

서낭당에 올리는 제의(祭儀)에는 마을수호와 질병의 예방을 위하여 마을 굿 형식으로 해마다 지내는 서낭제와 잡다한 개인적 소망을 기원하는 개별적 제의가 있다.

2) 솟대

솟대는 '과거에 급제한 사람을 위해 마을 어귀에 높이 세우던 붉은 장대, 또는 농가에서 섣달 무렵에 새해의 풍년을 바라는 뜻으로 볍씨를 주머니에 넣어 높이 달아매는 장대'를 의미한다.

또한 솟대는 음력 정월 대보름에 동제를 올릴 때 마을의 안녕과 수호, 풍농을 기원하기 위해 마을 입구에 세우는 마을공동체 신앙의 하나이다. 일반적으로 하나만 세우거나 장승이나 선돌, 탑 및 신목 등과 함께 세우기도 한다.

솟대 위의 새는 지방에 따라 오리 · 기러기 · 까마귀 · 갈매기 · 따오기 · 까치 등을 나타낸다. 솟대의 기원은 청동기시대로 거슬러 올라가며, 북아시아 샤머니즘 문화권에서 가장 오랜 역사를 지닌 신앙물이다. 그 분포는 만주 · 몽골 · 시베리아 · 일본 등으로 매우 광범위하다.

솟대신앙은 물을 상징하는 물새를 장대 위에 세움으로써 마을의 안녕과 풍농을 기원하는 마을신의 하나로 삼았다. 풍수지리설과 과거급제의 입신양명 풍조가 널리 퍼짐에 따라 행주형(行舟形) 솟대에 돛대로써 세우는 짐대와 급제를 기원하는 화주대(華柱臺)로 분화 · 발전되었다.

솟대는 세워진 위치, 형태와 기능, 의인화 등을 기준으로 구분된다. ① 세워진 위치에 따라 거릿대 · 갯대로 구분되고, ② 형테를 기준으로 하면 솟대 · 돛대 · 설대 · 새대 · 짐대 · 장승대 등으로 구분되며, ③ 기능을 기준으로 하면 소줏대 · 표줏대 · 수살 · 추악대 · 진목 · 효대 등으로 구분되고, ④ 의인화를 기준으로 하면 거릿대장군님 · 대장군님 · 당산할아버지 · 당산할머니 · 진또배기서낭님 등으로 구분되며, 기타 ⑤ 동제와 관련해서는 별신대 · 성황대 · 당산 · 진또배기 등으로 구분된다.

3) 장승

장승은 '마을 어귀나 길가에 세우는 목상이나 석상, 이정표나 마을의 수호신 구실을 하며, 촌락민의 신앙의 대상'이었다. 보통 남녀 한 쌍을 세우는데,

위쪽은 사람의 형상을 나타내고, 아래쪽은 천하대장군 · 지하여장군 등의 글씨를 쓰거나 새긴다.

장승은 개인의 소원성취를 기원하는 대상이며, 마을의 수호신 역할을 하는 민간신앙의 한 형태이다. 사찰이나 지역 간의 경계표 · 이정표의 구실도 하며, 보통 5방위 또는 경계 표시마다 11곳~12곳에 세운다. 솟대 · 돌무더기 · 서낭당 · 신목(神木) · 선돌[立石] 등과 함께 동제의 주신(主神)이 되기도 한다.

명칭은 ① 지역과 문화에 따라 장승 · 장신 · 벅수 · 장성 · 벅시 · 수살이 · 수살목이라고도 부르고, ② 사용된 재료에 따라 목장승 · 석장승 · 복합장승으로 분류되며, ③ 석장승의 형태에 따라 선돌형 · 석적형 · 석비형 · 돌무더기형으로 분류된다. 목장승의 재료는 주로 소나무나 밤나무를 사용하는데, 그 형태는 솟대형 · 목주형 · 신장조상형이 있다. 장승은 솟대 · 돌무더기 · 서낭당 · 신목선돌 등과 함께 동제 복합문화를 이룬다.

장승에 쓰는 장군 명은 방향에 따라 ① 동쪽은 동방청제축귀장군(東方青帝逐鬼將軍), ② 서쪽은 서방백제축귀장군(西方白帝逐鬼將軍), ③ 남쪽은 남방적제축귀장군(南方赤帝逐鬼將軍), ④ 북쪽은 북방흑제축귀장군(北方黑帝逐鬼將軍)이라는 신명을 써서 잡귀를 쫓는다.

액운이 들었을 때, 질병이 전염될 때 장승에 제사 지내는 일이 있는 것으로 보아 경계표나 이정표의 구실과 함께 잡귀나 질병으로부터 보호해 주는 마을 수호신 역할을 한다. 즉 장승은 서낭당 · 산신당 · 솟대와 동등한 것으로 인정된다.

4) 돌하르방

돌하르방은 '돌로 만든 할아버지'라는 뜻으로, 제주도에서 안녕과 질서를 수호해 준다고 믿는 석신 · 벅수머리 · 우석목이라고 한다. 즉 제주도에 있는 장승을 말한다. 1971년 8월 25일에 지방민속자료2호로 지정되었다. 보통 현무암을 깎아서 만드는데, 크기는 가장 큰 것이 266cm, 가장 작은 것이 103cm이다.

마을 입구에 세워 수호신 역할을 해왔으며, 한라산 일대의 용암석으로 만든 돌하르방은 용암석 특유의 다공질의 재질을 잘 살려 입체감을 더하고, 두 주먹을 불끈 쥐고 쏘아보는 듯한 야무진 눈망울로 마을에 침입하는 잡귀나 잡인을 쫓아냈다.

그리고 벙거지를 꾹 눌러쓴 불룩한 뺨 옆에는 길쭉한 귀가 달려 있고, 두 손으로는 가슴을 부여잡고 있다. 크고 넓적한 코와 험상궂은 얼굴에 미소마저 담뿍 담고 있어 보는 사람들에게 퍽 익살스런 인상을 주기도 한다.

2. 종교 · 철학

1) 삼재

삼재(三災)의 분야는 종교 · 철학 · 유학에 속한다. 공자(孔子)는 "군자가 가장 두려워하는 것이 운명이다"라고 하였는데, 그만큼 운명은 무섭다. 『손자병법』에도 "보이지 않는 적이 가장 무섭다"는 말이 있는데 '삼재도 자연의 섭리이므로 보이지 않는 무서운 적'이다.

삼재의 사전적 의미는 '우주와 인간 세계의 기본적인 구성요소이면서, 그 변화의 동인으로 작용하는 '천(天) · 지(地) · 인(人)'을 뜻한다. 또한 삼재는 불길한 운성의 하나로, 세계가 파멸할 때 일어난다는 세 가지 재앙, 즉 '난리 · 병 · 기근을 작은 삼재'라 하고, '화재(火災) · 수재(水災) · 풍재(風災)를 큰 삼재'라고 한다.

사람은 9년마다 주기적으로 삼재년을 맞이하게 되는데, 삼재 운이 든 ① 첫 해를 '들 삼재', ② 둘째 해를 '누울 삼재', ③ 셋째 해를 '날 삼재'라 한다. 가장 불길한 삼재년은 들 삼재이고, 그 다음 불길한 삼재년은 누울 삼재와 날 삼재의 차례이다. 삼재 액이 들면, 그 예방법으로 '세 마리의 매를 그려 방문 위에 가로 댄 나무에 붙인다'라고 하였다.

또한 정월 보름에 삼재가 든 사람의 버선본을 종이로 오려 대나무에 끼워

지붕의 용마루에 꽂아놓고, 동쪽을 향해 일곱 번 절을 하거나, 달집을 태울 때 자기 옷의 동정을 태우거나, 삼재 부적을 무속인 등으로부터 받아 몸에 지니는 풍속도 전해 내려오고 있다.

삼재는 본인의 사주에 따라 세 가지로 나눌 수 있다.

첫째, 복삼재(福三災)이다. 복삼재가 들어올 때 대운이 함께 들면, 오히려 전화위복이 되어 문서를 잡거나 행운이 들면서 길(吉)한 운으로 바뀐다.

둘째, 평삼재(平三災)이다. 평삼재는 무해무덕(無害無德)으로 좋은 것도 아니고, 그렇다고 나쁜 것도 아니어서 삼재에 크게 영향을 받지 않고, 아무 탈 없이 그럭저럭 지나간다.

셋째, 악삼재(惡三災)이다. 악삼재 때는 삼재팔난(三災八難 : 배고픔, 목마름, 추위, 더위, 물, 불, 칼, 병란)의 고비가 들어 추진하는 일이 자주 꼬이고, 풍파가 생겨 고생이 심해진다. 이럴 때는 삼가 조심하고, 지극정성으로 기도하면서 위기를 슬기롭게 극복해야 한다.

연습문제

01. 다음 설명에 해당하는 것은?

> 삼한시대, 예에서 해마다 농사를 마치고 10월에 드리던 제천의식

① 영고　② 무천
③ 동맹　④ 유두

02. 우리의 대표적인 풍속이 아닌 것은?

① 설날　② 한식
③ 단오　④ 춘절

03. 다음 설명에 해당하는 것은?

> 정월 보름날 이른 아침에 한 해의 건강을 비는 뜻에서 딱딱한 과일을 먹는 풍속

① 오곡　② 견과
③ 부럼　④ 잡곡

04. 정월 보름에 열리는 행사가 아닌 것은?

① 쥐불놀이　② 지신밟기
③ 강강술래　④ 동채싸움

05. 다음 설명에 해당하는 것은?

> 납일에, 한 해 동안 이룬 농사와 그 밖의 여러 가지 일들에 관해서 여러 신에게 고하는 제사

① 납향제　② 성복제
③ 기제사　④ 사토제

06. 통과의례에 해당하지 않는 것은?

① 백일잔치 ② 생일잔치
③ 혼인잔치 ④ 회갑잔치

07. 풍어제의 지역명과 명칭이 옳지 않은 것은?

① 동해 · 남해안 – 별신굿 ② 서해안 – 수륙재
③ 전북 고창 – 영등굿 ④ 전북 위도 – 띠뱃놀이

08. 다음 설명에 해당하는 것은?

부엌의 길흉화복(吉凶禍福)을 맡아보는 신으로, 일명 화신(火神)이라고 함

① 칠성신 ② 삼신
③ 천신 ④ 조왕신

09. 토지와 마을을 지켜주는 신은?

① 서낭신 ② 용신
③ 산신 ④ 제석신

10. 다음 설명에 해당하는 것은?

과거에 급제한 사람을 위해 마을 어귀에 높이 세우거나 농가에서 섣달 무렵에 새해의 풍년을 바라는 뜻으로 볍씨를 주머니에 넣어 높이 달아맴

① 장승 ② 벅수
③ 솟대 ④ 수살

정답

01 ②, 02 ④, 03 ③, 04 ③, 05 ①, 06 ②, 07 ③, 08 ④, 09 ①, 10 ③

제12장

전통음식

학습 포인트

- 제1절에서는 푸드 투어, 전통음식의 특징, 전통음식의 분류, 대표적인 전통음식에 대해 학습한다.
- 제2절에서는 향토음식의 특징과 지역별 향토음식의 현황에 대해 학습한다.
- 제3절에서는 장류, 김치류, 젓갈류 등 전통발효식품에 대해 학습한다.
- 연습문제는 전통음식 및 지역별 향토음식, 발효식품에 대해 총체적으로 학습한 후에 풀어본다.

제1절 전통음식

1. 푸드 투어

사람이 살아가는 데 있어 가장 기본적으로 필요한 것이 의식주(衣食住)이다. 관광상품의 구성요소 중에서 음식(food)은 숙박 · 관광 · 쇼핑과 함께 가장 중요한 부분을 차지한다. 음식은 국가마다 맛과 재료 등이 상이해 전통음식이 하나의 관광 매력물로써 자리매김하고 있다.

과거에는 주로 명승이나 자연을 즐기는 경관 위주의 관광이 주류를 이루었다면, 최근에는 푸드 투어(food tour : 음식관광)가 관광을 만족시키는 요인 중 하나가 되고 있다. 각 지역마다 음식점들이 즐비하게 들어선 일명 '식도락 거리'가 조성된 곳도 있는데, 이러한 거리는 또 다른 관광자원이 된다.

한국의 전통음식은 독창성과 영양학적 우수성이 더욱 강조되어 건강식으로 대두되고 있으며, 각 지역마다 전통음식과 관련된 축제를 개최하거나 전통식품의 관광상품화 등을 통해 지역 전통음식의 우수성을 알리고 계승 · 발전시키려는 노력이 이루어지고 있다.

같은 음식이라도 전통음식은 양념이나 메뉴가 달라 국가와 지역마다 중요한 관광자원이 되기도 한다. 이제는 관광객들의 취향도 다양화되고, 그중에서도 '먹거리'에 대한 수요가 높아짐에 따라 향토요리를 먹기 위해 방문하는 사람들도 점점 늘고 있다.

향토음식(local dish)은 '그 지방 특유의 전통적인 음식'을 의미한다. 즉 '그 지역의 풍토나 산물을 이용한 요리'로서, 다양한 종류로 연구되어 오늘에 이르고 있다(長谷政弘, 1997). 최근 교통의 발달로 퓨전음식이 도입되었으나, 아직도 지방에는 특색 있는 향토음식을 선보이고 있다. 지역 고유의 향토음식은 국내외 관광객에게 흥미와 관심의 대상이 되며, 관광의욕을 갖게 하는 가장 매력적인 자원이 되고 있다.

또한 국가나 지역을 방문하면, 길거리 음식을 쉽게 접할 수 있다. 길거리 음식은 길거리에서 간단하게 먹는 음식을 말하며, 여유롭게 관광하거나 주변을 산책할 때 재미와 호기심으로 먹기도 한다.

대부분의 길거리 음식은 테이크아웃, 정크 푸드, 패스트푸드와 관련이 있으며, 장소는 전통시장 주변, 역, 등산로 입구, 번화가, 골목길, 관광지 등에서 많이 판매한다. 길거리 음식은 일반식당 음식에 비해 싼 편이다.

길거리에서 판매하는 메뉴로는 주로 호떡, 붕어빵, 국화빵, 닭강정, 닭꼬치, 컵밥, 우동, 만두, 찐빵, 솜사탕, 순대, 떡볶이, 문어빵(다코야키), 어묵, 와플, 케밥, 토스트, 튀김, 핫도그, 호두과자, 떡 등이 있다.

2. 전통음식의 특징

음식문화의 발달은 개인이나 국가가 처한 자연적 · 사회적 · 기술적 · 경제적 요인 등에 따라 다양하게 나타난다. 우리의 전통음식은 기후 · 풍토 · 지질 등의 자연환경과 사회환경, 생활양식 등 다양한 문화가 오랜 세월 동안 축적 용해되면서 형성된 역사와 문화의 산물이라 할 수 있으며, 조상의 지혜와 민족적 얼이 담겨 있다.

특히 우리나라는 뚜렷한 사계절과 농업의 발달로 각종 채소류나 육류, 곡물 생산이 이루어져 갖가지 조리법이 발달되어 왔다. 특히 삼면이 바다로 둘러싸인 지리적 특성으로 인하여 동해안 · 서해안 · 남해안은 수산물이 풍부해 해초류나 해산물을 이용한 음식이 발달되었다.

전통음식은 일상음식과 의례음식의 상차림이 전혀 다른 구조로 발달되어 왔다. 한국음식에서 전통이 그대로 계승되는 것은 통과의례음식, 향토음식, 명절음식, 제사음식 등이 있다.

① 일상음식은 곡류로 지은 밥을 주식으로 하며 육류 · 어패류 · 채소류로

만든 음식을 부식으로 하여 주식과 부식의 구별이 뚜렷하다. 그러나 ② 혼례나 제례, 연회 등과 같은 의례음식은 떡류 · 과정류 · 주류 · 음청류 · 적류 · 전류 등을 주로 올리며, 여기에 면류가 따른다.

이렇게 우리 민족의 생활여건과 환경에 가장 알맞게 형성되어 전통사회 속에서 우리의 문화와 함께 발전되어 온 음식을 '전통음식'이라 하며, 왕실이나 반가의 화려했던 궁중음식, 일반서민의 소박한 일상음식, 그 지역의 토착성이 짙은 향토음식을 통틀어 일컫는 말이다.

따라서 전통음식이란 예로부터 전승되어 그 나라 또는 지역사람들이 먹고 있는 음식을 말한다. 이러한 전통음식은 불특정 다수에 의하여 특유한 식습관이나 재료, 조리법 등이 함축된 경우가 많기 때문에 지역적 특성을 가지고 있다.

한국 전통음식의 특징은 ① 다양한 곡물을 이용한 조리법과 발효식품이 개발되어 발달하였다. ② 주식과 부식이 분리된 일상식으로 구분되었고, 육류의 부위별 활용 및 조미법이 발달되었다. ③ 간장이나 참기름 등의 향신료 사용으로 음식의 맛이 다양하고, 음식에는 약식동원(藥食同源 : 음식이 곧 약)의 개념이 들어 있다. ④ 친척이나 이웃과 음식을 나눠먹는 풍습이 있고, 상차림과 식사예법에 유교의 엄격한 격식이 있다.

한편, 한국의 음식문화는 여러 왕조가 계승되어 조선왕조까지 내려오면서 음식 만드는 법이 연마되어 이루어졌다. 조선시대는 한국 식생활문화의 정비기라 할 수 있다. 궁중음식을 한국음식의 정수라고 할 수 있는 것은 각 고을에서 들어오는 진상품을 가지고 조리기술이 뛰어난 주방 상궁과 대령숙수들에 의해 최고로 만들어지고, 가장 잘 다듬어져서 전승되었기 때문이다.

궁중에서는 연중 특별한 행사가 빈번하게 열렸는데 이는 잔치의 규모나 의식 절차에 따라 진연 · 진찬 · 진작 · 수작 등으로 나뉜다. 여기서 ① 진연은 국가적인 행사가 있을 때 베푸는 잔치이고, ② 진찬은 왕족에게 경사가 있을 때 베푸는 잔치를 말한다. 그리고 ③ 진작은 진연 때 임금께 술잔을 올리는 의식이고, ④ 수작은 진연 다음날에 다시 베푸는 잔치이다.

궁중에서는 평상시의 일상음식은 대전 · 중전 · 대비 · 대왕대비전에 각각 아침과 저녁의 수라상과 이른 아침의 초조반 · 조반 · 석반, 즉 두 번의 수라상, 그리고 점심 때 차리는 낮것상과 밤중에 내는 야참으로 다섯 번의 식사를 올린다.

3. 전통음식의 분류

한 나라의 식생활 풍습은 그 민족의 독특한 문화생활이 근저를 이루고 오랜 세월 동안 자연에 순응하며, 그 변화를 이용하여 거주지의 기후나 풍토에 알맞은 식품재료, 조리 가공법 등이 개발되면서 발전되어 왔다. 또한 상차림의 구성형식, 의례음식의 규범, 식생활 예절 등 고유한 식생활문화 양식을 형성하면서 후손들에게 면면히 이어지고 있다.

한국 전통음식은 '식당에서 음식의 종류와 가짓수를 미리 정해 놓은 한국식의 음식 또는 식사'를 말한다. 통상 한국요리는 한국의 음식을 뜻한다. 궁중요리부터 지방의 향토요리와 현대의 퓨전요리에 이르기까지 재료와 조리법이 매우 다양하다. 전통적인 한국음식은 주로 밥 · 국 · 김치와 함께 나오는 다양한 반찬들로 이루어진다.

주식은 주로 쌀을 기반으로 하며, 일반적으로 들기름 · 참기름 · 된장 · 간장 · 소금 · 마늘 · 파 · 생강 · 고추장 등의 양념류로 맛을 낸다. 김치는 기본적으로 모든 상에 제공된다. 식단은 지역별 · 계절별로 다양하다. 겨울에는 저장된 김치와 그 밖에 절인 채소를 중심으로 제공했지만, 지금은 계절에 상관없이 다양하게 맛볼 수 있다.

한국 전통음식은 ① 죽 · 밥 · 국수 · 만두류, ② 국 · 탕 · 전골 · 찌개류, ③ 찜 · 선 · 조림 · 볶음류, ④ 전 · 적 · 구이류, ⑤ 생채 · 숙채류, ⑥ 밑반찬과 김치 외 등으로 나눌 수 있다.

한국 전통음식을 분류하면 〈표 12-1〉과 같다.

〈표 12-1〉 한국 전통음식의 분류

분류	내용
죽, 밥, 국수, 만두	버섯죽, 타락죽, 백합죽, 대추죽, 골동반(비빔밥), 영양돌솥밥, 회냉면, 조랭이떡국, 규아상, 병시, 석류탕, 어만두, 준치만두
국, 탕, 전골, 찌개	오이냉국, 애탕국, 곽탕, 보리새우아욱된장국, 임자수탕, 삼계탕, 용봉탕, 두부전골, 신선로, 도미면, 버섯전골, 된장찌개, 게감정, 오이감정
찜, 선, 조림, 볶음	떡찜, 꽃게찜, 대하찜, 궁중닭찜, 닭매운찜, 도미찜, 우설찜, 사태찜, 두부선, 가지선, 삼치조림, 갈치조림, 전복초, 삼합장과, 마늘종볶음
전, 적, 구이	애호박전, 깻잎전, 초기전(표고버섯전), 새우전, 생선전, 오징어전, 양동구리, 꽈리고추산적, 느타리버섯산적, 송이버섯산적, 사슬적, 떡갈비구이, 대합구이
생채, 숙채	파강회, 새우살겨자채, 대하잣즙채, 닭겨자냉채, 월과채, 삼색밀쌈, 무말이강회, 깨즙채, 해물잣즙채, 해물겨자채, 밀쌈, 숙주채
밑반찬과 김치 외	미역자반, 뱅어포구이, 건새우고추장볶음, 멸치볶음, 오징어실채볶음, 삼색북어보푸라기, 연근조림, 콩조림, 장조림, 양지머리편육, 쇠고기편채, 깻잎장아찌, 열무물김치, 부추김치, 깍두기, 백김치, 통배추김치, 고추장

4. 대표적인 전통음식

1) 한정식

식당에서 음식의 종류와 가짓수를 미리 정해 놓은 한국식 음식 또는 식사를 말한다. 원래 한정식은 서양의 코스 요리에 대응하여 만들어낸 말로서, 현재와 같은 접대방법을 택한 것은 1970년대이다. 한정식도 서양요리처럼 식욕을 돋우는 전채요리가 나오고, 본 요리 및 밥과 탕, 후식이 제공된다.

한정식은 전채 · 밥 · 반찬 · 후식으로 구성되어 있으며, 음식의 재료와 조리법에 따라 향신료나 조미료를 다르게 사용한다. 상차림은 밥 · 국 · 김치 · 찌개 · 생채 · 숙채 · 구이류 · 조림류 · 전류 · 장과류 · 마른반찬 · 젓갈류 · 회 · 편육 등이 나온다.

2) 불고기

불고기는 연한 살코기를 얇게 저며 양념해서 재었다가 불에 구운 음식 또는 그 고기를 말한다. 불고기 또는 너비아니는 '얇게 저민 뒤 양념하여 구운 소고기'로, 즉 양념에 재워 야채를 넣고 자작하게 만든 음식이다. 돼지고기로 만든 것은 따로 돼지불고기라 한다.

구이에는 결합조직이 적고 지방질이 조금씩 산재해 있는 것이 맛있고 연하기 때문에 안심이나 등심 등의 부위가 가장 많이 사용된다. 불고기는 일본의 야키니쿠와 매우 비슷한 음식이며, 외국인이 좋아하는 대표적인 요리 중 하나이다. 불고기는 다지고 양념하고 숙성시키는 과정을 거치기 때문에 부드럽고 맛있다.

3) 냉면

냉면(冷麵)은 '차게 해서 먹는 국수'라는 뜻이며, 흔히 메밀국수를 냉국이나 열무 김칫국 등에 말거나 고추장 양념에 비벼서 먹는다. 우리 고유의 면요리 중 하나인 냉면은 사계절 내내 맛볼 수 있다. 냉면은 칡 · 메밀 · 감자 · 고구마 등의 다양한 가루를 이용하여 만든다.

요리할 때에는 오이 · 배, 그리고 식초 · 수육 · 삶은 달걀을 넣어서 만든다. 우리나라는 주로 여름을 시원하게 나기 위해서 먹지만, 북한에서는 대개 쌀쌀한 가을 날씨에 차갑게 만들어 가족들과 먹는 것이 일상이다.

4) 삼계탕

삼계탕(蔘鷄湯)은 '어린 닭의 내장을 빼내고 인삼 · 찹쌀 · 대추 · 마늘 · 약초 따위의 재료를 넣고 푹 곤 음식을 말하며, 일명 계삼탕'이라고도 한다. 삼계탕은 여름철의 대표적인 보양음식으로, 거의 삼복(초복 · 중복 · 말복) 날에 많이 먹는다. 그리고 병아리보다 조금 큰 닭을 이용한 것은 영계백숙이라 하며, 닭 한 마리를 넣지 않고 반 토막을 내어 넣은 것을 반계탕이라 한다.

5) 비빔밥

비빔밥은 '고기, 나물 따위와 양념을 넣고 비빈 밥'을 의미하며, '제물로 올린 음식을 나누어 먹는 풍습에서 유래된 것'으로 보고 있다. 농촌에서 새참이나 들밥을 먹을 때 나물 등의 반찬과 고추장을 섞어 비벼 먹는 등 간편하게 먹는 데서 전래된 것으로 본다.

흰밥에 볶은 쇠고기나 육회, 달걀지단, 나물 종류 등을 함께 얹어 볶은 고추장과 참기름으로 맛을 낸다. 장국은 된장국이나 동치미 등 계절에 맞는 것으로 한다. 최근에는 곱돌그릇에 담아 뜨거운 채로 비벼서 먹는 돌솥비빔밥이 새로운 풍미로 알려지고 있으며, 전주와 진주의 비빔밥이 특히 유명하다.

6) 만두

만두는 '밀가루 등을 반죽하여 소(음식)를 넣고 빚어서 삶거나 찌거나 기름에 지져 만든 음식'을 말한다. 원래 중국 남만인들의 음식이라 전해지며, 한국에 전래된 것은 조선왕조 중기 이전으로 추측된다. 궁중에서는 둥근 것을 반만 접어서 주름을 내지 않고 반달 모양으로 빚어 만든 것을 병시라고 한다.

안에 넣은 음식에 따라 부추만두 · 야채만두 · 고기만두 · 김치만두 등으로 부르며, 익히는 방식에 따라 군만두 · 찐만두 · 물만두 등으로 부른다. 겨울에는 주로 만두를 장국이나 떡국에 넣어 먹고, 여름에는 찐만두인 편수(네모진 만두)나 규아상(해삼 모양으로 빚은 만두)을 많이 먹는다.

7) 설렁탕

설렁탕은 '소의 머리 · 내장 · 족 · 무릎도가니 등을 푹 고아서 만든 국 또는 그 국에 밥을 만 음식'을 뜻한다. 즉 '장시간 백숙으로 푹 고아서 만든 곰국'을 말한다. 국물이 뽀얗고 맛이 농후하다 하여 설농탕(雪濃湯)이라고도 한다.

설렁탕은 서울의 명물음식으로서 일찍부터 대중음식으로 시판되었다. 손님이 설렁탕을 주문하면 뚝배기에 밥을 담고 뜨거운 국물로 토렴한다. 그 다음에 국수사리와 수육을 얹고 뜨끈뜨끈한 국물을 부어 낸다. 파와 소금 · 고춧가루 · 후춧가루 등을 개인의 취향에 따라 넣어 먹었다.

8) 육개장

육개장은 '쇠고기를 삶아서 알맞게 뜯어 넣고 고사리, 당면 그리고 고춧가루 · 파 · 마늘 · 후춧가루 따위의 갖은 양념을 하여 얼큰하게 끓인 국'을 말하며, 일명 육개탕이라고도 한다. 여름 복날의 절식으로 많이 먹지만, 평소에도 즐겨 먹는다.

푹 고아서 만든 음식이므로 위에 부담이 적고, 또 얼큰하게 끓인 국이므로 여름철 더위에 지친 식욕을 촉진시킬 수 있다. 잘 끓인 육개장은 얼큰하면서도 시원한 맛이 있고, 고기의 누린내도 없으며, 단백질도 풍부하여 여름철의 고깃국으로는 아주 제격이다. 우리의 대표적인 전통음식을 정리하면 〈표 12-2〉와 같다.

〈표 12-2〉 대표적인 전통음식

종류	내용
한정식	식당에서 음식의 종류와 가짓수를 미리 정해 놓은 한국식 음식 또는 식사를 말하며, 전통적인 한정식은 주로 밥, 국, 김치, 찌개, 구이류, 조림류 등이 함께 나오는 다양한 반찬들로 이루어짐
불고기	연한 살코기를 얇게 저며 양념해서 재었다가 불에 구운 음식 또는 그 고기를 말한다. 즉 소고기를 양념에 재워 야채를 넣고 자작하게 만든 음식을 말하며, 돼지고기로 만든 것은 따로 돼지불고기라 함
냉면	차게 해서 먹는 국수라는 뜻이며, 흔히 메밀국수를 냉국이나 열무 김칫국 등에 말거나 고추장 양념에 비벼서 먹는다. 칡, 메밀, 감자, 고구마 등의 다양한 가루를 이용하여 만듦
삼계탕	어린 닭의 내장을 빼내고 인삼, 찹쌀, 대추, 마늘, 약초 따위의 재료를 넣고 푹 곤 음식을 말하며, 여름철의 대표적인 보양음식으로 거의 삼복 날에 많이 먹음

종류	내용
비빔밥	고기, 나물 따위와 양념을 넣고 비빈 밥을 의미하며, 농촌에서 새참이나 들밥을 먹을 때 나물 등의 반찬과 고추장을 섞어 비벼 먹는 등 간편하게 먹는 데서 전래된 것
만두	밀가루 등을 반죽하여 소(음식)를 넣고 빚어서 삶거나 찌거나 기름에 지져 만든 음식을 말하며, 원래 중국 남만인들의 음식이라 전해진다. 한국에 전래된 것은 조선왕조 중기 이전으로 보임
설렁탕	소의 머리, 내장, 족, 무릎도가니 등을 푹 고아서 만든 국 또는 그 국에 밥을 만 음식을 뜻하며, 국물이 뽀얗고 맛이 농후하다 하여 설농탕(雪濃湯)이라고도 함
육개장	쇠고기를 삶아서 알맞게 뜯어 넣고 고사리, 당면 그리고 고춧가루, 파, 마늘, 후춧가루 따위의 갖은 양념을 하여 얼큰하게 끓인 국을 말하며, 일명 육개탕이라고도 함

제2절 향토음식

1. 향토음식의 특징

한반도는 지리학적 특성상 남북(南北)이 길고, 동서(東西)는 좁은 지형을 이루고 있다. 기후도 북쪽은 추운 편이고, 남쪽으로 내려올수록 따뜻한 편이다. 지형을 보면 북쪽은 산간지대가 많고, 남쪽은 평야지대가 많다.

전술한 바와 같이 우리나라는 사계절이 뚜렷한 기후와 지형적인 특성에 따라 각 지방마다 특산물이 다르고 음식의 재료나 맛, 종류도 조금씩 다르다. 특히 삼면이 바다로 둘러싸여 있어 각 고장마다 해산물 요리가 풍부하고 음식의 재료 또한 각양각색이다.

지역의 향토음식(local dish)은 지리적 · 환경적인 영향을 받아 독특한 음식문화를 형성 · 발전하고, 그러한 과정에서 고유한 식생활문화가 형성된다. 우리나라의 지역별 향토음식 또한 한반도의 자연환경과 사회문화가 융화되어 끊임없이 발전되어 온 우리 조상들의 지혜라고 할 수 있다.

음식의 맛은 그 지방의 풍토환경과 사람들의 품성을 잘 나타낸다고 할 수 있다. 천혜의 자연환경과 사계절의 영향을 받은 우리의 향토음식은 각 고장의 독특한 산물을 이용하여 만들어낸 다양한 요리와 충분한 영양, 맛을 지닌다. 특히 육식과 채식이 절묘한 조화를 이루어 오늘날 그 우수성과 합리성이 증명되고 있다.

북부 지방은 여름이 짧고 겨울이 길어 음식의 간이 남쪽보다는 싱겁고 맵지 않은 편이다. 하지만 남부 지방은 날씨가 따뜻한 편이므로 음식의 간이 세면서 매운맛이 강하고, 조미료와 젓갈류를 많이 사용한다.

특히 향토음식은 특정 지역의 기후나 지세 등 자연환경에 순응하면서 독특하게 개발된 음식이다. 또한 그 지역이 겪어온 정치 · 경제 · 문화의 변천과 영향을 받으면서 그 지역 사람들이 일상생활에서 늘 먹는 음식이라 타 지역의 음식과는 비교할 수 없을 정도로 독특한 맛과 형태를 지닌다.

따라서 향토음식의 개념은 ① 그 지방 특유의 전통적인 음식을 의미한다. 즉 ② 그 지역의 풍토나 산물을 이용한 요리로서, 다양한 종류로 연구되고 있다. 근래에는 음식문화의 세계화와 퓨전화로 인하여 지역적 특색이 사라지고 있으나, 우리 고유의 향토음식은 국내외 관광객에게 흥미와 관심의 대상이 되고 있다. 또한 ③ 그 지방의 조리법으로 예로부터 사람들이 즐겨 먹는 음식이라야 한다. 일반적인 전통음식 개념보다는 협의의 개념이다. 즉 ④ 지역적 특성이 반영된 특유의 조리법이나 타 지방과 차별화되고, 가공기술을 이용하여 발전시킨 음식을 말한다.

2. 지역별 향토음식

1) 서울 · 경기도

서울 · 개성 · 전주는 음식이 가장 화려하고 다양하다. 특히 서울은 전국 각지의 다양한 식품과 재료가 집중되어 여러 가지의 화려한 음식을 만들 뿐만 아니라 전국의 향토음식을 골고루 맛볼 수 있다. 서울은 조선왕조 5백 년의 도읍지로서 음식에 대한 격식이 복잡하다. 요리할 때에는 양념을 많이 쓰는 편이며, 간은 짜지도 맵지도 않은 중간 정도이다. 대표요리로 신선로 · 장국밥 · 설렁탕 · 약밥 등을 들 수 있다.

경기도는 서울과 가까이 있고, 산과 바다가 면해 있어 자연조건이 비교적 좋은 편이나. 서해안은 해산물이 풍부하고, 동쪽의 산간지방은 산채가 많이 나온다. 또한 밭농사와 벼농사도 활발하여 농산물이 풍부한 편이다. 음식은 대체로 수수하고 소박하며, 간은 중간 정도로 양념을 많이 쓰지 않는 편이다. 북한의 개성이나 충청도 및 서울 지역 등 인접 지역과 음식의 맛이나 명칭이 유사하다. 서울 · 경기도의 향토음식을 정리하면 〈표 12-3〉과 같다.

〈표 12-3〉 서울 · 경기도의 향토음식

분류	종류
주식류	신선로, 장국밥, 설렁탕, 약밥, 잣죽, 떡국, 비빔국수, 국수장국, 팥밥, 개성편수, 조랭이떡국, 제물국수, 해물칼국수, 오곡밥 등

분류	종류
찬류	육개장, 신선로, 떡찜, 갈비찜, 각색전골, 너비아니, 양지머리편육, 족편, 육포, 구절판, 어채, 전복초, 장김치, 삼계탕, 곰탕, 개성닭젓국, 감동젓찌개, 주꾸미조림, 송이산적, 연평도조기젓, 개성보쌈김치 등
병과류	봉우리떡(두텁떡), 각색편, 느티떡, 각색단자, 약식, 화전, 약과, 각색다식, 각색정과, 여주산병, 개성경단, 근대떡, 수수도가니, 개성모약과 등
음청류	오미자화채, 흰떡수단, 진달래화채, 원소병, 보리수단, 대추차, 제호탕, 모과차, 계피차, 모과청과 화채, 노랑장미화채, 배화채 등

2) 강원도

강원도는 태백산백의 깊은 산골짜기와 동해바다에 면해 있다. 이 지역은 산촌과 어촌 사이에 자리 잡고 있어 비교적 다양한 식생활을 하고 있다. 영서 지방은 산악과 고원지대로서 옥수수 · 감자 · 메밀 · 배추 등을 이용한 음식이 많다.

산에서는 도토리 · 상수리 · 칡뿌리 · 산채 등이 많이 생산되어 이를 구황식으로 먹었으며, 지금은 기호식품으로 널이 애용되고 있다.

영동 지방은 바다를 끼고 있어 오징어 · 가자미 · 미역 · 다시마 · 지누아리 등의 해산물이 풍부해 이들을 가공한 오징어 · 명란젓 · 창란젓 · 가자미 젓갈류 등의 식품이 많다.

강원도 지방의 음식은 서울 음식과는 달리 사치스럽지 않고 소박하며, 맛이 구수한 것이 특징이다. 강원도의 향토음식을 정리하면 〈표 12-4〉와 같다.

〈표 12-4〉 강원도의 향토음식

분류	종류
주식류	강냉이밥, 감자밥, 차수수밥, 메밀막국수, 감자수제비, 강냉이수제비, 감자범벅 등

분류	종류
찬류	삼시기국, 쏘가리매운탕, 대게찜, 감자부치미, 오징어순대, 동태순대, 올챙이묵, 메밀묵, 지누아리무침, 들깨송이부각 등
병과류	감자떡, 감자경단, 옥수수보리개떡, 메싹떡, 총떡 등
음청류	앵두화채, 책면, 연엽식혜, 강냉이차 등

3) 충청도

충청도는 지리적으로 북쪽은 농업이 발달해 쌀 · 보리 · 고구마 등이 생산되고, 남쪽은 서해에 면해 있어 해산물이 풍부하다. 내륙의 산간지방에는 산채와 버섯이 많이 나 그것으로 만든 음식이 유명하다.

이외에도 죽 · 밀국수 · 수제비 범벅 등이 있다. 특히 늙은 호박을 많이 쓰며, 서해안에 가까운 지역에는 여름에 닭과 소합을, 겨울에는 굴 같은 해물을 쓰는 것이 특징이다.

그리고 된장을 많이 쓰는데, 겨울에는 청국장을 만들어 구수한 찌개를 끓여 먹는다. 충청도 음식은 그 지방 사람들의 소박한 인심을 나타내듯 꾸밈이 별로 없고, 구수하고 순한 맛이 특징이다. 충청도의 향토음식을 정리하면 〈표 12-5〉와 같다.

〈표 12-5〉 충청도의 향토음식

분류	종류
주식류	콩나물밥, 보리밥, 호박풀대죽, 보리죽, 날떡국, 칼국수, 호박범벅, 나박김치냉면 등
찬류	다슬깃국, 굴냉국, 호박지찌개, 청국장찌개, 호박고지적, 장떡, 웅어회, 참죽나물, 오가리나물, 산채버섯, 청포묵 등
병과류	꽃산병, 쇠머리떡, 햇보리떡, 곤떡, 무엿, 수삼정과 등
음청류	찹쌀가루, 천도복숭아화채, 미수 등

4) 전라도

전라도는 전주와 광주를 중심으로 향토음식이 발달하였으며, 조선왕조의 양반풍을 이어받아 사치스럽고 고유한 조리법을 지키고 있다. 지리적으로 볼 때 서해와 남해를 끼고, 기름진 호남평야가 펼쳐져 있어 농산물이 풍부하다. 이 지역은 산채 · 과일 · 해산물이 풍부해서, 상차림의 가짓수도 전국에서 단연 제일이다.

특히 전주 지방은 콩나물 기르는 법이 특별해서 맛있기로 유명하며, 음식솜씨가 좋아 '혼인 이바지 음식'이 화려하게 발달하였다. 또한 기후가 온난하여 음식의 간은 센 편이고, 고춧가루도 많이 써서 매운 편이며, 젓갈의 종류가 많아 젓갈을 넣은 김치의 맛이 깊고 풍부하다. 전라도의 향토음식을 정리하면 〈표 12-6〉과 같다.

〈표 12-6〉 전라도의 향토음식

분류	종류
주식류	전주비빔밥, 콩나물밥, 피문어죽, 대합죽, 냉국수, 고동칼국수 등
찬류	머위깻국, 추탕, 죽순찜, 홍어어시욱, 붕어조림, 과오재애저, 용봉탕, 꼬막무침, 홍어회, 산낙지회, 굴비노적, 황포묵 등
병과류	감사리떡, 감고지떡, 나복병, 호박메시루떡, 호박고지시루떡, 전주경단, 해남경단우찌지, 생강정과, 연근정과 등
음청류	곶감수정과, 유자화채 등

5) 경상도

경상도는 동해와 남해를 끼고 좋은 어장을 가지고 있어 싱싱한 해초류 등 해산물이 풍부하다. 경상 남 · 북도를 크게 굽어 흐르는 낙동강은 풍부한 수량으로 인해 주위의 평야를 기름진 농토로 만들어 농작물이 풍성하다. 이 지방 사람들은 생선을 즐겨 먹으며, 생선회를 제일로 친다.

음식의 간은 소금간이 세고 매우며, 음식은 멋을 내고 사치한 음식이 아니라 해산물을 가미하는 음식이 매우 많다. 곡물음식 중에는 날콩가루를 섞어서 손으로 밀어 칼로 썬 부드러운 국수를 즐기며, 국수장국은 멸치장국이나 조개를 쓰는 것을 좋아한다. 경상도의 향토음식을 정리하면 〈표 12-7〉과 같다.

〈표 12-7〉 경상도의 향토음식

분류	종류
주식류	전주비빔밥, 무밥, 갱식, 통영비빔밥, 애호박죽, 닭칼국수, 건진국수 등
찬류	재첩국, 고동국, 추어탕, 미더덕찜, 아구찜, 상어돔배기구이, 김부침개, 동래파전, 안동식혜, 약대구포 등
병과류	모시잎송편, 밀비지, 만경떡, 쑥굴레, 칡떡, 유과 등
음청류	수정과, 유자화채, 유자차, 얼음수박, 잡곡미숫가루 등

6) 제주도

제주도는 어촌 · 양촌 · 산촌으로 구분하고 있고, 그 지형의 특색에 따라 생활양식에도 차이가 있다. 어촌은 해안에서 고기를 잡거나 해녀가 잠수어업을 하며 해산물을 얻고, 양촌은 평야지대로 농업중심의 생활을 하며, 산촌은 산을 개간하여 농사를 짓거나 한라산에서 나는 버섯 · 고사리 등 갖가지 산나물을 채취하여 식생활을 이어간다. 이 지방은 음식을 많이 장만하지 않고 양념도 적게 쓴다.

음식의 간은 대체로 짜게 하는 편이며, 재료가 가지고 있는 자연의 맛을 그대로 살리는 특징이 있다. 또한 된장으로 맛 내는 것을 좋아한다. 죽이나 국이 많은 편이다. 수육으로는 돼지고기와 닭고기를 주로 쓰며, 바닷고기는 말려서 두고 쓰거나 생선국을 많이 끓이고 회를 많이 먹으며, 특히 제주에서만 잡히는 자리돔과 옥돔은 맛이 일품이다. 제주도의 향토음식을 정리하면 〈표 12-8〉과 같다.

〈표 12-8〉 제주도의 향토음식

분 류	종 류
주식류	전복죽, 초기죽, 옥돔죽, 생선국수, 메밀저배기, 메밀만두 등
찬류	고사리국, 톨냉국, 돼지고기육개장, 옥돔구이, 상어산적, 초기전, 꿩적, 자리회, 돼지새끼회, 물망회, 양애무침 등
병과류	오메기떡, 빙떡, 상애떡, 돌래떡, 도돔떡, 닭엿, 꿩엿 등
음청류	술감주, 밀감화채, 자굴차, 소엽차 등

제3절 발효식품

1. 장류

발효는 '효모, 박테리아 따위의 미생물의 작용으로 유기물이 분해되는 현상', 또는 '미생물이 탄수화물을 분해하여 에너지를 얻는 작용'을 말하며, 주로 간장 · 김치 · 술 등을 만드는 데 사용한다. 특히 한 집안의 음식솜씨를 장맛으로 판단할 정도로 ① 간장, ② 고추장, ③ 된장, ④ 청국장은 우리나라의 전통 조미료라 할 수 있으며, 국을 끓이거나 나물을 무칠 때 음식 맛을 낸다.

장을 만드는 데 필요한 기본 재료는 콩과 소금이다. 예부터 '밭에서 나는 고기'로 여겨질 정도로 콩은 단백질이 풍부해서 몸에 좋은 식품이다. 콩을 발효시켜 만든 간장, 고추장, 된장, 청국장은 오래 묵을수록 맛이 더욱 좋고 건강에도 좋다. 또한 메주는 콩을 삶아 찧은 다음 네모나게 뭉쳐서 말린 것으로 간장 · 고추장 · 된장 등을 만드는 데 기본 재료가 된다.

특히 고추장 비빔밥은 전 세계에 널리 알려지면서 한국을 방문한 외국인 관광객들에게 큰 인기를 끌고 있다. 고추장에는 단백질 · 지방 · 비타민 등의 영양분이 많이 들어 있다.

1) 간장

간장과 된장은 삼국시대 이전부터 우리의 식탁에 올라온 것으로 보고 있다. 간장은 영양의 공급원으로서 단백질과 아미노산이 풍부한 콩으로 만들어지는 발효식품으로, '음식의 간을 맞추는 짠맛이 나는 흑갈색의 즙액'을 말한다. 즉 음식의 간을 맞추는 기본양념으로 짠맛 · 단맛 · 감칠맛 등이 복합된 독특한 맛과 함께 특유의 향을 지니고 있다. 장을 담근 지 40일 정도가 지나면 소금물이 까맣게 되는데, 그 물을 걸러내서 끓이면 간장이 된다. 콜레스테롤 농도를 저하시키는 효능이 있다.

간장은 농도에 따라 ① 진간장, ② 중간장, ③ 묽은 간장으로 나눈다. 이것은 각각 짠맛이나 단맛의 정도와 빛깔이 달라 음식에 따라 용도가 각기 다르다. 간장을 농도에 따라 분류하면 〈표 12-9〉와 같다.

〈표 12-9〉 간장의 농도에 따른 분류

분류	내용
진간장	담근 햇수가 5년 이상 된 것으로 달고 가무스름하여 약식(藥食)이나, 맛과 색을 내거나 전복초 등을 만드는 데 주로 사용
중간장	담근 햇수가 3~4년 정도 발효한 것으로, 색이나 염도가 중간 정도이다. 주로 찌개나 나물을 무치는 데 사용
묽은 간장	담근 햇수가 1~2년 정도로, 맑고 색이 연하고 염도가 높아 국을 끓이는 데 주로 사용

2) 고추장

메주는 '간장 · 고추장 · 된장을 담그는 원료로 무르게 삶은 콩을 찧어 뭉쳐서 띄워 말린 것'이다. 즉 고추장도 간장과 마찬가지로 콩에서 얻는데, '메줏가루에 질게 지은 밥이나 떡가루를 넣어 버무리고, 고춧가루와 소금을 넣어 담근 매운 장'을 말한다. 고추장은 짠맛, 매운맛, 단맛을 동시에 느낄 수 있는 천연조미료로, 우리나라에만 있는 장이며, 단백질, 지방, 비타민 B_2 등이 함유되어 있다. 재료와 만드는 법이 지방에 따라 다양하게 발달되어 있으나, 일반적으로 보리고추장 · 찹쌀고추장 · 수수고추장 · 마늘고추장 · 무거리고추장 · 약고추장 · 팥고추장 · 고구마고추장 등이 있다. 지역에 따라서는 해남 · 순창 · 진주의 고추장이 유명하며, 특히 순창의 고추장이 가장 많이 알려져 있다.

고추장은 우리의 전통 장류 중 가장 늦게 도입된 식품으로, 세계에 유래가 없는, 우리 민족이 독창적으로 개발한 향신 조미료의 하나이다. 고추가 유입된 16세기 이후에 개발된 장류로서 조선 후기 이후 우리의 식생활에 많은 변화를 가져왔다. 따라서 고추장은 우리의 대표적인 발효식품으로 1592년 임진왜란 때 고추가 들어왔다는 설이 있다.

3) 된장

된장은 '간장을 담가 장물을 떠내고 남은 건더기', 또는 '메주에 소금물을 알맞게 부어 익혀서 장물을 떠내지 않고 그냥 먹는 장'을 말한다. 된장은 예부터 전해 내려오는 조미료로 음식의 간을 맞추고 맛을 내는 우리나라의 전통식품이며 뛰어난 맛과 항암효과, 간 기능 강화 및 해독작용 등에 효능이 있는 식품이라 할 수 있다.

된장을 만들기 위해서는 먼저 항아리에 메주를 으깨어 소금물을 넣고 한 달쯤 두면 된다. 즉 메주를 항아리에 넣고 소금물을 붓고, 40일 정도 지난 후 걸러낸 소금물을 끓이면 간장이 되고, 남아 있는 메주는 된장이 된다. 종류는 쌈장 · 토장 · 막장 · 즙장 · 담북장 · 청국장 · 청태장 · 두부장 등이 있다. 된장은 중국과 일본에도 있다.

4) 청국장

청국장은 삶은 콩을 발효시켜 고초균이 생기도록 만든 속성 장류이다. 즉 청국장은 된장의 한 가지로 콩을 푹 삶아 짚으로 싸서 더운 방에서 발효시켜 만드는데, 이때 고초균(Bacillus subtilis : 자연계에 널리 분포하는 비병원성 호기성 세균) 또는 납두균(Bacillus natto : 청국장을 만들 때 관여하는 균으로, 독특한 냄새를 가지고 있음)이 번식하여 진이 생기게 된다. 볏짚이 지닌 균의 활성이 좋고 나쁨에 따라 장맛이 달라질 수 있다.

콩이 잘 떴으면 마늘과 생강, 굵은 고춧가루와 소금 등을 섞고 절구에 찧어 두었다가 요리할 때 사용한다. 청국장은 주로 고기 · 두부 · 고추 등을 넣고 찌개를 끓여 먹는다. 레시틴(lecithin : 세포구조와 대사작용에 중요한 인지질, 즉 포스포글리세리드의 일종)과 아세틸콜린(acetylcholine, ACh : 신경전달물질로 작용하는 유기 분자)이 풍부한 청국장은 항암효과, 혈압강하제, 숙취해소, 인슐린분비 촉진, 비만 해결과 변비 개선에 탁월한 효과가 있다. 장류의 종류를 정리하면 〈표 12-10〉과 같다.

〈표 12-10〉 장류의 종류

종 류	내 용
간장	음식의 간을 맞추는 흑갈색 즙액으로 짠맛 · 단맛 · 감칠맛 등이 복합된 독특한 맛과 함께 특유의 향을 지님
고추장	메줏가루에 질게 지은 밥이나 떡가루를 넣어 버무리고, 고춧가루와 소금을 넣어 담근 매운 장으로 짠맛 · 매운맛 · 단맛을 동시에 느낄 수 있는 천연 조미료
된장	간장을 담가 장물을 떠내고 남은 건더기, 또는 메주에 소금물을 알맞게 부어 익혀서 장물을 떠내지 않고 그냥 먹는 장
청국장	된장의 한 가지로 콩을 푹 삶아 짚으로 싸서 더운 방에서 발효시켜 만드는데, 이때 '고초균' 또는 '납두균'이 번식하여 진이 생김

2. 김치류

예전에는 김치를 지(漬)라고 불렀다. 고려시대 중엽 이규보의 『동국이상국집』에서 김치 담그기를 감지(監漬)라 했고, 1600년대 말엽의 『주방문(酒方文)』에서는 김치를 지히[沈菜]라 했다. 지히가 '팀채'가 되고 다시 '딤채'로 변하고 '딤채'는 구개음화하여 '짐채'가 되었으며, 다시 구개음화의 역현상이 일어나 '김채'로 변하여 오늘날의 '김치'가 된 것이다.

1715년 홍만선의 『산림경제』에서는 지히와 저(菹)를 합하여 침저(沈菹)라 했고, 지금도 남부 지방 특히 전라도 지방에서는 고려시대의 명칭을 따서 보통의 김치를 지(漬)라고 한다. 그리고 무와 배추를 양념하지 않고 통으로 소금에 절여서 묵혀두고 먹는 김치를 '짠지'라고 하는데 황해도와 함남 지방에서는 보통 김치 자체를 '짠지'라고 한다.

채소가 재배되지 않는 겨울철의 저장을 위해 염장했던 데서 김치류가 생겨났다. 지금은 한국문화의 상징으로서, 전 세계 사람들에게 많이 알려진 음식이 되었다. 김치는 각종 비타민을 공급하는데, 특히 비타민 C가 많다. 효과는 다이어트, 변비와 대장암 예방, 항노화 기능, 항암효과, 면역활성 증강효과 등을 들 수 있다. 김치의 종류는 ① 포기김치, ② 무김치, ③ 깍두기, ④ 물김치, ⑤ 파김치, ⑥ 갓김치 등이 있고, 계절에 따라 봄김치 · 여름김치 · 가을김치 · 겨울김치가 있다.

1) 포기김치

포기김치는 '배추를 포기째 담그는 김치'를 말한다. 가장 전형적인 김장김치이다. 배추를 2쪽 또는 4쪽으로 쪼갠 후 배추에 양념을 골고루 버무려서 배추 포기 모양이 그대로 살아 있는 김치라고 하여 포기김치라고 한다.

겨울철 김장김치는 주로 포기김치를 많이 담근다. 김장은 전통 항아리나 김치냉장고 등에 넣어서 발효숙성시킨다. 김치를 먹을 때는 한 포기 꺼내서 적당한 크기로 썰어 먹는다. 배추 속에 들어갈 양념은 지역에 따라 명태와 같은 생선살을 넣는 경우도 있고, 갈치를 토막내어 넣기도 한다.

2) 무김치

무김치는 '무로 담근 김치'를 말한다. 즉 무를 큼직큼직하게 썰어서 양념에 버무린 김치를 말한다. 강화도 특산품인 순무로 담근 섞박지는 순무 섞박지라고 한다. 주재료는 배추와 무를 섞어서 담근 막김치의 일종으로, 오래 저장하지 않고 필요에 따라 그때그때 담가 먹는 김치이다.

섞박지는 무와 배추를 섞어 버무려서 담근다. 배추김치를 담글 때 중간중간에 무를 군데군데 박아 놓았는데, 이렇게 섞어 박아놓은 김치를 섞박지라고 한다. 그러나 요즘 섞박지는 주로 무로만 담그는 김치로 통용되고 있다.

3) 깍두기

깍두기는 '무를 네모나게 썰어서 소금에 절이고 고춧가루 따위의 양념과 함께 버무려 담근 김치'를 말한다. 즉 무를 잘게 깍둑 썰어 양념에 버무린 김치이다. 담그기가 간단하여 가정에서 쉽게 만들어 먹을 수 있다.

씹히는 식감을 좋게 하고 시원한 맛을 내기 위해 지역에 따라 명태 살이나 명태 아가미 등을 넣기도 한다.

만드는 방법은 무를 정육면체로 썰어 소금에 절인 다음 고춧가루와 버무려 빨갛게 물들이고, 파 · 마늘 · 생강 · 새우젓 등을 넣고 고르게 버무려 담근다.

4) 물김치

물김치는 '열무 잎이나 배추를 절여서 고춧가루를 넣지 않고 국물이 많게 담은 김치'를 말한다. 특히 열무와 얼갈이배추를 섞어 물김치를 담그면 맛이 좋고 부드럽다. 열무의 싱싱함과 아삭한 식감을 느낄 수 있어 사람들이 좋아하는 김치 종류의 하나로 봄부터 여름까지 즐겨 먹는다.

특히 열무 물김치는 젓국을 쓰거나 미리 소금에 절이지 않고 그대로 담그기 때문에 건더기가 연하고 부드러우며 맛이 개운하다. 물김치의 종류는 ① 열무 물김치, ② 돌나물 물김치, ③ 배추 물김치, ④ 무 물김치, ⑤ 나박 물김치 등이 있다.

5) 파김치

파김치는 '파로 담근 김치'를 의미한다. 즉 실파를 주재료로 하여 젓국으로 담근 김치를 뜻한다. 파김치는 19세기 이후부터 먹었다고 전해지며, 만드는 법은 소금에 절인 실파에 마늘과 생강을 다져넣고, 고춧가루로 색을 내고 젓국으로 간을 한다. 특히 젓국으로 버무리는 점이 일반 김치와 다르다. 주로 충청도 · 전라도 · 경상도 등 남쪽 지방에서 담가 먹는다. 또한 김장철에 담가서 겨우 내내 저장했다가 먹으면 짭짤하고 감칠맛이 난다.

6) 갓김치

갓김치는 '갓의 잎과 줄기로 담근 김치'를 말한다. 갓에 소금을 뿌려 절이고, 쪽파는 3cm 길이로 썰어 김치 양념 재료에 넣고 고루 섞어 김치 양념을 만든다. 김치 양념에 절인 갓을 넣어 잘 버무려서 항아리에 꼭꼭 눌러 담는다. 김치류의 내용을 정리하면 〈표 12-11〉과 같다.

〈표 12-11〉 김치류

종 류	내 용
포기김치	배추를 포기째 담그는 김치를 말하며, 가장 전형적인 김장김치이다. 배추를 2쪽 또는 4쪽으로 쪼갠 후 배추에 갖은 양념을 골고루 버무려서 담금
무김치	무로 담근 김치로, 즉 무를 큼직큼직하게 썰어 양념에 버무린 김치를 말한다. 강화도 특산품인 순무로 담근 섞박지는 순무 섞박지라고 함
깍두기	무를 네모나게 썰어서 소금에 절이고 고춧가루 따위의 양념과 함께 버무려 담근 김치로, 즉 무를 잘게 깍둑 썰어 양념에 버무린 김치
물김치	열무 잎이나 배추를 절여서 고춧가루를 넣지 않고 국물의 양이 많게 담은 김치
파김치	파로 담근 김치로, 즉 실파를 주재료로 하여 젓국으로 담근 김치
갓김치	갓의 잎과 줄기로 담근 김치로, 김치 양념에 절인 갓을 넣고 잘 버무려서 항아리에 꼭꼭 눌러 담음

3. 젓갈류

젓갈은 우리나라의 대표적인 수산발효식품으로, '멸치나 새우 또는 생선의 살, 알, 창자 따위를 소금에 짜게 절여 삭혀 만든 음식' 또는 '어패류의 근육·내장 또는 생식소(生殖素) 등에 비교적 다량의 식염을 가하여 알맞게 숙성시킨 발효식품'을 말한다.

만드는 방법에 따라 여러 종류가 있으며, 반찬 또는 조미용으로 사용된다. 식해는 소금에 절인 생선을 토막 쳐서 쌀밥이나 조밥과 고춧가루를 넣어 버무린 뒤 삭힌 것으로 '생선젓'이라고도 한다.

통상 젓갈의 숙성은 원료가 되는 근육·생식소 등의 조직 자체에 들어 있는 자가소화효소와 내장에 들어 있는 효소의 작용에 의해 진행된다. 그중에서도 효소는 근육이나 내장의 주성분인 단백질을 분해한다. 이것은 단일효소가 아니고 여러 종류로서 각 효소의 특성에 따라 단백질에서 아미노산까지 분해되는 동시에 특유한 점조성을 띠고 촉감이 좋게 되어 독특한 풍미를 나타내게 된다.

우리나라는 삼면이 바다에 면해 있어 어패류의 자원이 비교적 풍부하고 다양하다. 젓갈류에는 ① 새우젓, ② 조개젓, ③ 굴젓 등이 있다.

1) 새우젓

새우젓은 '빛이 흰 작은 새우로 담근 젓'을 말한다. 즉 '새우를 소금에 절인 젓갈'이다. 새우젓은 젓갈 중에서도 멸치젓과 함께 가장 많이 소비되며, 각종 요리나 김치를 담글 때 향을 내고 맛을 내는 재료로 널리 쓰인다. 새우젓은 지방이 적어 담백한 맛이 난다. 새우젓 담그는 새우를 젓새우라 부르며, 일반 새우와 달리 크기가 작고 껍질이 얇다. 젓새우에는 중하(中蝦), 잔새우, 곤쟁이 등이 있으며, 지방에 따라 민물새우(전라도 지역의 토하젓)로 담그기도 한다.

2) 조개젓

조개젓은 '조갯살로 담근 젓'을 말한다. 즉 잔 조갯살을 소금에 절여 삭힌 젓갈이다. 조개젓은 식욕을 돋우는 중요한 밑반찬으로 밥상을 장식한다. 특히 양질의 단백질과 핵산류가 많아 어떤 젓갈보다 감칠맛이 난다. 또한 식물성 식품에는 없는 비타민 B_{12}가 젓갈류 중 가장 많이 들어 있어, 비타민 B_{12}의 공급원으로 손꼽히고 있다.

3) 굴젓

굴젓은 '생굴로 담근 젓'을 말한다. 굴젓은 이른 봄이나 가을에 싱싱한 굴을 골라 껍데기를 제거하고, 연한 소금물에 씻어 물을 빼고 소금을 넣어 삭혀 만든다. 소금의 농도에 따라 여러 가지 맛으로 만들 수 있는데, 보통 10% 정도의 소금을 넣어 발효시키며, 먹을 때 양념해서 먹는다. 특히 소금 농도를 15%로 높여 노란색으로 1년간 숙성시킨 굴젓은 별미이다. 젓갈류의 종류별 성격을 정리하면 〈표 12-12〉와 같다.

〈표 12-12〉 젓갈류의 종류별 성격

종 류	내용
새우젓	빛이 흰 작은 새우로 담근 젓을 말하며, 새우젓은 젓갈류 중에서도 멸치젓과 함께 가장 많이 소비되며, 김치를 담그거나 맛을 내는 재료로 널리 쓰임
조개젓	조갯살로 담근 젓갈 또는 잔 조갯살을 소금에 절여 삭힌 젓갈이다. 식욕을 돋우는 중요한 밑반찬으로 양질의 단백질과 핵산류가 많아 감칠맛이 남
굴젓	생굴로 담근 젓을 말하며, 굴젓은 이른 봄이나 가을에 싱싱한 굴을 골라 껍데기를 제거하고, 소금물에 씻어 물을 빼고 소금을 넣어 삭혀서 만듦

연습문제

01. 한국 전통음식의 특징을 잘못 설명한 것은?

① 다양한 곡물을 이용한 조리법과 발효식품이 발달하였다.
② 육류의 부위별 활용 및 조미법이 발달하였다.
③ 간장 · 참기름 등의 사용으로 음식의 맛이 다양하다.
④ 상차림과 식사예법에 유교의 엄격한 격식이 없는 편이다.

02. 궁중 잔치의 규모와 의식을 잘못 설명한 것은?

① 진연 – 국가적인 행사가 있을 때 베푸는 잔치이다.
② 수작 – 연중 내내 필요할 때 베푸는 잔치이다.
③ 진작 – 진연 때 임금께 술잔을 올리는 의식이다.
④ 진찬 – 왕족에게 경사가 있을 때 베푸는 잔치이다.

03. 다음 설명에 해당하는 음식은?

소의 머리 · 내장 · 족 · 무릎도가니 등을 푹 고아서 만든 국 또는 그 국에 밥을 만 음식

① 만둣국 ② 내장탕
③ 설렁탕 ④ 육개장

04. 다음 설명에 해당하는 음식은?

쇠고기를 삶아서 알맞게 뜯어 넣고 고사리, 당면 그리고 파 · 마늘 · 고춧가루 · 후춧가루 따위의 갖은 양념을 하여 얼큰하게 끓인 국

① 육개장 ② 설렁탕
③ 해물탕 ④ 만둣국

05. 우리나라 향토음식의 특징을 잘못 설명한 것은?

① 일반적인 전통음식 개념보다는 협의의 개념이다.
② 그 지역의 풍토나 산물을 이용한 요리이다.
③ 그 지방 특유의 전통적인 음식을 의미한다.
④ 그 지방의 퓨전요리도 향토음식으로 볼 수 있다.

06. 간장의 농도에 따른 분류로 옳지 않은 것은?

① 진간장
② 중간장
③ 초간장
④ 묽은 간장

07. 다음 설명에 해당하는 발효식품은?

콩을 푹 삶아 짚으로 싸서 더운 방에서 발효시켜 만드는데, 이때 '고초균' 또는 '납두균'이 번식하여 진이 생김

① 고추장
② 청국장
③ 두부장
④ 막된장

정답

01 ④, 02 ②, 03 ③, 04 ①, 05 ④, 06 ③, 07 ②

제13장

호국기념관

학습 포인트

- 제1절에서는 다크투어리즘의 개념과 운영실태에 대해 학습한다.
- 제2절에서는 전국 각지에 소재한 역사관 · 기념관 · 전시관의 설립배경과 소장 유물에 대해 학습한다.
- 연습문제는 다크투어리즘의 개념과 전국 각지에 소재한 역사관 · 기념관 · 전시관 등을 총체적으로 학습한 후에 풀어본다.

제1절 다크투어리즘

1. 다크투어리즘의 개념

천안독립기념관 전경

전술한 바와 같이 관광에 대한 일반적인 정의는 ① 관광객의 욕구를 충족시키는 행위로서 일상생활권을 떠나 다시 돌아올 예정으로 타국의 아름다운 풍광 · 진귀한 풍물 · 역사적 유물을 보는 것, 또는 그 지역의 풍속 · 제도 · 문물을 시찰하는 것, ② 보양 · 유람 · 체험 · 활동 등의 목적으로 여행하는 것, ③ 즐거움을 위한 여행이라고 할 수 있다.

그러나 '즐거움을 위한 여행'이나, 아름다운 풍광 · 진귀한 풍물, 여유롭게 휴양과 관광을 즐기는 일반 관광이 아닌 전쟁이나 학살 등 비극적 역사의 현장과 재난과 재해가 일어났던 곳에서도 많은 감동과 교훈을 얻는 경우도 있다.

현대사회에서 관광의 기능이 지닌 실존적 측면이 부각되면서 기존 관광의 성격과는 그 경험에 있어 차이를 갖는 것으로 개념화되고 있는 다크투어리즘(dark tourism)은 포스트모던 관광의 대표적 유형으로 이해되고 있으며(오상훈, 2011), 요즘은 관광지로써 활성화되고 있다.

즉 '전쟁 등으로 인해 옥살이를 했던 감옥이나 죽음과 고통에 관련된 장소

(블랙 스폿)를 여행하는 관광을 다크투어리즘'이라고 한다. 이 용어는 1990년대부터 방송 · 영화 · 잡지 등 매스미디어에 비극적 역사현장이 소개되면서 전쟁이나 학살 · 죽음 · 재난 · 비극 등과 관련된 장소 등을 방문하는 행위를 통칭하는 용어로 이해되고 있다(신창섭 외, 2015).

가장 대표적인 다크투어리즘 장소는 폴란드의 ① 아우슈비츠 수용소이다. 이곳은 제2차 세계대전 당시 유대인들이 학살당했던 현장이다. 현재 세계 문화유산으로 지정된 이 수용소는 박물관으로 탈바꿈하여 관광객들에게 개방되었다.

또 다른 장소는 미국 뉴욕의 ② 9 · 11테러 사건 현장이다. 이곳은 당시 전 세계를 경악하게 했던 월드 트레이드센터 사건이 발생했던 곳이다. 매년 9월 11일이 되면 세계 곳곳에서 몰려온 추모객들과 관광객들로 인산인해를 이룬다.

그리고 제2차 세계대전의 원폭이 투하되었던 일본의 ③ 히로시마가 있다. 1954년에 완공된 평화공원은 히로시마시의 중심부에 위치해 있어 관광명소이자 시민들의 휴식처로 이용되고 있다.

1969년~1979년 동안 캄보디아에서는 '농경 유토피아 건설'을 내세운 크메르루주의 학살과 기아, 미군의 폭격으로 최대 1백70만 명이 사망한 ④ 킬링필드(Killing Fields), 제2차 세계대전 때 파괴된 괌의 ⑤ 스페인광장, 월남전 당시 미군이 고엽제를 살포해 초토화시킨 베트남의 ⑥ 구찌땅굴도 땅굴전투 지역으로 유명하다.

우리나라에도 전쟁의 비극이 있었던 장소가 많이 있다. 대표적인 장소는 한국전쟁을 전후로 수만 명의 양민이 희생된 ① 제주4 · 3평화공원이다. 이 공원은 2008년 개관 이래 연평균 약 18만 명의 관광객이 방문해 전쟁의 비극을 통감하기도 한다. 그 밖에 비극과 아픔이 깃든 ② 서대문형무소역사관, ③ 거제포로수용소 등은 다크투어리즘의 가장 대표적인 장소로서 관광객들의 발걸음이 끊이지 않고 있다.

다크투어리즘의 유사용어로 ① 전장 투어리즘(battlefield tourism), ② 스터디 투어(study tour) 등을 들 수 있다. 관련 용어를 정리하면 〈표 13-1〉과 같다.

〈표 13-1〉 다크투어리즘의 유사용어

용어	내용
전장 투어리즘	전쟁 유적을 찾는 관광이다. 전쟁은 역사의 대전환점이며, 전쟁 유적은 제1급 역사유적이다.
스터디 투어	주로 비정부조직이나 종교단체, 학교 등에서 주최하여 재해지, 슬럼가, 난민캠프를 대상으로 여행하는 경우가 많다.

2. 다크투어리즘 운영실태

이스라엘은 나라를 잃고 세계 각국에 뿔뿔이 흩어져 유랑하며 지냈다. 1백년 전 지금의 이스라엘 지역에 유대인들이 하나둘씩 모여들면서 건국의 기운이 싹트기 시작했다.

1948년에 역사적 건국을 이루며, 새로운 역사를 쓰기 시작한 이스라엘은 주변 국가와의 투쟁 속에서 나라를 지켜야 한다는 일념 하나로, 오로지 '하나 된 공동체의 힘만이 나라를 지켜준다'는 것을 강조할 수밖에 없었다.

이스라엘의 나라사랑 교육현장 프로그램 과목은 '쉘라흐'이다. 학생들은 이 과목을 의무적으로 수강해야 한다. 쉘라흐는 무의식까지 이어지는 깊은 애국심을 심어주기 위한 과목이라는 점이 그 특징이다. 즉 자기들이 살고 있는 땅과의 일체감을 형성하는 것이 애국심이라 인식하고 있다.

정부는 쉘라흐 과목 운영에만 연간 3백억 원을 투자할 정도로 나라사랑 교육에 심혈을 기울이고 있다. 세계사적으로도 유례가 드문 혹독한 경험을 한 이스라엘은 나라사랑 교육을 국가 존립의 근본으로 여기고 있다.

이스라엘의 나랑사랑 교육 프로그램은 ① 내전이 벌어진 시리아에 옷 보내주기 봉사활동, ② 뗏목을 직접 만들어 갈릴리 바다(Sea of Galilee : 이스라엘 북동부, 요르단강의 중류에 있는 호수) 항해하기 등이다. 학생들은 이러한 체험 프로그램을 통해 세계정세와 역사를 배우고 협동심과 자립심을 기르게 된다.

한편, 최근 다크투어리즘이 급부상하면서 한국 정부와 지방자치단체에서는 국비와 지방비를 투입해 프로그램 개발 및 운영에 대한 지원을 아끼지 않고 있으나, 국제사회의 나라사랑 교육예산과 비교해 보면 아직은 턱없이 적은 편이다. 현재 건립된 현충시설은 전투가 가장 치열했던 강원도 지역에 가장 많은 전적비가 세워져 있고 이어 인천 · 경기 · 경북 순이다. 2016년 전국 현충시설 현황은 〈표 13-2〉와 같다.

〈표 13-2〉 전국 현충시설 현황

구분	계	기념관	동상	탑(비석)	사당	생가	조형물	기타
계	1,981	73	138	1,507	48	44	25	146
호국영웅	1,110	19	51	980	10	–	17	33
독립영웅	871	54	87	527	38	44	8	113

자료 : 국가보훈처(2016), 「주요정책과제 추진실적 및 세부평가 근거」, p. 407.

기념관이 추진하고 있는 사업 및 프로그램은 주로 유적 · 유품의 수집 및 발굴, 홍보 및 전시, 학술활동 및 연구서적 간행, 학술발표회 개최 및 역사교육 프로그램 운영, 현장체험학습 운영 및 문화행사 등을 개최해 많은 관광객을 유치하고 있다.

특히 서울 용산의 ① 전쟁기념관은 대국민 호국문화의 장으로서도 큰 역할을 하고 있다. 어린이부터 일반인까지 다양한 계층을 대상으로 한 교육 프로그램을 운영함은 물론, 국군 군악 · 의장행사, 어린이날 문화축제, 현충일 그림그리기 대회, 6 · 25 호국문화행사 등 다양한 문화행사를 연간 개최하고 있어 기념관을 찾는 관광객들에게 새로운 볼거리를 제공하고 있다.

또한 경기 김포의 ② 김포시독립운동기념관은 3 · 1절 당일에 각 가정과 민간기업, 단체 등도 태극기 게양을 독려, '나라사랑 태극기달기 운동'을 전개하였다. 그리고 기념관 내에 마련된 3 · 1절 기념특별기획전, 문화재태극기사진전, 나라사랑체험 기회를 제공함으로써 시민들에게 올바른 역사관과 관람객의 지적 욕구를 충족시켜 주었다.

제2절 호국기념관

1. 서울권

1) 서대문형무소역사관

서대문형무소역사관(서울 서대문구 현저동 통일로)은 서대문형무소의 옥사 및 사형장을 보존 · 관리 · 전시하는 공립박물관이다. 1908년~1987년까지 80여년간 수용시설로 이용했던 이곳에 관련 유물자료 등을 전시하여 역사체험의 현장으로 제공하기 위해, 1998년 11월 5일에 '서대문형무소역사관'으로 새롭게 문을 열었다.

1908년 일제의 침략이 가속화되면서 일제에 저항하는 한국민을 탄압 · 수용하기 위해 신축한 경성감옥은 1912년 서대문감옥에서 1923년 감옥제도를 형무제도로 바꾸면서 서대문형무소로 명칭을 바꾸었다. 일제강점기 때는 주로 독립운동가들이 투옥되었던 곳으로 1945년 8월 15일 해방 이후에는 서울형무소(1945년), 서울교도소(1961년), 서울구치소(1967년)로 명칭이 바뀌었고, 1987년에는 서울구치소가 경기도 의왕시로 이전하게 되었다.

과거 독립운동, 독재정권, 군부정권에 저항하였던 수많은 독립 및 민주화운동 인사들이 투옥되었던 이곳을 대한민국 근 · 현대 역사체험의 현장으로 조성하기 위해 박물관 조성사업이 추진되었다.

2) 전쟁기념관

전쟁기념관(서울 용산구 이태원로)은 오랜 동안 외세의 침략과 그 시련을 극복해 온 역사를 보여주는 곳으로, 1994년 6월에 건립하였다. 대한민국을 지켜온 항쟁을 비롯해서 전쟁 관련 전시물 및 무기 등 전쟁에 대한 기록을 모아 보존하고 있다.

전시장은 실내전시실과 옥외전시장으로 구성되어 있고, 3만 3천여 점의 소장유물 중 1만여 점을 전시하고 있다. 약 1만 9백 평의 옥내전시실은 호국추모실, 전쟁역사실, 6 · 25전쟁실, 해외파병실, 국군발전실, 대형장비실 등의 6개 전시실로 구성되어 있다.

또한 3층 규모의 옥내전시실에는 삼국시대로부터 현대까지 5천 년 대한민국 전쟁사와 군사에 관한 방대한 자료들을 실물 · 디오라마 · 복제품 · 기록화 · 영상 등의 다양한 전시기법에 따라 역동적이고 입체적으로 전시하고 있다. 특히 6 · 25전쟁실에는 전쟁이 일어난 원인과 휴전 등 전쟁의 전 과정을 쉽게 이해할 수 있도록 하였다.

옥외전시장에는 세계 각국의 대형무기, 6 · 25전쟁 상징 조형물, 광개토대왕릉비, 형제의 상, 평화의 시계탑을 비롯해서 6 · 25전쟁과 베트남전쟁에서 사용되었던 장비, K-1전차, 곡사포, 미사일, 헬리콥터, 수송기 등이 전시되어 있다.

기념관 양측 회랑에는 국군 전사자와 유엔군 전사자 20여 만 명의 이름이 새겨진 전사자 명비가 있고, 중앙광장에는 인공호수와 녹지가 조성되어 있어 관광객 및 시민들의 휴식공간으로 이용되고 있다.

3) 안중근의사기념관

남산공원 내에 있는 안중근의사 기념관(서울 중구 남대문로)은 1909년 10월 만주 하얼빈 역에서 일본의 이토 히로부미를 저격한 안중근 의사의 정신과 뜻을 기리기 위해 1970년에 건물 1동을 건립하였으며, 높이 3m의 안중근 의사 동상이 있다.

2010년 10월 26일에 안중근 의사 의거 101주년을 기념하여, 3층 규모의 새 기념관을 새롭게 건립하였다. 지하에는 강당과 추모실, 지상에는 전시실, 북카페, 기획전시실, 종합영상실 등의 9가지 주제로 나뉘어 있다.

기념관에는 안중근 의사의 출생과 성장과정, 독립운동 활동, 하얼빈 의거, 옥중투쟁과 재판, 순국 등 안중근 의사의 행적에 대한 유물이 전시되어 있고, '일일부독서구중생형극(하루라도 글을 읽지 않으면 입안에 가시가 돋는다)' 등의 유묵이 있다.

그 밖에 국가안위노심초사 외 휘호, 건국공로 훈장과 서한, 안중근 의사 공판기 외 책자, 안중근 의사 존영 외 사진, 안중근 의사가 운영한 돈의학교 관련 기사, 안중근 의사가 발사한 총탄, 공판 당시 신문 보도 내용 등이 있다.

4) 도산안창호기념관

도산안창호기념관(서울 강남구 신사동 도산공원 내)은 1998년 10월에 우리나라 근대화와 독립운동에 평생을 바친 도산 안창호 선생의 정신을 본받고 기리기 위해 건립하였다.

1947년 3월에 도산 선생의 위업을 기리고 정신을 보급할 목적으로, 1971년에 도산공원 기공식을 갖고, 1973년 11월에 탄신 95주년을 맞아 망우리 공동묘지의 도산 선생과 부인 이혜련 여사의 유해를 도산공원으로 이장하였다.

1998년 11월에 강남구 신사동 도산공원 내에 도산안창호기념관을 건립하였다. 2006년에는 서울특별시교육청 평생학습 협력기관으로 지정되었고, 2009년에는 서울특별시교육청 현장체험학습기관으로 등록되었다.

2008년에는 국가보훈처 지정 현충시설로 도산안창호기념관 및 도산 안창호 동상이 지정되었다. 2010년에는 전시관 교체작업을 진행하여 전시관을 새롭게 건립하였다. 공원의 중앙에는 안창호 선생의 동상과 도산 선생의 말씀이 새겨진 '말씀비'가 있다.

건물은 지상 1층, 지하 2층으로 이루어져 있다. 소장품은 도산 선생 관련 문서 및 사진, 서적 및 잡지 등 1만 7천여 점의 자료와 캘리포니아 오렌지 농장에서 찍은 사진, 일제강점기 때 우리나라의 모습을 담은 사진 80여 점, 이동휘 선생 및 독립운동을 함께한 동지와의 편지 등 당시 시대상을 알 수 있는 서한 19점, 대한민국임시정부 사료집, 도산일기 등이 있다.

5) 매헌윤봉길의사기념관

매헌윤봉길의사기념관(서울 서초구 매헌로)은 1988년 12월에 건립되었다. 1992년 4월 29일 상해 의거 제60주년 기념사업의 일환으로 청동으로 된 높이 9.2m의 윤봉길의사 동상이 건립되었다.

건물은 지하 1층, 지상 3층으로, 소장품은 윤봉길 의사의 유품과 생애 사진, 훈장 그리고 항일독립운동 관련 사진 등이 있다. 그리고 높이 2.14m의 비석에는 "일생을 아름답게 살고 값있게 죽는 것을 찾는 이는 모름지기 여기에 와서 매헌 윤봉길의사의 삶에서 배우라"는 뜻을 새긴 윤봉길 의사 숭모비가 기념관 경내에 있다.

6) 백범김구기념관

백범김구기념관(서울 용산구 효창동)은 2002년 10월에 건립한 근현대사 역사박물관이다. 건립 목적은 독립운동가 · 정치가 백범 김구 선생의 삶과 사상을 널리 계승, 발전시키기 위해서이다. 기념관은 서울 효창동 애국선열 묘역 인근에 있으며, 건물은 지상 2층, 지하 1층이다.

백범의 삶과 사상을 통해 대한민국 임시정부의 역사와 격동의 한국 근 · 현대사를 이해하고, 분단된 조국의 자주 · 민주 · 평화적 통일을 지향하며, 민족의 아름다운 문화를 발전시켜 나가기 위한 겨레의 문화공간이다.

전시관에는 백범좌상, 연보, 영상실, 유년기, 동학 · 의병활동, 치하포의거, 구국운동, 대한민국 임시정부 활동, 백범일지, 한국광복군, 자주 · 통일 국가

수립, 서거와 추모, 사진, 문서 및 영상물 등 5백여 점이 전시되어 있다.

2. 경기권

1) 자유수호평화박물관

자유수호평화박물관(경기 동두천시 평화로)은 1997년에 착공하여 2002년 5월에 개관하였다. 2004년 10월에는 1종 전문박물관으로 등록하였고, 2010년 11월에는 국가보훈처의 현충시설로 지정되었다.

이 박물관은 6 · 25전쟁에 대한 이해를 증진시키고, 국제연합(UN) 참전국과의 우호 증진 및 평화 · 자유를 수호하기 위해 희생한 분들의 뜻을 기리 위해 건립된 전쟁 관련 박물관이다.

건물은 지하 1층, 지상 3층이다. 전시실에는 해방부터 6 · 25전쟁 후까지 시대적 사실을 표현한 12개의 도자기 부조를 비롯해서, 흥남철수 작전, 평양탈환 작전, 지평리 전투 등이 모형으로 연출되어 있고, UN 참전국 관련 자료가 국가별로 전시되어 있다.

그 밖에 6 · 25전쟁 기록물 등을 방영하고 있고, 또한 인천상륙작전, 포로수용소, 동두천의 어제와 오늘을 주제로 한 전시 코너도 갖추고 있다. 야외전시장에는 비행기와 탱크 등 총 15점의 대형 장비가 전시되어 있다.

2) 김포시 독립기념관

김포시 독립기념관(경기 김포시 양촌면 양곡리)은 2013년 3월에 개관하였다. 일제강점기 때 양촌면 오라니장과 월곶면 군하리 장터는 3 · 1만세운동을 조직적으로 벌인 김포의 역사문화 중심지이다.

1919년 3월 22일 월곶면과 검단면을 시작으로 양촌읍, 고촌읍 등지에서 3 · 1독립만세운동이 벌어졌다. 당시 참가자들은 1만 4천여 명으로, 그중 체포자 200여 명, 부상자 120여 명이 발생하였다. 김포 출신 항일 운동가는 44

명이다. 그들의 숭고한 독립정신을 계승 · 발전시키고, 역사적 의미 등을 재조명하기 위해 기념관을 건립하게 되었다.

김포 지역은 1919년 3월 22일에 월곶면과 검단면에서 3 · 1독립만세운동이 본격적으로 시작되었다. 다음날 23일에는 양촌읍 오라니 장터와 양동면의 가양리, 24~25일에는 고촌읍 신곡리, 26일에는 군내면 감정리와 북변동 읍내, 27일에는 양촌읍과 하성면에서, 29에는 월곶면 등지에서 전개되었다.

대규모의 군중이 모여 벌인 시위는 23일 4천 명(2회)과 27일 7천 명이 참여한 양촌읍과 27일 약 1천5백 명이 참여한 하성면이다. 기념관 규모는 지하 1층, 지상 2층이며, 시설은 기획전시실, 영상실, 전시실, 문화활동실 등이 있다.

3) 몽양여운형생가기념관

몽양여운형생가기념관(경기 양평군 양서면 신원리)은 2011년 11월에 개관하였다. 우리 민족의 자주독립과 평화통일을 위해 일생을 바친 민족의 위대한 지도자 몽양 여운형 선생(1886~1947)의 나라사랑 정신을 널리 기리고자 건립하였다.

함양 여씨가 양평에 입향한 1715년(숙종 41)에 지어진 생가는 몽양 선생이 1886년에 출생해서 1908년까지 기거한 곳이다. 생가는 1950년 6 · 25전쟁 중에 소실된 것을, 서거 64주년인 2011년에 양평 군민들의 노력으로 생가 터가 새롭게 정비 · 개관되었다.

서거 당시 입고 있던 혈의, 장례식에 사용된 만장, 서울 계동 집에 있던 책상, 2008년에 추서된 건국훈장 대한민국장 등의 유품과 자료를 전시하고 있다. 기념관은 지하 1층, 지상 1층 규모이며, 몽양기념관, 생가, 그리고 외부시설로는 몽양어록길, 쉼터 등이 있다.

4) 최용신기념관

최용신기념관(경기 안산시 상록구 샘곡서길 상록수공원 내)은 국가보훈처 지정 현충시설로, 2007년 11월에 개관하였다. 이 기념관은 소설 『상록수』의 여주인공이자 애국계몽독립운동가 최용신(건국훈장 애족장 추서) 선생의 얼을 기리기 위해 건립하였다.

기념관은 최용신 선생이 샘골마을 사람들과 함께 세운 '샘골강습소'가 있던 곳에 건립되었다. 그의 삶과 상록수 정신을 알리기 위해 상설전시실과 교육영상실을 마련하였다. 소장유물은 최용신 선생의 건국훈장을 비롯해서 유언장, 『상록수』 초판본(1936년, 심훈이 지은 장편소설), 국어교재 등이다.

기념관의 시설은 지하 1층에 상설전시실, 교육영상실, 체험전시실이 있고, 상설전시장에는 전시 1~4공간이 있다.

5) 제암리 3 · 1운동 순국기념관

제암리 3 · 1운동 순국기념관(경기 화성 향남면 제암리)은 2001년 1월에 개관하였다. 기념관의 면적은 395평이며, 3 · 1운동에 적극 참여했던 이 고장 선열들의 애국정신을 바르게 기리기 위해 건립하였다.

1919년 3 · 1 독립만세운동 당시 이곳 농촌마을(일명 두렁바위) 주민들은 발안장터에서 격렬하게 만세운동을 벌였다. 그러자 4월 15일에 일본 헌병 30여 명이 제암교회에 주민을 모이게 한 뒤, 감금시키고 교회에 불을 지른 후, 무차별 총격을 가하여 23명을 학살하고 30여 채의 가옥을 불태웠다.

그 후 불탄 예배당 터에는 순국기념탑을 세우고, 관계 자료를 모아 기념관을 세웠다.

제암리 학살사건이 일어난 지 63년 만에 마을에서 4km 떨어진 '도이리공동묘지'에 평토장으로 안장되었던 유해를 발굴하여, 제암교회 뒷동산 양지바른 곳에 유택을 마련하였다.

기념관의 시설은 제암리에서 일어난 3 · 1운동에 관한 역사적 자료를 전시한 제1전시관, 경기도와 전국의 3 · 1운동에 관한 역사적 자료를 전시한 제2전시관 등이 있다.

6) 유엔군 초전기념관

유엔군 초전기념관(경기 오산시 경기대로)은 1950년 6 · 25전쟁에 참전한 UN군의 고귀한 희생을 기리고, 평화를 위한 상호이해와 협력의식을 높이기 위해 2013년 3월에 개관하였다.

현재 기념관이 위치하고 있는 죽미령은 UN군이 첫 전투를 벌인 격전지이다. 당시 우리나라의 자유와 평화를 수호하기 위해 수많은 병사들이 희생했던 곳이다. 그들의 고귀한 희생을 기리기 위해 이곳에 기념관을 건립하였다. 2013년 5월에 유엔군 초전기념관 현충시설(국가보훈처)로 지정되었다.

소장품으로 유엔군 참전결의문, 죽미령 전투 현황, 참전국 지도 및 현황 등이 있고, 시설과 기념비는 기념관, 야외전시장, 유엔군참전비(신초전비) 등이 있다.

7) 안성 3 · 1운동기념관

안성 3 · 1운동기념관(경기 안성시 원곡면 만세로 만세고개 일원)은 2001년 11월에 개관하였다. 안성의 원곡과 양성의 독립운동은 평안북도 의주군, 황해도 수안군과 함께 가장 격렬했던 3 · 1운동 3대 실력항쟁지의 하나이다.

2001년에 3 · 1운동의 역사를 되새기고, 안성 지역 순국선열들의 희생정신과 독립정신을 기리기 위해 기념관을 건립하였다. 안성 지역은 다른 지역과 연결되거나 조직적으로 진행된 것이 아니라, 농민들과 주민들이 자발적으로 참가해 독립운동을 벌였다.

기념관의 시설과 기념비는 안성 지역의 만세운동 관련 유물 등을 전시한 3 · 1운동기념관, 순국선열 25위와 애국지사 195위의 위패를 봉안한 광복사, 만세고개기념비, 3 · 1운동기념탑 등이 있다.

8) 인천상륙작전 기념관

인천상륙작전 기념관(인천 연수구 청량로)은 1984년 9월에 인천상륙작전을 기념하기 위해 세운 전적 기념관이다. 1950년 6 · 25전쟁 당시 UN군 총사령관인 맥아더 장군은 극심한 조수간만의 차와 협소한 수로, 병력 및 탄약, 보급품 운송 등의 여러 가지 악조건을 극복하고, 작전을 성공적으로 수행하여 수도 서울을 수복하고 한반도의 전세를 역전시켰다.

이 기념관은 인천상륙작전의 역사 및 참전국과의 유대를 강화하고, 자유민주 수호의 실증적 교육장으로 활용하는 데 그 목적이 있다. 청량산 기슭에 위치한 본 기념관에는 6 · 25전쟁 당시 사용한 무기류, 남 · 북한 군민복장 비교, 인천상륙작전 디오라마, 인천상륙작전 관련 유물 및 자료 등이 전시되어 있다.

3. 강원권

1) 에티오피아 한국전참전기념관

에티오피아는 아프리카 대륙에서는 유일하게 한국전쟁에 지상군을 파병한 국가였다. 한국전쟁 참전국 중 하나인 에티오피아 참전용사들의 공훈과 희생정신을 기리기 위해 '에티오피아 한국전참전기념관(강원 춘천시 근화동)'을 건립하게 되었다.

당시 에티오피아군은 1951년 5월 6일 한국에 도착한 이래 1965년 3월 1일 철수할 때까지 3개 대대 6천37명을 파병하여 양구 · 화천 · 철원 지역 등에서 작전을 수행하면서 눈부신 활약과 혁혁한 전공을 세웠다. 하지만 121명의 전사자와 536명의 부상자 등 657명의 병사들이 멀리 이국땅 이곳에서 피를 흘리며 고귀한 생명을 바쳤다.

1968년 5월 춘천시 공지천에 '에티오피아 한국전참전기념탑'을 먼저 건립하였고, 그 후 춘천시민들의 정성을 모아 2006년 10월에 '에티오피아 한국전참전기념관'을 건립하게 되었다.

건물 1층에는 에티오피아군의 참전과정, 전투상황, 참전 당시 사용했던 물품을 전시하고 있고, 2층에는 에티오피아의 역사 · 문화 · 종교 · 전통 · 생활풍습 등을 한눈에 볼 수 있도록 꾸며 놓았다.

2) 춘천지구 전적기념관

춘천지구 전적기념관(강원 춘천시 삼천동)은 1978년 10월에 건립한 전쟁기념관이다. 한국전쟁 당시 육군 6사단이 치열한 방어전을 펼쳤던 춘천지구 전투를 기념하고, 특히 6 · 25 개전 초기에 유일하게 대승을 거두었던 춘천지구 전투의 군사적 · 세계사적 측면 등을 재조명하기 위해 세운 것이다.

전적기념관은 1, 2층의 자유회관으로 건축되었다. 내부에는 약 5백여 점의 유물을 전시하고 있다. 기념관 앞 외부에는 전적비와 항공기, 탱크, 전투기 모형 등을 전시해 놓았다. 전시실에서는 남북한의 대치 및 전쟁의 발발 등 전쟁 초기상황, 춘천지구의 전투과정 및 참전 용사에 대한 자료를 생생하게 보여주고 있다.

3) 이승복기념관

이승복기념관(강원 평창군 평창읍 운두령로)은 1982년 10월에 건립되었다. 이승복은 "나는 공상당이 싫어요"라고 항거한 반공 어린이다. 그는 1959년 12월 9일 계방산 기슭에서 화전민의 아들로 태어났다. 당시 초등학교 2학년 때인 1968년 11월 2일 삼척 울진 지방에 침투한 무장공비에게 무참히 살해당했다.

그의 숭고한 넋을 기리고 반공의 산교육장으로 활용하기 위해 그의 모교를 중심으로 건립되었다. 기념관에는 동상, 성역화 전시관, 일가 묘소, 살던 집 모형, 6 · 25 참전장비, 자연학습장이 있다. 그중 1992년 4월에 개관한 자연학습관실은 잼버리 자연학습장을 옮겨놓은 것으로, 많은 학생이 자연학습관으로 이용하고 있다.

4) 한용운선생 기념관

한용운선생 기념관(강원 인제군 북면 용대리)은 1998년 10월에 건립되었다. 한용운(1879~1944)의 본관은 청주, 호는 만해이며 시인 · 승려 · 독립운동가이다. 3 · 1만세운동 당시 민족대표 33인의 한 사람이다.

그의 유년시절에 대해서는 자세히 알려진 것이 없지만, 어릴 때 고향에서 한학을 배웠고, 18세에 고향을 떠나 백담사 등을 전전하며 수년간 불교서적을 읽었다고 한다. 1905년 백담사에서 승려가 되었고, 이후 수년간 불교활동에 전념했다.

1913년에는 박한영 등과 불교종무원을 창설하였고, 1917년 8월에는 조선불교회 회장에 취임하였다. 1918년에는 불교잡지 『유심』을 창간하였다. 만해는 이 잡지를 통해 불교 논설과 계몽적 성격을 띤 글을 발표하였고, 신체시를 탈피한 신시 〈심〉을 발표하여 문학에 대한 관심을 보였다.

1940년에는 창씨개명 반대운동과 1943년 조선인 학병출정 반대운동을 전개하였고, 일제의 극심한 탄압 속에서도 굴하지 않고 비타협적인 독립사상을 견지하였다.

5) 강재구기념관

강재구기념관(강원 홍천군 북방면 성동리)은 1986년 11월에 건립하였다. 강재구 소령은 1965년 10월 4일 월남전에 참가하기 위한 마지막 훈련 중 부하가 잘못 던진 수류탄을 보고 자신의 몸을 던져 부하들의 생명을 구하고 자신은 장렬하게 전사하였다.

이러한 그의 살신성인의 높은 뜻을 기리기 위해 그가 산화한 이곳에 기념비를 세우고 일대를 공원으로 조성하여 교육도장으로 활용하고 있다. 매년 10월 4일에 고인의 유족과 육사 동기생들이 찾아와 고귀한 넋을 추모하고 있다. 기념관에는 그의 유품 125점을 전시하고 있다.

6) 한서 남궁억기념관

한서 남궁억기념관(강원 홍천군 서면 모곡리)은 한서 남궁억 선생의 고귀한 민족 사랑의 정신을 기리기 위해 2002년 12월에 건립하였다. 남궁억 선생의 호는 한서, 독립운동가 · 교육자 · 언론인이며, 1863년 서울 정동에서 출생하였다.

그는 1918년에 선조의 고향인 홍천군 서면 모곡에 낙향하여 교회와 모곡학교를 설립하여, 무궁화 묘포장을 가꿔 무궁화 보급운동을 전개하였다. 또한 한서 선생은 독립운동 비밀결사대인 십자당을 조직하여 활동하다 투옥되어 옥고를 치렀다. 그는 1939년에 결국 조국의 독립을 보지 못한 채 타계하였다.

4. 충청권

1) 의암 손병희 선생 유허지

1961년 충청북도 문화재보존회에서는 의암 선생 탄생 1백 주년을 기념하여, 그가 태어난 충북 청원 북이면 금암리에 유허비를 건립하였고, 그의 생가는 1979년에 충청북도 기념물 제30호로 복원 건립하였다.

근대가 낳은 종교가 · 혁명가 · 교육가 · 언론인이자 인내천의 실천자이며, 1894년 동학농민운동, 1904년 갑진개화혁신운동, 1919년 3 · 1운동 등 개혁개화운동을 주도적으로 실천하였다.

1918년에 민족자결주의의 영향과 연합국의 승리에 의한 국제정세의 전망을 포착한 그는 천도교 측의 대표로 3 · 1운동에 대한 구체적인 계획을 수립했다. 내용은 '독립운동을 대중화하고 일원화해야 하며 비폭력이어야 한다'는 중대한 합의를 하고 구체적인 방법을 모색하였다.

의암은 1920년 10월에 일본경찰에 검거되어 징역 3년을 언도받았다. 그 후 서대문형무소에서 1년 8개월 만에 병보석으로 출감하여 치료받다가, 1922년 5월에 62세로 서거하였다. 정부는 1962년에 건국훈장 대한민국장을 추서하였다. 유허지 입구에는 3 · 1운동 민족대표 33인을 기념하여 33개의 태극기가 게양되어 있다.

2) 제천의병전시관

우리 민족의 전통과 문화, 그리고 주권을 지키기 위해 의병이 일어난 제천은 의암 유인석 의병대장을 중심으로 지방유생과 농민이 외세의 침입에 항거하여 구국의 기치를 높인 의병항쟁의 발상지이다.

우리 의병들의 숭고한 정신을 이어받기 위해 2001년 10월에 제천의병전시관(충북 제천시 봉양읍 의암로)을 건립하였다. 이 전시관에는 당시 의병장들의 활약상과 희생정신을 상징적으로 표현한 부조와 영상실 등의 유물을 전시하고 있다. 특히 전시관에 소장된 자양금은 1994년 12월에 충청북도 민속자료 제9호로 지정되었고, 1800년대 중반에 제작된 것으로 추정하고 있으며, 현존하는 거문고 중 가장 오래된 것으로 보고 있다.

3옥타브 정도의 음역을 가진 악기로 우리나라 악기 중 가장 넓은 음역을 자랑한다. 자양금은 유중교가 연주하던 7줄의 거문고로서, 그의 후손인 유성균이 소장하고 있던 것을 제천의병전시관에서 전시 · 관리하고 있다.

3) 유관순열사기념관

1919년 3월 1일 펼쳐졌던 3 · 1만세운동은 유관순 열사와 같은 어린 여학생까지 가담해서 온 국민이 독립의 의지를 세상에 알렸다는 데 큰 의미가 있다. 유관순열사기념관(충남 천안시 병천면 유관순길)은 1986년 11월에 건립되었다. 일제가 불태워버린 유관순 열사의 생가터에는 새로 복원된 생가와 어린 시절 신식학문과 독립의지를 키울 수 있게 해주었던 매봉교회도 다시 지어졌다.

기념관에는 열사의 출생 및 옥중생활, 순국까지의 일대기가 전시물과 함께 영상물로 꾸며져 있다. 열사가 벽에 서서 고문받는 모습을 직접 체험할 수 있는 벽관 체험코너와 태극기를 직접 찍어보고 이해할 수 있도록 배려한 체험공간을 마련해 역사의 산 교육장소로 이용하고 있다. 이곳에서는 당시의 처참했던 상황을 한눈으로 확인할 수 있다.

4) 천안독립기념관

천안독립기념관(충남 천안시 동남구 목천읍 남화리)은 1987년 8월 15일 독립운동에 관한 유물과 자료를 수집 · 보존 · 관리 · 전시하며, 독립운동사를 연구하는 종합적 학술전시관이다.

민족의 자주와 독립을 지키고 외침을 극복한 우리 민족의 국난극복사에 관한 자료를 수집 · 보존 · 전시 · 연구함으로써 정체성을 확립하고, 국민의 민족정신을 북돋우며 올바른 국가관을 정립하는 데 이바지함을 목적으로 건립되었다.

1982년 당시 우리 온 국민의 분노를 일으켰던 일본의 역사교과서 왜곡사건을 계기로 건립하게 되었다. 당시 정부에서는 부지를 매입하였고, 국민들은 십시일반 성금을 기부하여 자금을 마련하였다.

총 대지면적 400만㎡, 75개 동의 건물에 관계자료만 약 9만 점을 전시 · 보존하고 있다. 선사시대부터 조선 후기까지 우리의 문화유산과 역사적 자료들을 전시해 놓았으며, 총 7개의 전시관이 있다. 5천 년의 우리나라 역사를 이곳에서 한눈에 볼 수 있다.

5) 이동녕선생 생가기념관

이동녕선생 생가기념관(충남 천안시 동남구 목천읍)은 2010년 2월에 건립되었고, 그의 생가지는 충청남도 기념물 72호로 지정되었다. 생가의 안채와 문간채는 'ㅁ'자 형태이고, 앞쪽에는 석오 이동녕기념관이 있다.

이동녕(李東寧)은 대한제국의 계몽운동가 · 언론인 · 독립운동가였으며, 제4대 대한민국 임시정부의 국무령, 제6대 대한민국 임시정부의 주석, 대한민국 임시정부 국무총리, 대통령 직무대리, 국무위원, 임시 의정원 의장 등을 역임하였다.

기념관 입구에는 이동녕의 흉상과 뒷면에 '대의(大義)' 휘호 기념비, 대형 태극기가 걸려 있다. 전시관에는 초상화와 영상, 이동녕의 삶과 사상, 대한민국 임시정부 이전과 임정수립 및 활동, 친필 서신 및 추모의 글, 메시지 영상, 3 · 1절 기념 연설문 등으로 구성되어 있다.

6) 수당 이남규선생 고택 및 기념관

수당 이남규선생 고택 및 기념관(충남 예산군 대술면 상항리)은 1637년에 건립하여 2008년 9월에 재건립하였다. 수당고택(修堂古宅)은 중요민속문화재281호로 지정되었다.

이 지역 반가의 특징을 잘 보존하고 있는 사랑채와 안채의 배치 및 평면구성은 건축적 · 역사적 가치가 크다고 할 수 있으며, 특히 17세기 이후에 생성된 다량의 고문서와 집안 유물들은 사회문화적 · 학술적 가치가 높은 것으로 평가되고 있다.

7) 김좌진장군기념관

김좌진장군기념관(충남 홍성군 갈산면 행산리)은 1992년 1월에 건립되었다. 1920년 김좌진 장군은 일본군의 대대적인 독립군 토벌에 맞서 일본군을 청산리로 유인하여 큰 승리를 거두었다. 현재 그의 생가는 생가 건물과 전시관, 사당, 작은 공원으로 이루어져 있다.

그는 서울에서 육군무관학교를 졸업하고, 1907년에 고향인 홍성으로 돌아와 학교를 세워 지역사회의 근대교육을 주도하며, 외세에 대항하는 애국계몽운동에 앞장섰다. 그러나 1910년에 독립자금을 모금하던 중 붙잡혀 약 3년간 옥고를 치렀다.

1915년부터는 광복회에 참여하여 활동하였고, 1917년에는 광복회 부사령으로 만주로 파견되었다. 1919년 2월에 대한독립선언서에 서명하고, 북로군정서 총사령으로서, 1920년 10월에 청산리대첩을 이끌었다. 1929년에는 북만주지역 한인사회 통합을 위해 한족총연합회를 결성하여 중앙집행위원장으로 활동하다 피살되었다.

8) 예산 충의사

예산 충의사(忠毅祠 : 예산군 덕산면 시량리)는 1985년 6월에 건립되었다. 일제강점기 때 독립투사인 윤봉길 의사가 태어나 망명길에 오르기까지 농촌계몽과 애국정신을 고취한 곳으로 윤 의사의 의거와 애국충정을 기리기 위해 세워졌다.

1967년~1974년까지 윤봉길 의사의 위업을 선양하고 충의정신을 후세에 기리 보존하고자 성역화 사업을 시행하였고, 매년 4월 27~29일에 윤봉길 의사의 의거를 기리는 매헌문화재가 열린다. 충의사는 1972년 10월에 사적229호로 지정되었다.

충의사는 크게 4개 구역으로 나뉜다. 본전 지역은 윤의사 영정을 모신 사당, 충의문, 홍살문 등이 있고, 기념관 지역은 윤봉길의사기념관, 어록탑, 보부상 전시관이 있다. 윤봉길의사기념관에는 윤 의사의 유품(보물 제568호) 28종 56점이 전시되어 있다.

9) 당진 필경사

당진 필경사(筆耕舍 : 충남 당진시 송악읍 상록수길)는 일제강점기 때의 건축물이다. 1997년 12월에 충청남도 기념물107호로 지정되었으며 당시 시인 · 소설가인 심훈이 1934년에 직접 설계하여 지은 집이다. 그의 작품은 민족주의와 저항의식을 기본정신으로 하고 있으며, 1935년 이곳에서 농촌계몽 소설인 『상록수』를 썼다.

필경사는 한때 교회로 사용하다가 당진군에 기증하였다. 지붕의 옆면은 여덟 팔(八)자 모양인 팔작지붕으로 꾸몄다. 건물은 정면 5칸, 측면 2칸의 비교적 큰 규모로 지어졌으며, '필경'은 시의 제목에서 딴 것으로 전해지고 있다.

5. 경상권

1) 경상북도 독립운동기념관

경상북도 독립운동기념관(구, 안동독립운동기념관 : 경북 안동시 임하면 천전리)은 안동의 독립운동을 학습하고 배울 수 있는 공간으로, 2007년 8월에 건립되었다. 기념관은 지하 1층, 지상 1층 건물로 1894년부터 1945년까지 51년 동안 안동 지역의 국내외 독립운동을 기리기 위해 건립한 독립운동시설로 한국 근현대사와 독립운동사의 교육장으로 활용되고 있다.

시설은 전시실, 연수원, 자료실, 수장고를 갖추고 있으며, 전시실은 3개로 나누어져 있다. 제1전시실에는 국내에서 활약한 안동출신 인사의 국내활동 내용을, 제2전시실은 중국으로 망명하여 펼친 국외활동 내용을, 제3전시실은 영상추모관으로 안동의 독립운동가 1천 명을 추모할 수 있는 추모공간으로 꾸며져 있다.

2) 왜관지구전적기념관

1950년 8월 6·25전쟁 당시 왜관은 낙동강을 중심으로 아군과 일대 격전이 벌어졌던 곳이다. 전쟁의 산 교육장으로 활용하기 위해, 1978년 7월에 왜관지구전적기념관(경북 칠곡군 석적읍 중지리)을 건립하였다. 교육관은 2001년 12월에 준공하여 호국의 교육장으로 활용하고 있다.

그 후 2003년 11월에 무공수훈자 전공비, 2004년 6월에는 월남 참전용사 유공비를 세웠다. 야외 전시장에는 야포 등 총 123종 241점이 있으며, 주로 6·25전쟁 때 사용된 무기류들이 전시되어 있다.

특히 야외에 있는 높이 3.8m의 전적비 1기와 그 외 6·25 참전용사 충혼비에는 1천4백47명의 참전용사 이름이 새겨져 있고, 무공수훈자 전공비와 월남 참전용사 유공비에는 각각 77명과 3백19명의 이름을 새겨 기념하고 있다.

3) 이육사문학관

조국 광복의 염원을 노래한 항일민족시인 이육사와 관련된 자료 및 기록을 한곳에 모아, 2004년 7월에 고향인 안동에 이육사문학관(경북 안동시 도산면 원천리)을 건립하였다. 1925년 독립운동단체 의열단에 가입하고, 독립운동을 시작한 이육사는 1927년 조선은행 대구지점 폭파사건에 연루되어 3년형을 받고 투옥되었으며, 17번이나 옥살이를 하였다.

건물은 2층 규모이고, 시설은 문학관 2층, 생가 모형, 시비, 육사 동상, 오솔길, 청포도 밭, 청포도 샘터 등이 있다. 매년 이육사 탄생을 기려 육사 백일장, 시인의 육필전, 문학캠프, 육사의 밤 등의 주제로, 문학의 밤 행사를 개최하고 있다. 전시관에는 시집, 석 · 박사 학위논문, 연구논저와 비평문, 영상 및 사진자료 등이 비치되어 있다.

4) 낙동강승전기념관

낙동강승전기념관(대구 남구 대명동 앞산순환로)은 1979년 6월에 건립되었으며, 대구 앞산공원에 자리 잡고 있다. 한국전쟁 당시 조국수호의 마지막 보루였던 낙동강 방어선을 지킨 참전용사들의 거룩한 얼을 기리기 위해 설립되었다.

건물의 규모는 2층이며, 1층에는 한국전쟁의 발발 배경, 최후의 방어선인 낙동강전투, 인천상륙작전 등 한국전쟁에 대한 내용을 소개하고 있다. 그리고 낙동강 격전지, 병사의 눈물 등이 자료와 함께 조형물도 전시되어 있다. 2층에는 각종 전쟁 유물전시관, 추모관 등의 포토 존이 있다.

5) 다부동전적기념관

1950년 8월 6 · 25전쟁 당시 가장 치열한 다부동전투가 벌어졌던 격전지에, 1981년 11월에 다부동전적기념관(경북 칠곡군 가산면 호국로)을 건립하였다. 1995년 6월에는 충혼비와 구국관을 준공하였고, 1997년 6월에는 구국용사 명각비를 준공하여 1997년 6월~2007년 7월까지 전사자 689명과 생존자 1천513명 등 총 2천2백여 명의 이름이 새겨졌다.

2001년 6월에는 전사자 203명, 생존자 903명의 이름이 새겨진 구국 경찰 충혼비와 명각비가 세워졌다. 1994년~1997년까지 8회에 걸쳐 유해 발굴을 진행하여 1997년 5월에 유해 259점을 합장하였다. 2000년 전 · 후반기에는 유해

1천587점을 발굴하여 국립묘지와 무명용사 묘지에 안장하였다.

6) 유엔평화기념관

유엔평화기념관(부산 남구 홍곡로)은 1951년 6 · 25전쟁 때 한국에 파병되어 전사한 참전용사들의 희생을 기리기 위해 2014년 11월에 건립되었다. 기념관은 UN군 참전용사와 국가의 명예선양을 위해 자료를 조사하고, 전시 및 출판 등의 기념사업을 추진하고 있다.

또한 평화유지와 희생, 의지를 계승 · 발전시킬 수 있는 교육과 문화행사 등 다양한 프로그램을 개발하고 있다. 특히 유엔평화기념관은 세계 유일의 유엔기념공원, 유엔평화문화특구와 함께 세계평화를 상징하는 국제적인 명소로 발돋움하고 있다.

7) 백산기념관

백산기념관(부산 중구 동광동)은 1995년 8월에 백산 안희제 선생의 항일 독립 정신을 기념하기 위하여 세운 것이다. 그는 일제 침략의 민족적 위기상황에서 민족교육, 민족기업 육성 등 다방면에 걸쳐 국권회복을 위해 국내외에서 활동한 민족독립운동가였다.

그는 이 기념관이 있는 자리에 백산상회를 설립하여 독립운동자금을 마련하였다. 특히 백산상회를 (주)백산무역으로 확장하여, 대한민국 임시정부와 독립운동단체에 활동자금을 지원하였을 뿐만 아니라, 회사를 국내 항일독립 운동의 거점으로 활용하기도 하였다. 전시장에는 안희제 선생의 유품, 당시 구국운동자료 등 80여 점이 전시되어 있다.

8) 부산광복기념관

부산광복기념관(부산 서구 동대신동)은 2000년 8월 15일에 건립된 광복을 기리는 기념관이다. 1876년 부산항 개항 이후부터 1945년 8월 15일 광복까지 일본의 침략상과 그에 항거한 부산 지역의 항일 독립투쟁에 관한 역사적 유물을 전시하고 있다. 건물은 지하 1층, 지상 2층으로 전시실에는 개항과 부산인의 독립정신, 일신 여학교의 독립운동, 애국계몽운동의 전개, 노동운동의 전개, 사회문화운동, 일제 말기 학생들의 독립운동, 광복의 환희 등 총 8개의 주제로 구성되어 있다.

6. 전라권

1) 소충사

소충사(전북 임실군 성수면 신성로)는 1957년에 건립되었으며 2002년 10월에 재건립되었다. 이곳은 구한말 정재 이석용 장군과 그의 휘하에서 활동하던 28의사를 배향하는 사우(祠宇)이다.

부지 2만 3백 평에 분묘 2기, 사당, 기념관, 관리사 등의 시설을 갖추고 있다. 항일투쟁과 조국의 독립을 위하여 순절한 충의열사의 호국정신을 널리 계승하기 위하여 건립되었다.

2) 일광기념관

일광기념관(정북 고창군 고창읍 교촌리)은 1993년에 건립되었으며 2014년 11월에 재건립되었다. 일광 정시해 선생은 면암 최익현 선생의 제자로, 1906년 순창전투에서 순국하여, 광복 후 건국훈장 애국장을 서훈하였다.

기념관은 각지 2천여 명의 인사들이 성금을 모아 건립하였고, 지금은 역사교육의 현장으로 활용하고 있다. 전시관에는 총탄에 맞아 순국한 선생의 영정을 비롯해서 유품 15점, 문건 30점, 일대기 등이 전시되어 있다.

3) 정인승기념관

정인승기념관(전북 장수군 계북면 양악리)은 정인승 박사의 겨레사랑의 뜻을 기리고자 2005년 8월에 건립되었다. 애국자 · 한글학자인 건재 정인승 박사는 조선어학회의 한글 바로 세우기 사업에 참여하여 '한글맞춤법 통일안'을 제정하고, 『우리말 큰 사전』 6권을 편찬하였다.

그는 1942년 조선어학회 사건으로 3년간 옥고를 치르는 등 겨레의 얼 · 말 · 글을 지키고자 헌신한 공로를 인정받아 1962년에 대한민국 건국공로 훈장을 받았다. 기념관에는 사당과 동상, 유허비와 전시관이 있고, 그분의 업적과 정신이 담긴 유품이 전시되어 있다.

4) 군산 3 · 1운동기념관

군산 3 · 1운동기념관(전북 군산시 구암동)은 원래 1959년에 지어져 구암교회로 사용되었지만, 2008년 11월에 개관하였다.

건물 1층 3 · 1운동 전시관에는 구암마을의 당시 사진, 재판기록, 기록물, 3 · 1운동 후 독립운동 등에 관한 사진과 유물이 전시되어 있다. 군산 3 · 1만세운동은 한강 이남 최초의 거사이자, 전북 지역에서 가장 많은 순국자가 발생한 곳이다.

5) 광주학생독립운동기념관

광주학생독립운동기념관(광주 서구 화정동)은 1967년에 건립되었으나, 그 후 2005년 11월에 새롭게 건립되었다. 일제의 억압 속에서 민중의 항일운동 역량이 성숙되어 일어난 광주학생독립운동의 숭고한 정신을 계승 발전시키기 위해 건립된 것이다.

1929년 10월 광주학생독립운동은 단순히 한 · 일 학생이 충돌하여 우발적으로 일어난 사건이 아니었다. 3 · 1운동을 계기로 항일독립운동의 중심이 된 학생, 농민, 노동자 등 민중세력들은 일제의 기만적인 문화정책과 폭압 속에서 비밀결사를 조직하고 맹휴투쟁, 소작쟁의, 파업을 감행하면서 항일의식과 조직력을 키워 나갔다.

6) 나주 학생독립운동기념관

나주 학생독립운동기념관(전남 나주시 죽림동)은 2008년 7월에 건립되었다. 이 운동은 1929년 10월 30일 당시 나주역에서 나주, 광주 간 기차를 이용해 통학하던 한 · 일 학생의 편싸움이 광주학생운동의 직접적인 빌미가 되었다.

학생독립운동은 3 · 1운동, 6 · 10만세운동과 함께 국내에서 전개된 3대 독립운동의 하나이다. 전시실은 학생독립운동의 과정, 나주 지역의 식민지적 상황, 나주 출신 학생운동 지도자 등을 주제로 구성되어 있다.

7) 낭산김준연선생기념관

낭산김준연선생기념관(전남 영암군 영안읍 교동리)은 2012년에 건립되었다. 김준연 선생은 1927년 좌우합작단체인 신간회의 창설 참여와 조선공산당 재건운동에 참여했다 투옥당했다.

1934년 석방 후에는 동아일보 주필이 되었고, 1936년에는 손기정 선수의 일장기 말소사건에 관여했다 일제의 압력으로 사임하였다. 이후 그는 창씨개명을 거부하고, 흥업구락부 사건, 조선어학회 사건 등을 주동하면서 항일투쟁을 벌이다 8년간 투옥되었고 9년간 연금생활을 하였다.

8) 소안항일운동기념관

소안항일운동기념관(전남 완도군 소안면 가학리)은 2003년 8월에 문을 열었다. 이 기념관은 조국의 독립과 광복을 위해 목숨을 바친 소안의 애국선열들과 그들의 항일투쟁 정신을 역사의 교훈으로 남기기 위해 건립되었다.

소안도는 함경도의 북청과 함께 우리나라 독립운동의 성지이다. 일제강점의 암흑 속에서도 항일구국의 횃불을 드높였던 소안도는 독립에 필요한 자금을 모금하고, 농민운동을 전개하면서 소안학교를 설립해 후학을 양성하였다. 독립운동기념탑은 흰 돌과 검은 돌을 넓게 겹쳐 쌓았는데, 흰 돌은 우리 민족의 저항을 나타냈고, 검은 돌은 일제의 탄압을 형상화하였다.

7. 제주권

1) 제주항일운동기념관

제주항일운동기념관(제주 제주시 조천읍 조천리)은 1997년 8월에 건립하였으며, 독립에 대한 발자취를 쉽게 이해할 수 있도록 전시하였다. 즉 제주 지역 항일운동의 역사적 배경과 사실을 재조명하고, 항일운동의 특성을 부각시키고자 하였다.

기념관에서 소장하고 있는 전시물은 철저한 자료 고증을 거쳐, 내용별 · 영역별로 일목요연하게 재구성하였다. 그리고 조형물, 벽면부조, 영상모니터, 설명패널, 매직비전, 와이드컬러, 디오라마, 복제모형, 종합그래픽 등 다양한 방법을 활용하여 입체적으로 꾸몄다.

이곳 야외전시실에는 애국열사 위패가 모셔져 있는 창열사를 비롯해서, 애국선열 추모탑, 3 · 1독립만세운동 기념탑 등의 야외시설, 각종 항일사료를 보관하고 있는 자료실, 제주 항일역사를 영상으로 볼 수 있는 영상관을 갖추고 있다.

연습문제

01. 다음 설명에 해당하는 용어는?

> 전쟁 등으로 인해 옥살이를 했던 감옥이나 죽음과 고통에 관련된 장소(블랙 스폿)를 여행하는 관광

① ethnic tourism　② dark tourism
③ rural tourism　④ event tourism

02. 전쟁 유적을 찾는 관광은?

① battlefield tourism　② supporting tourism
③ green tourism　④ low impact tourism

03. 다음 설명에 해당하는 기념관은?

> 1982년 당시 우리 온 국민의 분노를 일으켰던 일본의 역사교과서 왜곡사건을 계기로 건립

① 전쟁기념관　② 평화기념관
③ 천안독립기념관　④ 부산광복기념관

정답

01 ②, **02** ①, **03** ③

제14장

축제이벤트

학습 포인트

- 제1절에서는 축제의 개념 및 유사용어, 우리나라 지역별 대표축제에 대해 학습한다.
- 제2절에서는 이벤트의 개념을 비롯해서 유형, 특성, 파급효과, 기능에 대해 학습한다.
- 연습문제는 축제와 이벤트의 기본 개념을 총체적으로 학습한 후에 풀어본다.

제1절 축제

1. 축제의 개념

현대를 축제(festival)와 이벤트(event)의 시대라고 해도 과언이 아닐 정도로 세계 각국은 연일 다양한 주제와 내용으로 축제를 개최하고 있다. 축제는 과거만 존재하는 것이 아니라 현대인에게 있어서 귀중한 문화자원, 문화향유의 대상이 되고 있다(류정아, 2011).

고대의 전통적 축제는 액운을 쫓거나 복을 부르는 행위로서, 종교적인 의례를 중심으로 개최되었으나, 현대적 축제는 〈표 14-1〉과 같이 참여자의 오락과 유희, 오락 및 산업, 기분전환 및 흥미, 관람적 성격, 그리고 사회적 이벤트, 음주가무, 놀이적 요소 등을 포함해서 국가나 지역별로 특색 있고, 개성 넘치는 생활축제의 형태로 발전 · 변형되고 있다.

〈표 14-1〉 전통적 · 현대적 축제의 특징

구문	전통적 축제	현대적 축제
의례목적	신과의 교섭	참여자의 오락과 유희
의례효과	종교 및 교육	오락 및 산업
참여형태	집단 및 의무	개별 및 선택
참여동기	초월적	기분전환 및 흥미
참여자의 태도	몰아적	비판적 거리두기
구성요소	공동창작	관람적

자료 : 김영순 외(2014), 『문화산업과 문화콘텐츠』, 북코리아, p. 210.

우리말에서 축제는 '축하해서 벌이는 큰 규모의 행사', '축하와 제사를 통틀어 이르는 말'을 뜻하고, 서구의 단어 페스티벌(festival)은 '인간의 세속적 활동과 물리적 관심을 배제한다'는 뜻의 라틴어 페리아이(feriae)와 페스티발리스(festivalis)에서 유래된 것으로 보고 있다(김영순 외, 2014).

축제는 공동체가 관습적인 실천으로써 집행해 온 것이며(長谷政弘, 1997), 개인 또는 공동체에 특별한 의미가 있거나 결속력을 주는 사건, 인간이 바라는 이상적인 삶을 실현시켜 주거나 날 · 시기를 기념하여 의식을 행하는 행위를 의미하기도 한다.

또한 축제는 각 민족에게 전통적으로 내려오는 행사를 바탕으로 국민의 역사 · 문화 · 전통 등의 의식을 높이는 의례이다. 국가마다 민족 고유의 향토축제를 계승하여 국가나 지역의 고유문화, 문화유산, 문화적 역량을 지닌 문화콘텐츠 등을 대내외적으로 홍보하여 지역민의 경제 · 문화적 욕구를 충족시켜 주고 있다.

종교적인 축제 중에는 농경민족 · 유목민족 사이에서 행해지던 자연숭배의 축제나 생활관습에서 비롯된 것들도 많이 있다. 세계적인 축제는 크리스마스 · 부활제 · 석가탄신일 · 마호메트 탄생제 · 프랑스혁명 기념일 등이 유명하다. 우리는 설날 · 정월 대보름 · 단오 · 추석 · 동짓날 등의 명절과 국가에서 국경일로 정한 삼일절 · 제헌절 · 광복절 · 개천절 · 한글날 등이 있다.

사람들은 국가 및 지역공동체의 구성원들에 의해 오랜 기간 동안 축적해서 전해 내려온 그들의 고유문화와 전통 등 각종 축제에 직접 참여함으로써, 그 국가나 지역의 역사 · 문화의 방식을 쉽게 접할 수 있게 된다.

축제를 좁은 의미와 넓은 의미로 살펴보면, ① 좁은 의미의 축제는 지역과의 역사적 상관성 속에서 생성하여 전승된 전통적인 문화유산을 축제화한 것을 의미한다. ② 넓은 의미의 축제는 전통축제 · 문화제 · 예술제 · 민속예술공연 등 각 지역의 문화행사 전반을 모두 포함하고 있다(김철원 외, 2001). 즉 축제는 의례의 한 형태로서 구조적으로는 비종교적인 제의성과 예술 · 놀이적인 요소를 함께 가지고 있다고 볼 수 있다(이상춘, 2014). 그리고 ③ 축제관광은 외국 및 국내의 지역전통축제에 직접 참여하기 위해서 행하는 여행을 말한다.

게츠(Gets)는 현대의 축제를 "종교적인 성스러움이 사라진 세속적인 시간의 축하"라 언급하였고(한숙영 외, 2005), 더글러스 외(Douglas, 2001)는 축제를 "정해진 기간에 공공의 주제를 가지고 준비된 지역민의 삶을 나타내는 가치 있는 의식이다"라고 주장하였다. 엘리아데(Eliade)는 축제를 "세속적인 존재를 이탈하여 성스러운 곳으로의 회귀"로 보았고, 콕스(Cox)는 축제를 "고의적 과잉성과 일상생활과는 다른 대조성, 실제 현실에 대해 긍정하려는 속성을 갖는다"고 보았다. 학자들이 주장하는 축제의 정의는 〈표 14-2〉와 같다.

〈표 14-2〉 축제의 정의

학자명	정의
게츠(Gets)	종교적인 성스러움이 사라진 세속적인 시간의 축하
더글러스 외 (Douglas)	정해진 기간에 공공의 주제를 가지고 준비된 지역민의 삶을 나타내는 가치 있는 의식
엘리아데(Eliade)	세속적인 존재를 이탈하여 성스러운 곳으로의 회귀
콕스(Cox)	고의적 과잉성과 일상생활과는 다른 대조성, 실제 현실에 대해 긍정하려는 속성을 가짐

2. 축제의 유사용어

축제의 대부분은 특별한 역사적 사건, 제례나 종교와 관련된 기념일, 결혼이나 성년식 같은 통과의례, 국왕의 탄신일, 국가 성립에 관한 축제 등이 차지하고 있다. 우리나라의 축제는 농경사회의 구성원들이 함께 노동을 한 후 춤과 노래를 섞어 의례를 행하던 것이 발전된 것으로 보고 있다(박진규, 2005).

오늘날 세계 각국에서 사용하고 있는 축제의 명칭은 주로 축제(祝祭), 제례(祭禮), 제전(祭典), 제향(祭享), 박람회, 한마당, 잔치, 카니발(carnival), 페스티벌(festival), 비엔날레(biennale), 댄스(dance), 마쓰리(まつり) 등을 쓰고 있으며, 특히 국가나 지역의 전통 및 특색에 맞게 보편적으로 사용하고 있다.

예를 들면, ① 한국의 강릉단오제 · 안동국제탈춤놀이 · 부산국제영화제, ② 중국의 용선제 · 빙등제, ③ 홍콩의 거리 카니발, ④ 인도의 강가사가르 멜라제 · 라다크제 · 빛의 축제 디왈리 · 노팅힐 카니발, ⑤ 인도네시아의 케착댄스, ⑥ 일본의 기온마쓰리 · 삿포로 유키마쓰리, ⑦ 마카오의 그레이 하운드 개경주, ⑧ 몽골의 나담축제, ⑨ 싱가포르의 용선축제 · 타이푸삼, ⑩ 대만의 등불축제 · 드래곤 보트 축제 · 고스트 페스티벌, ⑪ 태국의 송크란 축제 · 파타야 축제, ⑫ 호주의 퍼스국제예술 축제 · 스탬피드 축제, ⑬ 뉴질랜드의 마오리족 축제, ⑭ 오스트리아의 잘츠부르크 음악제, ⑮ 벨기에의 베를린 영화제 · 뱅슈 카니발, ⑯ 프랑스의 니스 카니발 · 칸영화제 · 아비뇽 연극축제, ⑰ 독일의 뮌헨 맥주 축제 · 라인 카니발, ⑱ 이탈리아의 베니스 비엔날레 · 베네치아 카니발, ⑲ 네덜란드의 튤립 축제, ⑳ 노르웨이의 바이킹 축제, ㉑ 러시아의 백야 축제, ㉒ 스페인의 토마토 축제 · 투우 경기, ㉓ 스위스의 크로이세 축제, ㉔ 영국의 에든버러 축제, ㉕ 아르헨티나의 탱고, ㉖ 브라질의 리우 카니발 · 삼바 카니발 · 상파울루 비엔날레, ㉗ 캐나다의 퀘벡 카니발 · 튤립 축제, ㉘ 미국의 추수감사절 · 알로아 페스티벌 등을 들 수 있다. 축제의 유사용어를 정리하면 〈표 14-3〉과 같다.

〈표 14-3〉 축제의 유사용어

용어	내용
경기	운동이나 기술 등에서 기량과 기술을 겨룸
경주	사람 · 동물 · 차 따위가 일정한 거리를 달려 빠르기를 겨룸
놀이	'놀음놀이'의 준말로 즐겁게 노는 일
대제	조선시대 때 종묘 · 사직 · 영녕전에서 지내던 큰 제사
대제전	큰 규모로 열리는 문화 · 예술 · 체육 따위의 행사
대회	어떤 행사를 위해 많은 사람이 모임
댄스	주로 남녀의 사교를 위한 서양식 춤

용어	내용
마쓰리	좀 더 특별하게 지내는 신사의 축제를 의미
박람회	농업 · 공업 · 상업 등에 관한 온갖 물품을 진열 · 전시하여 생산물의 개량 발전 및 산업의 진흥을 꾀하는 행사
비엔날레	2년마다 열리는 국제적 미술전람회, 격년 잔치
잔치	경사 때 음식을 차려 놓고, 여러 사람이 모여 즐기는 것
전람회	미술품 따위를 진열해 놓고, 여러 사람에게 관람시키는 모임
제례	제사의 예법이나 예절
제사	신령이나 죽은 사람의 넋에게 음식을 바쳐 정성을 나타냄, 또는 그 의식
제전	문화 · 예술 · 체육 따위와 관련하여 성대히 열리는 사회적인 행사
제향	나라에서 지내는 제사, 제사의 높임말
축제	축하해서 벌이는 큰 규모의 행사, 축하와 제사를 통틀어 이르는 말
축전	축하하는 의식이나 행사
카니발	사육제(謝肉祭)라고 하며, 주로 가톨릭 국가에서 열리는데, 브라질의 리우 카니발, 프랑스의 니스, 이탈리아의 나폴리 카니발이 유명
페스티벌	축하하기 위하여 벌이는 큰 규모의 행사, 축하하기 위해 벌이는 행사
한마당	어떤 일이 벌어지는 판이나 상황을 이르는 말

3. 지역별 대표축제

오늘날 축제는 지역이라는 공간적 제한을 바탕으로 이루어지며, 그중 '민속'을 바탕으로 한 축제는 주로 마을단위로 행해진다. 특히 지역축제는 이벤트의 한 유형으로 분류되어 개최지역의 이미지 제고, 관광매력물, 지역경제 활성화, 사회기반시설 확충 등에 영향

을 미치고 있다(박창규 외, 2005).

또한 지역축제는 문화관광의 한 분야로서, 지역을 기반으로 그 지역의 역사 · 문화적 가치를 중심으로 구성되어 있고(김철원, 2011), 오랜 세월 동안 지역민들의 생활환경을 중심으로 이어져 내려온 전통과 개성을 배경으로 특정 기간 동안 참여하고 즐기는 하나의 창조적 지역문화(김성섭 외, 2005)라 할 수 있다.

관광객들과 지역민들은 축제를 통해 문화적 · 산업적 특성을 활용한 다양한 체험의 기회를 얻을 수 있으며, 특히 새로운 경험과 볼거리, 문화를 접하거나 향유할 수 있게 된다.

현재 전국에는 매년 2천 개가 넘는 축제가 연례행사처럼 개최되고 있다. 기간은 주로 봄 · 가을에 집중되지만, 여름 · 겨울에도 개최된다. 즉 매년 일정한 시기에 반복되는 주기의례라고 할 수 있다.

축제의 종류로 문화예술이 가장 많고, 그 밖에 전통역사, 지역특산물, 음식문화, 산업문화, 문화관광, 생태자원, 관광축제, 책축제, 체험, 경영산업 등 지역별로 크고 작은 축제들이 개최되고 있다.

그러나 지역별로 축제의 주제와 내용이 유사하고, 특성화되지 못한 천편일률적인 행사의 기획이나 집행, 예산의 과다지출 등 많은 문제점을 안고 있다. 특히 연예인 초청 가요 무대행사로 인해 많은 예산이 낭비되고 있고, 그 밖에 의례의 상업화, 교통혼잡, 고성방가, 환경오염, 쓰레기대란 등으로 인해 축제의 가치가 상실될 위험에 처해 있고, 축제장 주변도 몸살을 앓고 있는 상태이다.

따라서 지역축제가 발전하려면, ① 지역의 여건이나 특색에 맞는 차별화된 프로그램의 개발, ② 관광객을 유인할 수 있는 홍보 및 마케팅 전략수립, ③ 지역의 이미지 개선과 경제 활성화에 기여할 수 있는 참신한 축제로 육성, ④ 다양한 문화콘텐츠를 바탕으로 한 제작이 뒷받침되어야 할 것이다. 지역별 대표축제는 〈표 14-4〉와 같다.

〈표 14-4〉 지역별 대표축제

지역명	축제명(개최시기와 종류)
서울	서울등축제(11, 문화예술관광), 서울북페스티벌(10, 문화예술), 연등회연등축제(4, 전통문화), 하이서울페스티벌(10, 문화예술), 광화문 국제아트페스티벌(4, 문화예술), 서울사진축제(11, 문화예술), 서울약령시한방문화축제(10, 문화예술), 서울국제만화애니메이션페스티벌(7, 문화예술), 재능나눔콘서트(3~12, 문화예술), 서울건축문화제(10, 건축문화축제), 지구촌나눔한마당(5, 글로벌 나눔축제), 서울억새축제(9, 문화예술), 광화문문화마당(5~6, 9~10, 문화예술), 인사전통문화축제(9, 문화예술), 대학로소극장축제(9~10, 문화예술), 삼청로문화축제(9, 문화예술), 다동무교동음식문화나눔대축제(9~10, 기타), 명동글로벌페스티벌(10, 기타), 서울동화축제(4, 문화예술), 노원탈축제(10, 문화예술), 칠석문화제(8, 전통문화예술), 마포나루 새우젓축제(10, 지역특산물), 서울프린지페스티벌(8, 문화예술), 서울국제뉴미디어페스티벌(10, 문화예술), 한국실험예술제(12, 문화예술), 금천하모니벚꽃축제(4, 문화예술), 한강여의도봄꽃축제(4, 문화예술), 석촌호수봄꽃축제(4, 문화예술), 한성백제문화제(10, 전통역사), 남이장군대제(11, 전통역사) 등
부산	조선통신사한일문화교류축제(5, 전통역사), 부산항축제(5, 문화예술), 부산바다축제(8, 문화예술), 부산국제매직페스티벌(8, 문화예술), 부산국제록페스티벌(8, 문화예술), 부산자갈치축제(10, 문화예술), 영도다리축제(9, 문화예술), 동래읍성역사축제(10, 문화예술), 해운대모래축제(6, 기타), 달맞이언덕문학축제(9, 문화예술), 고운최치원 문화축제 및 동백섬문화관광축제(10, 전통역사), 명지시장전어축제(8, 지역특산물), 연제한마당축제(4, 문화예술), 광안리어방축제(4, 전통역사), 광대연극제(8, 문화예술), 기장멸치축제(5, 지역특산물), 기장붕장어축제(10, 지역특산물), 철마한우불고기축제(10, 지역특산물) 등
대구	대구국제오페라축제(10~11, 문화예술), 대구약령시한방문화축제(5, 전통역사), 대구국제뮤지컬페스티벌(6~7, 문화예술), 동성로축제(5, 문화예술), 패션주얼리위크(10, 기타), 서문시장패션대축제(10, 지역특산물), 옻골문화축제(10, 문화예술), 상화문학제(5, 문화예술), 비슬산참꽃제(4, 문화예술), 평생학습주간(10, 문화예술) 등
인천	인천부평풍물대축제(9, 전통문화예술), 강화고인돌문화축제(5, 전통역사), 인천소래포구축제(10, 지역특산물), 강화개천대축제(10, 전통역사), 삼랑성역사문화축제(10, 전통역사), 강화도새우젓축제(10, 지역특산물), 주안미디어문화축제(9, 문화예술), 인천세계음식문화박람회(9~10, 음식문화), 인천펜타포트음악축제(7~10, 문화예술) 등

지역명	축제명(개최시기와 종류)
광주	광주비엔날레(9~11, 문화예술), 광주세계아리랑축제(5, 문화예술), 정율성축제(10, 문화예술), 광주세계김치문화축제(10, 산업문화), 추억의 7080충장축제(10, 문화예술), 고싸움놀이축제(2, 전통역사), 광산우리밀축제(5, 지역특산물) 등
대전	한밭문화제(10, 문화예술), 사이언스페스티벌(11, 산업교육), 대전국제푸드&와인페스티벌(10, 산업), 효문화뿌리축제(10, 전통역사), 프리페스티벌(10, 향토문화), 유성온천문화축제(5, 문화예술), 국화향기가을축제(10~11, 문화예술), 아줌마축제(9, 지역특산물) 등
울산	울산고래축제(4, 전통역사), 울산옹기축제(5, 전통역사), 울산쇠부리축제(5, 전통역사), 울산조선해양축제(6~7, 문화예술), 서머페스티벌(7, 문화예술), 처용문화제(10, 문화예술), 언양한우불고기축제(10, 지역특산물), 울산중구거리문화축제(10, 문화예술) 등
세종	장군산구절초축제(9~10, 생태자원), 세종축제(10, 관광축제) 등
경기	수원화성국제연극제(5, 문화예술), 수원국제음악제(6, 문화예술), 화성문화제(10, 문화관광), 팔달문지역 시장거리축제(5, 문화예술), 수원시주민자치박람회(9, 문화예술), 성남문화예술제(9~10, 문화예술), 천상병예술제(4, 문화예술), 의정부국제음악극축제(5, 문화예술), 통일예술제(5, 문화예술), 회룡문화제(10, 전통역사), 복사골예술제(5, 문화예술), 부천국제판타스틱영화제(7, 문화예술), 부천국제만화축제(8, 문화예술), 부천국제학생애니메이션페스티벌(10, 문화예술), 안산국제거리극축제(5, 문화예술), 별망성예술제(9, 문화예술), 단원미술제(10, 문화예술), 행주문화제(5, 전통역사), 과천축제(9, 문화예술), 고구려축제(10, 전통역사), 포은문화제(5, 전통역사), 어린이책잔치(5, 책축제), 파주북소리(10, 책축제), 파주장단콩축제(11, 농산물), 물왕예술제(6, 문화예술), 연성문화제(7, 문화예술), 이천도자기축제(4, 지역특산물), 이천쌀문화축제(10, 지역특산물), 안성맞춤 남사당바우덕이축제(10, 문화예술), 여주도자기축제(4~5, 지역특산물), 여주오곡나루축제(11, 지역특산물), 정조효문화제(9, 전통역사), 광주왕실도자기축제(5, 지역특산물), 연천전곡리구석기축제(5, 문화예술), 자라섬 씽씽겨울축제(1, 생태자원), 양평단월고로쇠축제(3, 지역특산물) 등

지역명	축제명(개최시기와 종류)
강원	춘천닭갈비막국수축제(5, 지역특산물), 마임축제(5, 문화예술), 춘천국제연극제(5, 문화예술), 춘천인형극제(8, 문화예술), 소양강문화제(9, 전통역사), 한지문화제(10, 전통역사), 경포벚꽃축제(4, 문화예술), 강릉단오제(5~6, 전통역사), 주문진오징어축제(10, 지역특산물), 묵호항수산물축제(2, 지역특산물), 동해무릉제(10, 전통역사), 태백산눈축제(1, 문화예술), 설악문화제(10, 전통역사), 삼척정월대보름제(2, 전통역사), 홍천찰옥수수축제(8, 지역특산물), 횡성한우축제(10, 지역특산물), 단종문화제(4, 전통역사), 동강축제(7~8, 지역특산물), 김삿갓문화제(9, 전통역사), 평창효석문화제(9, 문화예술), 평창대관령눈꽃축제(1, 문화예술), 세계대한민국 아리랑대축제 및 정선아리랑제(10, 문화예술), 민둥산억새꽃축제(10~11, 생태자원), 태봉제(10, 생태자원), 빙어축제(1, 생태자원), 용대리황태축제(5, 지역특산물), 고성명태축제(10, 지역특산물), 현산문화제(6, 전통역사), 양양송이축제(9~10, 지역특산물), 양양연어축제(10, 생태자원), 얼음나라화천산천어축제(1, 문화예술) 등
충북	청주직지축제(9, 전통역사), 충주세계무술축제(9, 문화예술), 충주호수축제(8, 생태자원), 수안보온천제(4, 생태자원), 우륵문화제(9, 문화예술), 의림지 동계민속대제전(1, 문화예술제), 청원생명축제(9~10, 지역특산물), 보은대추축제(10, 지역특산물), 지용제(5, 문화예술), 난계국악축제(9, 문화예술), 영동포도축제(8, 지역특산물), 영동곶감축제(12, 지역특산물), 증평인삼골축제(10, 지역특산물), 생거진천문화축제(10, 문화예술), 괴산고추축제(8~9, 지역특산물), 음성품바축제(5, 문화예술), 설성문화제(9, 전통역사), 음성인삼축제(10, 지역특산물), 소백산철쭉제(5, 문화예술), 온달문화축제(전통역사) 등
충남	계룡산산신제(4, 전통역사), 고마나루축제(7, 문화예술), 백제문화제(9~10, 전통역사), 보령머드축제(7, 체험), 성웅이순신축제(4, 기타), 외암리민속마을짚풀문화제(10, 전통역사), 강경발효젓갈축제(10, 지역특산물), 논산딸기축제(4, 지역특산물), 해미읍성역사체험축제(10, 전통역사), 계룡군(軍)문화축제(10, 문화예술), 기지시줄다리기축제(4, 전통역사), 심훈상록문화제(5, 9, 문화예술), 금산인삼축제(9, 지역특산물), 금강여울축제(7, 생태자원), 백제문화제(9~10, 전통역사), 한산모시문화제(6, 문화예술), 남당항대하축제(9, 지역특산물), 윤봉길문화제(4, 문화예술) 등

지역명	축제명(개최시기와 종류)
전북	전주세계소리축제(10, 문화예술), 전주한지문화축제(5, 지역특산물), 전주비빔밥축제(10, 지역특산물), 전주국제영화제(5, 경영산업), 군산시간여행축제(10, 근대), 익산천만송이국화축제(10~11, 생태자원), 정읍사문화제(10~11, 문화예술), 전국소싸움대회 및 정읍축산물축제(10~11, 전통역사), 지리산바래봉철쭉축제(4~5, 생태자원), 김제지평선축제(10, 전통역사), 진안마이문화제(10, 문화예술), 무주반딧불축제(6, 생태자원), 팔봉마을굿축제(8, 문화예술), 고창청보리밭축제(4~5, 생태자원), 모양성제(10, 전통역사), 부안마실축제(5, 문화관광종합축제), 남원 삼동굿놀이(8, 문화예술) 등
전남	목포해양문화축제(8, 전통역사), 여수거북선축제(5, 전통역사), 남도음식문화축제(10, 전통역사), 순천만갈대축제(10, 생태자원), 담양대나무축제(3, 문화예술), 구례산수유꽃축제(3, 지역특산물), 동편제판소리축제(10, 문화예술), 고흥우주항공축제(4, 기타), 보성다향제녹차대축제(5, 지역특산물), 서편제보성소리축제(10, 문화예술), 장흥물축제(8, 생태자원), 강진청자축제(7~8, 전통역사), 명량대첩축제(9, 전통역사), 영암왕인문화축제(4, 전통역사), 무안연꽃축제(7~8, 지역특산물, 생태자원), 함평나비대축제(5, 생태자원), 영광법성포단오제(5~6, 전통역사, 문화예술), 홍길동축제(5, 전통역사), 진도신비의바닷길축제(3~4, 생태자원) 등
경북	포항국제불빛축제(7~8, 문화관광), 안동국제탈춤페스티벌(9~10, 문화예술), 안동민속축제(9~10, 전통역사), 풍기인삼축제(10, 지역특산물), 문경전통찻사발축제(5, 전통역사), 문경사과축제(10, 지역특산물), 문경한우축제(10, 지역특산물), 경산갓바위 소원성취축제(10, 문화예술), 청송사과축제(11, 지역특산물), 청도소싸움축제(전통역사), 대가야체험축제(10, 역사문화), 곤충나라 예천농산물축제(10, 지역특산물), 봉화은어축제(7~8, 생태자원), 봉화송이축제(9~10, 지역특산물), 성류문화제(10, 문화예술) 등
경남	진해군항제(4, 전통역사), 가고파큰잔치(5, 전통역사), 진주남강유등축제(10, 문화예술), 개천예술제(10, 문화예술), 코리아드라마페스티벌(10, 문화예술), 통영한산대첩축제(8, 전통역사), 욕지섬문화축제(10, 기타), 가야문화축제(4, 문화예술), 김해예술제(9, 문화예술), 진영단감제(11, 지역특산물), 밀양아리랑제(4~5, 전통역사), 옥포대첩기념제전행사(6, 전통역사), 부곡온천축제(4, 기타), 3·1민속문화제(2, 문화예술), 항동야생차문화축제(5, 지역특산물), 산청한방약초축제(10, 지역특산물), 함양물레방아골축제(9~10, 문화예술), 대야문화제(9~10, 문화예술) 등

지역명	축제명(개최시기와 종류)
제주	제주유채꽃큰잔치(4, 생태자원), 서귀포칠십리축제(9, 기타), 제주왕벚꽃축제(4, 지역특성화), 탐라굿 입춘굿(2, 전통역사), 탐라문화제(10, 문화예술) 등

강원포럼 "日 지역축제 벤치마킹 필요하다"

최기종
경북대학교 교수 / 대통령소속 지방분권촉진위 실무위원

7월 하순경 일본 후쿠시마에서 열리는 '기온축제'를 연구하기 위해 일본 후쿠시마로 향했다. 나리타공항을 벗어나자 일본의 농촌 풍경이 한눈에 들어왔다. 농촌 풍경이 끝나니 산간지방이 나타났다. 깊고 깊은 산골짜기를 오르니 시퍼런 물이 흐르는 계곡이 저 아래로 까마득하게 보였다. 나리타공항에서 후쿠시마까지는 승용차로 약 4시간 정도 소요되었다. 여장을 풀고 다음 날 아침 군청으로 찾아갔다. 군청의 관광기획과 직원은 기온축제의 역사와 축제예산, 프로그램 등에 대해 알려 주었다.

800년이나 된 축제의 예산은 별로 들지 않는다고 했다. 축제 개막식은 낮 12시 강렬하게 내리쬐는 땡볕 아래의 도심 사거리에서 열렸다. 개막식은 애초 기대했던 것보다는 초라하게 진행되었다. 우리처럼 높은 단상 위에 기관장, 기초의원, 지역유지를 줄줄이 모셔 놓고 한 분씩 소개하는 것이 아니라, 의자나 단상도 없이 아스팔트길에 군중과 동등하게 서서 사회자가 몇 분의 기관장을 간단하게 소개하는 정도였다. 그러나 왠지 찡하게 다가오는 것이 있었는데 그것은 권위를 버리고 주민들과 화합하는 그들 기관장의 친근한 미소 때문이었다.

축제 장소로 정해진 곳은 우리처럼 넓은 공터나 운동장이 아니라, 도심의 중심 도로와 골목이다. 도로 양편에는 미리 관청에 영업을 신청한 상인들의 먹을거리 장터로 즐비했고, 시원하고 좁은 뒷골목은 축제를 준비하는 장소로 활용되고 있었다. 즉 행사에 참가하는 사람들이 의상을 갈아입거나 휴식을 취할 수 있는 공간이다. 화장실은 도심의 공공건물이나 병원 등의 가까운 화장실을 자유롭게 이용할 수 있다. 음식은 거리 장터에서 구입한 후 상가 앞이나 골목 어디에서고 먹을 수 있는데, 단 쓰레기 처리는 본인이 철저하게 해야 한다.

식후 행사도 우리처럼 비싼 값으로 유명 연예인을 초청해 화려하게 여는 것이 아니라 사거리에서 남녀노소, 지역주민 모두가 참가해 평소 갈고 닦은 춤이나 무술, 무용 등의 솜씨를 마음껏 자랑한다. 이들은 모두 자신이 살고 있는 지역의 축제를 위해 아무런 조건 없이 기쁘고 흥겨운 마음으로 행사에 참가한다. 보는 것에 그치지 않고 직접 참여하면서 즐거움을 나누는 것이다. 축제의 주인공도 유명한 사람이 아니라, 그 지역의 평범한 주민들 중 선발된 모델이 포스터에 등장하는 주인공이 된다. 또한 축제 기간 내내 마을 주민이 각종 프로그램에 참가하는, 이른바 지역민을 위한 자발적인 축제가 열리는 것이다. 열정적으로 참여하는 주민들의 얼굴에는 행복이 넘쳤다.

먹거리는 우리처럼 사전에 정해진 업소만 참가하는 것이 아니라, 누구든지 소정의 자릿세를 지불하고 장소를 신청한 후 미리 지정받으면 되는데, 외국인들도 먹을거리 행사에 직접 참여할 수 있다. 단 음식을 요리할 때는 축제기간 하루에도 수차례 수시로 감독 관리하는 보건소의 위생검열에 적극 협조해야 한다. 중심이 되는 축제행사는 오전 7시에 시작해서 오후 6시쯤 끝난다. 그러나 먹거리 행사는 밤 12시까지 계속된다. 가장 기본이 되는 주 행사는 사거리에서 출발해 신사(神社)까지 가는 전통적인 의식행사를 거행하는 것인데, 이른 새벽 남녀노소가 전통의상을 차려입고 '팔행기'라는 기물에 소중한 무엇인가를 담아 긴 행렬을 이루면서 시가를 행진한다.

축제 기간 도심의 중심가에는 문을 닫은 가게가 많다. 주인들은 자신의 가게 앞, 대로에서 포장마차를 치고 먹을거리 행사를 준비하는 상인들에게 최대한 협조를 한다. 포장마차를 운영하는 사람들도 행인과 주민들에게 피해가 가지 않도록 청결을 유지한다. 3일간의 축제 기간 내내 단 한 건의 사고나 고성방가 등의 불미스러운 일도 없었다. 축제 후에 포장마차가 설치되었던 자리는 그 흔적을 찾아보기 어려울 정도였다. 축제 후의 지저분한 거리 풍경은 볼 수 없다.

일본의 축제는 지역주민들이 주체가 되어 행사를 기획하고 참여하는 이른바 관(官)과 민(民)이 합심해서 행사를 치른다. 행사를 성공적으로 치르는 그들을 보면서, 많은 축제예산으로 화려하게 개최되는 우리의 축제와는 사뭇 다르다는 것을 느꼈다. 전국적으로 열리는 우리의 축제 풍경도 혁신적인 변화가 필요하다는 생각이 간절하다.

_ 강원일보, 2010. 4. 1

제2절 이벤트

1. 이벤트의 개념

이벤트는 일과성 또는 주기적인 개최로 추진하는 관광을 말한다. 이벤트의 목표로 ① 관광시즌의 연장, ② 관광수요의 확대, ③ 지역의 이미지 창출 등을 들 수 있다. 그 밖에 ① 개최지의 투자, ② 인프라 정비, ③ 지명도 향상, ④ 주민의 단합, ⑤ 자신감 향상 등의 지역 활성화 효과가 생기므로 지역개발의 방법으로써도 중요시되고 있다(長谷政弘, 1997).

현대사회에서 이벤트는 ① 지역개발 및 관광전략, ② 기업 및 제품홍보, ③ 대중문화산업, ④ 국제적 박람회 수요 등의 기능에 따라 만들어진 현대적 산물이라 할 수 있다(인문학콘테츠학회, 2013).

이벤트(event)란 용어는 e(바깥으로)+vent(나오다)의 합성이며, 사전적 의미로는 사건 · 행사 · 추이 · 결과 · 경기 · 종목 등을 뜻한다. 이벤트는 관광분야는 물론 사회 각 분야에서 자주 사용되는 용어이다.

최근 이벤트에 대한 높은 관심과 양적 성장이 이루어지고 있으나, 이벤트의 개념이 다양하게 정의되는 등 여전히 혼돈의 상태에 있다고 할 수 있다.

① 현대사회에 있어서 이벤트는 기업이나 지방자치단체의 메시지를 소비자나 지역주민에게 전달하는 데 적합한 공감을 불러일으킬 수 있는 커뮤니케이션 미디어로써 인식되고 있다(日本イベント協會, 1993). 이벤트는 종전의 보는 관광에서 각종 축제나 행사에 직접 참여함으로써 관광의 매력을 더해주고, 관광객의 마음을 풍요롭게 하면서 관광이미지를 창출한다. 특히 주어진 관광자

원에 특정한 프로그램이나 연출을 가미해 부가가치를 극대화하는 가치창조의 작업이라 할 수 있다.

② 골드블랫(Goldblatt, 1990)은 사전계획성을 강조하면서, 스페셜 이벤트를 "항상 계획에 따라 구성된 것으로 기대감을 유발시키며, 축하하려는 특정동기와 함께 발생하는 것"이라 하였다.

③ 고사카센지로(小坂善治郎, 1996)는 목적 실현을 강조하면서, 관광이벤트를 "뚜렷한 목적을 가지고 일정기간 동안 특정한 장소에서 대상이 되는 사람들에게 각각 개별적이고, 직접적으로 자극을 체험시키는 미디어"라고 하였다.

④ 게츠(Getz, 1997)는 특별성을 강조하면서, 스페셜 이벤트를 "주최 측 입장에는 일상적인 활동이나 프로그램에서 벗어나 1회성 또는 비주기적으로 개최하는 특별한 이벤트이며, 수요자들에게는 일상생활의 경험을 벗어나 특별한 사회문화적 또는 여가적 경험의 특별한 기회를 제공하는 것"이라 주장하였다.

⑤ 또한 게츠(Getz, 1997)는 기본계획성을 강조하면서, 모든 이벤트는 "시간 · 장소 · 경영 · 대상 요소가 혼합되어 나타나는 독특한 산물"이라 하였다. 이상과 같이 학자들이 내린 정의를 요약해 보면 〈표 14-5〉와 같다.

〈표 14-5〉 관광이벤트의 정의

학자명	정의
일본이벤트협회(日本イベント協會)	현대사회에 있어서 이벤트는 기업이나 지방자치단체의 메시지를 소비자나 지역주민에게 전달하는 데 적합한 공감을 불러일으킬 수 있는 커뮤니케이션 미디어로써 인식
골드블랫(Goldblatt)	우발적인 이벤트가 아니라, 사전에 치밀하게 계획된 스페셜 이벤트(special event)
고사카센지로(小坂善治郎)	지역민의 화합 및 전통문화 보존, 지역경제 활성화 등의 공익 목적을 가지고 개최하는 이벤트
게츠(Getz)	쉽게 볼 수 없는 특별한 요소들로 구성하여, 1회성 또는 비정기적으로 개최하는 이벤트
게츠(Getz)	이벤트 기획 중 특히 '기본계획(시간 · 장소 · 경영 · 대상 요소 등)을 강조한 이벤트

2. 이벤트의 유형과 특성

1) 이벤트의 유형

이벤트는 관광객을 유치할 수 있는 유인력을 가진 행사이다. 특히 세계적으로 유명한 월드컵, 올림픽(동계 및 장애인올림픽), 브라질의 리우카니발, 독일 뮌헨의 10월축제, 미국 뉴올리언스의 마르디그라 등이 이벤트의 대표적인 사례라 할 수 있다. 국내에서는 함평 나비축제, 부산 국제영화제, 금산 인삼축제, 강진 청자문화재, 춘천 인형극제, 연천전곡리 구석기축제, 보령 머드축제, 이천 도자기축제, 진도 영등제, 진해 군항제 등이 국내의 장르별 대표적 이벤트이다.

이벤트는 공익이나 사회적 가치촉진, 문화욕구를 충족시키고 공공관계를 통한 지역의 경제 활성화와 이미지 향상에 크게 기여한다. 특히 지역에 관광객이 유입되면 소득증가는 물론 고용창출에도 효과가 발생하게 된다.

이벤트의 유형은 목적과 성격에 따라 매우 다양하다. 방송이나 일반기업의 홍보, 판촉, 광고는 물론이고, 지방자치단체 등에서도 지역의 홍보와 경제 활성화를 위한 관광축제 차원에서 관심이 고조되고 있다. 이벤트의 유형은 다음 〈표 14-6〉과 같이 분류할 수 있다.

〈표 14-6〉 이벤트의 유형

유형	내용
문화이벤트	문화행사, 문화관광축제, 종교행사, 백일장, 퍼레이드 등
예술이벤트	공연, 미술전시회, 음악연주회 등
정치이벤트	정치집회, 이취임식, VIP방문 등
교육이벤트	세미나, 워크숍, 학술대회 등
PR 이벤트	소비자 캠페인, 바겐세일, 시식회, 견본시, 박람회 등
스포츠이벤트	각종 스포츠 경기
레크리에이션 이벤트	게임 및 오락이벤트
개인이벤트	돌잔치, 생일파티, 결혼식 피로연, 결혼기념일, 회갑잔치 등

2) 이벤트의 특성

이벤트는 생산활동을 위한 재충전, 지역감정의 해소, 건전한 국민관광의 정착과 함께 지역 고유의 정체성 확립에 크게 기여하고 있으며, 다음과 같은 특성을 가지고 있다.

이벤트는 ① 사전에 관찰할 수 없으며, ② 저장이 불가능하며, ③ 무형재이며, ④ 한정된 양과 기한부적인 성격을 가지며, ⑤ 복합상품으로 구성되어 있으며, ⑥ 패키지화가 곤란하며, ⑦ 수요의 변화에 민감하며, ⑧ 전문가 및 후원단체에 의존하며, ⑨ 표준화가 곤란하며, ⑩ 축하 및 전시가 주요 목적이며, ⑪ 개최 날짜가 정해지며, ⑫ 지역사회나 관광 목적지에서 주로 발생한다.

3) 이벤트의 파급효과

관광객의 관광욕구를 충족시키기 위해 이벤트나 축제가 지역의 전략적인 관광상품으로 비중이 점차 확대되고 있다.

이러한 과정에서 각 지역은 지역특성에 맞는 다양한 이벤트를 개발하고 있다. 이벤트의 파급효과는 다음과 같다.

(1) 비용절감효과

관광이벤트는 다른 관광상품을 개발하는 것보다, 적은 예산을 투입하여 짧은 시간에 다양한 효과를 얻을 수 있는 장점을 가지고 있어 지역에서 인기가 높다.

(2) 내수창출효과

이벤트를 개최하면, 이벤트 개최에 필요한 건설비, 각종 운영비, 공공사업비의 창출, 민간설비투자 등의 생산유발효과, 세수증가와 고용창출효과를 갖게 된다.

(3) 지역주민에게 환원

지역축제를 관광이벤트로 전환시켜 얻는 수익은 주로 지역주민들에게 환원되기 때문에 지역 내에서 창출된 소득과 도시정비 촉진은 지역의 승수효과를 높일 수 있다.

(4) 개발 잠재성 향상

관광이벤트의 장점은 지역의 경제성장뿐만 아니라 개발 잠재성이 높아, 지역 간 관광상품을 서로 연계하면 지리적, 또는 시기별로 확산시킬 수 있다.

(5) 관광객의 기호변화

하루가 다르게 시대가 변해감에 따라 관광객들도 기존의 정적인 관광형태에서 서서히 싫증을 느끼고 있다. 따라서 관광객의 기호변화로 인해 관광이벤트가 새롭게 부각되고 있다.

4) 이벤트의 기능

이벤트는 인프라 혁명과 정보 네트워크 시대의 도래, 산업의 구조변화와 소프트화의 흐름으로 개성화 · 다양화되고 있다. 따라서 이벤트는 〈표 14-7〉과 같이 ① 경제 활성화, ② 정신적 풍요로움, ③ 대중 원동력, ④ 정체성 확립, ⑤ 욕구 충족 등 다양한 기능을 가지고 있다.

〈표 14-7〉 이벤트의 기능

기능	내용
경제 활성화	지역의 각종 축제, 민속놀이, 전시회 등과 연계한 이벤트를 개최함으로써 생산유발 및 고용창출, 지역개발 및 경제 활성화에 기여하게 된다.

기능	내용
정신적 풍요로움	다채롭고 흥미로운 이벤트에 직접 참여하게 됨으로써 지적 욕구 충족과 심신을 회복하고 정신적 풍요로움을 더해주는 데 기여하게 된다.
대중 동원력	이벤트를 통해 자사의 이미지 구축과 주민들과의 공감대 형성, 자사의 우수한 제품을 홍보함으로써 대중의 동원력을 판촉에 적극 활용할 수 있다.
정체성 확립	갖가지 행사나 이벤트를 개최함으로써 기업의 개성이나 이미지를 살릴 수 있고, 삶의 질 향상과 정체성을 확립하는 데 도움이 된다.
욕구 충족	다양한 이벤트를 통해 새로운 정보를 접하거나 탐색함으로써, 현대인의 문화향유 기회 제공과 문화적 욕구를 충족시키는 데 기여하게 된다.

5) 축제이벤트

이벤트는 '기업의 이익 등 뚜렷한 목적을 가지고 치밀하게 사전 계획되어 대상을 참여시켜 실행하는 행사'로서, 축제의 상을 이상형으로 삼고 있다. 현대적 축제는 이벤트의 효율적인 제작방식, 정보전달과 수용에 이르는 전략적인 커뮤니케이션 과정을 차용한다. 축제와 이벤트는 '문화예술의 다양한 소재와 현대사회의 생활 및 전통문화가 집약적으로 녹아 있는 인류의 발명품'이라 할 수 있다.

특히 축제는 '어떤 대상이나 분야를 주제로 하여 벌이는 대대적인 행사'로, 제의 · 역사 · 관습 · 놀이문화 · 지역특산물 등이 모두 들어가 있다. 따라서 축제와 이벤트는 서로 공통점이 많다. 즉 상징성을 지닌 특정 현장에서 이루어지는 집중적인 커뮤니케이션이라는 점을 들 수 있다(인문학콘테츠학회, 2013).

연습문제

01. 현대적 축제의 특성으로 옳지 못한 것은?

① 의례목적–참여자의 오락과 유희 ② 참여형태–개별 및 선택
③ 참여동기–기분전환 및 흥미 ④ 구성요소–공동창작과 종교참배

02. 다음 설명에 해당하는 용어는?

사육제(謝肉祭)라고 하며, 주로 가톨릭 국가에서 열리며, 브라질의 리우, 프랑스의 니스가 유명

① 페스티벌 ② 카니발
③ 전람회 ④ 비엔날레

03. 다음 설명에 해당하는 용어는?

농업 · 공업 · 상업 등에 관한 온갖 물품을 진열 · 전시하여 생산물의 개량 발전 및 산업의 진흥을 꾀하는 행사

① 박람회 ② 대제전
③ 한마당 ④ 마쓰리

04. 지역과 축제명의 연결이 바르지 못한 것은?

① 남원 – 삼동굿놀이 ② 고양 – 행주대첩제
③ 대전 – 우륵문화제 ④ 영월 – 단종문화제

05. 이벤트의 특성으로 옳지 못한 것은?

① 사전에 관찰이 가능함 ② 저장이 불가능함

③ 복합상품으로 구성 ④ 수요의 변화에 민감함

정답

01 ④, 02 ②, 03 ①, 04 ③, 05 ①

부록 국보현황

종목	명칭(한자)	지역	시대명	지정일
001	서울 숭례문 (서울 崇禮門)	서울 중구	조선	1962/ 12/20
002	서울 원각사지 십층석탑 (서울 圓覺寺址 十層石塔)	서울 종로구	조선	1962/ 12/20
003	서울 북한산 신라 진흥왕 순수비 (서울 北漢山 新羅 眞興王 巡狩碑)	서울 용산구	신라	1962/ 12/20
004	여주 고달사지 승탑 (驪州 高達寺址 僧塔)	경기 여주시	고려	1962/ 12/20
005	보은 법주사 쌍사자 석등 (報恩 法住寺 雙獅子 石燈)	충북 보은군	신라	1962/ 12/20
006	충주 탑평리 칠층석탑 (忠州 塔坪里 七層石塔)	충북 충주시	통일신라	1962/ 12/20
007	천안 봉선홍경사 갈기비 (天安 奉先弘慶寺 碣記碑)	충북 천안시	고려	1962/ 12/20
008	보령 성주사지 낭혜화상탑비 (保寧 聖住寺址 郎慧和尙塔碑)	충남 보령시	통일신라	1962/ 12/20
009	부여 정림사지 오층석탑 (扶餘 定林寺址 五層石塔)	충남 부여군	백제	1962/ 12/20
010	남원 실상사 백장암 삼층석탑 (南原 實相寺 百丈庵 三層石塔)	전북 남원시	통일신라	1962/ 12/20
011	익산 미륵사지 석탑 (益山 彌勒寺址 石塔)	전북 익산시	백제	1962/ 12/20
012	구례 화엄사 각황전 앞 석등 (求禮 華嚴寺 覺皇殿 앞 石燈)	전남 구례군	통일신라	1962/ 12/20
013	강진 무위사 극락보전 (康津 無爲寺 極樂寶殿)	전남 강진군	조선	1962/ 12/20
014	영천 은해사 거조암 영산전 (永川 銀海寺 居祖庵 靈山殿)	경북 영천시	고려	1962/ 12/20
015	안동 봉정사 극락전 (安東 鳳停寺 極樂殿)	경북 안동시	고려	1962/ 12/20
016	안동 법흥사지 칠층전탑 (安東 法興寺址 七層塼塔)	경북 안동시	통일신라	1962/ 12/20

종목	명칭(한자)	지역	시대명	지정일
017	영주 부석사 무량수전 앞 석등 (榮州 浮石寺 無量壽殿 앞 石燈)	경북 영주시	통일신라	1962/ 12/20
018	영주 부석사 무량수전 (榮州 浮石寺 無量壽殿)	경북 영주시	고려	1962/ 12/20
019	영주 부석사 조사당 (榮州 浮石寺 祖師堂)	경북 영주시	고려	1962/ 12/20
020	경주 불국사 다보탑 (慶州 佛國寺 多寶塔)	경북 경주시	신라	1962/ 12/20
021	경주 불국사 삼층석탑 (慶州 佛國寺 三層石塔)	경북 경주시	통일신라	1962/ 12/20
022	경주 불국사 연화교 및 칠보교 (慶州 佛國寺 蓮華橋 및 七寶橋)	경북 경주시	통일신라	1962/ 12/20
023	경주 불국사 청운교 및 백운교 (慶州 佛國寺 靑雲橋 및 白雲橋)	경북 경주시	통일신라	1962/ 12/20
024	경주 불국사 석굴암 석굴 (慶州 佛國寺 石窟庵 石窟)	경북 경주시	통일신라	1962/ 12/20
025	경주 태종 무열왕릉비 (慶州 太宗 武烈王陵碑)	경북 경주시	통일신라	1962/ 12/20
026	경주 불국사 금동비로자나불좌상 (慶州 佛國寺 金銅毘盧遮那佛坐像)	경북 경주시	통일신라	1962/ 12/20
027	경주 불국사 금동아미타여래좌상 (慶州 佛國寺 金銅阿彌陀如來坐像)	경북 경주시	통일신라	1962/ 12/20
028	경주 백률사 금동약사여래입상 (慶州 栢栗寺 金銅藥師如來立像)	경북 경주시	통일신라	1962/ 12/20
029	성덕대왕신종 (聖德大王神鍾)	경북 경주시	통일신라	1962/ 12/20
030	경주 분황사 모전석탑 (慶州 芬皇寺 模塼石塔)	경북 경주시	신라	1962/ 12/20
031	경주 첨성대 (慶州 瞻星臺)	경북 경주시	신라	1962/ 12/20
032	합천 해인사 대장경판 (陜川 海印寺 大藏經板)	경남 합천군	고려	1962/ 12/20

종목	명칭(한자)	지역	시대명	지정일
033	창녕 신라 진흥왕 척경비 (昌寧 新羅 眞興王 拓境碑)	경남 창녕군	신라	1962/ 12/20
034	창녕 술정리 동 삼층석탑 (昌寧 述亭里 東 三層石塔)	경남 창녕군	통일신라	1962/ 12/20
035	구례 화엄사 사사자 삼층석탑 (求禮 華嚴寺 四獅子 三層石塔)	전남 구례군	통일신라	1962/ 12/20
036	상원사 동종 (上院寺 銅鍾)	강원 평창군	통일신라	1962/ 12/20
037	경주 황복사지 삼층석탑 (慶州 皇福寺址 三層石塔)	경북 경주시	통일신라	1962/ 12/20
038	경주 고선사지 삼층석탑 (慶州 高仙寺址 三層石塔)	경북 경주시	통일신라	1962/ 12/20
039	경주 나원리 오층석탑 (慶州 羅原里 五層石塔)	경북 경주시	통일신라	1962/ 12/20
040	경주 정혜사지 십삼층석탑 (慶州 淨惠寺址 十三層石塔)	경북 경주시	통일신라	1962/ 12/20
041	청주 용두사지 철당간 (淸州 龍頭寺址 鐵幢竿)	충북 청주시	고려	1962/ 12/20
042	순천 송광사 목조삼존불감 (順天 松廣寺 木彫三尊佛龕)	전남 순천시	통일신라 또는 고려	1962/ 12/20
043	혜심고신제서 (惠諶告身制書)	전남 순천시	고려	1962/ 12/20
044	장흥 보림사 남 · 북 삼층석탑 및 석등 (長興 寶林寺 南 · 北 三層石塔 및 石燈)	전남 장흥군	통일신라	1962/ 12/20
045	영주 부석사 소조여래좌상 (榮州 浮石寺 塑造如來坐像)	경북 영주시	고려	1962/ 12/20
046	부석사조사당벽화 (浮石寺祖師堂壁畵)	경북 영주시	고려	1962/ 12/20
047	하동 쌍계사 진감선사탑비 (河東 雙磎寺 眞鑑禪師塔碑)	경남 하동군	통일신라	1962/ 12/20
048	평창 월정사 팔각 구층석탑 (平昌 月精寺 八角 九層石塔)	강원 평창군	고려	1962/ 12/20

종목	명칭(한자)	지역	시대명	지정일
049	예산 수덕사 대웅전 (禮山 修德寺 大雄殿)	충남 예산군	고려	1962/ 12/20
050	영암 도갑사 해탈문 (靈岩 道岬寺 解脫門)	전남 영암군	조선	1962/ 12/20
051	강릉 임영관 삼문 (江陵 臨瀛館 三門)	강원 강릉시	고려	1962/ 12/20
052	합천 해인사 장경판전 (陜川 海印寺 藏經板殿)	경남 합천군	조선	1962/ 12/20
053	구례 연곡사 동 승탑 (求禮 鷰谷寺 東 僧塔)	전남 구례군	통일신라	1962/ 12/20
054	구례 연곡사 북 승탑 (求禮 鷰谷寺 北 僧塔)	전남 구례군	고려	1962/ 12/20
055	보은 법주사 팔상전 (報恩 法住寺 捌相殿)	충북 보은군	조선	1962/ 12/20
056	순천 송광사 국사전 (順天 松廣寺 國師殿)	전남 순천시	조선	1962/ 12/20
057	화순 쌍봉사 철감선사탑 (和順 雙峯寺 澈鑒禪師塔)	전남 화순군	통일신라	1962/ 12/20
058	청양 장곡사 철조약사여래좌상 및 석조대좌 (靑陽 長谷寺 鐵造藥師如來坐像 및 石造臺座)	충남 청양군	통일신라	1962/ 12/20
059	원주 법천사지 지광국사탑비 (原州 法泉寺址 智光國師塔碑)	강원 원주시	고려	1962/ 12/20
060	청자 사자형뚜껑 향로 (靑磁 獅子形蓋 香爐)	서울 용산구	고려	1962/ 12/20
061	청자 어룡형 주전자 (靑磁 魚龍形 注子)	서울 용산구	고려	1962/ 12/20
062	김제 금산사 미륵전 (金堤 金山寺 彌勒殿)	전북 김제시	조선	1962/ 12/20
063	철원 도피안사 철조비로자나불좌상 (鐵原 到彼岸寺 鐵造毘盧遮那佛坐像)	강원 철원군	통일신라	1962/ 12/20
064	보은 법주사 석련지 (報恩 法住寺 石蓮池)	충북 보은군	통일신라	1962/ 12/20

종목	명칭(한자)	지역	시대명	지정일
065	청자 기린형뚜껑 향로 (靑磁 麒麟形蓋 香爐)	서울 성북구	고려	1962/ 12/20
066	청자 상감연지원앙문 정병 (靑磁 象嵌蓮池鴛鴦文 淨甁)	서울 성북구	고려	1962/ 12/20
067	구례 화엄사 각황전 (求禮 華嚴寺 覺皇殿)	전남 구례군	조선	1962/ 12/20
068	청자 상감운학문 매병 (靑磁 象嵌雲鶴文 梅甁)	서울 용산구	고려	1962/ 12/20
069	심지백 개국원종공신녹권 (沈之伯 開國原從功臣錄券)	부산 서구	조선	1962/ 12/20
070	훈민정음 (訓民正音)	서울 성북구	조선	1962/ 12/20
071	동국정운 권1, 6 (東國正韻 卷一, 六)	서울 성북구	조선	1962/ 12/20
072	금동계미명삼존불입상 (金銅癸未銘三尊佛立像)	서울 성북구	삼국시대	1962/ 12/20
073	금동삼존불감 (金銅三尊佛龕)	서울 성북구	고려	1962/ 12/20
074	청자 오리모양 연적 (靑磁 鴨形 硯滴)	서울 성북구	고려	1962/ 12/20
075	표충사 청동 은입사 향완 (表忠寺 靑銅 銀入絲 香垸)	경남 밀양시	고려	1962/ 12/20
076	이순신 난중일기 및 서간첩 임진장초 (李舜臣 亂中日記 및 書簡帖 壬辰狀草)	충남 아산시	조선	1962/ 12/20
077	의성 탑리리 오층석탑 (義城 塔里里 五層石塔)	경북 의성군	통일신라	1962/ 12/20
078	금동미륵보살반가사유상 (金銅彌勒菩薩半跏思惟像)	서울 용산구	삼국시대	1962/ 12/20
079	경주 구황동 금제여래좌상 (慶州 九黃洞 金製如來坐像)	서울 용산구	통일신라	1962/ 12/20
080	경주 구황동 금제여래입상 (慶州 九黃洞 金製如來立像)	서울 용산구	통일신라	1962/ 12/20

종목	명칭(한자)	지역	시대명	지정일
081	경주 감산사 석조미륵보살입상 (慶州 甘山寺 石造彌勒菩薩立像)	서울 용산구	통일신라	1962/ 12/20
082	경주 감산사 석조아미타여래입상 (慶州 甘山寺 石造阿彌陀如來立像)	서울 용산구	통일신라	1962/ 12/20
083	금동미륵보살반가사유상 (金銅彌勒菩薩半跏思惟像)	서울 용산구	삼국시대	1962/ 12/20
084	서산 용현리 마애여래삼존상 (瑞山 龍賢里 磨崖如來三尊像)	충남 서산시	백제	1962/ 12/20
085	금동신묘명삼존불입상 (金銅辛卯銘三尊佛立像)	서울 용산구	고구려	1962/ 12/20
086	개성 경천사지 십층석탑 (開城 敬天寺址 十層石塔)	서울 용산구	고려	1962/ 12/20
087	금관총 금관 및 금제 관식 (金冠塚 金冠 및 金製冠飾)	경북 경주시	신라	1962/ 12/20
088	금관총 금제 허리띠 (金冠塚 金製銙帶)	경북 경주시	신라	1962/ 12/20
089	평양 석암리 금제 띠고리 (平壤 石巖里 金製鉸具)	서울 용산구	삼한시대	1962/ 12/20
090	경주 부부총 금귀걸이 (慶州 夫婦塚 金製耳飾)	서울 용산구	신라	1962/ 12/20
091	도기 기마인물형 명기 (陶器 騎馬人物形 明器)	서울 용산구	신라	1962/ 12/20
092	청동 은입사 포류수금문 정병 (靑銅 銀入絲 蒲柳水禽文 淨瓶)	서울 용산구	고려	1962/ 12/20
093	백자 철화포도원숭이문 항아리 (白磁 鐵畵葡萄猿文 壺)	서울 용산구	조선	1962/ 12/20
094	청자 참외모양 병 (靑磁 瓜形 甁)	서울 용산구	고려	1962/ 12/20
095	청자 투각칠보문뚜껑 향로 (靑磁 透刻七寶文蓋 香爐)	서울 용산구	고려	1962/ 12/20
096	청자 구룡형 주전자 (靑磁 龜龍形 注子)	서울 용산구	고려	1962/ 12/20

종목	명칭(한자)	지역	시대명	지정일
097	청자 음각연화당초문 매병 (青磁 陰刻蓮花唐草文 梅瓶)	서울 용산구	고려	1962/ 12/20
098	청자 상감모란문 항아리 (青磁 象嵌牡丹文 壺)	서울 용산구	고려	1962/ 12/20
099	김천 갈항사지 동 · 서 삼층석탑 (金泉 葛項寺址 東 · 西 三層石塔)	서울 용산구	통일신라	1962/ 12/20
100	개성 남계원지 칠층석탑 (開城 南溪院址 七層石塔)	서울 용산구	고려	1962/ 12/20
101	원주 법천사지 지광국사탑 (原州 法泉寺址 智光國師塔)	서울 종로구	고려	1962/ 12/20
102	충주 정토사지 홍법국사탑 (忠州 淨土寺址 弘法國師塔)	서울 용산구	고려	1962/ 12/20
103	광양 중흥산성 쌍사자 석등 (光陽 中興山城 雙獅子 石燈)	광주 북구	통일신라	1962/ 12/20
104	(전)원주 흥법사지 염거화상탑 ((傳)原州 興法寺址 廉居和尙塔)	서울 용산구	통일신라	1962/ 12/20
105	산청 범학리 삼층석탑 (山淸 泛鶴里 三層石塔)	서울 용산구	통일신라	1962/ 12/20
106	계유명전씨아미타불비상 (癸酉銘全氏阿彌陀佛碑像)	충북 청주시	통일신라	1962/ 12/20
107	백자 철화포도문 항아리 (白磁 鐵畫葡萄文 壺)	서울 서대문구	조선	1962/ 12/20
108	계유명삼존천불비상 (癸酉銘三尊千佛碑像)	충남 공주시	통일신라	1962/ 12/20
109	군위 아미타여래삼존 석굴 (軍威 阿彌陀如來三尊 石窟)	경북 군위군	통일신라	1962/ 12/20
110	이제현 초상 (李齊賢 肖像)	서울 용산구	고려	1962/ 12/10
111	안향 초상 (安珦 肖像)	경북 영주시	고려	1962/ 12/10
112	경주 감은사지 동 · 서 삼층석탑 (慶州 感恩寺址 東 · 西 三層石塔)	경북 경주시	통일신라	1962/ 12/10

종목	명칭(한자)	지역	시대명	지정일
113	청자 철화양류문 통형 병 (靑磁 鐵畫楊柳文 筒形 甁)	서울 용산구	고려	1962/ 12/20
114	청자 상감모란국화문 참외모양 병 (靑磁 象嵌牡丹菊花文 瓜形 甁)	서울 용산구	고려	1962/ 12/10
115	청자 상감당초문 완 (靑磁 象嵌唐草文 碗)	서울 용산구	고려	1962/ 12/10
116	청자 상감모란문 표주박모양 주전자 (靑磁 象嵌牡丹文 瓢形 注子)	서울 용산구	고려	1962/ 12/20
117	장흥 보림사 철조비로자나불좌상 (長興 寶林寺 鐵造毘盧遮那佛坐像)	전남 장흥군	통일신라	1963/ 02/21
118	금동미륵보살반가사유상 (金銅彌勒菩薩半跏思惟像)	서울 용산구	삼국시대	1964/ 03/30
119	금동연가7년명여래입상 (金銅延嘉七年銘如來立像)	서울 용산구	삼국시대	1964/ 03/30
120	용주사 동종 (龍珠寺 銅鍾)	경기 화성시	고려	1964/ 03/30
121	안동 하회탈 및 병산탈 (安東 河回탈 및 屛山탈)	서울 용산구	고려	1964/ 03/30
122	양양 진전사지 삼층석탑 (襄陽 陳田寺址 三層石塔)	강원 양양군	통일신라	1966/ 02/28
123	익산 왕궁리 오층석탑 사리장엄구 (益山 王宮里 五層石塔 舍利莊嚴具)	전북 전주시	시대 미상	1966/ 07/26
124	강릉 한송사지 석조보살좌상 (江陵 寒松寺址 石造菩薩坐像)	강원 춘천시	고려	1967/ 06/21
125	녹유골호(부석제외함) (綠釉骨壺(附石製外函))	서울 용산구	통일신라	1967/ 06/21
126	불국사 삼층석탑 사리장엄구 (佛國寺 三層石塔 舍利莊嚴具)	서울 종로구	통일신라	1967/ 09/16
127	서울 삼양동 금동관음보살입상 (서울 三陽洞 金銅觀音菩薩立像)	서울 용산구	삼국시대	1968/ 12/19
128	금동관음보살입상 (金銅觀音菩薩立像)	서울 용산구	백제	1968/ 12/19

종목	명칭(한자)	지역	시대명	지정일
129	금동보살입상 (金銅菩薩立像)	서울 용산구	통일신라	1968/ 12/19
130	구미 죽장리 오층석탑 (龜尾 竹杖里 五層石塔)	경북 구미시	통일신라	1968/ 12/19
131	고려말 화령부 호적관련고문서 (高麗末和寧府戶籍關聯古文書)	서울 용산구	고려	1969/ 11/07
132	징비록 (懲毖錄)	경북 안동시	조선	1969/ 11/12
133	청자 동화연화문 표주박모양 주전자 (靑磁 銅畵蓮花文 瓢形 注子)	서울 용산구	고려	1970/ 12/30
134	금동보살삼존입상 (金銅菩薩三尊立像)	서울 용산구	백제	1970/ 12/30
135	신윤복필 풍속도 화첩 (申潤福筆 風俗圖 畵帖)	서울 성북구	조선	1970/ 12/30
136	금동 용두보당 (金銅 龍頭寶幢)	서울 용산구	고려	1971/ 12/21
137	대구 비산동 청동기 일괄 검 및 칼집 부속 (大邱 飛山洞 靑銅器 一括 劍 및 칼집 附屬)	서울 용산구	철기시대	1971/ 12/21
	투겁창 및 꺾창 (투겁槍 및 꺾槍)	서울 용산구	철기시대	1971/ 12/21
138	전 고령 금관 및 장신구 일괄 (傳 高靈 金冠 및 裝身具 一括)	서울 용산구	삼국시대	1971/ 12/21
139	김홍도필 군선도 병풍 (金弘道筆 群仙圖 屛風)	서울 용산구	조선	1971/ 12/21
140	나전 화문 동경 (螺鈿 花文 銅鏡)	서울 용산구	시대 미상	1971/ 12/21
141	정문경 (精文鏡)	서울 동작구	청동시대	1971/ 12/21
142	동국정운 (東國正韻)	서울 광진구	조선	1972/ 03/02
143	화순 대곡리 청동기 일괄 (和順 大谷里 靑銅器 一括)	광주 북구	시대 미상	1972/ 03/02

종목	명칭(한자)	지역	시대명	지정일
144	영암 월출산 마애여래좌상 (靈岩 月出山 磨崖如來坐像)	전남 영암군	통일신라	1972/ 03/02
145	귀면 청동로 (鬼面 靑銅爐)	서울 용산구	고려시대	1972/ 06/24
146	전 논산 청동방울 일괄 (傳 論山 靑銅鈴 一括)	서울 용산구	시대 미상	1973/ 03/19
147	울주 천전리 각석 (蔚州 川前里 刻石)	울산 울주군	청동시대	1973/ 05/04
148	십칠사찬고금통요 권16 (十七史纂古今通要 卷十六)	서울 관악구	조선	1973/ 07/10
	십칠사찬고금통요 권17 (十七史纂古今通要 卷十七)	서울 서초구	조선	1973/ 07/10
149	동래선생교정북사상절 권4, 5 (東萊先生校正北史詳節 卷四, 五)	서울 성북구	조선	1973/ 07/10
	동래선생교정북사상절 권6 (東萊先生校正北史詳節 卷六)	서울 중구	조선	1973/ 07/10
150	송조표전총류 권7 (宋朝表牋總類 卷七)	서울 관악구	조선	1973/ 07/10
151	조선왕조실록 정족산사고본 (朝鮮王朝實錄 鼎足山史庫本)	서울 관악구	조선	1973/ 12/31
	조선왕조실록 태백산사고본 (朝鮮王朝實錄 太白山史庫本)	부산 연제구	조선	1973/ 12/31
	조선왕조실록 오대산사고본 (朝鮮王朝實錄 五臺山史庫本)	서울 관악구	조선	1973/ 12/31
	조선왕조실록 기타산엽본 (朝鮮王朝實錄 基他散葉本)	서울 관악구	조선	1973/ 12/31
152	비변사등록 (備邊司謄錄)	서울 관악구	조선	1973/ 12/31
153	일성록 (日省錄)	서울 관악구	조선	1973/ 12/31
154	무령왕 금제관식 (武寧王 金製冠飾)	충남 공주시	백제	1974/ 07/09
155	무령왕비 금제관식 (武寧王妃 金製冠飾)	서울 용산구	백제	1974/ 07/09

종목	명칭(한자)	지역	시대명	지정일
156	무령왕 금귀걸이 (武寧王 金製耳飾)	충남 공주시	백제	1974/ 07/09
157	무령왕비 금귀걸이 (武寧王妃 金製耳飾)	충남 공주시	백제	1974/ 07/09
158	무령왕비 금목걸이 (武寧王妃 金製頸飾)	충남 공주시	백제	1974/ 07/09
159	무령왕 금제 뒤꽂이 (武寧王 金製釵)	충남 공주시	백제	1974/ 07/09
160	무령왕비 은팔찌 (武寧王妃 銀製釧)	충남 공주시	백제	1974/ 07/09
161	무령왕릉 청동거울 일괄 (武寧王陵 銅鏡 一括)	충남 공주시	백제	1974/ 07/09
162	무령왕릉 석수 (武寧王陵 石獸)	충남 공주시	백제	1974/ 07/09
163	무령왕릉 지석 (武寧王陵 誌石)	충남 공주시	백제	1974/ 07/09
164	무령왕비 베개 (武寧王妃 頭枕)	충남 공주시	백제	1974/ 07/09
165	무령왕 발받침 (武寧王 足座)	충남 공주시	백제	1974/ 07/09
166	백자 철화매죽문 항아리 (白磁 鐵畵梅竹文 壺)	서울 용산구	조선	1974/ 07/09
167	청자 인물형 주전자 (靑磁 人物形 注子)	서울 용산구	고려	1974/ 07/09
168	백자 동화매국문 병 (白磁 銅畵梅菊文 甁)	서울 용산구	조선	1974/ 07/09
169	청자 양각죽절문 병 (靑磁 陽刻竹節文 甁)	서울 용산구	고려	1974/ 07/09
170	백자 청화매조죽문 유개항아리 (白磁 靑畵梅鳥竹文 有蓋壺)	서울 용산구	조선	1974/ 07/09
171	청동 은입사 봉황문 합 (靑銅 銀入絲 鳳凰文 盒)	서울 용산구	고려	1974/ 07/09
172	진양군영인정씨묘출토유물 (晋陽郡令人鄭氏墓出土遺物)	서울 용산구	조선	1974/ 07/09

종목	명칭(한자)	지역	시대명	지정일
173	청자 퇴화점문 나한좌상 (靑磁 堆花點文 羅漢坐像)	서울 강남구	고려	1974/ 07/09
174	금동 수정 장식 촛대 (金銅 水晶 裝飾 燭臺)	서울 용산구	통일신라	1974/ 07/09
175	백자 상감연화당초문 대접 (白磁 象嵌蓮花唐草文 大楪)	서울 용산구	조선	1974/ 07/09
176	백자 청화'홍치2년'명 송죽문 항아리 (白磁 靑畵'弘治二年'銘 松竹文 立壺)	서울 중구	조선	1974/ 07/09
177	분청사기 인화국화문 태항아리 (粉靑沙器 印花菊花文 胎壺)	서울 성북구	조선	1974/ 07/09
178	분청사기 음각어문 편병 (粉靑沙器 陰刻魚文 扁甁)	서울 용산구	조선	1974/ 07/09
179	분청사기 박지연화어문 편병 (粉靑沙器 剝地蓮花魚文 扁甁)	서울 관악구	조선	1974/ 07/09
180	김정희필 세한도 (金正喜筆 歲寒圖)	서울 용산구	조선	1974/ 12/31
181	장양수 홍패 (張良守 紅牌)	경북 울진군	고려	1975/ 10/13
182	구미 선산읍 금동여래입상 (龜尾 善山邑 金銅如來立像)	대구 수성구	통일신라	1976/ 04/23
183	구미 선산읍 금동보살입상 (龜尾 善山邑 金銅菩薩立像)	대구 수성구	신라	1976/ 04/23
184	구미 선산읍 금동보살입상 (龜尾 善山邑 金銅菩薩立像)	대구 수성구	신라	1976/ 04/23
185	상지은니묘법연화경 (橡紙銀泥妙法蓮華經)	서울 용산구	고려	1976/ 04/23
186	양평 신화리 금동여래입상 (楊平 新花里 金銅如來立像)	서울 용산구	삼국시대	1976/ 12/14
187	영양 산해리 오층모전석탑 (英陽 山海里 五層模塼石塔)	경북 영양군	통일신라	1977/ 08/22
188	천마총 금관 (天馬塚 金冠)	경북 경주시	신라	1978/ 12/07

종목	명칭(한자)	지역	시대명	지정일
189	천마총 관모 (天馬塚 金製冠帽)	경북 경주시	신라	1978/ 12/07
190	천마총 금제 허리띠 (天馬塚 金製銙帶)	경북 경주시	신라	1978/ 12/07
191	황남대총 북분 금관 (皇南大塚 北墳 金冠)	서울 용산구	신라	1978/ 12/07
192	황남대총 북분 금제 허리띠 (皇南大塚 北墳 金製銙帶)	서울 용산구	신라	1978/ 12/07
193	경주 98호 남분 유리병 및 잔 (慶州 九十八號 南墳 琉璃甁 및 盞)	서울 용산구	신라	1978/ 12/07
194	황남대총 남분 금목걸이 (皇南大塚南墳 金製頸飾)	서울 용산구	신라	1978/ 12/07
195	토우장식 장경호 (土偶裝飾 長頸壺)	경북 경주시, 서울 용산구	신라	1978/ 12/07
196	신라백지묵서대방광불화엄경 주본 권1~40, 44~50(新羅白紙墨書大方廣佛華嚴經 周本 卷一~四十, 四十四~五十)	서울 용산구	통일신라	1979/ 02/08
197	충주 청룡사지 보각국사탑 (忠州 青龍寺址 普覺國師塔)	충북 충주시	조선	1979/ 05/22
198	단양 신라 적성비 (丹陽 新羅 赤城碑)	충북 단양군	신라	1979/ 05/22
199	경주 단석산 신선사 마애불상군 (慶州 斷石山 神仙寺 磨崖佛像群)	경북 경주시	신라	1979/ 05/22
200	금동보살입상 (金銅菩薩立像)	부산 남구	통일신라	1979/ 04/30
201	봉화 북지리 마애여래좌상 (奉化 北枝里 磨崖如來坐像)	경북 봉화군	신라	1980/ 09/16
202	대방광불화엄경 진본 권37 (大方廣佛華嚴經 晋本 卷三十七)	서울 서대문구	고려	1981/ 03/18
203	대방광불화엄경 주본 권6 (大方廣佛華嚴經 周本 卷六)	서울 중구	고려	1981/ 03/18
204	대방광불화엄경 주본 권36 (大方廣佛華嚴經 周本 卷三十六)	서울 중구	고려	1981/ 03/18

종목	명칭(한자)	지역	시대명	지정일
205	충주 고구려비 (忠州 高句麗碑)	충북 충주시	고구려	1981/ 03/18
206	합천 해인사 고려목판 (陜川 海印寺 高麗木板)	경남 합천군	고려	1982/ 05/22
207	경주 천마총 장니 천마도 (慶州 天馬塚 障泥 天馬圖)	경북 경주시	신라	1982/ 11/16
208	도리사 세존사리탑 금동 사리기 (桃李寺 世尊舍利塔 金銅舍利器)	경북 김천시	조선	1982/ 12/07
209	보협인석탑 (寶篋印石塔)	서울 중구	시대 미상	1982/ 12/07
210	감지은니불공견삭신변진언경 권13 (紺紙銀泥不空羂索紳變眞言經 卷十三)	서울 용산구	고려	1984/ 05/30
211	백지묵서묘법연화경 (白紙墨書妙法蓮華經)	서울 관악구	고려	1984/ 05/30
212	대불정여래밀인수증요의제보살만행수능엄경(언해) (大佛頂如來密因修證了義諸菩薩萬行首楞嚴經 (諺解)	서울 중구	조선	1984/ 05/30
213	금동탑 (金銅塔)	서울 용산구	고려	1984/ 08/06
214	흥왕사명 청동 은입사 향완 (興王寺銘 靑銅 銀入絲 香垸)	서울 용산구	고려	1984/ 08/06
215	감지은니대방광불화엄경 정원본 권31 (紺紙銀泥大方廣佛華嚴經 貞元本 卷三十一)	서울 용산구	고려	1984/ 08/06
216	정선필 인왕제색도 (鄭敾筆 仁王霽色圖)	서울 용산구	조선	1984/ 08/06
217	정선필 금강전도 (鄭敾筆 金剛全圖)	서울 용산구	조선	1984/ 08/06
218	아미타삼존도 (阿彌陀三尊圖)	서울 용산구	고려	1984/ 08/06
219	백자 청화매죽문 항아리 (白磁 靑畵梅竹文 立壺)	서울 용산구	조선	1984/ 08/06
220	청자 상감용봉모란문 합 및 탁 (靑磁 象嵌龍鳳牡丹文 盒 및 托)	서울 용산구	고려	1984/ 08/06

종목	명칭(한자)	지역	시대명	지정일
221	평창 상원사 목조문수동자좌상 (平昌 上院寺 木造文殊童子坐象)	강원 평창군	조선	1984/ 10/15
222	백자 청화매죽문 유개항아리 (白磁 靑畵梅竹文 有蓋立壺)	서울 관악구	조선	1984/ 12/07
223	경복궁 근정전 (景福宮 勤政殿)	서울 종로구	조선	1985/ 01/08
224	경복궁 경회루 (景福宮 慶會樓)	서울 종로구	조선	1985/ 01/08
225	창덕궁 인정전 (昌德宮 仁政殿)	서울 종로구	조선	1985/ 01/08
226	창경궁 명정전 (昌慶宮 明政殿)	서울 종로구	조선	1985/ 01/08
227	종묘 정전 (宗廟 正殿)	서울 종로구	조선	1985/ 01/08
228	천상열차분야지도 각석 (天象列次分野之圖 刻石)	서울 종로구	조선	1985/ 08/09
229	창경궁 자격루 (昌慶宮 自擊漏)	서울 중구	조선	1985/ 08/09
230	혼천의 및 혼천시계 (渾天儀 및 渾大時計)	서울 성북구	조선	1985/ 08/09
231	전 영암 거푸집 일괄 (傳 靈巖 鎔范 一括)	서울 동작구	청동시대	1986/ 03/14
232	이화 개국공신녹권 (李和 開國功臣錄券)	전북 정읍시	조선	1986/ 10/15
233	산청 석남암사지 석조비로자나불좌상 (山淸 石南巖寺址 石造毘盧遮那佛坐像)	경남 산청군	통일신라	2016/ 01/07
	산청 석남암사지 석조비로자나불좌상 납석사리호 (山淸 石南巖寺址 石造毘盧遮那佛坐像 蠟石舍利壺)	부산 남구		1986/ 10/15
234	감지은니묘법연화경 (紺紙銀泥妙法蓮華經)	서울 용산구	고려	1986/ 11/29
235	감지금니대방광불화엄경보현행원품 (紺紙金泥大方廣佛華嚴經普賢行願品)	서울 용산구	고려	1986/ 11/29

종목	명칭(한자)	지역	시대명	지정일
236	경주 장항리 서 오층석탑 (慶州 獐項里 西 五層石塔)	경북 경주시	통일신라	1987/ 03/09
237	고산구곡시화도 병풍 (高山九曲詩畵圖 屛風)	서울 종로구	조선	1987/ 07/16
238	소원화개첩 (小苑花開帖)	서울 종로구	조선	1987/ 07/16
239	송시열 초상 (宋時烈 肖像)	서울 용산구	조선	1987/ 12/26
240	윤두서 자화상 (尹斗緖 自畵像)	전남 해남군	조선	1987/ 12/26
241	초조본 대반야바라밀다경 권249 (初雕本 大般若波羅蜜多經 卷二百 四十九)	서울 용산구	고려	1988/ 06/16
242	울진 봉평리 신라비 (蔚珍 鳳坪里 新羅碑)	경북 울진군	신라	1988/ 11/04
243	초조본 현양성교론 권11 (初雕本 顯揚聖敎論 卷十一)	서울 용산구	고려	1988/ 12/28
244	초조본 유가사지론 권17 (初雕本 瑜伽師地論 卷十七)	경기 용인시	고려	1988/ 12/28
245	초조본 신찬일체경원품차록 권20 (初雕本 新纘一切經源品次錄 卷二十)	서울 용산구	고려	1988/ 12/28
246	초조본 대보적경 권59 (初雕本 大寶積經 卷五十九)	서울 용산구	고려	1988/ 12/28
247	공주의당금동보살입상 (公州儀堂金銅菩薩立像)	충남 공주시	백제	1989/ 04/10
248	조선방역지도 (朝鮮方域之圖)	경기 과천시	조선	1989/ 08/01
249	동궐도 (東闕圖)	서울 성북구	조선	1989/ 08/01
	동궐도 (東闕圖)	부산 서구	조선	1995/ 06/29
250	이원길 개국원종공신녹권 (李原吉 開國原從功臣錄券)	서울 서대문구	조선	1989/ 08/01
251	초조본 대승아비달마잡집론 권14 (初雕本 大乘阿毗達磨雜集論 卷十四)	서울 서대문구	고려	1989/ 08/01

종목	명칭(한자)	지역	시대명	지정일
252	청자 음각'효문'명 연화문 매병 (靑磁 陰刻'孝文'銘 蓮花文 梅甁)	서울 용산구	고려	1990/ 05/21
253	청자 양각연화당초상감모란문 은테 발 (靑磁 陽刻蓮花唐草象嵌牡丹文 銀釦 鉢)	서울 용산구	고려	1990/ 05/21
254	청자 음각연화문 유개매병 (靑磁 陰刻蓮花文 有蓋梅甁)	서울 서초구	고려	1990/ 05/21
255	전 덕산 청동방울 일괄 (傳 德山 靑銅鈴 一括)	서울 용산구	청동시대	1990/ 05/21
256	초조본 대방광불화엄경 주본 권1 (初雕本 大方廣佛華嚴經 周本 卷一)	경기 용인시	고려	1990/ 09/20
257	초조본 대방광불화엄경 주본 권29 (初雕本 大方廣佛華嚴經 周本 卷二十九)	서울 서초구	고려	1990/ 09/20
258	백자 청화죽문 각병 (白磁 靑畵竹文 角甁)	서울 용산구	조선	1991/ 01/25
259	분청사기 상감운룡문 항아리 (粉靑沙器 象嵌雲龍文 立壺)	서울 용산구	조선	1991/ 01/25
260	분청사기 박지철채모란문 자라병 (粉靑沙器 剝地鐵彩牡丹文 扁甁)	서울 용산구	조선	1991/ 01/25
261	백자 유개항아리 (白磁 有蓋壺)	서울 용산구	조선	1991/ 01/25
262	백자 달항아리 (白磁 壺)	경기 용인시	조선	1991/ 01/25
263	백자 청화산수화조문 항아리 (白磁 靑畵山水花鳥文 立壺)	경기 용인시	조선	1991/ 01/25
264	포항 냉수리 신라비 (浦項 冷水里 新羅碑)	경북 포항시	신라	1991/ 03/15
265	초조본 대방광불화엄경 주본 권13 (初雕本 大方廣佛華嚴經 周本 卷十三)	서울 종로구	고려	1991/ 07/12
266	초조본 대방광불화엄경 주본 권2, 75 (初雕本 大方廣佛華嚴經 周本 卷二, 七十五)	서울 관악구	고려	1991/ 07/12
267	초조본 아비달마식신족론 권12 (初雕本 阿毗達磨識身足論 卷十二)	서울 관악구	고려	1991/ 07/12
268	초조본 아비담비파사론 권11, 17 (初雕本 阿毗曇毗婆沙論 卷十一, 十七)	서울 관악구	고려	1991/ 07/12

종목	명칭(한자)	지역	시대명	지정일
269	초조본 불설최상근본대락금강불공삼매대교왕경 권6(初雕本 佛說最上根本大樂金剛不空三昧大敎王經 卷六)	서울 관악구	고려	1991/07/12
270	청자 모자원숭이모양 연적 (靑磁 母子猿形 硯滴)	서울 성북구	고려	1992/04/20
271	초조본 현양성교론 권12 (初雕本 顯揚聖敎論 卷十二)	서울 용산구	고려	1992/04/20
272	초조본 유가사지론 권32 (初雕本 瑜伽師地論 卷三十二)	서울 용산구	고려	1992/04/20
273	초조본 유가사지론 권15 (初雕本 瑜伽師地論 卷十五)	서울 용산구	고려	1992/07/28
274	귀함별황자총통(1596년조) 龜艦別黃字銃筒(一五九六年造)	경남 창원시	조선	1992/09/04
275	도기 기마인물형 뿔잔 (陶器 騎馬人物形 角杯)	경북 경주시	삼국시대	1993/01/15
276	초조본 유가사지론 권53 (初雕本 瑜伽師地論 卷五十三)	인천 연수구	고려	1993/04/27
277	초조본 대방광불화엄경 주본 권36 (初雕本 大方廣佛華嚴經 周本 卷三十六)	강원 원주시	고려	1993/04/27
278	태종11년이형원종공신록권부함 (太宗十一年李衡原從功臣錄券附函)	충북 영동군	조선	1993/04/27
279	초조본 대방광불화엄경 주본 권74 (初雕本 大方廣佛華嚴經 周本 卷七十四)	서울 서초구	고려	1993/06/15
280	성거산 천흥사명 동종 (聖居山 天興寺銘 銅鍾)	서울 용산구	고려	1993/09/10
281	백자 병형 주전자 (白磁 甁形 注子)	서울 관악구	조선	1993/09/10
282	영주 흑석사 목조아미타여래좌상 및 복장유물 (榮州 黑石寺 木造阿彌陀如來坐像 및 腹藏遺物)	경북 영주시	조선	1993/11/05
283	통감속편 (通鑑續編)	경기 성남시	조선	1995/03/10
284	초조본대반야바라밀다경 권162, 170, 463 (初雕本 大般若波羅蜜多經 卷一百六十二, 一百七十, 四百六十三)	서울 강남구	고려	1995/03/10

종목	명칭(한자)	지역	시대명	지정일
285	울주 대곡리 반구대 암각화 (蔚州 大谷里 盤龜臺 岩刻畫)	울산 울주군	석기시대	1995/ 06/23
286	백자 '천' '지' '현' '황'명 발 (白磁 '天' '地' '玄' '黃'銘 鉢)	서울 용산구	조선	1995/ 12/04
287	백제 금동대향로 (百濟 金銅大香爐)	충남 부여군	백제	1996/ 05/30
288	부여 능산리사지 석조사리감 (扶餘 陵山里寺址 石造舍利龕)	충남 부여군	백제	1996/ 05/30
289	익산 왕궁리 오층석탑 (益山 王宮里 五層石塔)	전북 익산시	고려	1997/ 01/01
290	양산 통도사 대웅전 및 금강계단 (梁山 通度寺 大雄殿 및 金剛戒壇)	경남 양산시	조선	1997/ 01/01
291	용감수경 권3~4 (龍龕手鏡 卷三~四)	서울 성북구	고려	1997/ 01/01
292	평창 상원사 중창권선문 (平昌 上院寺 重創勸善文)	강원 평창군	조선	1997/ 01/01
293	부여 규암리 금동관음보살입상 (扶餘 窺岩里 金銅觀音菩薩立像)	충남 부여군	삼국시대	1997/ 01/01
294	백자 청화철채동채초충문 병 (白磁 靑畫鐵彩銅彩草蟲文 甁)	서울 성북구	조선	1997/ 01/01
295	나주 신촌리 금동관 (羅州 新村里 金銅冠)	광주 북구	백제	1997/ 09/22
296	칠장사오불회괘불탱 (七長寺五佛會掛佛幀)	경기 안성시	조선	1997/ 09/22
297	안심사영산회괘불탱 (安心寺靈山會掛佛幀)	충북 청원군	조선	1997/ 09/22
298	갑사삼신불괘불탱 (甲寺三身佛掛佛幀)	충남 공주시	조선	1997/ 09/22
299	신원사노사나불괘불탱 (新元寺盧舍那佛掛佛幀)	충남 공주시	조선	1997/ 09/22
300	장곡사미륵불괘불탱 (長谷寺彌勒佛掛佛幀)	충남 청양군	조선	1997/ 09/22
301	화엄사영산회괘불탱 (華嚴寺靈山會掛佛幀)	전남 구례군	조선	1997/ 09/22

종목	명칭(한자)	지역	시대명	지정일
302	청곡사영산회괘불탱 (靑谷寺靈山會掛佛幀)	경남 진주시	조선	1997/ 09/22
303	승정원일기 (承政院日記)	서울 관악구	조선	1999/ 04/09
304	여수 진남관 (麗水 鎭南館)	전남 여수시	조선	2001/ 04/17
305	통영 세병관 (統營 洗兵館)	경남 통영시	조선	2002/ 10/14
306	삼국유사 권3~5 (三國遺事 卷三~五)	서울 종로구	조선	2003/ 02/03
	삼국유사 (三國遺事)	서울 관악구	조선	2003/ 04/14
307	태안 동문리 마애삼존불입상 (泰安 東門里 磨崖三尊佛立像)	충남 태안군	삼국시대	2004/ 08/31
308	해남 대흥사 북미륵암 마애여래좌상 (海南 大興寺 北彌勒庵 磨崖如來坐像)	전남 해남군	고려	2005/ 09/28
309	백자 달항아리 (白磁 壺)	서울 용산구	조선	2007/ 12/17
310	백자 달항아리 (白磁 壺)	서울 종로구	조선	2007/ 12/17
311	안동 봉정사 대웅전 (安東 鳳停寺 大雄殿)	경북 안동시	조선	2009/ 06/30
312	경주 남산 칠불암 마애불상군 (慶州 南山 七佛庵 磨崖佛像群)	경북 경주시	통일신라	2009/ 09/02
313	강진 무위사 극락전 아미타여래삼존벽화 (康津 無爲寺 極樂殿 阿彌陀如來三尊壁畵)	전남 강진군	조선	2009/ 09/02
314	순천 송광사 화엄경변상도 (順天 松廣寺 華嚴經變相圖)	전남 순천시	조선	2009/ 09/02
315	문경 봉암사 지증대사탑비 (聞慶 鳳巖寺 智證大師塔碑)	경북 문경시	통일신라	2010/ 01/04
316	완주 화암사 극락전 (完州 花巖寺 極樂殿)	전북 완주군	조선	2011/ 11/28

종목	명칭(한자)	지역	시대명	지정일
317	조선태조어진 (朝鮮太祖御眞)	전북 전주시	조선	2012/ 06/29
318	포항 중성리 신라비 (浦項 中城里 新羅碑)	경북 경주시	신라	2015/ 04/22
319	동의보감 (東醫寶鑑)	서울 서초구	조선	2015/ 06/22
	동의보감 (東醫寶鑑)	경기 성남시	조선	2015/ 06/22
	동의보감 (東醫寶鑑)	서울 관악구	조선	2015/ 06/22
320	월인천강지곡 권상 (月印千江之曲 卷上)	경기 성남시	조선	2017/ 01/02

[1] 호수는 320까지 있는데, 이는 영구결번이 되어버린 274, 278호 때문이다. 영구결번 사유는 해당 국보의 비고 참조.

자료 출처: 문화재청 홈페이지

참고문헌

제1장 문화관광

관광산업연구원 편(1986). 『관광연감』. 서울 : 관광산업연구원.

관광산업연구원 편(1987). 『THE TOURISM』. 서울 : 관광산업연구원.

김광근 外(2011). 『관광학의 이해』. 서울 : 백산출판사.

김미경 外(2010). 『신관광학』. 서울 : 백산출판사.

김용상 外(2011). 『관광학』. 서울 : 백산출판사.

김정옥(2009). 『관광자원관리론』. 서울 : 대왕사.

김홍렬(2015). 『관광학원론』. 서울 : 백산출판사.

박정선(2004). 『이벤트론』. 서울 : 형설출판사.

백운일(2013). 『관광자원의 이해』. 서울 : 대왕사.

신봉승(1986). 『대하소설 조선왕조 500년』. 서울 : 금성출판사.

유재홍 外(2012). 『관광학의 이해』. 서울 : 백산출판사.

이주영 外(2011). 『문화와 관광』. 서울 : 기문사.

전경수(1987). 『관광과 문화』. 서울 : 까치.

정강환(2007). 『관광이벤트』. 서울 : 백산출판사.

정의선(2011). 『관광학원론』. 서울 : 백산출판사.

조명환(2010). 『관광문화론』. 서울 : 백산출판사.

조완묵(2006). 『우리민족의 놀이문화』. 서울 : 정신세계사.

천경화(1993). 『한국문화재총설』. 서울 : 백산출판사.

최규환(2008). 『관광입문』. 서울 : 백산출판사.

최기종(2010). 『한국의 관광자원』. 서울 : 기문사.

최기종(2014). 『관광학개론』. 서울 : 백산출판사.

최기종 外(2017). 『관광정보론』. 서울 : 백산출판사.

한경구 外(2011). 『문화인류학의 역사』. 서울 : 일조각.

한국관광공사 편(1987).『문화유산과 관광자원』. 한국관광공사.
高井薫(1991).『觀光の構造』. 東京：行路社.
溝尾良隆(1990).『觀光事業と經營』. 東京：東洋經濟新報社.
德久球雄(1999).『キーワードでよむ觀光』. 東京：學文社.
稲垣勉(1985).『觀光産業の智識』. 東京：日本經濟新聞社.
鈴木忠義(1974).『現代觀光論』. 東京：有裴閣.
鈴木忠義(1984).『現代觀光論』. 東京：有裴閣雙書.
末武直義(1974).『觀光學入門』. 東京：法律文化社.
末武直義(1984).『觀光事業論』. 東京：法律文化社.
小谷達男(1998).『觀光事業論』. 東京：學文社.
小池洋一 外(1988).『觀光學槪論』. 東京：ミネルヴァ書房.
小澤建市(1983).『觀光の經濟學』. 東京：學文社.
鹽田正志(1974).『觀光學研究』. 東京：日本學術叢書.
日本觀光協會編(1985).『これからの觀光産業Ⅰ』. 日本觀光協會.
日本觀光協會編(1996).『觀光魅力の創造』. 日本觀光協會.
日本交通公社編(1984).『現代觀光用語事典』. 日本交通公社.
長谷政弘(1997).『觀光學辭典』. 東京：同文館.
長谷政弘(1999).『觀光ビジネス論』. 東京：同文館.
前田勇(1978).『觀光槪論』. 東京：學文社.
前田勇(1986).『觀光槪論』. 東京：學文社.
田正志(1975).『觀光學研究Ⅰ』. 東京：學術選書.
田正志(1991).『新觀光總論』. 東京：學術選書.
田正志 外(1999).『觀光學』. 東京：同文館.
Bormann, A.(1931). *Die Lehre von Fremdenverkehr*. Berlin : National Reinhold.
Glucksmann, R.(1935). *Allgemeine Fremdenverkehrskunde*. Berlin.
Hunziker, W., & Krapf, K.(1942). *Grundriss Allgemeine Fremdenverkehrs*. Lebere, Zurich: Polygraphischer Verlag A.G.
Kroeber, A., & Kluckhohn, C.(1952). *Culture : A Critical Review of Concepts and Definitions*. New York : Vintage Books.
Leiper Neil(1979). The Framework of Tourism : Towards a Definition of Tourism,

Tourist and the Tourist Industry. *Annals of Tourism Research*. Vol. 6, No. 4.
Ogilvie, F. W.(1933). *The Tourist Movement: An Economic Study*. Staples.
Weaver(1991). Alternative Tourism in Dominica. *Annals of Tourism*.
문화재청(http://www.ocp.go.kr).

제2장 문화콘텐츠

강상우(2012).『문화 혼종성』. 서울 : 이음.
김연수(2010).『대중문화 이유있는 편들기』. 서울 : 연극과인간.
김영순 外(2014).『문화산업과 문화콘텐츠』. 서울 : 북코리아.
김찬호(2015).『문화의 발견』. 서울 : 문학과지성사.
김형준 외(2013). 도시 관광콘텐츠 구성요인 개발에 관한 연구.『관광학 연구』. 37(10) : 78.
민중서림 편(2007).『민중 엣센스 국어사전』. 서울 : 민중서림.
박치완 外(2009).『글로컬문화콘텐츠, 어떻게 그리고 왜』. 서울 : 한국외국어대학교출판부.
박치완 外(2013).『상상력과 문화콘텐츠』. 서울 : 한국외국어대학교출판부.
박태상(2012).『문화콘텐츠와 이야기담론』. 서울 : 한국문화사.
백원담(2010).『동아시아의 문화선택 한류』. 서울 : 펜타그램.
변우희 외(2013). 문화관광의 진단과 지역문화관광 정보서비스 융합모형.『관광학 연구』. 37(9) : 79.
유수연(2015).『언어, 문화, 상호문화 의사소통』. 서울 : 한국문화사.
이주영 外(2011).『문화와 관광』. 서울 : 기문사.
인문학콘텐츠학회 편(2013).『관광문화콘텐츠입문』. 경기 : 북코리아.
장혜원 외(2013). 문화관광의 가치체계.『관광학 연구』. 37(5) : 94.
전명수(2012).『뉴에지 운동과 한국의 대중문화』. 서울 : 집문당.
정창권(2015).『문화콘텐츠 스토리텔링』. 서울 : 북코리아.
최기종(2014).『관광학개론』. 서울 : 백산출판사.
최태광(2008).『관광마케팅』. 서울 : 백산출판사.
한국문화산업교류재단 편(2012).『한류 포에버』. 서울 : 한국문화산업교류재단.

長谷政弘(1999). 『観光マーケティング』. 東京 : 同文館.
Daum 백과사전.
TTA 용어사전.
대중문화의 겉과 속.
매일경제. 매일닷컴.
위키백과. 우리 모두 백과사전.
조선일보. 2016년 제29818호.
프로파간다 영화사전.
한국민족문화대백과사전.

제3장 문화유산

문화재관리국 편(1986). 『문화재안내문안집』. 문화재관리국.
최기종(2014). 『관광학개론』. 서울 : 백산출판사.
최기종(2010). 『한국의 관광자원』. 서울 : 기문사.
Daum 백과사전.
위키백과. 우리 모두의 백과사전.
조선닷컴. 2013.06.19, 09:59.
한국민족문화대백과사전.
대한민국 구석구석(korean.visitkorea.or.kr).
문화재청(www.cha.go.kr).
http://blog.daum.net/jun64314/13728527
http://blog.naver.com/sandcastle44/30114194305

제4장 전통가옥

경상북도 편(1982). 지방문화재지정조사보고서. 『경상북도 민속자료』. 제39호.
김광언(1988). 『한국의 주거민속지』. 서울 : 민음사.
김동현(1977). 『한국건축사대계 II -고건축단장 하』. 서울 : 통문관.
김정옥(2009). 『관광자원관리론』. 서울 : 대왕사.

김　집(2012). 『한권으로 읽는 집이야기』. 전북 : 책만드는토우.
김형곤(2015). 한옥전통체험프로그램 운영예약 이해. 『관광학 연구』. 39(9) : 78-87.
김홍식(1980). 『한국민속대관-주생활』. 서울 : 고려대학교 민족문화연구소.
민중서림 편(2007). 『민중 엣센스 국어사전』. 서울 : 민중서림.
신영훈(1983). 『한국의 살림집』. 서울 : 열화당.
신영훈(1987). 『한옥의 조영』. 서울 : 광우당.
신영훈(2000). 『한옥의 향기』. 서울 : 대원사.
안대희 외(2014). 『문화관광론』. 서울 : 백산출판사.
이병천 외(2013). 『전주한옥마을』. 서울 : 대원사.
이상현(2011). 『즐거운 한옥이야기, 즐거운 한옥짓기』. 충남 : 대덕문화사.
임석재(2006). 『우리 옛 건축과 서양건축의 만남』. 서울 : 대원사.
전주시(2014). 『가슴을 두드리는 기억을 걷다』. 전주시 관광산업과.
주남철(1983). 『한국건축미』. 서울 : 일지사.
주남철(1981). 『한국건축의 장』. 서울 : 일지사.
주남철(1980). 『한국주거건축』. 서울 : 일지사.
주남철(1980). 『한국주택건축』. 서울 : 일지사.
Daum 백과사전.
위키백과. 우리 모두의 백과사전.
한국민족문화대백과사전.
대한민국 구석구석(korean.visitkorea.or.kr).
전주 문화관광(http://hanok.jeonju.go).

제5장 5대 궁궐

문화재관리국 편(1989). 『지정문화재해설』. 서울 : 문화재관리국.
송용진(2016). 『쏭내관의 재미있는 궁궐기행』. 서울 : 지식프레임.
이향우(2014). 『궁궐로 떠나는 힐링여행 : 덕수궁』. 경기 : 인문산책.
임석재(2015). 『예로 지은 경복궁』. 서울 : 인문과사상사.
최기종(2010). 『한국의 관광자원』. 서울 : 기문사.
최종덕(2012). 『조선의 참 궁궐 창덕궁』. 서울 : 눌와.

한국관광공사 편(1987). 『문화유산과 관광』. 서울 : 한국관광공사.
한국관광공사 편(1987). 『문화유산과 관광자원』. 서울 : 한국관광공사.
허 균(2010). 『서울의 고궁 산책』. 서울 : 새벽숲.
홍순민(2013). 『우리 궁궐 이야기』. 경기 : 청년사.
황인희(2014). 『궁궐 그날의 역사』. 서울 : 기파랑.

제6장 전통사찰

국제불교도협의회 편(1982). 『한국의 명산대찰』. 서울 : 국제불교도협의회.
권상로(1979). 『한국사찰전서』. 서울 : 동국대학교출판부.
금장태 외(1986). 『한국종교사상사』. 서울 : 연세대학교출판부.
윤이흠(1986, 1988). 『한국종교연구 1 · 2』. 서울 : 집문당.
윤이흠 외(1987). 『한국인의 종교』. 서울 : 정음사.
이고운 외(1982). 『명산고찰따라』. 서울 : 우진관광문화사.
정진홍(1986). 『한국종교문화의 전개』. 서울 : 집문당.
최기종(2010). 『한국의 관광자원』. 서울 : 기문사.
Daum 백과사전.
위키백과. 우리 모두의 백과사전.
한국민족문화대백과사전.
대한민국 구석구석(korean.visitkorea.or.kr).
문화재청(www.cha.go.kr/korea/heritage/search/Culresult).

제7장 유적 · 유물

국가보훈처 편(2013). 『대한민국 역사현장 길라잡이』. 세종 : 국가보훈처.
대한민국국제관광공사 편(1982). 『한국관광자원총람』. 서울 : 대한민국국제관광공사.
문화재관리국 편(1989). 『중요무형문화재해설』. 서울 : 문화재관리국.
문화재관리국 편(1989). 『지정문화재해설』. 서울 : 문화재관리국.
어진박물관 편(2014). 『태조 어진을 뫼시다』. 어진박물관.
전주시 편(2014). 『가슴을 두드리는 기억을 걷다』. 전주시 관광산업과.

최기종(2010). 『한국의 관광자원』. 서울 : 기문사.

한국관광공사 편(1987). 『문화유산과 관광』. 서울 : 한국관광공사.

한국관광공사 편(1995). 『백제의 숨결』. 서울 : 한국관광공사.

Daum 백과사전.

위키백과. 우리 모두의 백과사전.

한국민족문화대백과사전.

대한민국 구석구석(korean.visitkorea.or.kr).

제8장 박물관

국립민속박물관(2014). 『민속연보』.

김정옥(2009). 『관광자원관리론』. 서울 : 대왕사.

이난영(2015). 『박물관학』. 서울 : (주)삼화출판사.

이난영(1972). 『박물관학입문』. 서울 : (주)삼화출판사.

최기종(2010). 『한국의 관광자원』. 서울 : 기문사.

홍보라매(2016). 『박물관학』. 서울 : ㈜시대고시기획.

Daum 백과사전.

위키백과. 우리 모두의 백과사전.

한국민족문화대백과사전.

Dudley, D. H.(1958). *Museum Registration Methods*. The American Association of Museum.

Guthe, C. E.(1957). *So You Want a Good Museum*. The American Association of Museum.

UNESCO(1960). *The Organization of Museum*.

거창박물관(http://museum.geochang.go.kr).

경기도박물관(http://www.musenet.or.kr).

광주민속박물관(http://gjfm.gjcity.net).

국립경주박물관(http://gyeongju.museum.go.kr).

국립공주박물관(http://gongju.museum.go.kr).

국립광주박물관(http://gwangju.museum.go.kr).

국립김해박물관(http://gimhae.museum.go.kr).
국립대구박물관(http://daegu.museum.go.kr).
국립민속박물관(http://www.nfm.go.kr).
국립부여박물관(http://buyeo.museum.go.kr).
국립전주박물관(http://jeonju.museum.go.kr).
국립제주박물관(http://jeju.museum.go.kr).
국립진주박물관(http://jinju.museum.go.kr).
국립청주박물관(http://www.cjmuseum.org).
국립춘천박물관(http://chuncheon.museum.go.kr).
독도박물관(http://www.dokdomuseum.go.kr).
디지털강릉문화대전(http://gangneung.grandculture.net).
부산박물관(http://www.museum.busan.kr).
서울시립미술관(http://seoulmoa.seoul.go.kr).
서울역사박물관(http://www.museum.seoul.kr).
옛길박물관(http://www.oldroad.go.kr).
오죽헌시립박물관(http://www.ojukheon.or.kr).
온양민속박물관(http://www.onyangmuseum.or.kr).
이중섭미술관(http://jslee.seogwipo.go.kr).
인천시립박물관(http://museum.incheon.go.kr).
제주특별자치도민속자연사박물관(http://museum.jeju.go.kr).
허준박물관(http://www.heojunmuseum.go.kr).

제9장 공연예술

김말복(2013). 『무용 예술의 이해』. 서울 : 이화여자대학교출판부.
김영운(2016). 『국악개론』. 경기 : 음악세계.
민중서림 편(2007). 『민중 엣센스 국어사전』. 서울 : 민중서림.
이유재 외(1999). 공연예술시장의 소비자 행동 연구에 관한 고찰. 서울대학교 경영논집.
이혜구 외(2005). 『한국음악이론』. 서울 : 민속원.

정범태 외(2012). 『우리 시대의 가무학』. 서울 : 눈빛.
정병호(2012). 『한국의 전통춤』. 서울 : 집문당.
정옥조 외(2010). 『춤과 문화』. 서울 : 대한미디어.
최동현(2016). 『판소리 길라잡이』. 서울 : 민속원.
현경실 외(2016). 『전통음악으로의 초대』. 서울 : 성신여자대학교출판부.

제10장 민속놀이

김광언(1982). 『한국의 민속놀이』. 경기 : 인하대학교출판부.
김선풍 외(1996). 『한국민속놀이론』. 서울 : 집문당.
김열규(1980). 『한국민속과 문학연구』. 서울 : 일조각.
김택규(1985). 『한국농경세시의 연구』. 대구 : 영남대학교출판부.
류종목(2009). 『세시의식에 표현된 가족관과 사회관』. 서울 : 민속원.
리두현(1979). 『한국의 가면극』. 서울 : 일지사.
문성종(2010). 『관광축제이벤트의 기획과 전략』. 서울 : 백산출판사.
민중서림 편(2007). 『민중 엣센스 국어사전』. 서울 : 민중서림.
심병희(1986). 『전통놀이의 역사와 이해』. 서울 : 전통문화.
심우성(1975). 『동국세시기, 한국의 민속놀이』. 서울 : 삼일각.
윤광봉(2009). 『세시놀이의 상징체계』. 서울 : 민속원.
이경모(2015). 『이벤트학원론』. 서울 : 백산출판사.
이상춘(2014). 『관광자원론』. 서울 : 백산출판사.
이윤선(2009). 『강강술래의 역사와 놀이 구성에 관한 고찰』. 서울 : 민속원.
임재해(1983). 『우리 민속놀이의 건강성과 오늘의 놀이』. 서울 : 세계의문학.
임재해(1986). 『민속문화론』. 서울 : 문학과지성사.
최기종(2014). 『관광학개론』. 서울 : 백산출판사.
최상수(1960). 『한국의 세시풍속』. 서울 : 고려서적.
한국정신문화연구원 편(1997). 『한국민족문화대백과사전12』. 서울 : 한국정신문화연구원.
Daum 백과사전.
위키백과. 우리 모두의 백과사전.

대한민국 구석구석(korean.visitkorea.or.kr).

제11장 생활민속

민중서림 편(2007). 『민중 엣센스 국어사전』. 서울 : 민중서림.
한국정신문화연구원 편(1997). 『한국민족문화대백과사전12』. 서울 : 한국정신문화연구원.
Daum 백과사전.
위키백과. 우리 모두의 백과사전.
한국민족문화대백과사전.
대한민국 구석구석(korean.visitkorea.or.kr).

제12장 전통음식

강인희(1998). 『한국식생활사』. 서울 : 삼영사.
김상보(2004). 『조선왕조 궁중음식』. 서울 : 수학사.
김의근 외(2016). 『세계음식문화』. 서울 : 백산출판사.
민중서림 편(2007). 『민중 엣센스 국어사전』. 서울 : 민중서림.
신미혜 외(2006). 『한국의 전통음식』. 서울 : 백산출판사.
안대희 외(2014). 『문화관광론』. 서울 : 백산출판사.
윤숙자(2001). 『한국의 저장 발효식품』. 서울 : 신광출판사.
이서영(1986). 『한국의 발효식품』. 서울 : 이화여자대학교출판부.
이순옥 외(2005). 『우리떡 · 우리음식』. 서울 : 백산출판사.
정현숙 외(2016). 『전통음식 · 기능장요리』. 서울 : 백산출판사.
최은희 외(2016). 『발효음식의 미학』. 서울 : 백산출판사.
황혜성 외(1991). 『한국의 전통음식』. 서울 : 교문사.
長谷政弘(1997). 『觀光學辭典』. 東京 : 同文館.

제13장 호국기념관

국가보훈처 편(2013). 『대한민국 역사현장 길라잡이』. 세종 : 국가보훈처.
김삼웅(2000). 『서대문형무소 근현대사』. 서울 : 나남.
나라사랑신문. 2016.01.04.
문화일보. 2015.11.24.
심창섭 외(2015). 다크투어리즘과 죽음. 『관광학 연구』. 39(5) : 13.
오상훈(2011). 제주지역 쌔너투어리즘의 관광동기 특성과 만족에 미치는 영향. 『관광학 연구』. 35(5) : 157-176.
한국문학관협회 편(2010). 『문향을 따라가다』. 서울 : 어문각.
Daum 백과사전.
위키백과. 우리 모두의 백과사전.
한국민족문화대백과사전.
거제도 포로수용소 유적공원(http://www.pow.or.kr).
대한민국 구석구석(korean.visitkorea.or.kr).
도산안창호기념관(www.ahnchangho.or.kr).
매헌윤봉길의사기념사업회(http://www.yunbonggil.or.kr).
백범김구기념관(http://www.kimkoomuseum.org).
백범김구선생기념사업회(http://www.kimkoo.or.kr).
서대문형무소역사관(http://sscmc.or.kr).
안성3.1운동기념관(http://41.anseong.go.kr).
유엔군초전기념관(http://www.osan.go.kr/osanUnfw).
이육사문학관(http://www.264.or.kr).
제암리3.1운동순국기념관(http://jeamri.hsuco.or.kr).
제천의병전시관(http://jcub.okjc.net).
http://blog.daum.net/happyinleekyeok
sisunnews@sisunnews.co.kr / YellowID@시선뉴스

제14장 축제이벤트

김성섭 외(2005). 로짓모형을 이용한 축제참가자 비용지출분석. 『한국호텔경영학

회』. 14(4) : 257-271.

김영순 外(2014). 『문화산업과 문화콘텐츠』. 서울 : 북코리아.

김철원 외(2011). 축제가 지역주민의 삶의 질에 미치는 영향. 『관광학 연구』. 35(9) : 73-92.

류정아(2011). 공연예술 축제를 구성하는 "예술성"과 "축제성"의 특성분석 : 아비뇽 페스티벌의 사례를 중심으로. 『공연 문화 연구』. 22 : 253-285.

문성종(2010). 『관광축제이벤트의 기획과 전략』. 서울 : 백산출판사.

민중서림 편(2007). 『민중 엣센스 국어사전』. 서울 : 민중서림.

박정선(2004). 『이벤트론』. 서울 : 형설출판사.

박진규 외(2005). 『지역문화와 축제』. 서울 : 글수림.

이경모(2015). 『이벤트학원론』. 서울 : 백산출판사.

이상춘(2014). 『관광자원론』. 서울 : 백산출판사.

최경호 외(2013). 문화관광축제 종합평가 결과의 신뢰성 향상을 위한 제언. 『관광학 연구』. 37(4) : 357-358.

최기종(2013). 『관광서비스 지원관리』. 서울 : 이프레스.

한숙영 외(2005). Pine과 Gilmore의 체험영역 모델에 관한 검증 : 한산모시축제 체험활동 참가자 만족을 중심으로. 『관광학 연구』. 29(2) : 131-148.

황희정 외(2014). 축제체험의 요인구조분석. 『관광학 연구』. 38(5) : 122-123.

日本イベント協會(1993). 『イベント・イノベション, イベント白書』. 東京 : 日本イベント協會.

長谷政弘(1997). 『觀光學辭典』. 東京 : 同文館.

長谷政弘(1999). 『觀光マーケティング』. 東京 : 同文館.

저자 소개

묵암 최기종

전문분야

문화관광정책, 정부·지방행정업무평가, 인문학여행 칼럼니스트

최종학력

세종대학교 대학원 관광경영학과 졸업/경영학 박사

문단데뷔

2006 월간 스토리문학 수필 등단, 2007 월간 문학세계 시 등단

주요경력

- 1992~2011 경복대학교 관광학부 정교수/관광교육원 원장
- 2008~10 대통령소속 지방분권촉진위원회 실무위원
- 2010~10 국무총리실 정부업무평가위원회 평가위원
- 2010~13 행정안전부 지자체 합동평가단 문화관광 위원
- 2011~13 사단법인 한국조리기능인협회 명예회장
- 2011~현 한국산업인력공단 국가자격시험 출제 및 선정 위원
- 2013~15 안전행정부 지자체 합동평가단 문화관광 위원
- 2013~15 안전행정부 지방규제개혁추진단 위원
- 2014~16 숭실대학교 경영대학원 의료관광학과 겸임교수
- 2015~현 한국기술교육대학교 직업능력심사평가원 위원
- 2015~현 행정자치부 지자체 합동평가단 문화관광 위원
- 2015~현 행정자치부 지방규제개혁추진단 위원
- 2015~현 인사혁신처 국가인재 DB 등록
- 2016~현 국가보훈처 자체평가위원회 위원
- 2016~현 대구보건대학교 호텔외식산업학부 교수
- 2016~현 C&T(Culture and Tourism) Global Institute 소장

주요저서

문화관광, 관광학개론, 행복한 인연, 관광정보론, 매너와 이미지 메이킹, 갯배, 어머니와 인절미, 항공기초실무, 포천문화유적탐방 外 다수

문화관광

2017년 2월 5일 초판 1쇄 인쇄
2017년 2월 10일 초판 1쇄 발행

지은이 최기종
펴낸이 진욱상
펴낸곳 백산출판사
교 정 편집부
본문디자인 오양현
표지디자인 오정은

등 록 1974년 1월 9일 제1-72호
주 소 경기도 파주시 회동길 370(백산빌딩 3층)
전 화 02-914-1621(代)
팩 스 031-955-9911
이메일 edit@ibaeksan.kr
홈페이지 www.ibaeksan.kr

ISBN 979-11-5763-335-7
값 25,000원